V&Runipress

Arbeiten zur Religionspädagogik

Band 46

Herausgegeben von
Prof. Dr. Dr. h.c. Gottfried Adam,
Prof. Dr. Dr. habil. Rainer Lachmann und
Prof. Dr. Martin Rothgangel

Thomas Schlag / Robert Schelander (Hg.)

Moral und Ethik in Kinderbibeln

Kinderbibelforschung in historischer und
religionspädagogischer Perspektive

Mit 107 Abbildungen

V&R unipress

Bibliografische Information der Deutschen Nationalbibliothek

Die Deutsche Nationalbibliothek verzeichnet diese Publikation in der Deutschen
Nationalbibliografie; detaillierte bibliografische Daten sind im Internet über
http://dnb.d-nb.de abrufbar.

ISBN 978-3-89971-813-3

Publiziert mit Unterstützung des Schweizerischen Nationalfonds zur Förderung der
wissenschaftlichen Forschung.

Inhalt

Vorwort

Vom 8. bis 10. September 2009 fand an der Theologischen Fakultät der Universität Zürich unter dem Thema »Moral und Ethik in Kinderbibeln« das 6. Internationale Forschungskolloquium »Kinderbibel« in Zürich statt.

Das Forschungskolloquium 2009 stellt insofern eine Zäsur dar, als jene Personen, die die Kolloquiumsidee in den neunziger Jahren des vergangenen Jahrhunderts begründet und dadurch wichtige und wesentliche Aspekte der Kinderbibelforschung ans Licht gebracht haben, nun ihre unmittelbare Verantwortung weitergeben und die Initiierung weiterer Forschungskolloquien der nachfolgenden Generation übertragen. Gottfried Adam und Rainer Lachmann haben in Zusammenarbeit mit Regine Schindler über zwei Jahrzehnte hinweg diese im deutschsprachigen Raum einmalige Forschungsinitative verantwortet, geleitet und vorangetrieben. Die Erkenntnisse der Kolloquien wurden regelmässig veröffentlicht und haben sich zu einer eindrücklichen Reihe entwickelt, die wichtige Einblicke und Überblicke zur wissenschaftlichen Erforschung der Kinderbibel, ihrer Geschichte und thematischen Ausgestaltung sowie ihrer Rezeption und gegenwärtigen Verwendungspraxis liefert.

Insofern kann die Wirkung dieser Kolloquien auch für die religionspädagogische Forschung kaum überschätzt werden. Viele wissenschaftliche Projekte und Studien sind im Kontext dieser Kolloquien entstanden und wurden durch die dortige erstmalige Präsentation und den Austausch der Kinderbibelexpertinnen und -experten massgeblich angeregt. Für diese inhaltlich prägende und zugleich vernetzende Tätigkeit ist den Vorgängern herzlich zu danken. Die Herausgeber dieses Bandes nehmen die ehrenvolle Aufgabe, die Kolloquien, die weitere thematische Bearbeitung und die internationale Vernetzung der Kinderbibelforschenden in diesem Sinn weiterzuführen, dankbar an.

Die vorliegende Veröffentlichung enthält die Beiträge des Zürcher Kolloquiums, die für den Druck überarbeitet und erweitert worden sind. Damit bieten die gesammelten Beiträge einerseits die Möglichkeit, am Kolloquium nachlesenderweise teilzuhaben, andererseits an der Diskussion dieser wichtigen Frage nach den pädagogischen, ethischen und auch politischen Zielvorstellungen, die Kinderbibeln bestimmen, also der Frage nach der Moral und Ethik in Kinderbibeln, zu partizipieren.

Der Beitrag von *Thomas Schlag* führt in grundsätzlicher Weise in den Themenkomplex ein, indem die religionspädagogische Grundsatzfrage nach der ethischen und moralischen Dimension in Kinderbibeln gestellt und ihre Manifestierung und Entwicklung in Ausgaben des 20. Jahrhunderts anhand der Verarbeitung einzelner einschlägiger Geschichten und Motive exemplarisch aufgezeigt wird.

Die daran anschliessenden Beiträge beleuchten die historische Perspektive der Thematik. *Reinmar Tschirch* beschäftigt sich dabei in einem weiteren Sinn mit Heinrich Philipp Conrad Henke und Jakob Friedrich Feddersen als Kinderbibelautoren der Aufklärungszeit, während *Katja Eichler* die Kinderbibeln der Gebrüder Lossius auf die darin enthaltenen Moralvorstellungen hin untersucht, wodurch entscheidende pädagogische Positionen der Aufklärungszeit greifbar werden. Daran anschliessend wendet sich *Reinhard Wunderlich* den biblischen Geschichten von Friedrich Hebel zu, wodurch die zeitgeschichtliche Bedingtheit von Kinderbibeln bzw. die Verankerung der jeweiligen Autorenschaft in ihrer Zeit weiter verdeutlicht wird.

Christine Reents und *Christoph Melchior* nehmen einen grösseren geschichtlichen Zeitraum in den Blick, indem sie nach den Menschenrechten in Kinder- und Schulbibeln fragen. Auf dem Hintergrund ihrer breiten historischen Forschungen zu den Kinderbibeln fordern sie, dass die Menschenrechte, dieses exemplarische und doch zentrale Thema ethischer Erziehung, als eine der massgeblichen Leitlinien für die Gestaltung künftiger Kinder- und Schulbibeln herausgestellt werden sollten.

Kinderbibeln wollen nicht nur ethische und moralische Einstellungen vermitteln, sie müssen sich selbst auch solchen stellen, z.B. den Ansprüchen, die sich aus dem christlich-jüdischen Dialog ergeben. *Volker Menke* geht dafür Kinderbibeln im Licht des christlich-jüdischen Dialogs nach und fokussiert auf das Thema Tora: Wie kann von Tora-Frömmigkeit in Kinderbibeln ohne eine abwertende und missbräuchliche »Gesetzlichkeit« gesprochen werden?

In methodisch detaillierter Weise präsentiert *Edith Aller* einen historischen Überblick anhand eines sexuell konnotierten, ethischen Themas und der Leitfrage »Was hat David eigentlich mit Batseba gemacht?« und stellt diese Frage an dänische Kinderbibeln der vergangenen dreihundert Jahre. Sprachliche Veränderungen und Nuancen werden genau registriert und geben damit auch einen Einblick in die moralischen Vorstellungen der jeweiligen Zeit.

Dávid Németh wirft einen Blick auf ungarische Kinderbibeln, indem er ethische Schlüsselprobleme, wie sie für den Religionsunterricht formuliert worden sind, identifiziert und deren Vorkommen in biblischen Texten bzw. einzelnen Kinderbibeln vergleicht.

Eine eigene Abteilung, die über die inhaltliche Thematik des Kolloquiums hinausgeht, bilden Beiträge, die sich besonderen Formen von Kinderbibeln widmen und die ebenfalls im Rahmen der Zürcher Tagung präsentiert und intensiv diskutiert wurden.

Gottfried Adam lässt an seiner Entdeckung der »Thumb Bible«/Daumenbibel als Forschungsthema teilhaben. *Irene Renz* geht Kinderbibeln für sehr kleine Kinder, den sog. Babybibeln, nach, indem sie deren Beitrag zu frühkindlicher religiöser Sozialisation und Erziehung erhebt. *Daniel Schüttlöffel* untersucht das Genre der multimedialen Kinderbibeln. In all diesen Beiträgen wird deutlich, dass das Thema Kinderbibeln nicht erschöpft ist und dass weitere Forschungsthemen anstehen.

Dies zeigt sich auch an der daran anschliessenden Reihe von Einblicken in ebenfalls auf der Tagung vorgestellte aktuelle Forschungserkenntnisse, sowohl historischer wie systematisch-religionspädagogischer Art.

Wiederum *Christine Reents* und *Christoph Melchior* liefern einen umfassenden Überblick der Geschichte der Kinder- und Schulbibel, wodurch der weite Bezugshorizont des Mediums in seinen zeitgeschichtlichen, literarischen und kunstgeschichtlichen, theologischen und pädagogischen Dimensionen eindrücklich aufgezeigt wird.

Stefan Huber legt erste Einsichten seines Dissertationsprojekts zum »Bild des Kindes in Kinderbibeln als Medien der religiösen Bildung zwischen 1750 und 1800 in der Schweiz« anhand der »Catechetischen Kinder-Bibel oder heilige Kirchen- und Bibel-Historien« von Abraham Kyburz vor. In methodischer Hinsicht ebenfalls dem Bilde verpflichtet ist *Marion Keuchen*, die Bild-Konzeptionen in Bilderbibeln und Kinderbibeln untersucht. Stehen bei diesen Beiträgen die Bilder im Zentrum, so legt *Thomas Nauerth* den Fokus auf die Narration, indem Kinderbibeln von ihm als Ort narrativer Ethik wahrgenommen werden.

Es ist schliesslich immer auch ein besonderes Anliegen der wissenschaftlichen Kolloquien, Prozesse des Entstehens, des Verlegens sowie des praktischen Umgangs mit Kinderbibeln in den wissenschaftlichen Fragehorizont einzubeziehen, was folglich auch hier dokumentiert werden soll.

So formuliert *Martina Steinkühler* zehn Gebote zur inhaltlichen Gestaltung von biblischen Erzählungen und der Beitrag von *Agnes Liebi* und *Brigitte Welter* reflektiert abschließend die persönliche pädagogische Praxis, eine eigene Kinderbibel mit Kindern zu entwickeln.

Für die Abdruckerlaubnis von Illustrationen ist allen Verlagen zu danken, die diese bereitwillig erteilt haben. Das Lesen der Korrekturen und die Anfertigung des Namens- und Bibelstellenregisters sowie des Autorenverzeichnisses wurden von den Mitarbeiterinnen am Institut für Religionspädagogik der Theologischen Fakultät Wien sowie der Theologischen Fakultät der Universität Zürich besorgt. Ihnen allen gilt unser herzlicher Dank, insbesondere Herrn Mario Lick und Frau Salome Ann Probst.

Für die grosszügige finanzielle Unterstützung sowohl im Blick auf die Durchführung des Kolloquiums wie die Drucklegung dieses Bandes ist dem Schweizerischen Nationalfonds sowie den Theologischen Fakultäten der Universitäten Wien und Zürich zu danken. Unser Dank gilt schliesslich den Herausgebern der Reihe »Arbeiten zur Religionspädagogik« für die wohlwollende Aufnahme des nun vorgelegten Bandes.

Wien / Zürich, im Juni 2011
Thomas Schlag / Robert Schelander

Thomas Schlag

Warum es sich lohnt, aktuell nach Moral und Ethik in Kinderbibeln zu fragen.
Religionspädagogische Grundüberlegungen

1. Zur aktuellen Situation

Das Thema Moral und erst recht die Rede von moralischer Erziehung löst erhebliche Emotionen aus. In »schöner« Regelmässigkeit dient die Moralfrage dazu, intensiv über die Lufthoheit in den Kinderzimmern und Klassenräumen zu streiten. Da ist auf der einen Seite von den kleinen Tyrannen die Rede, die man möglichst frühzeitig und eindeutig mit den massgeblichen Regeln und Normen des Zusammenlebens konfrontieren müsse. Auf der anderen Seite wird vor einem Loblied der Disziplin gewarnt und dafür plädiert, Kinder als eigenständige kleine Erwachsene und bereits durchaus moralisch vernünftige Partner zu verstehen, auf deren eigenständiges Urteil man bis zu einem gewissen Mass vertrauen dürfe.

Die Thematisierung moralischer Fragen kann in beiden Varianten den Gestus panischer Aktivität produzieren, so als ob, wenn man jetzt nicht richtig wahrnehme oder handle, die moralische Orientierung von Kindern unwiederbringlich verloren zu gehen drohe und damit die Zukunft des Zusammenlebens überhaupt auf dem Spiel stünde. Geradezu unversöhnlich stehen sich dann die Erziehungsexperten gegenüber und der geneigte Beobachter fragt sich, wo denn bei alledem das Kind selbst bleibt.

Verbindet sich die Frage moralischer Erziehung mit dem Aspekt des Religiösen, so scheint sich der emotionale Impetus in den entsprechenden Debatten geradezu exponential zu verstärken. Für die einen erinnert eine religiöse Erziehung – erst recht in moralischen Fragen – allzu sehr an diejenigen Zeiten, in denen väterliche und pastorale Autoritäten in indoktrinärer Absicht und mit rigoristischem Impetus strafbereit den moralischen Zeigefinger erhoben haben.[1] Für die anderen ist die Vermittlung von Werten und gemeinsamen Normen überhaupt nur unter intensiver und eindeutiger Berücksichtigung religiöser Traditionen denkbar, so als ob die ganze moralische Welt ohne Religion alsbald auseinander fallen würde.

Beschäftigt sich die Religionspädagogik mit Fragen moralischer Erziehung, so steht sie somit unweigerlich selbst inmitten dieses Streitfeldes und damit vor der Aufgabe, sich darin sachgemäss und vor allem kindgemäss zu positionieren. Dies gilt in besonderer Weise dann, wenn die Kinderbibel als eines der zentralen Medien kindlicher Sozialisation in das Blickfeld rückt. Denn das Medium selbst beansprucht, Kindern durch seine Texte und Bilder unmittelbar nahe zu kommen und in Kontakt zu deren eigener Lebenswelt zu treten, um so die individuelle Lebensführung auch in moralischen Fragen zu unterstützen. So stehen Kinderbibeln gerade in ihrer moralischen Dimension im Schnittfeld unterschiedlicher Erwartungen, Befürchtungen und Hoffnungen religiös-moralischer Erziehung und stellen damit für die wissenschaftliche Religionspädagogik wie die religionspädagogische Praxis in Familie, Gemeinde und Schule eine Herausforderung ganz eigener Art dar. Demzufolge ist die Beschäftigung mit Kinderbibeln in besonderer Weise dazu geeignet, nach den Standards und der Praxis moralischer Erziehung in religiöser Perspektive zu fragen.

2. Thematische Forschungsperspektiven auf Kinderbibeln

Nach Moral und Ethik in Kinderbibeln zu fragen, bedeutet im Einzelnen zu eruieren, wie sich Aspekte der Urteilsbildung und Entscheidungsfindung in diesem Medium konkretisieren und in welchem Sinn sich der Blick in die Kinderbibel in moralischer Perspektive lohnt.

Die Frage nach der moralischen Urteilskraft der Kinderbibel ist beileibe kein neues Phänomen. Vielmehr nahmen Kinderbibeln immer schon ihren eigenständigen Platz inmitten der moralischen und sittlichen Orientierungsfragen der Zeit ein. Offenbar stellen sie durch die Zeiten hindurch ein besonders geeignetes Medium für die emotionale Auseinandersetzung über das Wohl und Wehe kindlichen Lebens und des gesellschaftlichen Zusammenlebens dar. Und dies nicht zuletzt deshalb, weil ja ihrem Text- und Bildprogramm tatsächlich erhebliche Prägekraft für ganze Generationen zugetraut und zugemutet wurde und wird.

---

1   Vgl. *Thomas Schlag*, »Die Opferung des Ich«. Väterliche Autorität, Glaubensgehorsam und riskante Identitätsentwicklung, in: Dokumentation des 6. Schweizer AGAVA-Kongresses. Zürich 2008, S. 31–37.

Dabei konnten historisch gesehen die entsprechenden Themen gleichsam biblisch-chronologisch einerseits von Veranschaulichungen individueller Sünde über die Tod bringenden Vergehen innerhalb der eigenen Familie bis hin zur Verderbtheit des ganzen Menschengeschlechts reichen, andererseits die ganze Palette der Vorbild- und Tugendhaftigkeit heldenhafter Glaubensfiguren über die mutige prophetische Anklage bis zum visionären solidarischen Handeln am Fremden und Nächsten umfassen. So bildet sich in den massgeblichen Kinderbibeln durch die Jahrhunderte hindurch nicht nur der ganze Facettenreichtum der biblischen Überlieferung, sondern auch die Vielfalt und Ambivalenz menschlicher Moraldebatten überhaupt ab.

Insofern erschliesst der historische Blick auf die Erscheinungsformen und Wirkungsgeschichte der Kinderbibel in lohnender Weise das Medium selbst als sinnstiftende Instanz moralischer Erziehung und eröffnet zugleich einen detaillierten Blick auf die facettenreiche und wechselvolle Entwicklung christlicher, kirchlicher sowie schulischer Moral- und Erziehungsvorstellungen.

Ohne dabei tiefer ins Detail zu gehen, deuten sich hier doch ganz verschiedene Thematisierungen von Moral in Kinderbibeln und damit auch sehr unterschiedliche Intentionen an:

So stösst man auf einen Typus von Kinderbibeln, in dem es vor allem um Veranschaulichungsmaterial humanistischer Moral- und Wertvorstellungen im religiösen Gewand geht und dessen entsprechende Illustrationen primär als Bebilderung gewünschten Wohlverhaltens der nachwachsenden Generation dienen. In diesem Fall präsentieren sich Kinderbibeln vornehmlich als Medien moralischer Funktionalisierung.

In einem anderen Typus finden sich bestimmte moralische Gehalte einfach ganz lapidar deshalb in Kinderbibeln, weil sie eben zum altbekannten biblischen Kanon gehören und damit als für sich sprechend angesehen werden. In diesem Fall stellen Kinderbibeln primär repetierendes Trägermedium traditioneller biblisch-moralischer Überlieferungsgehalte dar.

Wie auch immer man hier differenziert: Möglicherweise steckt in den Texten und Bildern – man denke etwa an die Geschichte vom Sündenfall, die Zehn Gebote oder die Geschichte vom Barmherzigen Samariter – doch qualitativ mehr, als es eine säkulare Verfassung und deren Rechtsnormen sowie ein schulischer Wertekanon zum Ausdruck zu bringen vermögen, sodass man bei Kinderbibeln in jedem Fall von einem eigenständigen Medium mit einer spezifischen moralrelevanten Qualität sprechen kann.[2]

---

2 Vgl. am thematischen Beispiel *Gottfried Adam*, »Sünde« in Kinderbibeln. Exemplarische Beispiele und unterrichtliche Verwendung, in: *Ders./Rainer Lachmann* (Hg.) unter Mitarbeit von *Britta Papenhausen*, Kinderbibeln. Ein Lese- und Studienbuch Wien/Berlin 2006, S. 110–116.

Die angedeuteten typologischen Unterschiede und Frageperspektiven sind
nun nicht nur für die historische Analyse von Kinderbibeln relevant, sondern
die Frage nach deren moralischer Grundintention ist für die Religionspädagogik von höchst aktueller Brisanz, wenn die vergleichsweise jüngeren Beispiele
dieses Bildungsmediums in den Blick genommen werden. Denn es hiesse, den
Anspruch zeitgenössischer Kinderbibeln zu unterschätzen, wollte man diese in
einer bewusst moralfreien Zone verorten. Vielmehr gilt: Auch wenn sich das
religiöse Erziehungs- und Bildungsverständnis spätestens ab der zweiten Hälfte
des 20. Jahrhunderts gerade in Fragen einer autoritären Glaubens- und Moral-
vermittlung grundlegend verändert hat, bedeutet dies doch keineswegs, dass
ethische und moralische Fragen damit ad acta gelegt worden wären. Hier zeigen
sich vielmehr ganz neue Erscheinungsbilder, die wesentlich mit dem Bild des
Kindes selbst zu tun haben.

Insofern soll im Folgenden anhand einiger Beispiele aus zeitgenössischen
Kinderbibeln aufgezeigt werden, wie Analyse und religionspädagogische
Grundlagenreflexion über Moral und Ethik in Kinderbibeln miteinander verbunden sind und sich für die Praxis weiter konkretisieren lassen. Damit
erschliesst die Analyse der moralischen Botschaft der jeweiligen Kinderbibel in
religionspädagogischer Hinsicht zugleich Beurteilungskriterien im Blick auf
den Anspruch und die Qualität der religiösen Bildungsaufgabe im Sinn einer
konkreten kind- wie sachgemässen Kinderbibelpraxis.

3. Moralische Erziehung und christlich-ethische Bildung: Eine Begriffsbestimmung

Eine nähere Analyse und Interpretation verlangt zuallererst nach einer grundsätzlichen Bestimmung dessen, was näherhin unter einer kind- und sachgemässen moralischen Erziehung verstanden werden kann. Ich plädiere im Folgenden dafür, dass die Religionspädagogik in ihrer Reflexion und Praxis das
Verständnis von moralischer Erziehung überhaupt in einem weiteren Sinn zu
fassen und dieses in der Perspektive einer christlich-ethischen Bildung zu entfalten hat. Dies gilt es hier nun zu erläutern.

Greifen wir auf eine gängige Definition von Moral zurück, dann ist Moral
»der Inbegriff jener Normen und Werte, die durch gemeinsame Anerkennung
als verbindlich gesetzt worden sind und in der Form von Geboten (Du sollst…)
oder Verboten (Du sollst nicht…) an die Gemeinschaft der Handelnden appel-
lieren«[3]. Demzufolge besteht moralische Erziehung in der Einübung von

---

3 *Annemarie Pieper*, Einführung in die Ethik, Tübingen u.a. [3]1994, S. 31f.

Einstellungen, Dispositionen und Tugenden – es geht dann um Wertevermittlung und die Befolgung gesellschaftlich gewünschter und etablierter Konventionen[4] für das gemeinschaftliche Zusammenleben. Die Rede von einer christlichen Moral wird dabei gerne insbesondere auf bestimmte Normvorstellungen von Familie, Ehe und Sexualität bezogen. Und in diese Richtung gehen folglich immer noch nicht wenige Aussenwahrnehmungen religiöser Erziehung.

Nun ist dies meines Erachtens ein deutlich zu enges Verständnis dessen, was in Fragen moralischer Orientierung zur Disposition steht. Von Seiten theologischer Ethik weist Johannes Fischer auf den qualitativen Unterschied zwischen Moral und christlichem Ethos hin. Letzteres – und darin unterscheidet es sich konstitutiv von Moral – ist weder »kognitivistisch verengt« noch etwa nur in der Gestalt von Normen und Werte zu denken.[5] Vielmehr ist das christliche Ethos als eine spezifische »Ausrichtung des Lebens und Handelns«[6] der je freien und verantwortlichen Person zu verstehen. Oder wie Fischer sagt: »das Richtige und Gute kann nur das sein, was in der Freiheit gelebten Glaubens und eigener Einsicht als solches erkannt werden kann«[7]. In diesem Sinn ist deutlich zwischen moralischer und sittlich-ethischer Orientierung zu unterscheiden: »Nicht die Frage nach der Authentizität des Selbst, nach dem eigenen Wollen, den eigenen Gefühlen, dem eigenen Ich-Ideal, der Einheit der eigenen Person oder nach dem Leitbild bezüglich der Bestimmung des Menschen, sondern die Frage nach dem Geist, der das eigene Leben, Urteilen und Handeln lenken soll, ist aus theologischer Perspektive die Leitfrage«[8] der ethischen Orientierung.

Eine moralisch relevante zeitgenössische Kinderbibelpraxis gewinnt folglich ihre eigentliche Prägnanz nicht durch klare Unterscheidungen zwischen Gut und Böse oder einer klaren appellativen Botschaft, sondern vornehmlich durch den unverzichtbaren Bezugspunkt auf den Horizont des christlichen Ethos sowie Reflexion desselben.

Ich plädiere von daher nun zwar nicht für einen Verzicht auf den Moralbegriff, werde diesen aber im Fortgang auch durchaus in spezifischer Weise verwenden, indem ich von der Moralrelevanz von Kinderbibeln im Sinn von deren Bedeutsamkeit für ethische Urteilsbildung und Handlungsbefähigung spreche.

---

4 Vgl. *Karl Ernst Nipkow*, Ziele ethischer Erziehung heute, in: *Gottfried Adam/Friedrich Schweitzer* (Hg.), Ethisch erziehen in der Schule, Göttingen 1996, S. 4.
5 *Johannes Fischer*, Theologische Ethik. Grundwissen und Orientierung, Stuttgart, S. 45.
6 Ebd.
7 A.a.O., S. 47.
8 *Ders.*, Moralische und sittliche Orientierung. Eine metaethische Skizze, in: ThLZ 130 (2005), Sp. 485.

Gemeint ist damit, dass sich moralrelevante Inhalte biblischer Überlieferung mitnichten von selbst verstehen, sondern im gemeinsamen diskursiven und reflexiven Vollzug zwischen Kindern und Eltern bzw. Kindern und ErzieherInnen zum Sprechen und Klingen zu bringen sind. Ihre Orientierungskraft erhalten diese Überlieferungstraditionen erst und nur dann, wenn die Rezipienten zur ethischen Reflexion im Sinn des gemeinsamen Durch-, Nach- und Weiterdenkens der biblischen Überlieferung motiviert, zur persönlichen Auseinandersetzung ermutigt und zur Kommunikation über das eigene Verstehen dieser Überlieferung angeregt werden.

Von dort her ergibt sich eine gleichsam doppelte Qualitätsperspektive im Blick auf die moralrelevante Grundintention von Kinderbibeln: Einerseits besteht deren moralrelevante Qualität darin, dass sie hilfreiche Informationsquelle der entsprechenden biblischen Überlieferungen sind. Andererseits besteht deren moralrelevante Qualität darin, dass sie Reflexions und Inspirationsquellen für die freie und verantwortete Glaubensreflexion über das Richtige und Gute sind.

In diesem Sinn gehe ich von einem Verständnis von Kinderbibeln als Medium christlich-ethischer Bildung aus. Hinter dieser Leitbegrifflichkeit steht die Vorstellung, dass die Kinderbibel per se als Buch der Bildung keine zeitlos einfach eindeutig klaren normativen ethischen Gehalte für die Gegenwart bereit hält, sondern eine traditionsgeprägte sowie eine reflexions- und inspirationsoffene Orientierungsgrösse für die glaubensorientierte Lebensdeutung und Lebensführung darstellt. Wobei hier »Reflexion« und »Inspiration« durchaus im weiten Sinn zu fassen sind – also keineswegs nur einen Vorgang des intellektuellen Verstehens meinen, sondern als eine ganzheitliche und elementare Annäherung von Kindern und für Kinder mit allen Sinnen verstanden werden sollen. Denn es wäre, so sagt es uns die so genannte Kindertheologie, gänzlich kurzschlüssig, Kindern selbst allerhöchstens die Fähigkeit zur passiven Rezeption von Information zuzutrauen.

Auch für die ethische Dimension religiöser Bildung ist festzuhalten: Wer in der konkreten Praxis tätig ist, weiss, wie stark Kinder einen durch eigene Auslegungen nicht nur überraschen, sondern auch Vorstellungen entwickeln können, auf die Erwachsene nie gekommen wären oder kommen würden. Und dies nicht etwa, weil solche Vorstellungen abwegig und abstrus wären, sondern vielmehr im tiefsten Sinn kreativ und phantasiereich sein können. Dies gilt nun gerade auch für moralrelevante Inhalte.

Von dort aus soll konkret gefragt werden, welchen qualitativen Beitrag Kinderbibeln als Medien christlich-ethischer Bildung – als Informations- und Reflexions- bzw. Inspirationsquellen – zu liefern vermögen. Dies sei in einem nächsten Schritt anhand unterschiedlicher thematischer Dimensionen, wie sie sich im Medium der Kinderbibel herauskristallisieren, konkretisiert.

4. Thematische Dimensionen

Hierzu wähle ich solche Dimensionen, die im Sinn der religionspädagogischen Elementarisierungsaufgabe für Kinder selbst unmittelbare und elementare Anknüpfungspunkte eröffnen und ermöglichen, insofern sie sich mit deren eigenen moralrelevanten Lebenserfahrungen und Lebensfragen verbinden können. Als keineswegs einzige, aber doch besonders bedeutsame und zentrale Dimensionen seien hier ausgewählt: Gewalt, Grausamkeit, Ungerechtigkeit, Schuld, das Böse, Hoffnung und Liebe.

Ich unternehme die nähere Analyse in der Perspektive auf die moralrelevante Informations- und deren religionspädagogische Erschliessungsqualität im Blick auf die mögliche Reflexion der Fragen, die in der jeweiligen Geschichte und vor allem in der je spezifischen Darstellung mitsamt ihres Bildprogramms zum Vorschein kommen. Dafür habe ich im Folgenden nun solche Beispiele gewählt, die aus meiner Sicht die angedeutete Qualität besonders anschaulich machen können.

A. Die Dimension der Gewalt – Kain und Abel

1. Information

Der informative moralrelevante Inhalt der Geschichte (Gen 4) ist offensichtlich: Gewalt soll nicht sein. Neid, Hass, Gewalt, Mord darf nicht sein, weder dem Bruder noch überhaupt irgendeinem menschlichen Wesen gegenüber. Gott ahnt die Tat, Gott weiss um das Vergehen, Gott straft den mörderischen Bruder. Ein grösseres Verbrechen und eine schrecklichere Tat, ein schlimmeres Unheil sind kaum denkbar.

2. Anknüpfungspunkte

Es wäre aber nun sträflich verkürzt, würde man es den Kindern gegenüber beim moralischen Appell: »So etwas darf Dir nie passieren« belassen. Soll diese Geschichte den Kindern nahe kommen, ohne dass diese schlicht in unbändigen Schrecken versetzt werden, muss über eine reine Emotionalisierung hinaus eine wirkliche persönliche Auseinandersetzung mit der Geschichte möglich gemacht werden. Anknüpfungspunkte in der Welt des Kindes für diese unheilvolle Grundtat des Mordens gibt es genug: Neid und Habgier, Mord und Totschlag gehören auch schon zur Realität des Lebens von Kindern und sind direkt oder indirekt Themen des kindlichen Aufwachsens. Insofern spricht im Übrigen die Realität des Lebens selbst dafür, dass man in der Erstellung oder Verwendung einer Kinderbibel eine solche dunkle Geschichte weder in Text noch Bild ausspart.

3. Bild

Abbildung 1: Kain

Das Bild aus der Gütersloher Erzählbibel[9] vermag aus meiner Sicht die Reflexion über die Information hinaus wesentlich zu befördern. Es kann zwar nur spekuliert werden, wie ein einzelnes Kind auf dieses Bild reagieren wird, ich will aber einige mögliche Formen für die persönliche Auseinandersetzung, die diese Darstellung auszulösen vermag, benennen. Das Bild selbst trägt dabei erhebliche Erschliessungskraft: Denn zu sehen ist hier kein brutaler Kain, sondern einer, dem die Angst, das schlechte Gewissen, der Schrecken ins Gesicht geschrieben ist. Kain scheint zu denken: »Wie konnte das passieren?«, »Was habe ich getan?«. Die rote Farbe der Früchte ist kaum vom Blut unter dem Stein unterscheidbar. Kain erscheint geradezu als Leidender und Trauernder. Und interessanterweise ergänzt der Text an der Stelle des Dialogs zwischen Gott und dem Mörder Kain einen Satz Gottes, der zugleich eine alternative Verhaltens-

---

9 *Diana Klöpper/Kerstin Schiffner*, Gütersloher Erzählbibel. Mit Bildern von Juliana Heidenreich. Gütersloh 2004, S. 15.

weise aufzeigt: »Du hättest wüten und toben können, hättest mich anschreien können«[10].

4. Zur Reflexionsqualität

Die genannte Kinderbibel leitet selbst in ihrem Vorwort unmittelbar zur Reflexion an: sie führt die Personen der Geschichten als »Menschen wie du und ich«[11] ein und lädt die jugendlichen Leser mit folgenden Worten zu ihrem eigenen interpretativen Blick ein: »Du kannst dich selbst bei jeder Frau und jedem Mann fragen, ob du gerne so wärst wie sie oder er; du kannst überlegen, was du an ihnen gut findest und was dir überhaupt nicht gefällt, ob du genauso gehandelt hättest oder ganz anders«.[12]

Und so kann auch diese Darstellung Kains bei Kindern Fragen auslösen: »Was hat ihn überhaupt so zornig gemacht?«, »Warum war er neidisch?«. Und genau von solchen Fragen aus kann dann eine weitergehende Sensibilität für das Gewaltthema befördert werden: »Wie reagiere ich eigentlich, wenn ich neidisch bin?« Gerade von dieser Geschichte und erst recht vom Bild eines solchen gewissensgeplagten, leidenden Menschen können Kinder für eine differenziertere Wahrnehmung des eigenen Handelns und für die Achtsamkeit dem Anderen gegenüber sensibilisiert werden – und zugleich wird ihnen durch den eingefügten Satz eine Alternative vor Augen geführt, die von der Beziehung Gottes mit den Menschen selbst ausgeht. Dieser Kain kann Kindern den Blick auf sich selbst als Ich und Anderer ermöglichen, so dass aus dem Vorwurf an den Mörder unter Umständen sogar Empathie für ihn erzeugt werden kann, weil Gott selbst im Notfall allen menschlichen Zorn auf sich zu laden bereit ist.

B. Die Dimension der Grausamkeit – Der Streit der Frauen und Salomos Urteil

1. Information

Der Streit der beiden Frauen mit dem unmittelbar drohenden Tod eines Kindes (1 Kön 3) dürfte – neben dem sich abzeichnenden Opfertod Isaaks – für Kinder eine der schrecklichsten und bedrohlichsten Geschichten der Bibel sein. Gleichwohl findet sich diese Erzählung in praktisch allen umfassenderen Kinderbibeln, wenn auch nicht durchgängig, mit einer entsprechenden Illustration. Die informative Botschaft ist klar: Grausamkeit, Täuschung, Besitzergreifung mit allen Mitteln soll nicht sein. Die Weisheit des Königs Salomo wird das Kind

---

10 A.a.O., S. 14.
11 A.a.O., S. 6.
12 Ebd.

retten und seiner wahren Mutter zurückgeben, die falsche Mutter zeigt sich darin, dass sie bereit ist, über eine Leiche zu gehen.

2. Anknüpfungspunkte

Kinder werden sich kaum mit einer der Mütter identifizieren und mit dem weisen Salomo wohl auch nicht. Ihr eigener, unter Umständen noch viel grundlegenderer und existentieller Anknüpfungspunkt liegt vermutlich ganz woanders, nämlich im bedrohten Kind selbst – und dies keineswegs nur im Sinn kindlicher Empathie für den Leidenden, sondern weil sie unter Umständen selbst elementar betroffen sind. Denn Zerrissenheitserfahrungen sind für nicht wenige Kinder durchaus ein Faktum. Grausamkeit passiert. Kinder wissen aus eigenen familiären Zusammenhängen oftmals nur zu genau, was es heisst, hin und her, manchmal auch bis zum eigenen emotionalen und spürbaren Zerreissen auseinander gerissen zu werden.

3. Bild

Abbildung 2: Der weise Salomo

So erscheint mir für eine unmittelbare Auseinandersetzung gerade das folgende Bild aus dieser Kinderbibel[13] besonders eindrücklich. König Salomo steht ganz im Hintergrund. Im Unterschied zu vielen anderen Darstellungen ist kein Schwert zu entdecken. Auch die Frauen sind nicht im Mittelpunkt, sondern das Kind selbst. Interessant erscheint mir auch, dass die Schwarz-Weiss-Symbolik mindestens gebrochen ist. Wer die richtige und wer die falsche Mutter ist, liegt keineswegs ganz offensichtlich auf der Hand – auch dies wird eine Erfahrung kindlichen Erlebens inmitten elterlicher Besitzansprüche sein.

---

13 Die Bibel für Kinder ausgewählt und erläutert von *Josef Quadflieg*. Bilder: Rita Frind. Düsseldorf 1994, S. 98.

4. Zur Reflexionsqualität

Und so kann gerade diese Geschichte einen wesentlichen Anknüpfungspunkt für den Umgang des Kindes mit der Frage von Grausamkeit darstellen, was zusätzlich durch die hier gewählte drastische Übersetzung »Schneidet das lebende Kind entzwei«[14] verstärkt wird.

So lässt sich im Gespräch fragen: »Warum ist die eine falsche Mutter so brutal?«, »Lässt sich vielleicht auch für diese irgendeine Ursache ihres Verhaltens finden?« – bekanntermassen gibt die Geschichte selbst darüber Auskunft. »Wie geht es wohl dem Kind jetzt selbst?«

Ich will nun nicht dafür plädieren, religiöse Erziehung wieder zum therapeutischen Unterricht zu machen. Aber gerade durch eine solche Geschichte und dieses Bild können Kinder unter Umständen dazu gebracht werden – natürlich im geschützten Raum – ihre möglicherweise eigene bedrängende Situation zu artikulieren. Damit soll gesagt sein: moralrelevante Überlieferung bezieht sich ja nicht nur auf das mögliche Handeln von Kindern, sondern auch auf deren unmittelbares Erleiden grausamer Handlungen. Die vorliegende Darstellung kann der kindlichen Artikulation solcher Erfahrungen einen wesentlichen Haltepunkt geben. Und über allem steht hier die Intention dieser Kinderbibel, als »Quintessenz der Texte das Vertrauen auf Gott, auf seine Führung und Hilfe«[15] zum Ausdruck zu bringen.

C. Die Dimension der Ungerechtigkeit – die Propheten

1. Information

Klassischerweise gehört die Botschaft der alttestamentlichen Propheten zu den Kerngehalten moralrelevanter biblischer Überlieferung. Diese lautet hier: Ungerechtigkeit, Ausbeutung und Armut sollen nicht sein. So finden sich auch diese Themen in Kinderbibeln immer wieder, allerdings taucht gerade das Thema soziale Ungerechtigkeit oder konkret der Prophet Amos in neueren Kinderbibeln erstaunlich selten auf. Dies überrascht durchaus, denn es ist offenkundig, dass sich im Leben von Kindern zu den genannten Themen erhebliche Anknüpfungspunkte auffinden lassen.

---

14 Ebd.
15 Empfehlenswerte Kinderbibeln, hrsg. v. Deutschen Verband Evangelischer Büchereien, Göttingen und der Deutschen Bibelgesellschaft, Stuttgart/Göttingen 2006, S. 42.

2. Anknüpfungspunkte

Kindern kann schon im jungen Alter intensiv bewusst werden, dass und wie Ungerechtigkeit geschieht. Das Ungerechtigkeitsempfinden gehört zu einer der frühen Wahrnehmungs- und Artikulationskompetenzen. So bietet etwa der öffentlich-rechtliche Kindersender KIKA in einer eigenen Sendung namens »Logo« Nachrichten für Kinder an. Und zu den dort immer wieder aufgenommenen und ins Bild gesetzten Themen gehören wesentlich Armut, Ungerechtigkeit sowie Ausbeutung von Kindern an allen möglichen Orten der Welt. Zudem sind nicht wenige Kinder auch in den vermeintlich sicheren Wohlstandsgebieten der westlichen Industrieländer selbst unmittelbar von prekären Lebenslagen betroffen.

3. Bild

Abbildung 3: Amos

Ich gehe hier nun vor allem kurz auf den Text aus der neuen Patmos Bibel[16] ein: »Amos sagt: Wer Menschen missbraucht, der bricht Gottesrecht«.[17] Und im Einleitungstext zu seinen Prophetensprüchen heisst es unter anderem: »Aber da waren viele, die unversorgt in Armut lebten. Die Reichen und die Mächtigen machten mit den Zukurzgekommenen, was sie wollten«.[18]

---

16 Die neue Patmos Bibel, erzählt von José Maria Rovira Belloso. Dt. v. *Hans Hoffmann*. Mit Bildern von Carme Solé Vendrell. Düsseldorf 1990.
17 A.a.O., S. 126.
18 Ebd.

4. Zur Reflexionsqualität

Dieses Kinderbibelbeispiel kann aus meiner Sicht bei der Verwendung zweierlei Arten von Reflexion bei Kindern auslösen: Zum einen können sie gerade durch die Überschrift für den grundlegenden Widerspruch zwischen menschlichem Unrecht und göttlichem Recht sensibilisiert werden, ebenso durch den im Text ausführlicheren Beleg: »Wenn ihr Hilflose ausbeutet und ungerecht seid, dann brecht ihr Gottesrecht«[19].

Zugleich kann bei Kindern die Frage ausgelöst werden, wer denn in ihrer Umwelt und eigenen Lebenswelt die zu kurz Gekommenen sind. Dieses Beispiel kann folglich die Kinder selbst nicht nur zur Empathie gegenüber den Armen motivieren, sondern sie nach den eigenen erfahrenen und auch den mitverursachten Ungerechtigkeiten fragen lassen – womöglich sogar für die dilemmatischen Ambivalenzen von Reich und Arm, Ausbeutung und Wohlstand sensibilisieren. Hier rückt eine moralrelevante Kinderbibelpraxis selbst über den unmittelbar familiären oder gemeindlichen Bezugshorizont in den sozialen Raum und die Sphäre des Politischen ein.

D. Die Dimension der Schuld – Der verlorene Sohn

1. Information

Das Gleichnis vom verlorenen Sohn (Lk 15) gehört zu den klassischen moralrelevanten Inhalten auch in Kinderbibeln. Eine zentrale Botschaft dieser Überlieferung lautet: Auch Versagen und Schuld verschliessen nicht die Möglichkeit des Neuanfangs und der Versöhnung. Ein verzeihender Neuanfang ist möglich, auch wenn er für alle Beteiligten alles andere als leicht zu bewältigen ist.

2. Anknüpfungspunkte

Kinder können angesichts eigener Handlungen und Gefühle intensive Schuldgefühle entwickeln. Ihr Bedürfnis nach elterlicher Anerkennung ist gerade in solchen Situationen immens. Zugleich wissen sie, dass gewisse Verfehlungen auch gerechterweise negative Konsequenzen für sie mit sich bringen können.

Im Blick auf diese Geschichte gilt nun: Je nachdem, in welche Rolle sich das Kind versetzt, wird es den Ausgang des Ganzen ganz unterschiedlich wahrnehmen. Geht es mit dem davonziehenden Bruder mit, wird es dessen Versagen mit vollziehen und sich über die Wiederaufnahme durch den Vater stau-

---

19 Ebd.

nend freuen. Bleibt es gewissermassen beim zu Hause gebliebenen Bruder, wird es sich angesichts der Versöhnung des Vaters vielleicht ungerecht zurückgesetzt fühlen und Neid empfinden. Wie auch immer: die Geschichte hinterlässt Spuren, an die sich intensiv anknüpfen lässt.

3. Bild

Abbildung 4: Der verlorene Sohn

Die entscheidende illustrative Pointe in Rüdiger Pfeffers Kinderbibel[20] besteht aus meiner Sicht gerade in der Veränderung des älteren Bruders angesichts der hier nach der Guten Nachricht gewählten Worte »Der Diener sagt: ›Dein Bruder ist wieder da. Dein Vater gibt ein Fest für ihn‹«[21]. Aus dem Zornigen, zum Angriff Bereiten, wird der, der sich selbst versöhnen lässt, mindestens nun ein Lächeln zeigt. Gerade weil der Ausgang dieser Geschichte bei manchen Kindern Irritation, gar Widerstand auslösen kann – weil er ihrem Verständnis von Gerechtigkeit möglicherweise so gar nicht entspricht – ist dieses Bild selbst in höchstem Mass moralrelevant. Denn entwicklungspsychologisch gesprochen wird durch den lächelnden Bruder die Abgleichung des Versagens durch

---

20 Komm, freu dich mit mir. Die Bibel für Kinder erzählt, hg. v. Deutsche Bibelgesellschaft. Illustrationen und Gestaltung: Rüdiger Pfeffer. Stuttgart 2., verbesserte Auflage 1990.

21 A.a.O., S. 214; vgl. dazu den aufschlussreichen Blick hinter die Comic-Kulissen von *Rüdiger Pfeffer* selbst, Jesus und der Comic – Einblick in die Werkstatt, in: *Gottfried Adam/Rainer Lachmann/Regine Schindler* (Hg.), Illustrationen in Kinderbibeln. Von Luther bis zum Internet, Jena 2005, S. 275–308.

Gleiches versagt und damit ein neues Verständnis des Umgangs mit Schuld und von Gerechtigkeit eröffnet.

4. Reflexionsqualität

Die Herausforderung in der konkreten Praxis des Erzählens und Reflektierens besteht folglich genau darin, diesen überraschenden und geschenkten Neuanfang der Vergebung als spezifisches Merkmal des christlichen Ethos zu kommunizieren. Spätestens hier ist dann auch der Abstand zu bloss humanistischen Moralvorstellungen gegeben. Christlich-ethische Bildung hat es folglich immer auch mit produktiven Irritationen zu tun – im Übrigen sowohl für die Kinder wie für die Eltern. Denn in dem Moment, da dieser Wesenszug des christlichen Ethos erklärt werden soll, sind auch Eltern und Erzieher in ihren eigenen Gerechtigkeitsvorstellungen intensiv gefragt und in der Fähigkeit, gerade im Ernstfall vergeben zu können, herausgefordert.

E. Die Dimension des Bösen – Kreuz und Leiden Jesu

1. Information

Auf den ersten Blick gehört die Geschichte von der Kreuzigung Jesu nicht unmittelbar in den Bereich der moralrelevanten Erzählungen der Kinderbibel. Überhaupt versuchen einige Kinderbibeln, dieser dramatischen Geschichte eine für die Kinder aushaltbare Form zu geben. Die Botschaft lautet gleichwohl: das Böse hat auf höchste denkbare und leidvolle Weise Macht. Zugleich ist die Auferstehung schon am Horizont und oft auch schon im selben Bild mit präsent.

2. Anknüpfungspunkte

Man sollte nicht unterschätzen, dass Kinder einen erheblichen Sensus nicht nur für die erwähnte Ungerechtigkeit, sondern auch für das Böse haben. Sie erfahren in ihrer eigenen Umwelt, die sie wahrnehmen, dass Böses und Leiden nicht sein soll und es doch zugleich auf machtvolle und bedrohliche Weise existiert. Insofern sind auch hier vom Leben der Kinder selbst her dramatische Anknüpfungspunkte zur Kreuzigungsszene und Kreuzesbedeutung gegeben.

3. Bild

Abbildung 5: Kreuzigung Jesu

In der »Bibel für Kinder und alle im Haus«[22] findet interessanterweise eine klassische, geradezu brutale Darstellung des Schmerzensmanns bzw. der Kreuzigungsszene Verwendung. Der »volkreiche Kalvarienberg« von Meister von Liesborn scheint gewagt und wird bei Kindern mit Sicherheit auch Irritation und Erschütterung auslösen. Eine raffinierte pädagogische Absicht ist gleichwohl bei Rita Burrichter als der Bildverantwortlichen zu vermuten, insofern die detaillierte Abbildung Kinder mit Sicherheit zum individuellen Such- und Entdeckungsprozess einlädt.[23]

4. Reflexionsqualität

Gerade deshalb aber erscheint mir dieser Zugang von erheblicher moralrelevanter Qualität. Denn Kinder werden fragen: »Wie kann es sein, dass Menschen anderen Menschen Grausamkeiten bis hin zum Tod antun?« und »Warum musste Jesus leiden?«. Zugleich wirft die vielfältige Szenerie die Frage auf »Warum hat ihm niemand geholfen?« oder wie es in der Kinderbibel selbst formuliert wird: »Jetzt aber sind alle Nachfolger aus Angst geflohen, die Frauen jedoch bleiben mutig da und beobachten alles ganz genau«.[24]

Und ebendies kann Anknüpfungspunkt dafür sein, dass Kinder einen Sensus für das Leid anderer Menschen entwickeln. Abgesehen davon kann auch hier wieder damit gerechnet werden, dass Kinder durch eine solche Geschichte auch eigene Erfahrungen der Verlassenheit und Schutzlosigkeit zu reflektieren ver-

---

22 Die Bibel für Kinder und alle im Haus. Erzählt und erschlossen von *Rainer Oberthür*. Mit Bildern der Kunst. Ausgewählt und gedeutet von Rita Burrichter, München 2004.
23 A.a.O., S. 254f.
24 A.a.O., S. 254.

mögen, ganz im Sinn der Absicht dieser Bibel selbst, die in folgender Weise formuliert ist: »Denn wer die Bibel liest, findet sich selbst darin. Du wirst etwas Spannendes entdecken: Du liest das Buch – das ist normal – und zugleich liest das Buch dich – das ist ungewöhnlich«.[25]

Zudem wird gerade durch die bildhafte Zukunftsvision der Auferstehung, die im unteren rechten Teil der Kreuzigungsszene aufgenommen ist, ein Zusammenhang der moralisch relevanten Frage mit der christlichen Hoffnung auf Überwindung des Bösen hergestellt, der dann auch die kindlichen Schreckensvorstellungen mindestens in ungewöhnlicher Weise zu relativieren vermag. Rita Burrichter formuliert dies zum genannten Bild selbst, das sie ein »Wimmelbild« und »Vergleichzeitigungsbild« nennt: »Ein Kind hat einmal gesagt: ›Ich glaub, da ist Jesus zweimal drauf, tot und lebendig!‹, und diese Beobachtung ist so etwas wie ein Schlüssel zu diesem Bild«.[26]

F. Die Dimension der Hoffnung – Die Stillung des Sturmes

1. Information

Auch wenn die Stillung des Sturmes (Mk 4) auf den ersten Blick thematisch nicht einschlägig ist, integriere ich sie aufgrund ihrer Hoffnungsdimension in den moralrelevanten Kernbestand biblischer Überlieferung. Moralrelevant in dem theologischen Sinn, dass sich Kinder in Situationen der Angst und an den Grenzen ihres verfügbaren Handelns gleichwohl getragen wissen können. Diese Überlieferung signalisiert: Angst braucht nicht dauerhaft sein.

2. Anknüpfungspunkte

Dies erscheint mir umso notwendiger, als Angst in verschiedener Form zu den existentiellen Grunderfahrungen von Kindern gehört. Man denke nur etwa an Verlust- und Versagens- oder Ungenügensängste, die bei Kindern nachhaltige Erfahrungen und dauerhafte Verlustängste mit sich bringen können. In jedem Fall kann gleichsam in der kindlichen Welt- und Selbsterfahrung ein Ende des Angst machenden Sturmes unabsehbar sein.

---

25 A.a.O., S. 13; vgl. dazu auch *Rainer Oberthür*, »Die Bibel für Kinder und alle im Haus«. Kriterien für die Textauswahl im Zusammenhang des Gesamtkonzepts, in: *Gottfried Adam/Rainer Lachmann/Regine Schindler* (Hg.), Die Inhalte von Kinderbibeln. Kriterien ihrer Auswahl, Göttingen 2008, S. 201–217.
26 Die Bibel für Kinder und alle im Haus, a.a.O., S. 317f.

3. Bild

Abbildung 6: Stiftung des Sturms

Besonders eindrücklich an dieser Fassung der Geschichte27 ist die Konzentration auf die elementaren Sätze: »Da wird es ganz still. Der See liegt ganz ruhig da. Die Jünger erschrecken. Sie sagen zueinander: ›So mächtig ist Jesus! Er spricht nur ein Wort – und dann gehorchen ihm Wind und Wellen!‹. Der See bleibt still. Das Schiff fährt ruhig weiter«28, andererseits auf die damit verbundenen Ruhebilder Kees de Korts. Der Sturm hat die Mannschaft und das Segel gebeutelt, aber die Fahrt kann hoffnungsvoll weitergehen.

4. Reflexionsqualität

Bedeutsam scheint mir die Thematisierung und Reflexion dieser Geschichte insbesondere deshalb, weil Kinder nicht selten gerade in existentiellen Situationen das Wohl und Wehe paradoxerweise auf ihr eigenes Handeln zurückführen und sich für eine bestimmte bedrängende Situation selbst verantwortlich fühlen. Insofern ist die Stillung des Sturmes moralrelevant, als sie Kinder dafür sensibilisieren kann, dass das Wohl und Wehe nicht in ihrer Verantwortung und Verfügung liegt. Die biblische Überlieferung also hat hier ihre moralrelevante Seite, indem sie vor der Überforderung des eigenen Handelns zu schützen vermag. Die christlich-ethische Dimension zeigt sich schliesslich darin, dass Angst selbst durch präsente Hoffnung an ihr Ende kommen kann.

---

27 Das grosse Bibel-Bilderbuch: alle Geschichten der Reihe »Was uns die Bibel erzählt« in einem Band. Gemalt von Kees de Kort. (Erzähltext und Nachw. *Hellmut Haug*), Stuttgart 1994.
28 A.a.O., S. 211ff.

G. Die Dimension der Liebe – Das Kinderevangelium

1. Information

Mit der Überlieferung des Kinderevangeliums (Mk 10) scheinen wir uns von den informativen, moralrelevanten Themen der biblischen Tradition zu verabschieden. Denn auf den ersten Blick ist man damit in einem ganz anderen »Setting«. Auf den ersten Blick ist diese Passage fern von allen konkreten ethischen Fragen der Urteilsbildung und Entscheidungsfindung. Und doch sind wir hier im Kernbereich und auf dem christologischen Höhepunkt des christlichen Ethos. Die moralrelevante Bedeutsamkeit der Kinderbibel erreicht gerade in dieser Überlieferung ihren Höhepunkt.

2. Anknüpfungspunkte

Bei der Wahrnehmung dieser Szene kann sich auch bei den Kindern selbst ein Gefühl einstellen, das für deren eigene Persönlichkeit von unmittelbarer Bedeutung ist, insbesondere bei Kindern, die über Erfahrungen der Ablehnung, Zurückweisung und des grundsätzlichen Misstrauens verfügen und für die alle Formen unmittelbarer Nähe und Zuneigung ausschliesslich problematisch besetzt sind. Es handelt sich hier gleichsam um den Kontrapunkt zu all den bedrohlichen und existenziellen Gefährdungen, die Kinder tagtäglich erleben müssen. Die Botschaft lautet: Annahme der Kinder wird sein.

3. Bild

Abbildung 7: Kinderevangelium

Hier ist nun bewusst eine Szene aus einer älteren Kinderbibel, dem Schild des Glaubens von Jörg Erb,[29] ausgewählt, weil zugegebenermassen in aktuellen Ausgaben kaum vergleichbar Eindrückliches zu finden ist. Diese Darstellung zeigt einerseits die Annahme Jesu gegen alle Zurückweisung der Erwachsenenwelt, andererseits gerade die mögliche personale Präsenz elementaren Schutzes und unmittelbarer Zuneigung. Auch wenn das Bildprogramm gegenüber den zeitgenössischen Kinderbibeln geradezu archaisch wirkt, kann doch auch hier ein tieferer Sinn erschlossen werden und selbst das von Erb gewählte Vorwort kann hier neue zeitgemässe Bedeutung erlangen: »Wenn du andächtig die Bilder betrachtest, die dir das Wort vor Augen malen, wenn du liesest oder lernst, so behüte dich Gott an Leib, Seele und Geist«.[30]

4. Reflexionsqualität

Wenn eine solche Geschichte auch nur die Frage »Wer nimmt mich an?« auslöst, hat dies aus meiner Sicht schon eminent moralrelevante Bedeutung. Gerade diese Illustrierung kann als christliche Version der säkularen Kinderrechte[31] gelesen werden. Als Szene auf Augenhöhe, spiegelt sie das christliche Ethos wechselseitiger Annahme, Aufmerksamkeit und Achtsamkeit paradigmatisch wider. Die hier zum Ausdruck kommende Sorge um die Kinder bzw. jedes einzelne Kind stellt ein, ja geradezu *das* prinzipielle Leitideal christlich-ethischer Bildung dar. Insofern kann ganz besonders diese Darstellung über die Zeiten hinweg in eindrücklicher Weise die Angewiesenheit der Kinder auf echte Geborgenheit und damit die bestärkende Ermöglichung individueller Sicherheit veranschaulichen.

---

29 Schild des Glaubens. Geschichten der Bibel Alten und Neuen Testaments samt einem Auszug aus dem Psalter und den Briefen der Apostel. Dargeboten von *Jörg Erb* mit Bildern von Paula Jordan. Ausgabe für die Badische Landeskirche, Karlsruhe 1969.

30 A.a.O., S. 5; vgl. zum Hintergrund der Illustrationen Paula Jordans auch *Gottfried Adam*, Der »Schild des Glaubens« von Jörg Erb, Eine biblische Geschichte von Rang, in: *Gottfried Adam/Rainer Lachmann* (Hg.), Kinder- und Schulbibeln. Probleme ihrer Erforschung, Göttingen 1999, S: 64–89, v.a. S. 73–77.

31 Vgl. dazu jetzt *Frank Surall*, Ethik des Kindes. Kinderrechte und ihre theologisch-ethische Rezeption, Stuttgart 2009.

5. Fazit

– Kinderbibeln als Medien christlich-ethischer Bildung ermöglichen Kindern
durch ihre moralrelevanten Inhalte Initialzündungen für individuelle und
gemeinsame Reflexion über das eigene Urteilen, Handeln und Erleiden mit
allen Sinnen. In didaktischer Hinsicht verdeutlicht dies die Notwendigkeit
einer erfahrungsorientierten und dialogischen christlich-ethischen Bil-
dungspraxis von Seiten der professionellen ErzieherInnen wie auch der
Eltern. Gerade die Thematisierung moralrelevanter Fragen erfordert
Zugangsweisen, bei denen Form und Inhalt sich nicht widersprechen, sondern sich in hohem Mass entsprechen. Dies macht es notwendig, Kindern
Erfahrungen gelingender Dialoge über moralische Fragen zu eröffnen, bei
denen sie sich tatsächlich mit ihren Entwicklungsmöglichkeiten ernst
genommen fühlen. Es geht insofern mindestens so stark um informierend-
orientierende Antworten wie um Verstehen eröffnende Fragen. Der qualitative Beitrag von Kinderbibeln besteht folglich darin, den Blick in
kindgemässer und einer der Entwicklung angemessenen Weise für die
gemeinschaftliche und partizipative Seite christlich-ethischer Bildung zu öffnen.
– Gerade in den dunkelsten Geschichten der Bibel spiegelt sich die Realität
gegenwärtigen kindlichen Lebens wider. Sie erzeugen einerseits erschüt-
ternde Faszination, zugleich ermöglichen sie ethische Phantasie für alternative Wege, Lebens- und Handlungsmöglichkeiten. So erschliesst die Bibel als
Medium christlich-ethischer Bildung hoffnungsvolles Veränderungspoten-
tial. Dass Kinder schon in frühem Alter einen ausgeprägten Sinn für Erfahrungen von Ungerechtigkeit, Leid oder Unwahrhaftigkeit entwickeln, ist
auch von religionspädagogischer Seite aus unbedingt ernst zu nehmen. Der
qualitative Beitrag von Kinderbibeln besteht folglich darin, den Blick für die
solidarische und empathische Seite christlich-ethischer Bildung zu öffnen.
– Religionspädagogik kann durch die Beschäftigung mit Kinderbibeln an der
allgemeinpädagogischen Debatte über Fragen moralischer Erziehung und
Wertevermittlung eigenständig partizipieren, indem sie ihr ein spezifisches
Gepräge gibt. Dabei hat sie sich davon abzugrenzen, auf blosse Werteerzie-
hung reduziert oder gar zu einer Vermittlungsinstanz für Sekundärtugenden
funktionalisiert zu werden.[32] Die sorgsame Unterscheidung von Moral und
christlichem Ethos verhindert, dass Kinderbibeln lediglich als mediale Erfül-
lungsgehilfen eines allgemeinen humanistischen Erziehungsideals in den

---

32 Vgl. dazu *Reinhold Mokrosch/Arnim Regenbogen* (Hg.), Werte-Erziehung und Schule. Ein Handbuch für Unterrichtende, Göttingen 2009.

Blick kommen. Der qualitative Beitrag von Kinderbibeln besteht folglich darin, den Blick für die zivilisierende und friedensstiftende Seite christlich-ethischer Bildung zu öffnen.

– Eine qualitätsvolle Kinderbibelpraxis richtet sich in Fragen moralrelevanter Dimensionen nicht nur auf das Handeln des Kindes selbst, sondern muss auch die Handlungen und Erfahrungen, denen Kinder ausgesetzt sind oder unter denen sie zu leiden haben, mit im Blick haben und thematisieren. Insofern kann eine moralrelevante Kommunikationspraxis des Evangeliums nicht nur auf die aktive Urteilsbildung der Kinder abzielen, sondern auch auf die Ermöglichung der Artikulation eigener Unrechts- und Leiderfahrungen. Der qualitative Beitrag von Kinderbibeln besteht folglich darin, den Blick für die kinderrechtliche Dimension christlich-ethischer Bildung zu öffnen.

– Gerade wenn man in Fragen ethischer Bildung über die klassischen morali-schen Geschichten hinausgeht, kann damit ein intensiveres Licht auf den biblischen Überlieferungs- und Sinnzusammenhang im Ganzen, also auch auf die Gemeinsamkeit von Altem und Neuem Testament geworfen werden. Der qualitative Beitrag von Kinderbibeln besteht darin, den Blick für Gottes bewahrende und Generationen umfassende Geschichte mit seinen Men-schen und damit die menschenfreundliche und versöhnende Seite christlich-ethischer Bildung zu öffnen.

In diesem Sinn lohnt sich die Thematisierung von Moral und Ethik in Kinder-bibeln sowohl für die Religionspädagogik wie für Verantwortliche in familiärer, kirchlicher und schulischer Erziehung und schliesslich hoffentlich für die Kin-der selbst. Gerade aufgrund der hohen emotionalen Besetztheit in der gegen-wärtigen Erziehungsdiskussion ist eine solche qualitätsvolle Kinderbibelpraxis ein echter Prüfstein sowohl für die theologische Tiefe der Religionspädagogik als auch für die zukünftige Praxis mit Kinderbibeln als Medien christlich-ethi-scher Bildung – und dies um der Kinder selbst willen.

Reinmar Tschirch

Kinderbibelautoren der Aufklärungszeit

1. Zur Einführung

Hier sollen zwei Theologen der Aufklärungszeit vorgestellt werden, die biblischen Stoff literarisch Kindern vermitteln und ihnen Zugang zu der Gestalt Jesu verschaffen wollten.

1.1 Jakob Friedrich Feddersen

Geb. 31.07.1736 in Schleswig
Gest. 31.12.1788 in Altona

Abbildung 8: Jakob Friedrich Feddersen

Zuerst Schüler der Domschule in Schleswig studierte Jakob Friedrich Feddersen dann Theologie von 1755 bis 1758 in Jena. Kurzzeitig Hauslehrer in seiner Vaterstadt und Kabinettsprediger beim Herzog von Holstein, war er von 1766 bis 1769 als Pfarrer in Ballenstedt, Bernburg und Harzgerode und zugleich als

Hofprediger der damaligen Fürsten zu Anhalt-Bernburg tätig, dann war er von 1769 bis 1777 dritter Prediger an der Johanniskirche in Magdeburg. Anschliessend wirkte er als Pastor und Hofprediger am Dom in Braunschweig, wonach er 1788, zum Konsistorialrat und Propst berufen, nach Altona wechselte, wo er noch im gleichen Jahr verstarb.

Feddersen entfaltete – neben seiner Tätigkeit als Pfarrer und Religionslehrer – eine umfangreiche schriftstellerische Tätigkeit. Er war Autor einer Vielzahl theologischer, moralischer und pädagogischer Schriften, die für erwachsene Leser bestimmt waren: Predigten und Trauerreden, Andachten, Lieder, Sammlungen von moralischen Beispielgeschichten u.a.m. Viele Editionen befassten sich mit biblischen Themen.
- Leben Jesu für Kinder. Halle: Hemmerde 1775
- Lehrreiche Erzählungen aus der biblischen Geschichte für Kinder. Eine Fortsetzung des Lebens Jesu für Kinder. Halle: Hemmerde 1776
- Beyspiele der Weisheit und Tugend aus der Geschichte für Kinder, mit Erinnerungen für Kinder. Halle: Hemmerde 1777–1780
- Lehren der Weisheit für das Frauenzimmer. Flensburg o.V. 1790

1.2 Heinrich Philipp Conrad Henke

Geb. 3.07.1752 in Hehlen bei Braunschweig
Gest. 2.05.1809 Helmstedt
Studium der Theologie und Philologie in Helmstedt.
Seit 1777 Prof. der Philosophie bzw. Theologie in Helmstedt.
Abt von Königslutter, Vizepräsident des Konsistoriums in Braunschweig.

DᴵHᴇɪɴʀ.Pʜɪʟ.Cᴏɴʀ.Hᴇɴᴋᴇ

Abbildung 9: Heinrich Philipp Conrad Henke

Henke war von Lessing und W.A. Teller beeinflusster Hauptvertreter eines vor-
kantischen theologischen Rationalismus. In seinem Grundriss der Dogmatik
argumentierte Henke gegen den dreifachen Aberglauben der von ihm so
genannten Christolatrie, die Jesus als Gott verehrt, der Bibliolatrie, die die Heilige Schrift als dem historisch-kritischen Urteil entzogenes Buch versteht, und
der Onomatologie, die sich auf alte Lehrbegriffe versteift (siehe RGG 4, Bd 3,
Sp.1626. S.a. E. Hirsch, Art. Onomatologie). Henkes Absicht ging darauf, die
christliche Offenbarung als Vernunftreligion zu verstehen, in der die auf
Christus gerichtete Religion (in Christum religio) zur religio Christi zurück
entwickelt ist. Seine theologischen Hauptwerke:
- Lineamenta institutionum fidei Christianae historio-criticarum 1793 (dt.
  1802).
- Allgemeine Geschichte der christl. Kirche 6 Bände 1788–1804 Bd. 7–8
  postum 1817/20.
- Auswahl Biblischer Erzählungen für die erste Jugend. Leipzig 1794 3. verbesserte Auflage. Nach dieser Ausgabe wird zitiert.

2. Zu Jakob Friedrich Feddersen: Leben Jesu für Kinder

Feddersens »Leben Jesu für Kinder« bietet:
1. eine kurzgefasste Geschichte des Lebens Jesu – eingeteilt in drei Jahre des
   Lehramtes Jesu;
2. Betrachtungen und Gebete zu Leben und Lehren Jesu;
3. eine Darstellung der Lehren und Tugenden Jesu, darunter lehrreiche Gleich-
   nisreden (Verlorener Sohn, die anvertrauten Talente, reicher Mann und
   armer Lazarus, barmherziger Samariter). Die Textstücke sind aus den synoptischen Evangelien und dem Johannesevangelium zusammengemischt.

Feddersens umfängliche Schriftstellerei war allgemein von dem Interesse be-
stimmt, dem (kindlichen) Leser eindrückliche »Beyspiele der Weisheit und
Tugend« aus der weltlichen und religiösen Geschichte zu vermitteln. In gleicher
Weise hat er auch biblische Stoffe als moralische Exempelgeschichten gestaltet
– wie etwa in seinem »Das Leben Jesu für Kinder«. Mit ebendiesem Werk hat
Feddersen nicht eigentlich eine Bibelausgabe, sondern eine christlich-biblische
Tugendlehre vorgelegt. Alle biblischen Stoffe, die Feddersen oft als bekannt
voraussetzt, darum nur sehr kurz andeutet und umschreibt, werden mit
pädagogisch orientierten Lehren versehen. Wenn einmal auf biblische Texte
ausdrücklich eingegangen wird, dann sind sie oft recht weitschweifig paraphra-
sierend und kommentierend erzählt.

Feddersens Grundüberzeugung: Man kann den Lebenswandel Jesu als das schönste Muster der Sittenlehre nehmen, man kann an dem Beispiel Jesu lernen: »Gott gehorsam zu seyn, das Gute zu thun und das Böse zu meiden.« (S. 35). Ob die kindlichen Leser diesem moralischen Anspruch genügen, sollen sie selber prüfen. Die Bibeltexte dienen vornehmlich der moralischen Unterweisung des Lesers; streckenweise wirkt das Buch wie eine Anleitung zu gewissenhafter Selbsterforschung, als innere Vorbereitung auf ein Beichtgespräch. So sagt Feddersen zur Begründung seines Buchvorhabens: »Im Unterricht und in der Erziehung der Kinder zum Guten hat es einen gesegneten Einfluss, wenn man ihnen den Charakter Jesu nach ihrer Fassung (entsprechend ihrer Auffassungsgabe), bekannt macht [...]. Es ist unmöglich ihnen ein besseres Muster des Guten vorzustellen, [...] als durch die Beschreibung der Denkungs-, Lehr- und Lebensart Jesu geschehen kann.« (Vorrede S. IIIf)

Doch ist Feddersens Jesus »mehr als ein blosses Menschenkind. Er ist der höchste Lehrer der Weisheit und Gottseligkeit.« (S. 38) »Er [...] war der grösste Menschenfreund, der je auf Erden gelebet hat.« (S. 138) Mit seinen lehrreichen Reden und Tugenden gibt er den Lesern ein Beispiel, dessen Befolgung zu Weisheit und Glückseligkeit führt. Doch schon dem irdischen Jesus werden göttliche Qualitäten wie Allmacht und Allwissenheit zugesprochen (S. 93). Als Beweise dafür gelten Feddersen – wie in der altprotestantischen Orthodoxie – die Wunder (hier besonders die Auferweckung des Lazarus) und die Erfüllung seiner prophetischen Voraussagungen (z.B. der Zerstörung Jerusalems). Er könne – so Feddersen im Vorbericht zu »Leben Jesu für Kinder« (S. III) – »denen nicht beypflichten, die Jesum so tief herunter würdigen, dass sie ihn nur für einen vorzüglich weisen und edeldenkenden Menschen halten. Es handelt sich also – wie Christine Reents bemerkt – bei Feddersen »nicht um Auflösung des christologischen Dogmas, sondern um neuinterpretierende Verteidigung mit den rationalen und katechetischen Mitteln der Aufklärung.« Die Lebensgeschichte Jesu wird in einer Mischung von johanneischen und synoptischen Textstücken dargeboten. Dabei greift Feddersen stärker in die biblischen Texte ein, die oft nur verkürzt als Resümee wiedergegeben werden. Feddersens Erzählweise entfernt sich oftmals recht weit vom Wortlaut der neutestamentlichen Texte, so besonders in den Betrachtungen und Gebeten. Er unterstellt dem Leser gern dessen Zustimmung zu vom Autor formulierten (oft sehr unkindgemässen) Urteilen. Überhaupt ist der Erzählstil Feddersens sehr emotional und wertend: so werden Adjektive wie: rührend, schändliche Tat, eine sehr trostreiche und bewegliche Abschiedsrede u.ä. vielfach in den Superlativ gesetzt.

Die in den biblischen Texten enthaltene Moral wird in breiter Ausführlichkeit herausgearbeitet und dem oft vom Autor direkt angesprochenen kindli-

chen Leser (»Liebes Kind!«; »Kind, ich bitte dich«; »geliebte Kinder!«) drängend
ans Herz gelegt. Feddersen spricht seine kindlichen Leser gezielt an: »Du sollst
ein reines Herze haben. Das heisst, du sollst nichts böses denken und wollen; in
deinem Gemüthe sollen keine anderen Gedanken, Wünsche und Begierden
seyn, als die nach den göttlichen Geboten erlaubt sind. Liebes Kind, hast du ein
solches reines Herz?« (S. 56 zur Bergpredigt) Auffallen mag dabei, dass Feddersen sich auch an beide Geschlechter wendet: »Junge Christen und Christinnen,
mein Sohn, (meine Tochter)«.

An die kurzgefasste Geschichte des Lebens Jesu schliessen sich in einem
zweiten Buchteil längere moralische Betrachtungen und Gebete zu Leben und
Lehren Jesu an. In einem Schlussteil werden die Tugenden Jesu im Einzelnen
aufgelistet und herausgestellt. Lernwilligkeit und Dienstfertigkeit sind es besonders, die dem Autor u.a. als wichtige, von Jesus verkörperte Tugenden gelten. In
der Erzählung vom zwölfjährigen Jesus wird der Tempel zur Schule. Dabei legt
Feddersen dem Leser dann z.B. als »Entschluss« nahe: »Von meinem lieben
Erlöser will ich es lernen, mit Lust zur Kirche und Schule zu gehen [...] Bey
dem Unterricht meiner Lehrer, will ich stets aufmerksam seyn« (S. 47). Über
die angebliche Arbeitsamkeit Jesu heisst es: »Das ganze Leben unseres Erlösers
verging in lauter nüzlichen Geschäften. Er war ein Feind des Müssiggangs. [...]
Lernet von ihm Fleiss und Lust zur Arbeit!«. Die Mahnung wird abgeschlossen
mit Versen aus einem zeitgenössischen Liederbuch für Kinder:

> »Zur Arbeit, nicht zum Müssiggang,
> Sind wir, o Herr! auf Erden.
> Drum lass mich doch mein Lebenlang
> Kein Müssiggänger werden!
> Das müsse mein Vergnügen seyn,
> Mich den Geschäften ganz zu weihn,
> die Du mir auferlegest.«

Ein weiteres Thema von moralischem Gewicht ist der Gehorsam. Das von Feddersen ausführlicher kommentierte Gleichnis vom Verlorenen Sohn dient der
Warnung vor den »Thorheiten, Lüsten und Ausschweifungen der Jugend«. Das
Gleichnis gibt Gelegenheit zu der Mahnung, auf den Rat von Eltern und Lehrern zu hören. Der jüngere Sohn aber »wollte nicht länger unter der Aufsicht
seines guten Vaters bleiben; sondern nahm sich vor, um ungehindert nach seinen jugendlichen Lüsten leben zu können, in die Fremde zu gehen.« (S. 96)
Darin besteht sein Vergehen. Die Folgen, die jugendlicher Ungehorsam und ein
Leben in Lüsten nach sich ziehen, werden oft recht drängend und drohend
beschrieben: Wer den Jugendsünden erliegt, riskiert Krankheit und Siechtum,
warnt der Autor. Deshalb wäre es hilfreich, wenn die Leser bei Hospitalbesu-
chen direkt mit dem mit Krankheit und Siechtum geschlagenen Opfer jugendli-

chen Leichtsinns konfrontiert würden (S. 100). Die mit biblischen Hinweisen versehenen moralischen Kommentare Feddersens dienen einerseits als Prüfpunkte der Gewissenserforschung, andererseits als moralische Handlungsanweisungen.

Unter den Tugenden Jesu erscheinen weiterhin neben anderen typischen Werten der Aufklärung auch die oben erwähnte Arbeitsamkeit, die Industriosität. Weiterhin schreibt Feddersen der Freundschaft Jesu mit Kindern Menschenliebe, Frömmigkeit, Gebetseifer und Kindesliebe zu. So sorgt Jesus mit vorbildhafter kindlicher Liebe noch am Kreuz für seine Mutter (Josef bleibt bei Feddersen ausgespart; er rangiert nur als Pflegevater).

Feddersen verwendet in seinem Buch reichlich Gleichnisstoff. Die Parabeln vom reichen Mann und armen Lazarus und vom barmherzigen Samariter etwa sollen auch zu »Dienstfertigkeit und zum Mitleiden gegen jeden Menschen, der eure Hilfe braucht« erwecken, zu einer Barmherzigkeit, die auch den Hilfsbedürftigen von niedrigerem Stande oder von anderer Religion gelten muss. »Der Nothleidende sey vornehm oder niedrig! Christ oder Jude! Er sey ein Lutheraner, Reformierter, Catholik, oder wie man ihn seinem Glauben nach nennen mag: dienet ihm, helft ihm, gebt ihm! So macht es Gott [...]« (S. 110).

Man wird dem Denken Feddersens wohl nicht mit dem Urteil gerecht, er sei ein trockener Moralist, dem es weniger um die Darstellung biblischer Stoffe als um deren Ausnutzung zur moralischen Belehrung gegangen sei. Umgekehrt mag der Autor, dem »seine Philosophie, wie seine Religion, [...] ganz Anwendung und That« war (Wolfrath S. 35), wohl im Bewusstsein gehabt haben, dass in der lehrhaften und meditierenden (Gebetstexte, Verse) Übersetzung biblischer Motive in moralische Überzeugungen deren eigentliche Intention erst vollgültig zum Ausdruck kommen würde. Zum Schluss bleiben Fragen:
- Wie ist Feddersens Verhältnis zur Aufklärung zu sehen? Muss man es nicht als ambivalent bezeichnen? Neben Elementen, die ihm einen Platz in der Entwicklung zu einer aufgeklärten Theologie verschaffen und ihn mit liberalerem Denken verbinden, stehen andere, die ihn noch fest im Denken der Orthodoxie verankert sein lassen.
- Wirkt sein Stil, der auf Sündenerkenntnis und Reue zielt und drängt, nicht pietistisch? Ist er an biblischem Stoff nur insoweit interessiert, als an ihm überzeugende moralische Exempel des Guten dargestellt und als Gegenbild Sünden in abschreckender Weise vorgeführt werden?

3. Zu Heinrich Philipp Conrad Henke: Auswahl Biblischer Erzählungen für die erste Jugend

Seine »Auswahl Biblischer Erzählungen für die erste Jugend« von 1788 hat sechs Auflagen erlebt (1815 postum von Johann Christian Dolz bearbeitet und mit einer kritischen Vorrede versehen) und war vor allem als Schulbuch gedacht. Wie aus der Vorrede zur ersten Auflage hervorgeht, hat Henke diese Biblischen Erzählungen bestimmt für den Gebrauch von »Kinderlehrern« und Müttern. Gedacht ist auch an eine angeleitete Eigenlektüre von Kindern.
Das Buch ist in drei Teile gegliedert:

1. Die allgemein von Henke bevorzugten »Lehrerzählungen«, überwiegend neutestamentlicher Gleichnisstoff (angefügt ist die Bildrede über den Leib und die Glieder aus 1 Kor 12,12ff);
2. Geschichtserzählungen aus der Geschichte Jesu und
3. Erzählungen aus dem Alten Testament.

Henke wollte bewusst eine Auswahl an biblischen Texten vornehmen, um ein Zuviel an Bibelgeschichten zu vermeiden: »Wie vieles mag da gelesen werden müssen, um gelesen zu seyn!« Dabei bevorzugte Henke die Gleichnisse: sie seien für Kinder verständlich und von Nutzen. Er erzählte sie sehr frei nach und fügte ihnen jeweils Schlussfolgerungen an, die ihren moralischen und lebenspraktischen Sinn herausarbeiten wollen (»Jesu herrliche Sittenlehre«).

Die Texte, in denen Henke Geschichtserzählungen aus dem Alten und Neuen Testament anbietet, sind mit Erklärungen und Paraphrasen versehene Zusammenfassungen zu einem Thema/einer Figur: Von Judas, Petrus, der Passions- und Ostergeschichte. – Auch bei den alttestamentlichen Stoffen ist die Auswahl sehr radikal: Die Urgeschichte (Schöpfung, Sintflut, Turm zu Babel) fehlt – wollte Henke die Konfrontation mit den sich entwickelnden Naturwissenschaften vermeiden? – weiterhin die Propheten und Psalmen. Die Erzählungen sind um die jeweilige biblische Person (Abraham, Joseph, David) zentriert.

Skeptisch äussert sich Henke zu Wundererzählungen, die seiner Auswahl bis auf eine einzige (der Jüngling zu Nain) zum Opfer fielen: »Von Wunderbegebenheiten wird nicht viel vorkommen, eben weil sie für die erste Jugend, die über Absicht und Gottanständigkeit derselben erst künftig unterrichtet werden soll, nicht taugen, und mit Unvorsichtigkeit erzählt fast eben so nachtheilig werden können wie Gespensterhistorien« (Vorrede zur 1.Aufl.). Freilich zielt Henkes Reserviertheit nicht das Faktum von Wundern in Zweifel, sondern warnt nur vor deren falscher Vermittlung. Dass die Zeichenbitte des reichen Mannes abgewiesen wird, begründet Henke so: »Die Unterweisungen der Religion sind an sich fasslich und annehmlich, dass es für uns keiner Wunder mehr bedarf, uns von ihrer Wahrheit zu überzeugen, um ihre Anordnungen wichtig zu machen, und uns den Gedanken an die zukünftige Welt stark einzuprägen«. (S. 42) Bollmann berichtet von seinem akademischen Lehrer, dass Henke – wenn nur irgend möglich – eine natürliche Erklärung für die neutestamentlichen Wundererzählungen vorzog: Wollte ein Exeget eine vernünftige Erklärung vernachlässigen, würde er die Vernunft verachten, die doch auch eine Gabe Gottes sei. So würde »ein grosser Teil der für die Menschheit nützlichsten und wohltätigsten physikalischen Wissenschaften gar nicht entstanden sein, sondern man würde noch wie ehemals, jede Naturerscheinung durch Wunder und Zauberei erklären, wobei die Naturkräfte in eine dunkle Nacht eingehüllt bleiben.« Daher eliminierte er mythologische Figuren (Engel, Satan etc.) in seiner Nacherzählung (die Engelerscheinungen in Gethsemane oder am Grab Jesu; die Versuchungsgeschichte mit der Satansfigur) oder nahm Texte, in denen Mythologisches vorkommt, in seine Auswahl gar nicht erst auf. Auch übergeht er die legendenhaft ausgestalteten Geburtserzählungen aus Matthäus und Lukas und beginnt die Erzählungen aus dem Leben Jesu erst mit dem zwölfjährigen Jesus im Tempel.

Die von ihm bevorzugten Gleichnisse, die »Jesu herrliche Sittenlehre« beinhalten, sind von Henke sehr frei nacherzählt. Er hat dabei kräftig in Inhalt und Stil der biblischen Texte eingegriffen. Der originale biblische Zusammenhang ist angeschnitten: Die Anfangshinweise (Das Himmelreich ist gleich...) und die Einbettung in konkrete Erzählanlässe und -situationen sind gestrichen. Die biblischen Erzählungen sollen von Fremdem und Zeitgebundenem befreit sein. Deutlich wird das z.B. beim Gleichnis vom Verlorenen Schaf: Die anfangs erwähnten Pharisäer und Schriftgelehrten fehlen, ebenso die Anwendung auf die Sünder und Gerechten in Lk 15,7. Stattdessen hat Henke hier jeweils Schlussfolgerungen angefügt, mit denen er den moralischen und lebenspraktischen Sinn der Gleichnisse formulieren wollte. So lautet sein Kommentar beim Gleichnis vom Verlorenen Schaf: Durch Verlust erst lernt man die verlorenen Werte schätzen. Im Gleichnis vom Verlorenen Sohn sieht Henke eine Warnung vor jugendlichem Leichtsinn (Feddersen hatte seine Leser hier vor den Jugendsünden und vor allem vor dem Wunsch gewarnt, »nach ihrem unvernünftigen Eigenwillen zügellos zu leben« und sich der elterlichen Aufsicht zu entziehen). Beim Barmherzigen Samariter fehlt die Beziehung auf den Dialog zwischen Jesus und dem Schriftgelehrten über die Frage: Wer ist mein Nächster? Ebenfalls die Ortsbezeichnung: die Strasse von Jerusalem nach Jericho. Indem Henke die konkrete Beziehung eines Gleichnisstoffes durch Nennung von Zeitumständen, geographischen Fixpunkten und historischen Personen wegliess, sollte die universelle Geltung der Sittenlehre Jesu geltend gemacht werden.

Joachim Heinrich Campe hat sein Zeitalter das Jahrhundert der Pädagogik genannt, eine Formulierung, die das »im Begriff der Aufklärung enthaltene erzieherische Engagement auf den Begriff brachte«. Namen mögen für die Sache stehen: Basedow, Salzmann, von Rochow, Campe, Trapp und viele andere. Ernst Christian Trapp erhielt 1779 den ersten Lehrstuhl für Pädagogik an einer deutschen Universität.

Dieses pädagogische Engagement, an dem in einem grossen Masse auch Theologen teil hatten, hinterlässt in den Kinderbibelausgaben der Aufklärungszeit und also auch in Henkes Auswahl biblischer Erzählungen seine Spuren, wie man etwa an dem gehäuften Gebrauch einschlägiger Stichwörter erkennen kann: Lernbegierde, lernen, Unterricht, Lehre, Schüler, Schule, Lehrer u.a.m. – Wissbegierde und Lernwilligkeit werden hier als wichtige Tugenden angesehen. »Nahrung für den Geist« statt »Pflege für den Leib« – geniesst den Vorzug, heisst es bei Maria und Marta (3. Aufl., S. 67). Die fiktive Bildungsbiographie, die Henke dem König Salomo andichtet, klingt wie eine Darstellung der Prinzipien einer Aufklärungspädagogik, die an der Physikotheologie orientiert ist:

> »Diesem (dem Salomo) gab er (David) eine, zwar nicht gelinde, aber heilsame und weise Erziehung, welcher die grosse Wissbegierde des Jünglings zu Hülfe kam. Einen ganz vorzüglichen Eifer wandte er an, um mit den schönen Werken Gottes in der Natur näher bekannt zu werden, und er brachte es, durch fleissiges Aufmerken auf Steine, Gewächse und Thiere, in dieser edeln Wissenschaft erstaunlich weit.«

Auch anderswo scheint Henke ausdrücklich Texte, die Beziehungen zu Lernsituationen haben, in seine Auswahl einbezogen zu haben. Jesus selbst z.B. ist ihm schon in früher Jugend Beispiel lobenswerter Lernbegierde, indem er »durch verständige Fragen und Antworten die Aufmerksamkeit und Verwunderung bei den angesehensten Lehrern im Schulsaal bey dem Tempel erregt.« (S. 56) Später gilt Jesus ihm als »grosser Lehrer des Volkes.« Die Jünger werden oft Schüler Jesu genannt, die in die Schule Jesu gehen. So mahnt Jesus: Wenn die Jünger »auf den Namen ächter Schüler von mir [...] gegründeten Anspruch machen können«, sollen sie sich die Kinder zum Vorbild nehmen, denn Kinder sind für Henke offenherzige und wissbegierige Wesen (S. 61: Jesus der Kinderfreund). Auch die Gleichnisse sind bei Henke angefüllt mit Ermunterungen zum Lernen: das Gleichnis von den Zehn Jungfrauen versieht Henke mit der Mahnung: »Wer gute Gelegenheiten, zu lernen und geschickt zu werden, in der Jugend versäumt, den überrascht [...] die Zeit, in welcher er das Versäumte nicht nachholen kann, und der bleibt dann für sein ganzes Leben ein unnützer und verachteter Mensch.« (S. 89)

3.1 Dienstfertigkeit gegen Müssiggang

Eine weitere Tugend ist die Dienstfertigkeit: »Lust zur Arbeit, Fleiss, Unverdrossenheit und Geduld bey der Arbeit sind lobenswürdig« – so die Kommentierung des Gleichnisses von den Arbeitern im Weinberg (S. 26). An Martha »lobte Jesus die hausmütterliche Sorgfalt und Dienstfertigkeit; aber der Lernbegierde der Maria sprach er den Vorzug zu.« Maria habe unter den vielen Gerichten, die hier bei Jesus zu haben sind, schon das Beste für sich ersehen, indem sie mehr um Nahrung für den Geist, als um Pflege für den Leib bekümmert sei. (S. 67)

Jesus habe »seinen zwölf Schülern« mit der Fusswaschung ein eindringliches Beispiel herablassender Dienstfertigkeit hinterlassen, ein Muster, an dem die Jünger lernen sollen. »Ein erwerbsamer Fleiss« – so der Kommentar zu den anvertrauten Pfunden – »in allen rechtmässigen Geschäften und Handthierungen verschafft uns Lob und Ehre, bringt Seegen und Wohlstand mit sich und erwirbt uns selbst den Beyfall Gottes. Aber ein Müssiggänger hat Schande, Armut und Elend aller Art zu erwarten.« Dieses Gleichnis gilt Henke zugleich als Mahnung dazu, die uns zuteil gewordenen Glücksgüter »zum Nutzen für uns selbst und für andere Menschen zu gebrauchen«. (S. 37)

Immer wieder taucht in den Gleichniskommentierungen der Gedanke auf, dass man mit den eigenen Gaben anderen zu Dienst und Nutzen sein müsse; so auch zum Gleichnis vom ungerechten Haushalter (S. 30). Hier spiegelt sich das ökonomische Interesse der Aufklärungspädagogik wieder: Die Schüler sollen zur Industriosität ausgebildet werden. So auch die abschätzige Beurteilung, die Henke beim ungerechten Haushalter über Menschen äussert, die »ihren Beruf nicht treu und ordentlich verrichten, die ihre Geschäfte von einem Tag zum andern aufschieben [...] erst unordentlich, dann gleichgültig, und endlich verdriesslich gegen alles, was ihr Beruf fordert, werden.« (S. 16)

3.2 Spezielle Themen: Gehorsam

Ein weiteres moralisches Prinzip ist der Gehorsam gegenüber den Eltern und Vorgesetzten wie gegen Gottes Gebot. Er gilt als basale Tugend. »Jeder Mensch muss auch in Abwesenheit derer, welche ihm zu befehlen haben, eben so ordentlich und rechtschaffen handeln, als unter den Augen derselben: Kinder, wenn ihre Eltern und Lehrer nicht da sind, Bedienten, wenn ihre Herrschaft nicht zu Hause ist«, so merkt Henke zum Gleichnis vom ungerechten Haushalter Lk 16,1–13 (S. 16) an. Die Autorität von Eltern und Lehrern ist also in die Person des Zöglings hinein genommen und psychisch integriert.

Juden

Einige Stellen geben Henke Anlass, auf das Verhältnis zu den Juden zu sprechen zu kommen. So beim Gleichnis vom Armen und dem Reichen. Dass im Gleichnis vom Reichen und dem armen Lazarus die Bitte, die Brüder des Reichen zu warnen, abgeschlagen wird, findet den Kommentar: »Die Unterweisungen der Religion an sich ist so fasslich und annehmlich, dass es für uns keiner Wunder mehr bedarf, uns von ihrer Wahrheit zu überzeugen, uns ihre Anordnungen wichtig zu machen, und uns den Gedanken an die zukünftige Welt stark einzuprägen.« (S. 42) An das Gleichnis von den bösen Weingärtnern fügt Henke den Kommentar: »Das ist aber auch die Geschichte manches ganzen Volks. Die Juden haben, bey allen heilsamen Anstalten, welche Gott getroffen hatte, sie zu einer frommen und wohlgesitteten Nation zu erziehen, sich nicht anders betragen, als jene tollkühnen und empörerischen Pächter. Darum ist es auch diesem Volk ehedem so schrecklich ergangen. (S. 46)

Es bleiben Fragen:
1. Geschichten mit metaphysischen Phänomenen (Engel, Satan) werden von Henke gemieden. So die Geburtsgeschichten bei Lukas und Matthäus, ebenso die Versuchung und die Verklärung Jesu. In der Gethsemane-Erzählung und in den Ostererzählungen fehlen die Engel.
2. Warum sind die Geschichten Gen 1–3 (Schöpfung und Sündenfall) und 5–11 (Sintflut und Turm zu Babel) weggelassen? Bei Kain und Abel fehlt der Dialog Kains mit Gott. Wollte Henke die Einführung der Gottesfigur als handelnden Protagonisten vermeiden?
3. Wundererzählungen fehlen – bis auf eine: Die Auferweckung des Jünglings zu Nain. Warum ist diese Wundergeschichte aufgenommen, die auch bei Henke wieder als Beweis dafür gilt, wie mächtig Jesus war, und welch ein liebreicher Menschenfreund (S. 60)?

Jesus erscheint bei Henke in menschlichen Dimensionen: Ihm werden – im Unterschied zu Feddersen – keine göttlichen Eigenschaften zugesprochen. Er ist der grösste Lehrer der Weisheit und Tugend, der »Gelegenheit suchte, lernbegierige Menschen zu unterrichten, Nothleidenden zu helfen, Kranke zu heilen, Betrübte zu trösten«. (S. 59)

Literatur

Zu Feddersen

Bautz, Friedrich Wilhelm, Jakob Friedrich Feddersen, in: Biographisch-Bibliographisches Kirchenlexikon Band 2, 1990, Sp. 4

Grenz, Dagmar (Hg.), Aufklärung und Kinderbuch. Studien zur Kinder- und Jugendliteratur des 18. Jahrhunderts, Pinneberg 1984.

Köberle, Sophie, Jugendliteratur zur Zeit der Aufklärung, Weinheim 1972.

Rixen, Theresa/Hahn, Susanne, Jakob Friedrich Feddersen: Das Leben Jesu, in: *Brüggemann, Theodor* (Hg.), Handbuch zur Kinder- und Jugendliteratur Band 3, 1750–1800.

Tschirch, Reinmar, Artikel »Jakob Friedrich Feddersen«, in: *Franz, Kurt u.a.* (Hg.) Kinder- und Jugendliteratur. Ein Lexikon. Meitingen 19. Erg.-Lfg, Oktober 2003.

Zu Henke

Aner, Karl, Die Theologie der Lessingzeit, Hildesheim 1964 [Halle 1929] S. 88 und 110, Anm. 2; S. 115.

Bautz, Friedrich Wilhelm, Henke, Heinrich Philipp Konrad, in: Biographisch-Bibliographisches Kirchenlexikon Band 2, 1990, Sp. 718.

Bollmann, Georg Karl/Wollf, Heinrich Wilhelm Justus, H.Ph.K. Henke. Denkwürdigkeiten aus seinem Leben und dankbare Erinnerungen an seine Verdienste, Helmstedt 1816.

Haase, Hans, Die Universität Helmstedt 1576–1810, Wolfenbüttel 1976.

Hirsch, Emanuel, Geschichte der neueren evangelischen Theologie, Band V, Gütersloh 1954, S. 11–14 (20; 33; 54; 95 und Bd. I, S. 295; Bd IV, S. 92).

Religion in Geschichte und Gegenwart. Tübingen 2000, Band 3, Sp. 1626, Art. Henke.

Katja Eichler

Moralvorstellungen in der Kinderbibelliteratur der Aufklärungszeit.
Aufgezeigt am Beispiel der Brüder Kaspar Friedrich und Rudolph Christoph Lossius

In der Aufklärungszeit entstanden zahllose Bücher, die die Moralerziehung der Kinder und Jugendlichen zum Inhalt hatten. Anhand von zwei Werken, die einerseits zu den Biblischen Geschichten und andererseits für Kinder als Lese- bzw. Erzählstoff entstanden sind, werden die Moralvorstellungen der Autoren dieser Zeit und ihre daraus resultierende Bearbeitung der biblischen Geschichten vorgestellt.

Eines dieser Werke hat den Begriff »Moral« in seinem Titel aufgenommen. Es handelt sich um die »Moralische Bilderbibel mit Kupfern nach Schubertschen Zeichnungen und mit Erklärungen« von Kaspar Friedrich Lossius, die von 1805 bis 1812 erschien.[1] Sein jüngerer Bruder, Rudolph Christoph Lossius, gab ab 1784 ein dreibändiges Werk heraus mit dem Titel »Die ältesten Geschichten der Bibel für Kinder in Erzählungen auf Spaziergängen«. 1787 erschien der zweite Teil, 1789 der dritte Teil mit dem Titel »Die neusten Geschichten der Bibel oder das Leben Jesu in Erzählungen für Kinder«.[2]

Aufgrund der Interpretationen der Texte werden einzelne Erziehungsziele der Autoren in ihrem historischen Kontext deutlich. Die ersten zwei Kapitel sind der Erziehung in der Aufklärungszeit sowie der Kurzbiographie der Brüder

---

1 *Kaspar Friedrich Lossius*, Moralische Bilderbibel mit Kupfern nach Schubertschen Zeichnungen und mit Erklärungen, Erster Band. Mit vierzehn Kupfern, Gotha 1805.
   K.F. Lossius, Moralische Bilderbibel mit Kupfern nach Schubertschen Zeichnungen und mit Erklärungen, Fünfter Band. Mit fünfzehn Kupfern, Gotha 1812.
2 *Rudolph Christoph Lossius*, Die ältesten Geschichten der Bibel für Kinder in Erzählungen auf Spaziergängen, Teil 1, Erfurt 1784. *Ders.*, Die ältesten Geschichten der Bibel für Kinder in Erzählungen an Feierabenden, zweiter Theil, welche die Geschichten der Juden vom Moses bis auf Christum enthält, Erfurt 1787. *Ders.*, Die neuesten Geschichten der Bibel oder das Leben Jesu in Erzählungen für Kinder, erster Theil, Erfurt 1789.

gewidmet. Danach zeige ich anhand von Beispielen, wie die »Moral« in den Biblischen Geschichten zum Ausdruck kommt.

1. Erziehung in der Aufklärungszeit

Das Ziel der Aufklärer war das Mündigwerden des Menschen. Die Vorraussetzung dazu war, dass sich jeder einzelne der Herrschaft der Vernunft unterwarf. Nicht nur der einzelne Mensch sollte zum Gebrauch seiner Vernunft angeleitet werden, sondern durch und mit ihm sollte die ganze Menschheit erzogen und gebildet werden. Die ›Gebildeten‹ kamen aus allen Ständen und definierten sich über eine gemeinsame Kultur mit spezifischen Werten und Zielen sowie gemeinsamen Kommunikations- und Verhaltensnormen. Diese neue Erziehung zur Mündigkeit kam allerdings nicht ohne Bevormundung und Disziplinierung aus.[3]

Die Landbevölkerung nahm die Neuerungen der aufklärerischen Gebildeten nicht uneingeschränkt auf. Die Bekämpfung vorehelicher Sexualität, die geforderte Abschaffung magischer Praktiken, der Kampf gegen Müssiggang und Verschwendung entsprachen nicht der traditionellen ländlichen Lebenspraxis.

Die aufgeklärte bürgerliche Elite dagegen lehnte sowohl die Lebensführung des ›Pöbels‹, als auch des Adels ab. Der eigene Lebensstil des aufgeklärten Bürgertums zeichnete sich durch Tugenden wie Fleiss, Sparsamkeit im Wirtschaften, Aufrichtigkeit der Umgangsformen, Keuschheit, Schlichtheit und Bescheidenheit der äusseren Erscheinung aus.

Der protestantische Pfarrer konnte sich durch Heirat und Universitätsstudium in das gebildete Bürgertum integrieren. Dem katholischen Priester standen diese Möglichkeiten der Integration durch das Sakrament der Priesterweihe und durch das Zölibat nicht offen. Ein Bildungsgefälle zwischen protestantischen und katholischen Geistlichen war vorhanden, jedoch weniger ausgeprägt als gemeinhin angenommen.[4]

Mit der Aufklärung entstand neues, rationales, nach der zeitgenössischen Bezeichnung ›vernünftiges‹ Gedankengut, welches sich in Literatur, Ökonomie und Politik niederschlug. Nun wurde auf die potentielle Gleichheit aller Menschen in Bezug auf ihre Vernunftbegabtheit von Geburt an verwiesen. Daraus wurde ein zumindest elementarer Bildungsanspruch für jeden Menschen abge-

---

3 *Barbara Stollberg-Rilinger*, Politische und soziale Physiognomie des aufgeklärten Zeitalters, in: *Notker Hammerstein/Ulrich Hermann* (Hg.), Handbuch der deutschen Bildungsgeschichte, Bd. 2: 18. Jahrhundert. Vom späten 17. Jahrhundert bis zur Neuordnung Deutschlands um 1800, München 2005, S. 1–32, bes. S. 1f.

4 Ebd., S. 15 und 18f.

leitet. Die Erziehung wurde dadurch zum zentralen Anliegen, die in ihrer Ausprägung dem jeweiligen Stand entsprechend abgestuft wurde. Erziehung wurde als ein langfristiger Prozess angesehen, der das ganze Leben eines Individuums bestimmte. Der mündige Mensch, das mündige Individuum war Erziehungsziel der Aufklärer. Aufgrund seiner Erziehung sollte das Individuum befähigt werden, selbständig und aus freiem Willen sozialverantwortlich zu handeln.

Mit dem Hinweis des ökonomischen Nutzens und der Gültigkeit des Mündigkeitsanspruches forderten Aufklärer eine umfassende Bildungsreform für die Unterschichten. Die Reform bildete eine unverzichtbare staatspolitische Vorraussetzung für die sozial und ökonomisch erforderliche Modernisierung der veralteten Ständegesellschaft.[5]

Mit den neuen Ideen wandelt sich auch das Staatsgefüge. Aus dem zentralistischen Barockstaat wird in der Aufklärungsepoche ein Wohlfahrts- und Rechtsstaat. Menschenrechte werden verfassungsmässig verankert, aus dem Untertan wird der Staatsbürger. Der Adel verliert seine politische und soziale Bedeutung, das Bürgertum tritt an dessen Stelle.

Die Idee der allgemeinen Volksbildung wird charakteristisch für die gesamte Aufklärungszeit. In dieser Zeit will der Mensch irdische und nicht jenseitige Glückseligkeit erreichen. Daher wird nach einer letzten einheitlichen »natürlichen« bzw. »Vernunft«-Religion gesucht. Es stellt sich nun die Frage nach der Wahrheit, nach dem historisch wahren biblischen Bericht, die sich in der neu aufkommenden historischen Bibelkritik manifestiert.

Alles Wunderbare und Bildhafte wird verbannt. Übrig bleibt die Moral. Vernünftig und zweckmässig eingerichtet, scheint alles nur für den Menschen gemacht zu sein. Dazu kommt eine Pädagogisierung der Wissenschaft und des gesamten Lebens. Der vorherrschende Gedanke besteht darin, den Menschen durch Belehrung zu bessern. Philosophen, Staatsmänner, Dichter oder Pfarrer fühlen sich in erster Linie als Lehrer und Erzieher für die sie umgebenden Menschen.[6]

Bis in die Frühe Neuzeit war der Begriff »Haus« die übliche Bezeichnung für die Personen, die zusammen unter einem Dach lebten, arbeiteten und schliefen. Damit waren der Hausvater oder Hausherr, die Hausmutter und deren Kinder als Kernfamilie gemeint. Zu ihnen gehörten die Grosseltern sowie bei ihnen wohnende Verwandte, aber auch das Gesinde und andere ledige Personen. Die

---

5 *Annegret Völpel*, Der Literarisierungsprozess der Volksaufklärung des späten 18. und frühen 19. Jahrhunderts. Dargestellt anhand der Volksschriften von Schlosser, Rochow, Becker, Salzmann und Hebel. Mit einer aktualisierten Bibliographie der Volksaufklärungsschriften, Frankfurt am Main/Wien 1996, S. 22f.

6 *Albert Reble*, Geschichte der Pädagogik, 20. Aufl., Stuttgart 2002, S. 171.

Menschen lebten zusammen um eine Feuerstelle, meist um einen Herd. Für den Haushalt und die Kindererziehung war die Hausmutter zuständig. Aber auch in der Landwirtschaft oder im Handwerksbetrieb wurde mit ihrer Hilfe gerechnet. Adeligen Frauen unterstand ein grosser Haushalt, den sie standesgemäss und repräsentativ führen mussten. Bei armen Familien wurden Männer, Frauen und Kinder gleichermassen als Arbeitskräfte angesehen, auf die nicht verzichtet werden konnte.[7]

Mit der Aufklärung kristallisierte sich auch die Familie im Gegensatz zur vorherigen Hausgemeinschaft heraus. Die alte Hausgemeinschaft bildete eine Wirtschafts-, Selbstversorgungs- und Rechtsgemeinschaft. Alles stand unter der Verfügungsgewalt des Hausvaters. In der Zeit der Industrialisierung im 19. Jahrhundert bestand eine Arbeiterfamilie aber schon aus einer modernen Kernfamilie. Kennzeichnend für die bürgerliche Welt des 18. Jahrhunderts war das Arbeitsbewusstsein. Arbeit wurde nicht nur als Bedürfnisbefriedigung angesehen, sondern wurde zum Grund der Daseinserfüllung.[8]

Im Zuge der Veränderung der Familienstruktur änderten sich auch die Funktionen der Hauseltern. Die Hausmutter hatte nun anstatt einer umfassenden Versorgungswirtschaft mehr bei der Erziehung ihrer Töchter und Söhne zu leisten. Der Hausvater bekam eine neue Rolle. Er wurde Familienvater, d.h., dass er nun nicht mehr der verantwortliche Vorsteher der Hausgemeinschaft war, sondern als Mensch im Umgang mit seinen Familienangehörigen auftrat.

Der wichtigste Vermittlungsweg neuer Gedanken und Ideen war nicht die Eigenlektüre, sondern eine weitgehend oral vermittelte Kultur und verschiedene Kommunikationssituationen. Dazu gehörte besonders das gesellige Vorlesen, welches in dieser Zeit viel wichtiger war als das selbstständige Lesen, aber auch die Predigt oder das Beisammensein am Stammtisch. Die Volksschrift eignete sich im besonderen Masse als Mittel zur Volksaufklärung. Die Verteilung konnte durch die Dorfpfarrer, Lehrkräfte und obrigkeitliche Schenkungsaktionen organisiert werden. Sowohl für die schulische, als auch für die individuelle und familiäre Lektüre eigneten sich die Volksschriften. Die Volksaufklärer konnten nur Erfolge erzielen, wenn sie die Landbevölkerung dazu motivierten, ihre Schriften auch zu lesen.[9]

Durch die Aufklärung wurde die Trennung von privatem und öffentlichem Raum noch verstärkt. Aus der Familie als Wirtschafts- und Versorgungsge-

---

7 *Ulrich Hermann*, Familie, Kindheit, Jugend, in: *Notker Hammerstein/Ulrich Hermann* (Hg.), Handbuch der deutschen Bildungsgeschichte, S. 69–96, bes. S. 70–76.

8 *Michael Maurer*, Alltagsleben, in: *Notker Hammerstein/Ulrich Hermann* (Hg.), Handbuch der deutschen Bildungsgeschichte, S. 33–68, bes. S. 49ff.

9 *Reinhart Siegert*, Volksbildung im 18. Jahrhundert, in: *Notker Hammerstein/Ulrich Hermann* (Hg.), Handbuch der deutschen Bildungsgeschichte, S. 465f.

meinschaft wurde im 19. Jahrhundert eine Lebens-, Erlebnis- und Erziehungs-
gemeinschaft.

2. Kurzbiographie der Brüder Lossius

Ausgehend von grösstenteils autobiographischen Aufzeichnungen von Rudolph
Christoph Lossius und einzelnen Ausschnitten älterer und neuerer historischer
Werke und Lexikonartikel zeichne ich hier den familiären Hintergrund der
Brüder Kaspar Friedrich und Rudolph Christoph Lossius nach. Rudolph
Christoph Lossius schenkte seinem Bruder Kaspar Friedrich zum 50. Geburts-
tag sein Werk über die Familiengeschichte. Diese Blätter waren, nach Aussage
Rudolph Christoph Lossius, nicht für das öffentliche Publikum, sondern nur
für den innerfamiliären Kreis bestimmt.[10]
    Die Theologie beschäftigte die Familie durch die Generationen. Schon der
Grossvater Christian Andreas Lossius (1674–1738) studierte in Wittenberg
Theologie und hatte später an der Barfüsserkirche in Erfurt eine Pfarrstelle.
    Auch der Vater der Brüder, Christian Theodor Lossius (1703–1761) war
Theologe. Er studierte in Jena und Erfurt und wurde später (1740) Diakon in
der Barfüsserkirche. Durch den siebenjährigen Krieg (1756–1763) kam es zur
Verschlechterung der Lebensumstände, die zum Tod des Vaters führten. Nach
seinem Tod blieb die Mutter Christiane Margarethe allein mit sieben Kindern
zurück. Die Familie lebte von dem Verdienst der Mutter in einer Mützenfabrik
und von der Unterstützung des ältesten Sohnes. Mit 71 Jahren starb die Mutter,
deren Erziehung Rudolph Christoph als liebevoll und gottesfürchtig bezeichnet.
    Das Leben von Kaspar Friedrich Lossius hat sein Schwiegersohn Hierony-
mus Müller nachgezeichnet. Ich beziehe mich daher grösstenteils auf seine
Aussagen.[11] Er wurde am 31. Januar 1753 als sechstes Kind geboren.[12] Er war
neun Jahre alt, als sein Vater starb. Ab dem Herbst 1766 besuchte er das Rats-

---

10 *R.Ch. Lossius*, Biographische Skizzen aus dem Leben unsrer theuren Eltern unsers Vaters Mag.
    Christian Theodor Lossius, Diakon an der Barfüsser Kirche zu Erfurt, und E. Hochehrw. Evang.
    Ministeriums Beysitzer, geb. 1703 am 1. Nov., gest. 1761 am 20. Febr. und unsrer Mutter Fr.
    Christianen Margarethen Lossius, Wendler geb. 1716 am 24. Okt., gest. 1786 am 23. Aug.
    als ein Beytrag zum Familienarchiv und zur fünfzigjährigen Geburtsfeier seines geliebten Bru-
    ders Kaspar Friedrich Lossius, Diak. an der Raths- und Predigerkirche in Erfurt, E. Hochehrw.
    Evangel. Minist. Beysitzer und Mitglied der Akademie in Erfurt, Geb. am 31sten Janner 1753,
    Erfurt, gedruckt bey Joh. Christoph Görling 1803, S. 9.
11 Vgl. *Hieronymus Müller/K.F. Lossius*. Aus seinem handschriftlichem Nachlass, Gotha 1819,
    S. 77–107.
12 *Michael Ludscheidt*, Art. Lossius, Kaspar Friedrich, in: Biographisch-Bibliographisches Kirchen-
    lexikon, Bd. 22, Herzberg 2003, Sp. 794.

gymnasium in Erfurt. Vier Jahre später nahm er sein Studium an der Universität Erfurt auf. 1773/74 besuchte Kaspar Friedrich die Universität Jena, die seine Mutter für ihn bestimmt hatte.

Nach Abschluss seines Studiums erhielt er seine erste Stelle als Lehrer in der Barfüsserschule, 1779 bekam er eine Lehrerstelle an der Predigerschule. Daneben besserte er sein Gehalt durch Privatunterricht auf. Ausserdem schloss er sich in Erfurt einer Gruppe von weiteren fünf Kandidaten an, die sich unter der Leitung des bereits angestellten Geistlichen Christian Gotthilf Salzmann trafen. Dieser war zu der Zeit Pfarrer in der Andreasgemeinde. Nachdem Salzmann endgültig nach Dessau gegangen war, bewarb sich Lossius als Diakon an der Andreasgemeinde und wurde auch als solcher bestellt. Mit seiner neuen Stelle waren auch Sitz und Stimme im Ministerium verbunden, welches die Aufsicht über sämtliche Kirchen und Schulen der Stadt und des Gebietes Erfurt hatte.

Kaspar Friedrich hatte auch die Gelegenheit einen eigenen Haushalt zu gründen. Er heiratete Rosina Wilhelmina Henrietta Retz 1784. Durch die Heirat[13] verband Lossius nun eine verwandtschaftliche Beziehung zu dem Gothaer Verleger Justus Perthes, der später immer wieder Werke von Lossius druckte.[14] Justus Perthes war der Bruder von Lossius' Schwiegermutter.[15]

Kaspar Friedrich gab verschiedene Werke heraus, auf die ich im Einzelnen nicht eingehen will. Erwähnt werden sollte sein bekanntestes Werk mit dem Titel: »Gumal und Lina, eine Geschichte für Kinder zum Unterricht und Vergnügen, besonders um ihnen die ersten Religionsbegriffe beizubringen« aus dem Jahr 1795. Schon 1811 lag das Werk in zehn Auflagen vor.[16] Er teilte sein Werk in drei grosse Themengebiete. Im ersten Teil sollen die jungen Leser vom Dasein Gottes überzeugt werden, der zweite Teil beschäftigt sich mit Erzählungen zum Tun Jesu und im dritten Teil entwirft Lossius eine christliche Glaubens- und Sittenlehre. Im ersten Teil werden von den Kindern keine Fragen gestellt, dies wird darin begründet, dass bei Beginn des Unterrichts dem Lehrer

---

13 Aus der Ehe gingen sechs Kinder hervor: Johanna Rosina Sophia (1787), Martha Carolina Christiana (1789), Carolina Wilhelmina Christina (1791), Martha Sophia Christina (1794), Johann Justus Friedrich Carl (1798) und Christiana Louisa Carolina (1806). Vgl. *Michael Ludscheidt*, Erziehung zur »natürlichen Religion«. Das Werk des pädagogischen Schriftstellers Kaspar Friedrich Lossius, in: Palmbaum, Literarisches Journal aus Thüringen, 11. Jahrgang, Heft 1/2, Erfurt 2003, S. 160.

14 *Michael Ludscheidt*, »Ein äusserst gescheiter Pädagoge«, in: Erfurt Blätter, Jahrgang 13, Nr. 2, Dezember 02/Januar 03, S. 28.

15 *Ders.*, Kaspar Friedrich Lossius (1753–1817) – Pfarrer, Pädagoge, Schriftsteller. Ein biographisches Porträt aus Anlass seines 250. Geburtstages, in: Stadt und Geschichte e. V. (Hg.), Zeitschrift für Erfurt, No. 18.01/03, Erfurt 2003, S. 20.

16 *K.F. Lossius*, Gumal und Lina, eine Geschichte für Kinder zum Unterricht und Vergnügen, besonders um ihnen die ersten Religionsbegriffe beizubringen, Gotha 1795.

unbedingtes Vertrauen entgegen gebracht werden soll. Allerdings wird hier auch festgestellt, dass nur die Fragen beantwortet werden sollen, die der Lernende im Verlauf des Unterrichts selbst stellt. Ihm soll also nicht vorgegriffen werden.[17]

Um 1791 wurde Lossius die Leitung der Bibliothek des Evangelischen Ministeriums (Dienstbibliothek der Erfurter Geistlichkeit, gegründet 1646) übertragen. Sechs Jahre später (1797) wurde Lossius auf Vorschlag des Präsidenten von Dacherröden in die Akademie nützlicher Wissenschaften aufgenommen.

Schon 1800 berichtete Kaspar Friedrich Lossius im dritten Teil von »Gumal und Lina« seinen Lesern von einer weiteren Beschäftigung mit den biblischen Geschichten und kündigte dabei die Herausgabe seiner »Moralischen Bilderbibel« an. Doch erst vier Jahre später erschien das Werk. Trotz angeschlagener Gesundheit erstellte Kaspar Friedrich Lossius 1812 den letzten Band seiner Bilderbibel.

Nachdem Lossius in seiner eigenen Gemeinde als Diakon die Aufsicht über die Mädchenschule führte, wurde er auch mit der Errichtung einer höheren Töchterschule beauftragt. Am 22. April 1811 wurde seine Töchterschule in Erfurt eröffnet. Lossius unterrichtete selbst die protestantischen Schülerinnen in Religion und Sittenlehre.

Aus den Tagebuchaufzeichnungen von Kaspar Friedrich Lossius geht hervor, dass er noch weitere Werke geplant hatte, wie zum Beispiel eine Geschichte zu Johannes dem Täufer. Schon von seiner Krankheit gezeichnet, bestieg Lossius bis zum Ende seines Lebens noch immer die Kanzel. Kaspar Friedrich Lossius starb am 25. März 1817. Drei Tage später fand das Begräbnis auf dem Barfüsserkirchhof statt.

Zur Person von Rudolph Christoph Lossius stehen keine genauen Angaben zur Verfügung, wie dies bei seinem Bruder der Fall war. Trotzdem werde ich versuchen, sein Leben kurz nachzuzeichnen. Er wurde am 11. September 1760 geboren und war das jüngste Kind der Familie. Aus den Akten des Universitätsarchivs in Jena geht hervor, dass sich Rudolph Christoph 1780 für das Studium der Theologie einschrieb.[18]

1782 war er Katechet an der Mädchenschule in der Predigergemeinde und zwei Jahre später Lehrer an der Knabenschule der Barfüssergemeinde. 1789 wurde er Rektor und Nachmittagsprediger an der Thomaskirche in Erfurt.

---

17 *Ulman Weiss*, Das Erfurter Evangelische Ratsgymnasium 1561–1820. Eine Geschichte in Bildern, Erfurt 1999, S. 64.
18 Handschrift Academiae Jenensis 1780, Universitätsarchiv Jena.

Rudolph Christoph war zweimal verheiratet und hatte vier Kinder.[19] Er ging 1790 als Pfarrer nach Schwerborn und wirkte seit 1801 in Grossvargul. Sein Name ist handschriftlich auch in den Kirchenbüchern in Tonndorf im Kreis Weimar hinzugefügt worden mit dem Jahren 1808 bis 1819.

Im Kirchenbuch vom Pfarramt Tonndorf wird Rudolph Christoph Lossius als 17. Pfarrer geführt und im »Todtenregister« erscheint er mit dem Todesdatum am 16. November 1819.[20]

Rudolph Christoph Lossius begann seine literarische Tätigkeit mit den »Ältesten Geschichten der Bibel in Erzählungen auf Spaziergängen«, die 1784 in Erfurt bei dem Verleger und Universitätsbuchhändler Georg Adam Keyser gedruckt wurden.[21] Drei Jahre später folgte der zweite Teil der »Ältesten Geschichten«, der nun für Feierabende konzipiert war.[22] Darauf folgte dann zwei Jahre später die Fortsetzung dieses Werkes mit der Bezeichnung »neueste Geschichten der Bibel«.[23]

Neben den »Biblischen Geschichten« gab auch er weitere Werke heraus. Von 1800–1802 erschien das dreibändige Werk »Meister Liebreich. Ein nützliches Lesebuch für Volksschulen und bürgerliche Familien«. Dort schildert Lossius Geschichten über die Familie Liebreich. In den Bänden werden moralische Geschichten erzählt, die teilweise mit Sprichwörtern versehen sind, um die moralische Lehre besser behalten zu können. Die Geschichten spielen dabei im Umfeld des Meisters, z.B. beim Kauf von Holz von einem anderen Handwerker oder auch im Umfeld der Schule. Die moralischen Lehren werden in Gesprächen, die der Meister mit seinen Kindern führt, den Lesern näher gebracht.[24]

---

19 *R.Ch. Lossius*, Biographische Skizzen, a.a.O., (Anm. 10), Vorgriff, S. 41. Erste Ehe mit Johanna Maria Fröbing (1792) Zweite Ehe mit Johanna Sophia Karolina Gorkhardt (1796). Kinder: Wilhelmine Christiane Friedericke (1794), Friedrich Christian August (1798), Ernst Friedrich Karl Ludwig (1799), Johann Friedrich Christian Eduard (1801).

20 Schriftliche Bestätigung durch Pfarrer Arndt Bräutigam, Evangelisches Pfarramt Tonndorf, Kirchstrasse 21, 99438 Tonndorf vom 13. September 2005.

21 *Ders.*, Die ältesten Geschichten der Bibel für Kinder in Erzählungen auf Spaziergängen, Teil 1, Erfurt 1784.

22 *Ders.*, Die ältesten Geschichten der Bibel für Kinder in Erzählungen an Feierabenden. Zweiter Theil, welche die Geschichten der Juden vom Moses bis auf Christum enthält, Erfurt 1787.

23 *Ders.*, Die neuesten Geschichten der Bibel oder das Leben Jesu in Erzählungen für Kinder. Erster Theil, von dem Verfasser der ältesten Geschichten der Bibel, Erfurt 1789.

24 *Ders.*, Meister Liebreich. Ein nützliches Lesebuch für Volksschulen und bürgerliche Familien, Theil 1, Gotha 1800; Theil 2 und 3, Gotha 1802.

3. Die »Moral« in den biblischen Geschichten von Rudolph Christoph Lossius

3.1 Zur allgemeinen Charakterisierung

Die vorgestellten Werke gehören zur philanthropischen Literatur. Die Vermittlung der Tugendlehre stand im Mittelpunkt und die biblischen Erzählungen wurden zu Beispielgeschichten für moralisch korrektes Verhalten. Die starke Betonung des Moralischen ist die Folge der religiösen Einstellung, das Umsetzen der eigenen Religiosität entspricht der Tugendübung. Und nur mit dieser wird das höchste Ziel, die Glückseligkeit, erreicht. Die Autoren der Aufklärungszeit erfüllte der Gedanke, dass die Menschen, wenn sie aufgeklärt wären, im eigenen Interesse tugendhaft handeln werden.[25]

Rudolph Christoph Lossius' Ziel war einerseits die Wissensvermittlung, andererseits sollten die Kinder im christlichen Glauben und damit zu tugendhaftem Verhalten erzogen werden. Das Lernen der Kinder findet auf spielerische Weise statt. Er nutzt eine literarische Einkleidungsform, den Spaziergang, als Methode für die Stoffvermittlung. Diese Rahmenhandlung spiegelt nicht nur das familiäre Zusammenleben wider, sondern zeigt auch stets die Erziehungssituation innerhalb der Geschwistergruppe. Der Autor lässt einen Lehrer mit zwei Schülerinnen und drei Schülern auf gemeinsamen Spaziergängen bzw. während der Pausen biblische Geschichten erzählen. In den beiden folgenden Werken erzählt der Lehrer am Abend den Kindern die biblischen Geschichten.

Der Lehrer übernimmt die Vaterrolle, er überwacht das Verhalten der Kinder, verteilt auch Lob und Tadel. Die Wandlung der Vaterrolle in der Aufklärungszeit geht bei Lossius auf den Lehrer über. Er ist der Vermittler des richtigen Denkens und des richtigen Verhaltens. Dadurch wird der Lehrer zum Vorbild für seine Zuhörer und zur Identifikationsfigur für die kindlichen Leser.[26]

Lossius schreibt für Kinder des Grossbürgertums im Alter von acht bis elf Jahren. Die Kinderfiguren sind als Modelle zu verstehen, die den Lesern als Vorbilder dienen. Das richtige, vernünftige und tugendhafte Verhalten soll durch den Leser nachvollzogen und im eigenen Leben angewandt werden, während gegenteiliges Verhalten mit seinen bösen Folgen abschreckend wirken soll.

---

25 *Sophie Köberle*, Jugendliteratur zur Zeit der Aufklärung. Ein Beitrag zur Geschichte der Jugendschriftenkritik, Weinheim 1972, S. 29–49.

26 Vgl. *Reiner Wild*, Aufklärung, in: Geschichte der deutschen Kinder- und Jugendliteratur, hg. von *dens.* unter Mitarb. von *Otto Brunken*, Stuttgart 1990, S. 60.

Lossius' Auswahl der »Biblischen Geschichten« entspricht weitgehend der gängigen Auswahl einer Historienbibel.[27] Zusätzlich sollen die Kinder »recht vergnügt sein«. Das Erzählen biblischer Geschichten dient nicht nur dem Erwerb von Bibelwissen, sondern auch der Unterhaltung.

Ich treffe aus der Vielzahl der Geschichten eine kleine Auswahl. Allerdings ist anzumerken, dass in jeder Geschichte der Anspruch mitschwingt, die Leser moralisch zu erziehen.

3.2 Durchführung des Programms – aufgezeigt an einzelnen Beispielen

Als erste Geschichte, die ich in Ausschnitten vorstellen möchte, wähle ich den dritten Spaziergang des *ersten Teiles*, auf welchem vom Garten Eden und dem Sündenfall erzählt wird. Es ist Rudolph Christoph Lossius wichtig, darzustellen, dass der erste Mensch im Garten Eden arbeitete. Da Arbeiten als Tugend angesehen wird, werden dem ersten Menschen schon vor dem Sündenfall bestimmte Tätigkeiten zugesprochen.[28]

Der Sündenfall wird insgesamt stark ausgeschmückt und mit erheblichen Abweichungen vom Bibeltext erzählt. So berichtet die Schlange, dass sie nur sprechen kann, da sie von den Früchten des Baumes der Erkenntnis gegessen hat. Nach langem Zögern kann die Schlange Eva überzeugen, dass die Früchte des Baumes nicht todbringend sind. Lossius gibt teilweise ein Zwiegespräch der Eva wieder und baut bis zum Pflücken der Frucht erneut einen Spannungsbogen durch Wiederholungen und einen Zwischenruf auf. Daran folgt in Klammern die Darstellung des Entsetzens der Kinder.

> »Lehrer. [...] Eva ward durch diese Worte ganz übertäubt. Da stund sie nun und wusste nicht, sollte sie zugreifen oder nicht. [...] Wozu mag denn Gott wol den Baum da geschaffen, und vor unsre Augen gesetzt haben, mochte sie denken, wenn wir nicht davon essen sollen? [...] Zuletzt wurde diese böse Begierde so stark, dass sie nicht mehr an Gott noch an die Strafe dachte, und ob sie recht that oder nicht. Sie trat näher, und immer näher zum Baume, sah hin, und sah her, und izt – ach – izt strekte sie ihre bisher noch unschuldige Hand aus, brach eine Frucht ab, und ass. – (Stellt euch die Gesichtszüge der

---

27 Vgl. *Otto Brunken*, Art. Rudolph Christoph Lossius (1760–1819): Die ältesten Geschichten der Bibel für Kinder in Erzählungen auf Spaziergängen. Erfurt 1784, in: *Theodor Brüggemann*, in Zusammenarbeit mit *Hans-Heino Ewers*: Handbuch zur Kinder- und Jugendliteratur 1750–1800 kommentierter Katalog der Sammlung Theodor Brüggemann, Bd. 3, Stuttgart 1982, Sp. 770–774.

28 *Barbara Stollberg-Rilinger*, Politische und soziale Physiognomie des aufgeklärten Zeitalters, in: *Notker Hammerstein/Ulrich Hermann* (Hg.), Handbuch der deutschen Bildungsgeschichte, Bd. 2: 18. Jahrhundert. Vom späten 17. Jahrhundert bis zur Neuordnung Deutschlands um 1800, München 2005, S. 49.

Kinder vor, ohnbeweglich sassen sie da, sahen ängstlich mich an, und über eine Weile riefen fast alle zugleich: Ach, dass Gott erbarm! Eva, was hast du gemacht!)«[29]

Diese direkte Bezugnahme auf den Leser ist innerhalb der »Ältesten Geschichten« sehr selten und wird nur sparsam eingesetzt. Das Erschrecken der Kinder dient hier als zusätzliche Illustration des schlechten Verhaltens der Eva.

Nachdem auch Adam von der Frucht gegessen hat, folgt eine Beschreibung, wie die beiden Menschen ruhelos durch den Garten liefen und auf ihre Strafe warteten. Der Zorn Gottes wird durch ein lange anhaltendes und Furcht erregendes Gewitter deutlich gemacht. Es versetzt die Menschen in Angst und Schrecken. Hier platziert Lossius den Einwurf eines der Kinder, den ich ebenfalls zitieren möchte.

> »Friederikchen. Hätte er (Adam) ein gutes Gewissen gehabt, ich glaube er hätte sich nicht so gefürchtet. Denn wenn ich fromm gewesen bin, fürchte ich mich auch nicht:
>
> aber wenn ich was böses gethan habe, und es donnert, da wird mir es doch ein bisgen bange, denn ich denke, der liebe Gott könnte mich böses Kind etwa tod schlagen.
>
> Lehrer. Darum thut nichts böses, und lebet fromm, denn mag es gehen, wie es will, ihr braucht euch nicht zu fürchten. Habt ihr ein gut Gewissen, so könt ihr jedem getrost unter die Augen treten, und braucht euch nicht zu schämen, wie Adam.«[30]

Das Gewitter wird als eine Wohltat charakterisiert und die Furcht davor als unvernünftig eingeschätzt. Das Friederikchen drückt darauf seine eigenen Befindlichkeiten bei einem Gewitter aus. Abschliessend zu diesem Gespräch prägt der Lehrer eine moralisierende Formel, die er den Kindern mitgibt und welche eine Handlungsanweisung enthält, die sich auf die Sündenfallgeschichte bezieht.

Danach bestimmt Wilhelm durch eine wichtige Frage das Gespräch.

> »Wilhelm. Wie kann es möglich seyn, dass die Menschen durch diese einzige Sünde so böse wurden?
>
> Lehrer. Freilich nicht auf einmal, sondern nach und nach folgte immer ein Laster auf das andere. Nicht wahr, wenn du einmal was böses begangen hast, und hast die Lehren deiner guten Eltern vergessen, so wird es dir hernach geläufiger, noch mehr böses zu thun? Ich will dir die Möglichkeit an einem Beispiele beweisen, dass ich selbst erlebt habe.«[31]

Die Frage wird durch eine Lehrgeschichte beantwortet. Es geht um das Mädchen Luischen, das der Mutter Kirschen stiehlt. Aufgrund der Nachfrage der

---

29 *R.Ch. Lossius*, Die ältesten Geschichten der Bibel für Kinder in Erzählungen auf Spaziergängen, Teil 1, Erfurt 1784, S. 28f.
30 Ebd., S. 34f.
31 Ebd., S. 35.

Mutter bezichtigt Luischen ihre Schwester und die Magd des Diebstahls. Da aber der Körper von Luischen die Kirschen nicht vertrug, wurde sie gezwungen, doch die Wahrheit zu gestehen. Mit dieser Geschichte wird nicht nur gezeigt, wie eine böse Tat der anderen folgt, sondern dass das Stehlen und Lügen des Kindes auch körperliches Unwohlsein zur Folge hat. Damit werden die Taten des Kindes in einen Tun-Ergehen-Zusammenhang gestellt. Die Verhaltensweisen des Kindes beinhalten in der aufgeklärten Kinder- und Jugendliteratur den Ausblick auf ihr Erwachsensein. Kindliches Fehlverhalten führt in der Literatur zu lebenslangen körperlichen Folgen. Die Vorstellung von natürlichen Strafen, wie sie besonders von Rousseau propagiert wurden, wird hier deutlich.[32] Mit dieser Lehrgeschichte, in der der Wunsch nach Süssigkeiten zur Naschsucht wird, will Lossius die Kinder zur bürgerlichen Tugend des Masses anleiten.

Der vierte Spaziergang hat die Kain- und Abelgeschichte zum Inhalt. Kain wird von Anfang an als böses Kind charakterisiert, das sich mit seinen Geschwistern nicht vertrug. Sein Bruder Abel dagegen wird als freundliches und leutseliges Kind dargestellt. Der Lehrer berichtet, dass auch die Eltern Abel, aufgrund seiner guten Charaktereigenschaften, bevorzugten und damit Kains Zorn gegen seinen Bruder noch verstärkten. Lossius folgt bei der Schilderung des Brudermords dem Bibeltext. Nachdem der Lehrer lange Zeit ohne Unterbrechung gesprochen hat, kommen die Kinder wieder zu Wort. Ähnlich wie beim Sündenfall wird das Verhalten der fünf Kinder durch eine Klammer ausgedrückt. Diese illustriert für die Leser die Situation auf dem Spaziergang. Allerdings wirkt der Zusatz stark konstruiert und es ist sehr fraglich, dass dieser tatsächlich kindlichem Verhalten entspricht. Die letzten Sätze der Erzählung verdeutlichen, dass Lossius zu einer speziellen Methode greift, um seine Leser moralisch zu erziehen.

> »Lehrer [...] Nun geschah es, dass sie einst einander auf dem Feld begegneten [...] Er (Kain) machte ihm (Abel) die kränkensten Vorwürfe, und zankte sich schreklich mit ihm, ein Wort gab das andere, kurz Kain gieng so weit, dass er mit einem Stück Holz, das er eben in der Hand hatte, auf seinen Bruder hinschlug, dass ihm hören und sehen vergieng, und er zur Erde niederstürzte. - (Was? doch nicht tod? riefen die Kinder, und fühlten nach ihren Köpfen, ach du lieber Gott!)
>
> Lehrer. Ja tod, ganz tod, der gute fromme Abel! [...]
>
> Die Kinder. Der gottlose Kain! der gute Abel.«[33]

---

32 Vgl. *Reiner Wild*, Die Vernunft der Väter. Zur Psychographie von Bürgerlichkeit und Aufklärung in Deutschland am Beispiel ihrer Literatur für Kinder, Stuttgart 1987, S. 137f.

33 *R.Ch. Lossius*, Die ältesten Geschichten der Bibel für Kinder in Erzählungen auf Spaziergängen, Teil 1, Erfurt 1784, S. 46f.

In der weiteren Erzählung erschrickt Kain über seine Tat und verlässt den Ort des Geschehens. Der Lehrer erklärt, dass jeder Kain erkennen wird durch sein schlechtes Gewissen. Der Ausruf der Kinder macht deutlich, dass die erzieherische Massnahme bei den Kindern schon gefruchtet hat. Lossius geht aber noch einmal auf das Geschehen ein.

> »Lehrer [… Gott sprach] Du bist ohnedem ausgezeichnet und gebrandmarkt genug, jedermann wird dich erkennen, und sagen: Das ist der unglückliche Brudermörder! Die Unruhe deines Gewissens und dein elendes Leben werden dich genug dafür strafen.
>
> Hören sie auf, riefen die Kinder, ich halt es nicht aus. Ach, im Leben wollen wir uns nicht wieder zanken und schlagen, dass es uns nicht gehe, wie dem Kain.
>
> Lehrer. So bleibt bei dem guten Vorsaze, und werdet ja nie neidisch und böse aufeinander. Denkt oft an den Kain, und wenn ihr einander beleidigt habt, so geht zueinander und sagt:
>
> Komm, Lieber, komm sei wieder gut,
> Nimm meine Hand izt an,
> Und denk nicht was in Zorn und Wut
> Ich dir zu Leid getan.
> Hab wieder deinen Bruder lieb,
> Mich reuet mein Vergehn.
> Ja, ich verspreche, nur vergieb,
> Es soll nie mehr geschehn.
>
> Lehrer. O Kinder, wenn ich das erlebe, dass ihr durch diese Geschichte für Zank und Lieblosigkeit gegen eure lieben Geschwister wäret abgeschrkt, und zur Liebe und Versönlichkeit wäret bewogen worden, ich wollte eine rechte Freude haben, Gott für die Gelegenheit danken, und den Tag segnen, an welchem ihr dieses versprachet.«[34]

Der Lehrer gibt den Kindern einen Vers mit, welcher durch die zweimal vierzeilige Reimform zum Auswendiglernen und Rezipieren gedacht ist, wenn es die eigene Situation der Adressaten erfordert. Mit den letzten Sätzen des Lehrers wird die Intention von Rudolph Christoph Lossius deutlich, der mit der biblischen Geschichte von Kain und Abel die Kinder sittlich und moralisch erziehen will. Sein Ziel ist das versöhnliche Zusammenleben der Kinder im Bewusstsein dessen, was mit Kain und Abel geschah. Diese Lehrhaftigkeit ist ein Kennzeichen der alten Erzählkunst. Die Geschichte verfolgt einen Nutzen. Dieser kann entweder aus einer Moral oder einer praktischen Nutzanwendung bestehen.[35] Damit endet der vierte Spaziergang. Der Autor entschied sich für ein Gedicht, das die Kinder lebenslang begleiten soll.

---

34 Ebd., S. 49f.
35 Vgl. *Hans-Heino Ewers* (Hg.), Kindliches Erzählen, Erzählen für Kinder. Erzählerwerb, Erzählwirklichkeit und erzählende Kinderliteratur, Weinheim und Basel 1991, S. 108.

Der folgende fünfte Spaziergang beginnt mit einer Einleitung als Rahmenerzählung, die inhaltlich noch zur Kain-und-Abel-Geschichte gehört. Am nächsten Tag trifft der Lehrer wieder auf die Kinder, und Gotthilf erzählt ihm von
dem gestrigen Streit mit seinem Bruder Wilhelm. Gotthilf schildert dem Lehrer
daraufhin die Versöhnung zwischen ihm und seinem Bruder.

> »Wir gingen zu Bette, und ich war so unruhig, dass ich nicht recht beten konnte. Herr
> Gott, dachte ich, wenn er oder ich diese Nacht stürben, da gab ich mich nicht zufrieden.
> Kurz ich konnte nicht bleiben, sondern stieg wieder auf, gab ihm meine Hand, und sagte
> das Verschen, das sie uns gelernt haben. Da war er wieder gut, und ich auch, nun schliefen
> wir ruhig ein, und heute ist es, als hätten wir uns noch einmal so lieb. Wie gut ist doch die
> Versöhnlichkeit!«[36]

Daraufhin lobt der Lehrer diese Vorgehensweise und ›belohnt‹ Gotthilf mit
einem Spaziergang. Lossius ist die Tugend der Versöhnlichkeit so wichtig, dass
er den Lesern diese Rahmenerzählung bietet, die illustriert, dass sie aufgrund
der Kain-und-Abel-Geschichte ihr Verhalten änderten. Der Versöhnungsge-
danke wird bei der Erzählung von Esau und Jakob wieder aufgenommen.
    Freigebigkeit und Teilen bestimmen den Inhalt des 15. Spaziergangs. Er
beginnt mit der Ankündigung, dass Wilhelm seinen Geburtstag an diesem Tag
feiert. Der Lehrer und die Kinder treffen auf einen armen Jungen, der Ähren
gelesen hatte. Durch die Erzählung des Lehrers erfährt der Leser, wie Wilhelm
bei diesem Treffen handelt.

> »Lehrer. Am zwei und zwanzigsten August war Wilhelms Geburtstag. […] Gleich vor dem
> Thore begegnete uns ein kleiner armer Junge, den meine Kinder kanten. Er hatte ein klei-
> nes Bündel Aehren auf dem Kopfe. […] Die Mutter hat mich herausgeschickt, und wenn
> ich viel lese, so will sie es ausklopfen, und mir ein paar Schuh auf den Winter davor kau-
> fen.
>
> Nun warte, sagte Wilhelm, heute vor elf Jahren hat mich der liebe Gott lassen auf die Welt
> kommen, da will ich zum Andenken an die Wolthat dir aus meiner Sparbüchse Geld zu
> ein paar Strümpfen geben.«[37]

Nachdem Wilhelm die Geschichten vom geizigen Laban hörte, zeigt er Opfer-
bereitschaft und Nächstenliebe. Der Umgang mit den unteren Schichten, mit
Armen und Bedürftigen, wird zum Ausdruck gebracht. Diese Begegnung wird
nur möglich, da die Kinder durch ihren Spaziergang den bürgerlichen Raum
ihres Elternhauses verlassen. Mitleid und Wohltätigkeit sollen an die Bürger-
kinder vermittelt werden. Das Menschsein der Person der sozialen Unter-

---

36 R.Ch. *Lossius*, Die ältesten Geschichten der Bibel für Kinder in Erzählungen auf Spaziergängen,
   Teil 1, Erfurt 1784, S. 51.
37 Ebd., S. 158f.

schicht wird dabei anerkannt.[38] In dieser Szene der Wohltätigkeit spiegelt sich diese Utopie der aufgeklärten Erziehung wider.

Im zweiten Teil beginnt Rudolph Christoph Lossius die Geschichte des Mose zu erzählen. Die Erziehung Moses am Hof und sein Mord an einem Aufseher werden kurz geschildert. Diese Geschichte nutzt er, um darauf hinzuweisen, dass ungestümes Verhalten zu zügeln sei. Lossius weitet damit die Erzählung zu einer sittlich-moralischen Anweisung für Kinder aus.

> »Lehrer. […] So gut er [Moses] es hatte, so vergass er doch seine armen Landsleute nicht […]. Lieber Gott, wie weh that es ihm, da er sahe, wie jämmerlich seine armen Landsleute gemisshandelt wurden. Da prügelte ein Schurke von Aufseher auch einen; jetzt erwachte sein jugendliches Feuer, […] und zankte sich also mit dem Aufseher herum. Vom Zank kams zu Schlägen, pauff, da taumelte der Aufseher dahin, und war tod. That er wol recht daran?
>
> Wilhelm. Ich meine nicht.
>
> Gotthilf. Und ich billige es auch nicht.
>
> Lehrer. Ich eben so wenig, und ich will euch daher bei der Gelegenheit die wolgemeinte Lehre geben, gewöhnt euch bald daran, eure jugendliche Hize zu mäsigen. Es giebt junge Leute, die alles zertreten wollen, was nicht nach ihrem Kopfe ist […]. Mit Hize und Ungestümm erreicht man seine Absicht am allerwenigsten, […]«[39]

Auffallend ist die Reaktion der Kinder, die den Tod des Aufsehers nur kurz kommentieren. Dabei reagieren nur die Jungen sehr sachlich auf die Geschehnisse. Eine emotionalere Reaktion der Mädchen beschreibt Lossius nicht.

In der Folge gibt der Lehrer auch einen Überblick über die Gesetze und Vorschriften der Juden, dabei nimmt er auch die Speisegebote auf. Auch diese Beschreibungen sollen den Leser moralisch bilden. Lossius greift dafür eine Rahmenhandlung aus dem Lebensumfeld der Kinder auf.

> »Lehrer. […] Sogar gegen das Vieh sollten sie sich vernünftig betrage, […].
>
> Karolinchen. Ach, du lieber Himmel, mein armer Hänfling, den habe ich schändlich vergessen, ihm heute frisch Wasser und Futter zu geben. Ach, das arme Tier […]
>
> Lehrer. Kleine unachtsame, wie würde dir es seyn, wenn du mattes faules Wasser trinken und nichts essen solltest? […] Das tue ja nicht wieder, besorge lieber eher dein Vieh, als du issest, […] Sonst werde ich die Mama bitten, sie soll dir nicht eher Morgenbrod geben, bis du gefüttert hast.«

---

38 Vgl. *Reiner Wild*, Die Vernunft der Väter. Zur Psychographie von Bürgerlichkeit und Aufklärung in Deutschland am Beispiel ihrer Literatur für Kinder, Stuttgart 1987, S. 74ff.

39 *R.Ch. Lossius*, Die ältesten Geschichten der Bibel für Kinder in Erzählungen an Feierabenden. Zweiter Theil, welche die Geschichten der Juden vom Moses bis auf Christum enthält, Erfurt 1787, S. 8f.

Die Zurechtweisung des Lehrers erfolgt mit der Androhung, eine Strafe folgen zu lassen, in die auch die Mutter eingebunden werden soll. Die Kinder werden durch diese Beispiele zum Respekt gegenüber allem Lebendigen erzogen.[40] Es wird die bürgerliche Tugend der Pflichterfüllung aufgenommen.

Im dritten Teil, den »Neuesten Geschichten«, schildert Lossius in der zweiten Erzählung vom zwölfjährigen Jesus im Tempel seine Vollkommenheit und auch seine Bereitschaft zu lernen. Ihm werden einerseits günstige Anlagen zugeschrieben, andererseits wird ausgeführt, dass auch der Unterricht zu dieser Entwicklung beigetragen hat.

> »Lehrer. […] Alle Menschen mögen ihn (Jesus) lieb gehabt haben, weil er so fromm, leutselig, zuthätig, still und gutmüthig gewesen ist. Dabei muss er einen ausserordentlichen guten Verstand und viele Fähigkeiten etwas zu begreifen, und eine unbeschreibliche Begierde gehabt haben, alles zu wissen, zu lernen und einzusehen; denn aus dem was ich euch izo erzählen werde, könnt ihr schliessen, wie weit es Jesus durch eignen Fleis, durch eignen Trieb, durch eignes Nachdenken schon in seinem zwölften Jahr muss gebracht haben.«[41]

Der hohe Wert, den Lossius dem Unterricht und dem eigenen Fleiss zuspricht, spiegelt sich in den Worten des Lehrers. Der Abschnitt endet mit dem Hinweis, dass jedes Kind weise und gut werden kann, wenn es seinen eigenen Fleiss nutzt, um alles aufzunehmen, zu durchdenken und gegebenenfalls vernünftig denkende Erwachsene zu befragen. Diesem Fleiss sollen die Leser nacheifern. Der Autor stellt dabei dar, dass Jesus durch sein Beispiel zur Vervollkommnung seiner Mitmenschen beitragen wollte.

> »Lehrer. […] Er lernte die Menschen genau kennen, unter denen er lebte, sowol nach ihren guten, als nach ihren bösen Eigenschaften, forschte den Ursachen nach, warum so wenig Juden vernünftig und gut handelten, woher es komme, dass der grösste Haufen, so ganz unwissend und lasterhaft lebe, und dachte nach, wie diese Menschen am besten zu unterrichten und zu bessern wären. Er fand, dass der schlechte Unterricht, und das lasterhafte Leben ihrer Religionslehrer die Ursache davon sey, und fasste den edlen Entschluss, durch Lehren und eignes Beispiel sie zu bessern Einsichten und edlen Gesinnungen zu leiten.«[42]

Der Lehrer kennzeichnet damit die jüdische Bevölkerung nicht nur als unwissend, sondern auch als lasterhaft. Den jüdischen Religionslehrern werden schlechter Unterricht und unmoralisches Leben vorgeworfen. Dies ist der Grund, warum Jesus sich entschliesst, durch Lehren und gutes Beispiel die jüdi-

---

40 Vgl. *Sybille Peter-Perret*, Biblische Geschichten für die Jugend erzählt. Studien zur religiösen Kinder- und Jugendliteratur des 18. Jahrhunderts (Pädagogik und Psychologie; Bd. 2), Essen 1990, S. 153.

41 *R.Ch. Lossius*, Die neuesten Geschichten der Bibel oder das Leben Jesu in Erzählungen für Kinder. Erster Theil, von dem Verfasser der ältesten Geschichten der Bibel, Erfurt 1789, S. 22f.

42 Ebd., S. 29f.

sche Bevölkerung zu besseren Menschen zu erziehen. Auch hier liegt das Augenmerk auf dem gutem Unterricht und dem gutem Beispiel, das zur Nachahmung anleitet.

In den »Neuesten Geschichten« hat die Besprechung der Bergpredigt den grössten Raum erhalten. Der Lehrer fordert die Kinder auf, diese in kleineren Abschnitten zu lesen. Ihre Erkenntnisse und Fragen werden in den einzelnen Erzählungen aufgenommen. Hier auf einzelne Verse näher einzugehen, würde allerdings den Rahmen des Aufsatzes sprengen.

4. Die »Moralische Bilderbibel« von Kaspar Friedrich Lossius

4.1 Einführende Hinweise

Schon 1800 kündigte er die Herausgabe seiner »Moralischen Bilderbibel« an. Doch erst vier Jahre später erschien die Einleitung und Ankündigungsschrift mit den Worten: »Über das Vergnügen, welches Eltern aus der eigenen Erziehung ihrer Kinder zu moralisch-guten Menschen schöpfen können. Zur Empfehlung einer für Familien zu veranstaltenden, allgemeinen moralischen Bilderbibel.«[43]

In diesem Werk sollte zwischen biblischer Geschichte und Profangeschichte eine Verbindungslinie entstehen. Den Eltern sollte ein moralisches Lehrbuch in die Hand gegeben werden, um ihnen die Erziehung ihrer Kinder zu erleichtern. Zusätzlich erfolgt die Vermittlung der Geschichten durch Kupferbilder von Johann David Schubert (1761–1822).

Am Anfang des Werkes steht eine kurze Vorrede sowie eine allgemeine Einleitung über die Bestimmung und den Gebrauch des Buches, die in Form einer Unterhaltung eines Vaters mit seinen Kindern gestaltet ist. Auch hier kann ich nur exemplarisch einige Beispiele dazu geben, wie Kaspar Friedrich Lossius seine Leser moralisch bilden wollte.

4.2 Beispiele aus der »Moralischen Bilderbibel«

In der Schöpfungsgeschichte wird von der Fähigkeit des vernünftigen Denkens gesprochen. Der Verstand soll durch Bildung geschult werden, dazu hat auch die Entwicklung der menschlichen Sprache beigetragen, die die ersten Menschen im Paradies erlernten.

---

43 Vgl. *Hieronymus Müller*, Caspar Friedrich Lossius. Aus seinem handschriftlichen Nachlass, Gotha 1819, S. 189ff.

Die Ursache für den Sündenfall wird vom Autor sehr deutlich geschildert. Da die Menschen sich nicht ihres Verstandes bedienten, sondern allein ihre Triebe befriedigen wollten, assen sie die verbotene Frucht. Der Mensch wird während dieser unvernünftigen Handlungen auf eine Stufe mit den Tieren gestellt. Seine Ebenbildlichkeit mit Gott geht ihm dadurch verloren.

Lossius führt aus, dass die Anwendung menschlicher Vernunft dem Willen Gottes entspricht. Wird nicht nach dieser gehandelt, so wird Gott nicht geehrt. Das Gefühl der Schuld wird bei ihm nach dem Sündenfall ausführlich geschildert.

> »Und in dem Augenblicke gehen ihnen die Augen über ihr Verbrechen auf [...] dies war dem Gebot, dem Willen unsers Schöpfers und Herrn zuwider gehandelt! [...] Sie sehen die Schuld, von der sie ihre eigne innigste Empfindung überführt [...].«[44]

Das eigene Gewissen ist verantwortlich für das Wissen, das Verbot Gottes übertreten zu haben. Nicht Gott spricht den Menschen ihre Schuld zu, sondern sie wissen selbst nach der Tat, dass sie falsch gehandelt haben.

Ein direktes Gespräch zwischen Gott und den ersten Menschen findet nicht statt, ihr schlechtes Gewissen treibt Adam und Eva aus dem Paradies. Lossius fügt der Erzählung einen Abschnitt an, in welchem er das Lehrreiche aus der Geschichte erneut zusammenfasst.

> »[...] so ist doch das, was auf unsere Belehrung abzweckt, deutlich genug darinne gesagt: dass der Mensch, als ein vernünftiges Wesen, nur so lange glücklich ist, als er sich nach den Gesetzen der Vernunft, die der Wille seines Schöpfers an ihn sind, richtet, und sich nicht von seinen sinnlichen Begierden und blos körperlichen Trieben beherrschen lässt. [...], sobald er aber den bessern Eingebungen seiner Vernunft [...] zuwider handelt, [...]: so sinkt er von seiner Menschenwürde herab, fühlt sich entehrt und unglücklich; [...], unfähig, das wahre Glück des Lebens zu geniessen, und es ist um seine innre Ruhe und Zufriedenheit geschehen.«[45]

Diese Herausstellung der Belehrung erinnert an die gottseligen Gedanken von Johann Hübner. Dieser Zusatz ist zwar nicht in Reimform zum Memorieren gedacht, aber in dem Anliegen, die Lehre prägnant sichtbar zu machen, steht dieser in einem geschichtlichen Zusammenhang. Erneut stellt Lossius einander gegenüber: die positiven Auswirkungen eines gottgefälligen Lebens und die negativen Gefühle, welche schlechte Handlungen hervorbringen können.

Kaspar Friedrich Lossius erörtert wie sein Bruder, dass die Nutzung, aber auch Bewahrung der Schöpfung, die Aufgabe des Menschen ist. Nach der

---

44 *K.F. Lossius*, Moralische Bilderbibel mit Kupfern nach Schubertschen Zeichnungen und mit Erklärungen, Erster Band. Mit vierzehn Kupfern, Gotha 1805, S. 44f.
45 Ebd., S. 47f.

Geburt der Söhne der ersten Menschen stellt Lossius die religiöse Erziehung als Ausgangspunkt für das moralisch-tugendhafte Handeln dar. Die Ausbildung der Gottesliebe und der Vernunft stehen im Mittelpunkt des alltäglichen Lernens.

>»Frühe lehrten sie ihren Kindern diesen Gott, den Urheber ihres Lebens und ihrer Glückseligkeit kennen, verehren und lieben, und suchten sie an ein solch Betragen zu gewöhnen, das dem Willen dieses guten Gottes gemäss sey, und bei welchem sie sich seine Achtung und Liebe versichern könnten.«[46]

Deutlich wird hier, dass die Liebe Gottes an den moralisch guten Lebenswandel des Menschen geknüpft ist. Die Weitergabe religiöser Lehre wird bei Kaspar Friedrich immer wieder aufgegriffen. So wird beispielsweise auch Abraham als Lehrer seiner Familie und von ihm abhängigen Personen bezeichnet. Auch in der Josephgeschichte folgt der Hinweis, dass Joseph in Ägypten die fremde Sprache lernte. Weitere Tugenden, wie Pünktlichkeit, Fleiss und Ordnung werden ebenso direkt genannt. Die Leser sollen sich mit Joseph identifizieren und ihn als Vorbild annehmen. David wird später mit ähnlichen Worten beschrieben.

Das Erlernen der ägyptischen Sprache und religiöser Sitten wird auch bei Mose angeführt. Seine Mutter führt Lossius als diejenige ein, die ihren Sohn den Glauben ihres Volkes lehrt. Zur Mosesgeschichte gehört auch die Übergabe der Zehn Gebote. In der längeren Einleitung erläutert der Autor, dass dem Volk diese Gebote gegeben wurden, um es moralisch zu bilden und von seiner Rohheit zu befreien. Die Autorität Gottes erhält eine besondere Rolle, denn nur durch die Begierde nach Belohnungen und der Angst vor Strafe war das Volk anfangs zu erziehen, da ihm noch jede Vernunft fehlte.

>»Er (Mose) sah wohl ein, dass, so lange dies Volk so roh, so verwildert an Verstand und Herzen, wie es jetzt war, bleiben würde, es sich nie zu irgend einem Grade des Wohlstandes erheben, sondern bald wieder in eine noch gefährlichere Sclaverei seiner sinnlichen Begierden und Leidenschaften versinken werde. [...] Die Vorstellung eines höheren Wesens, der Glaube an einen Gott, war bei ihnen eine dunkle Idee, [...] war nicht lebhaft, nicht überzeugend genug, um sich gegen die damals herrschende Abgötterei zu erhalten [...] Da die Vernunft und das innere sittliche Gefühl bei diesen verwilderten Menschen seine Kraft schien verloren zu haben: so musste ihnen bestimmt gesagt werden, wie sie sich zu verhalten hätten.

>Drohungen und Verheissungen, Belohnung und Strafen mussten den Mangel der edleren Beweggründe ersetzen und ihren Willen zum Guten lenken.«[47]

---

46 Ebd., S. 61.
47 Ebd., S. 240ff.

Deutlich wird, solange der Mensch noch nicht fähig ist, die Vorbilder und Erzählungen, die ihm zur Verfügung stehen, als moralisch bildend anzuerkennen, muss er durch ein System von Belohnung und Bestrafung sittlich so gebildet werden, dass er fähig wird, das Gute zu erkennen und danach zu handeln.

In seinem einleitenden Kapitel weist Lossius darauf hin, dass die Kinder erst die Bilder betrachten und diese auf sich wirken lassen sollen, bevor sie die dazugehörige Geschichte lesen. Exemplarisch möchte ich hier auf das Bild »Jesus als Lehrer und Wohltäter der Menschen« eingehen. Der Kupferstich hat eine sehr allgemeine Bildunterschrift, das Bild selbst entspricht der biblischen Geschichte der Heilung des Gichtbrüchigen (Mt 9,1–8). Es wurde von dem Kupferstecher Meno Haas ausgeführt[48] und bildet für den Autor den Ausgangspunkt, um über die Bergpredigt zu sprechen.

Der Kupferstich ist auf Emotionen angelegt. Obwohl die Figuren sich gleich zu bewegen scheinen, trägt das Bild die Stimmung von tiefer Ruhe, Innerlichkeit und Ernst. Der Autor möchte auch durch die Bilder eine gute Gesinnung vermitteln.

Abbildung 10: Jesus als Lehrer und Wohltäter der Menschen

---

48 Vgl. Nützliches Vergnügen. Kinder- und Jugendbücher der Aufklärungszeit aus dem Bestand der Niedersächsischen Staats- und Universitätsbibliothek Göttingen und der Vordermann-Sammlung. Ausstellungskatalog, hg. von *Elmar Mittler* und *Wolfgang Wangerin*, Göttingen 2004, S. 204.

Bei diesem Kupfer bildet Jesus mit langen Haaren, einem Bart, mit langer und faltenreicher Kleidung und Sandalen an den Füssen den Mittelpunkt des Bildes. Er wendet sich zu seiner Linken einem Gelähmten zu, der auf einer bettähnlichen Trage vor ihm sitzt und beide Arme nach ihm ausstreckt. Während Jesus mit der rechten Hand sein Gewand rafft, streckt auch er die linke Hand dem Gelähmten entgegen.

Neben dem Gelähmten faltet ein junger Mann die Hände zusammen und sieht Jesus mit bittendem Blick an. Hinter diesem Figurenpaar sind drei weitere Personen abgebildet: ein Kind, ein Greis und eine junge Frau, die dem Geschehen näher kommen. Dabei stützt sich der alte Mann einerseits auf seinen Stock, andererseits auf den Jungen, der ihm Halt gibt. Hinter Jesus auf der linken Bildhälfte stehen vier seiner Jünger, auch sie, wie überhaupt alle Personen auf dem Bild, in wallende Gewänder mit starkem Faltenwurf und klassizistischer Anmutung gehüllt. Das Alter und ihre Blickrichtung lassen vermuten, um welche Jünger es sich handeln könnte. Direkt hinter Jesus steht Petrus in gebührendem Abstand. Neben ihm mit langen Haaren der viel jüngere Johannes, der Jesus über die Schulter schaut und näher an ihn herankommt. Von dem dritten Jünger ist nur der Kopf zu erkennen, daher kann dieser nicht zugeordnet werden. Der vierte Jünger hinter der Gruppe, der fast aus dem Bild herausgedrängt wird und der Handlung Jesu keine Aufmerksamkeit schenkt, ist Judas, der sich mit seinem Blick von dem Geschehen abwendet. Im Hintergrund ist ein Ausschnitt eines klassizistischen Gebäudes auf der linken Bildhälfte zu erkennen. Eine Baumlandschaft bildet den Hintergrund für die rechte Bildhälfte.

Der Autor spricht davon, dass Jesus der vollkommene Mensch ist, den er, als unvollkommener Mensch, nicht vollständig darstellen kann.

> »[…] – nach welchem wir das Leben Jesu nur von seiner moralischen Seite schildern, ihn selbst als handelnd betrachten, und da in seinem Würken und Thun als denjenigen erkennen wollen, der als das höchste Ideal menschlicher Tugend und Vollkommenheit unter uns aufgetreten ist […].«[49]

Jesu Vollkommenheit macht deutlich, dass dieser für die Vervollkommnung aller Menschen gelebt hat. Kaspar Friedrich Lossius sieht die Vervollkommnung des Menschen, wie auch sein Bruder Rudolph Christoph Lossius, als einen Auftrag an, dem er in seinem Werk nachkommen will.

---

49 K.F. *Lossius*, Moralische Bilderbibel mit Kupfern nach Schubertschen Zeichnungen und mit Erklärungen, Fünfter Band. Mit fünfzehn Kupfern, Gotha 1812, S. 200.

Abbildung 11: Jesus als Jüngling im Tempel

In der Geschichte über den Zwölfjährigen im Tempel beschreibt Kaspar Friedrich Lossius Jesu als wissbegierig, sein Verhalten als bescheiden und aufmerksam. Der Autor spricht in seiner »Moralischen Bilderbibel« davon, dass die Gelehrten den Fragen und dem guten Betragen Jesu besondere Aufmerksamkeit schenkten.

> »Die Theilnahme eines so wissbegierigen Jünglings an ihren Unterhaltungen, erregte schon die Aufmerksamkeit dieser gelehrten Gesellschaft, noch mehr aber die Fragen, die er an sie that [...] und die anspruchslose Bescheidenheit, mit der er die Belehrungen annahm, und die an ihm gethane Fragen beantwortete, verbunden mit der ausdauernden Aufmerksamkeit, die ihn gleichsam an diesen Ort allein zu fesseln schien, setzte alle Anwesenden in Verwunderung*) Siehe das 63te Kupfer.«[50]

Der Kupferstich wurde von dem Kupferstecher Ephraim Gottlieb Krüger angefertigt.[51]

---

50 Ebd., S. 204.
51 Vgl. Nützliches Vergnügen. Kinder- und Jugendbücher der Aufklärungszeit aus dem Bestand der Niedersächsischen Staats- und Universitätsbibliothek Göttingen und der Vordermann-Sammlung. Ausstellungskatalog, hg. von *Elmar Mittler* und *Wolfgang Wangerin*, Göttingen 2004, S. 151.

Den Mittelpunkt des Bildes beherrscht der zwölfjährige Jesus mit erhobenem Zeigefinger im Tempel. Er hat ein offenes Gesicht und langes gelocktes Haar und ist mit einem wallenden Gewand und geschnürten Schuhen bekleidet. Der linke Zeigefinger ist fragend oder auch erklärend zum Himmel erhoben. Seine rechte Hand deutet nach unten. Der Tempel wurde vom Künstler durch mehrere Säulen im Bildhintergrund charakterisiert. Der Boden besteht aus rechteckigen Steinplatten. Der Raum erscheint schlicht und ist nur angedeutet.

Auf der rechten und linken Seite am Bildrand sind jeweils vier, jüngere und ältere, jüdische Männer zu sehen, die sich voller Aufmerksamkeit Jesus zuwenden. Die Gewänder der Männer sind als bodenlange und faltenreiche Kleidung illustriert, die an römische Kleidung der Antike erinnern. Die Fussbekleidung besteht aus Stoff, anspielend auf Leder, das um die Füsse gewickelt ist.

Der Leser der »Moralischen Bilderbibel« soll beim Betrachten des Bildes die Aufmerksamkeit des jungen Jesus wahrnehmen, der sich respektvoll im Kreis der älteren Männer aufhält und seine Fragen anständig und bescheiden stellt. Die vollkommene Erscheinung Jesu wird durch diesen Kupferstich besonders unterstützt.

Zusätzlich zum Bibeltext erzählt Lossius, dass die Gelehrten Jesu Fragen und seinem guten Betragen besondere Aufmerksamkeit schenkten. Dem selbst gewählten Unterricht folgt Jesus als vollkommener Schüler. Diesem Idealbild sollen in gleicher Weise die Leser der »Moralischen Bilderbibel« entsprechen.

Auch die Bergpredigt wird von Kaspar Friedrich Lossius ausführlich geschildert. Jesus wendet sich an seine Jünger, die für die Leser zu nacheiferungswürdigen Vorbildern werden sollen.

> »Hier wendete er sich besonders an die ihm zunächststehenden Jünger und ermunterte sie zu standhafter Ertragung der Beleidigungen, die sie um des Guten willen in der Welt erfahren würden; [...]. Besonders müssten sie sich als künftige Lehrer der Menschen durch eine edle Denkungs- und Handlungsart vor andern auszeichnen, denn durch sie solle ja das menschliche Geschlecht verbessert und veredelt werden.«[52]

Das Idealbild des Lehrers wird vom Autor hier dargelegt. Die Jünger werden zu Lehrern der Menschheit. In dieser Funktion soll auch jeder Jünger ein Vorbild für den anderen sein. Diese gilt sowohl für das Denken, als auch für das Handeln. Der Lehrer soll für seine Schüler ein Mittel zur Vervollkommnung und damit zur Gottebenbildlichkeit werden.

---

52 Ebd., S. 260f.

5. Resümee

Rudolph Christoph Lossius hat in seinen biblischen Geschichten weitgehend das Erziehungskonzept von Christian Gotthilf Salzmann umgesetzt. Es ist daher kein Zufall, dass der grosse Aufklärungspädagoge Salzmann ein längeres Vorwort zum ersten Band von Lossius geschrieben hat.

Die »Biblischen Geschichten« der Brüder Kaspar Friedrich und Rudolph Christoph Lossius dienen der mehrfachen Wissensvermittlung. Sie wollen die biblischen Geschichten und damit den christlichen Glauben vermitteln sowie den Leser zu moralischem und tugendhaftem Verhalten anleiten. Das Lernen erfolgt auf spielerische Weise. Die Erziehungsintention ist in beiden Werken auf die Gesellschaft ausgerichtet. Beide Werke folgen einem elementaren Aufbau, wie er von Salzmann vorgeschlagen wurde. Ebenso sind beide Werke mit einer erziehenden Moralität versehen.

Reinhard Wunderlich

Moral zwischen Aufklärung und Biedermeier.
Johann Peter Hebels »Biblische Geschichten«

Auch einem Aufklärer mit Herz
Rainer Lachmann zum Siebzigsten

Zum 225. Geburtstag von Johann Peter Hebel im Jahre 1985 erschien bei der Deutschen Bundespost eine Briefmarke, die sehr schön ein Markenzeichen Hebels markiert, das »Merke« seines erhobenen Zeigefingers.

Abbildung 12

Während das Bildmotiv einerseits die aufklärende Lehrhaftigkeit Hebels und seiner Werke, vor allem der zahllosen und weltberühmten ›Kalendergeschichten‹ im »Landkalender für die badische Markgrafschaft lutherischen Anteils«, den Hebel ab 1808 unter dem Titel »Rheinländischer Hausfreund« herausgab, und seiner weniger bekannten ›Predigten‹ zum Ausdruck bringt, lässt es andererseits biedermeierliche Idylle aufscheinen und weckt sofort Assoziationen zu seinen »Alemannischen Gedichten«, 1803 in Karlsruhe erschienen und von Goethe lobend rezensiert.

Zum 250. Geburtstag Hebels im Jahre 2010 sollen die Epochenbegriffe Aufklärung und Biedermeier, so unterschiedlich sie auch von ihrer heuristischen Gewichtigkeit her sind, zusammengeführt werden in der Betrachtung der Moral und der Moralpädagogik eines einzigen Werkes, nämlich seiner »Biblische(n) Geschichten. Für die Jugend bearbeitet von Dr. J.P. Hebel«. Es erschien 1824 sowohl in der Cotta'schen Buchhandlung als auch als Schulbuch für den Religionsunterricht in der Markgrafschaft Baden, wo es mehr als dreißig Jahre seinen religionsdidaktischen Dienst (teilweise auch im katholischen bzw. jüdischen Religionsunterricht) tat, bis es lutherischem Konfessionalismus und entsprechenden Elternpetitionen zum Opfer fiel. Auch in diesem Werk spielt das Markenzeichen Hebels, sein »Merke« eine gewisse Rolle, kann jedoch nicht einseitig auf die aufklärende Seite geschlagen werden, sondern profiliert eine Moral zwischen Aufklärung und Biedermeier, die man wohl am einfachsten benennt als »Aufklärung mit Herz«. Und statt einer Briefmarke soll bereits einleitend eine vorlaufende Merke-Interpretation die Titelthese veranschaulichen.

1. Einleitung

1.1 Hebels ethische Spuren der Merkbarkeit

Hebels »Merke«, ein gerne verwendeter ethischer Appell in seinen Kalendergeschichten, belässt stets durchaus dem erhobenen Zeigefinger seine Merkbarkeit, nimmt ihm aber die Penetranz des Besserwissens, indem die Formulierungen nichts anderes als das intendierte Selbstdenken des Lesers oder Hörers wie selbstverständlich antizipieren. Viermal hat dieses »Merke« auch Eingang in die Biblischen Geschichten gefunden; sparsam also streut Hebel seine sprachlichen Unterstreichungen ein, als ob die Gewichtigkeit seiner ethischen Appelle mehr in Nebensätzen, denn in prononcierten Ausrufesätzen zum Tragen käme. Aber ganz verzichten möchte er nicht auf dieses Stilmittel, das er in so modifizierter Weise aus den Moritaten und ihrer ›Moral von der Geschicht‹ übernommen hat.[1] Das erste »Merke« (noch ohne den unmittelbar folgenden, konzentrierenden Doppelpunkt) weist auf den ambivalenten, aber notwendigen Zusammen-

---

[1] Vgl. hierzu und zum Folgenden: *Reinhard Wunderlich*, Johann Peter Hebels »Biblische Geschichten«. Eine Bibeldichtung zwischen Spätaufklärung und Biedermeier, Göttingen 1990, S. 275f.

hang zwischen Traumdeutung und Gotteserfahrung hin, den Hebel im Anschluss an Josephs Traumanalysen thematisiert, um eine Imitation durch »betrügliche oder einfältige« Menschen auszuschliessen.[2]

Das zweite »Merke« steht an herausragender Stelle unmittelbar nach den Zehn Geboten: »Merke: Gott hat die Kinder nicht vergessen. Er vergisst die Kinder nicht. ›Du sollst deinen Vater und deine Mutter ehren.‹« (AT Nr. 22, S. 100) In pädagogischer Verantwortung wird aus der inhaltlichen Fülle der Zehn Gebote das dem kindlichen Erfahrungskreis am einleuchtendsten erscheinende Gebot herausgegriffen und dreifach rhetorisch variiert.

Das dritte »Merke:« leitet eine der witzigsten und hintergründigsten Exegesen ein, die sich Hebel in seinen Biblischen Geschichten ausgedacht hat. Die Episode vom zwölfjährigen Jesus im Tempel ist in der Tat »die einzige Begebenheit aus den Jugendjahren Jesu, welche man weiss.« (NT, Nr. 5, S. 16)

> »Von dem zwölften Jahr bis zu dem dreissigsten Jahr seines Lebens weiss man nichts von ihm. Merke: Von gutgearteten und wohlerzogenen Kindern hört man in ihrer Jugend gewöhnlich nicht viel, als dass sie ihren Eltern untertänig sind, dass sie an Weisheit und Liebenswürdigkeit bei Gott und den Menschen zunehmen, und gerne in die Kirche und Schule gehen, wo viel Gutes zu hören und zu lernen ist.« (ebd.)

Wer sich die wuchernde Legendenbildung der Kindheitsgeschichten Jesu und ihre ethische Funktionalisierung vor Augen hält, vermag zu ermessen, welche Spitze gegenüber vielen konkurrierenden Kinderbibeln der Zeit hier gesetzt wurde!

Das vierte »Merke:« verwendet Hebel für seine fundamentale hermeneutische Überlegung nach der Versuchungsgeschichte Jesu.

> »Merke: Wer die Sprüchlein der heiligen Schrift mit Wissen falsch deutet, dass er die Sünde beschönige, der treibt des Satans Werk und böse Kunst. Wer seyn will wie Jesus, der stärkt sich durch die guten Sprüchlein gegen die Sünde und gefällt Gott und den heiligen Engeln wohl.« (NT Nr. 7, S. 25)

Viermal unterstreicht Hebel sprachlich seine eigenwilligen und unkonventionellen Kommentare bzw. ethischen Appelle mit einem »Merke« – viermal könnte man mit Ernst Bloch formulieren: »Vorhang zu, und die Fragen sind

---

2 Zitiert wird nach der Erstausgabe von 1824, Biblische Geschichten. Für die Jugend bearbeitet von *Dr. J.P. Hebel*, Erstes Bändchen, Zweites Bändchen, Stuttgart und Tübingen, in der J.G. Cotta'schen Buchhandlung. 1824, Wir werden im Folgenden im Text zitieren, unterteilt nach AT und NT und stets mit der entsprechenden Nummer der Geschichte, um so alle weiteren Ausgaben zu erschliessen. Hier also: AT Nr.16, S. 69.

nicht offen, insgesamt aber ist die Komposition [...] ein Korrektiv – nicht nur für freundliche Erzählung, auch für ihre Spuren der Merkbarkeit.«[3]

1.2 Hebels Kurz-Portrait in religionspädagogischer und kinderbibelgeschichtlicher Absicht

Johann Peter Hebel wurde am 10. Mai 1760 in Basel geboren und wuchs in Hausen im Wiesental bei Lörrach auf (später bezeichnet er sich selbst als durch Kultur und Natur doppelt sozialisiert).

Er war lutherischer ›Theologe‹ der sog. Spätaufklärung (Studium in Erlangen 1778–1780), der die historisch-kritische Methode in aller Schärfe kennen lernte und entsprechende theologisch-hermeneutische Problemstellungen der wissenschaftlichen Diskussion auch eifrig weiterverfolgte (nachweislich in seinen überlieferten Exzerptheften und im Versteigerungsverzeichnis seiner hinterlassenen Bibliothek). Auch war er der erste Prälat der ab 1821 unierten badischen Landeskirche; in dieser Eigenschaft erhielt er im selben Jahr die Ehrendoktorwürde der theologischen Fakultät der Universität Heidelberg.

Eigentlich aber war und blieb Hebel von allem beruflichen Anfang an und bis an sein Lebensende ein ›Schulmann‹, dessen Gemüt Diesterweg rühmte und dessen didaktisches Geschick in vielen überlieferten Schülererinnerungen bezeugt wird. Dabei waren – nach dreijähriger Hauslehrertätigkeit – die ersten Amtsjahre (1783–1791) als Praeceptor am Pädagogium in Lörrach zunächst sicherlich nur Wartejahre, wie sie für damalige Pfarramtskandidaten üblich waren. Doch mit welchem heiteren Ernst er sich ganz von den Schülern und dem Schulunterricht leiten lässt und einem noch über ein Jahrhundert lang bestimmenden Amtsverständnis entgegentritt, wonach das Katheder der Kanzel eindeutig untergeordnet ist, beweist einer seiner frühesten Briefe an den Diakonatsvikar K.Fr. Sonntag vom 26. Nov. 1784 (mit dienstlichem Nachspiel), in dem er sich zusätzliche Predigtdienste verbittet:

> »Mich deucht, dass Tage wie der Samstag ist, Tage der Erholung für den sein sollen, der eine Woche lang in die Schulstube eingesperrt war, Tage die von ihm und nicht von andern sollen benuzt werden [...] warum sollt ich denn nicht lieber über meinen Berufsgeschäften sizen bleiben und fortinformiren, als mich an eine neues Geschäft binden lassen, das mich in meiner gegenwärtigen Lage nichts angeht. Ich könnte mich zwar Deinem Billet nach an den Montägen schadlos halten. Allein ich finde nicht für gut, um einer Nebensache willen meine Pflicht beiseite zu setzen, und die mir anvertrauten und am Herzen

---

3 *Ernst Bloch*, Nachwort, in: *Johann Peter Hebel*, Kalendergeschichten. Ausgewählt und mit einem Nachwort versehen von E. Bloch, Frankfurt [4]1977, S. 135–149, hier: S. 144.

ligenden Schulen entgelten zu lassen, wofür sie nichts können. Schwerlich würden auch die Eltern darauf Rücksicht nehmen, dass ich am Sonntag gepredigt habe, wenn ich am Samstag zu Haus bleiben und am Montag Ferien machen wollte, um nach Basel gehen zu können.«[4]

Zwar sehnte sich Hebel gelegentlich nach einer eigenen Landpfarrei, doch war die Schullaufbahn mit der Berufung 1791 als Subdiakon an das »Gymnasium illustre« in Karlsruhe unaufhaltsam. Dort, wo er als Vollwaise 1774 bis 1778 selbst ein begabter Schüler war, wurde er ab 1808 Direktor und blieb ein begnadeter Lehrer (selbst in den Naturwissenschaften) bis zu seinem Tod am 22. September 1826 in Schwetzingen, wo er nach der Abnahme von Schlussprüfungen am Mannheimer Gymnasium auf der Heimreise ›Zwischenstation‹ machen wollte.

So, wie er seinen Amtspflichten gewissenhaft nachging und ihnen dennoch seine unverwechselbare individuelle Note gab, die das Konventionelle jeder pädagogischen Situation als Sprungbrett für originelle Überstiege in eine heitergelassene Lebensauffassung nutzte (nachzulesen etwa in seinen überlieferten Schülergutachten, aber auch in veröffentlichten Schülererinnerungen)[5], so ging er auch sein einziges literarisches Werk für Kinder, näherhin für Schüler an, die »Biblische(n) Geschichten. Für die Jugend bearbeitet von Dr. J.P. Hebel«. Sie wurden nach langer kontroverser Vorgeschichte in Baden als Schulbuch zehntausendfach gedruckt und lösten die Biblischen Historien des Johann Hübner ab, deren letzte Auflage in Baden 1823 endgültig vergriffen war und die somit fast achtzig Jahre in Baden in Gebrauch waren, insofern schon vor einer offiziellen Einführung 1748 die Markgräfin Magdalena Wilhelmine den »Hübner« inoffiziell, finanziert aus ihrer Privatschatulle, vielfältig an Landschulen verschenken liess. Erste Kritik 1784 führte zu leichten Revisionen und schweren Kürzungen, vor allem aber zu immer häufigeren Forderungen nach völliger Ablösung. 1813 favorisierte Kirchenrat Johann Ludwig Ewald eine Adaption der katholischen Kinderbibel Christoph von Schmids, nämlich seine »Biblische Geschichte für Kinder, zum planmässigen Unterricht in sämmtlichen Schulen Baierns« (München 1801). Kirchenrat Johann Peter Hebel polemisierte mit aller Kompetenz und Vehemenz, um schliesslich dann 1818 den offiziellen Auftrag der Kirchenkommission zu erhalten, entweder eine vorhandene Biblische Geschichte zu überarbeiten oder ein ganz neues Schulbuch zu verfertigen. Hebel nimmt die Herausforderung mit ganzem Herzen an und schafft etwas

---

4 *Johann Peter Hebels* Briefe. Gesamtausgabe, hg. und erl. von *Wilhelm Zentner*, Karlsruhe 1939, S. 1.

5 Vgl. *Reinhard Wunderlich*, Johann Peter Hebels »Biblische Geschichten«. Eine Bibeldichtung zwischen Spätaufklärung und Biedermeier, Göttingen 1990, S. 175–196.

ganz Neues. Schon am Ende des Jahres 1818 stellt er fest: »Ich bin schon an
Samuel und David und glaube fest, Gott steht mir bei, dass ich etwas Besseres
als das Gewöhnliche liefere«.6

1.3 Hebels Strukturmuster seiner »Biblischen Geschichten«

Das »Bessere als das Gewöhnliche« zeigt sich bereits in den sprachlichen Stil-
mitteln, die Hebel einsetzt und die er nicht zuletzt aus seiner intensiven Auseinandersetzung mit der Gattung Bibeldichtung bis ins 18. Jahrhundert hinein
schöpft. Seine reichen Erfahrungen mit populärer »Bearbeitung« von Stoffen
aller Art und seine Empfänglichkeit für die Gattungsform der Idylle, die im
literarischen Biedermeier zu höchster Blüte trieb, tun ein übriges, um den
berühmten Hebel-Ton zum Klingen zu bringen, der natürliche Sprache mit
heiter-gelassener Ironie paart.

Das »Bessere als das Gewöhnliche« zeigt sich auch in den in jeder der insgesamt 125 Geschichten nachweisbaren religionspädagogischen Transformatio-
nen und religionsdidaktischen Auswahlentscheidungen, die die lebensweltlichen Bezüge des Familien- und Erziehungsfeldes fokussieren und durchgängig
den populären Adressatenbezug und seine pädagogischen Implikationen
bewahren.

Das »Bessere als das Gewöhnliche« aber zeigt sich nicht zuletzt in der inhaltlichen Ausrichtung, im theologischen Gefälle. Indem wir im Folgenden gezielt
nach dem systematischen Stellenwert der Theologie in Hebels biblischen
Geschichten fragen, sehen wir uns sogleich mit der bekannten und fundamen-
talen Doppelung von Dogmatik und Ethik konfrontiert und werden erfahren,
dass Hebel auf dem »und« beharrt: Er betreibt ethische Theologie im besten
Sinne des Wortes.

So ergibt sich für unsere Untersuchung folgendes Vorgehen: Zunächst soll
lang und breit der »Moral von der biblischen Geschicht« nachgegangen werden,
also der Reflexion über Lebensführung im Allgemeinen und Lebensführung
von Kindern und Jugendlichen im Besonderen, die aber eben bei Hebel ohne
Reflexion über Religion nicht zu haben ist. Kurz und schmal seien danach die
theoretischen Vorüberlegungen Hebels gestreift. Und noch kürzer und schma-
ler nimmt unsere Schlussüberlegung dann Stellung zur Titelei »zwischen Aufklärung und Biedermeier«, der eine hohe Signifikanz zuzumessen ist.

---

6 Zur Entstehungsgeschichte vgl. *Reinhard Wunderlich*, Johann Peter Hebels »Biblische Geschichten«. Eine Bibeldichtung zwischen Spätaufklärung und Biedermeier, Göttingen 1990, S. 316–319.

Alles in allem wird deutlich werden, dass Hebels Biblischen Geschichten keineswegs ein naiver Schaffensprozess vorausging, sondern dass wir es vielmehr mit einem theologisch reflektierten, literarisch ausgefeilten und religionspädagogisch sensibel be- und ausgearbeiteten Meisterwerk zu tun haben, das – mit Walter Jens gesprochen – endlich eingereiht gehört in die deutsche klassische Literatur.

2. Die Moral von der Geschicht'

Man versteht die Biblischen Geschichten Hebels nicht ohne das oft nur wie nebenbei eingewobene systematische Organisationsprinzip der »Verheissung«, also der heilsgeschichtlich-eschatologischen Ausrichtung, einer zukunftsorientierten Perspektive.

2.1 »Verheissung« als systematisches Organisationsprinzip[7]

»Was Gott dem Abraham verheissen,
Das lässt er nun dem Hirten-Chor
Erfüllt erweisen.
Ein Hirt hat alles das zuvor
Von Gott erfahren müssen.
Und nun muss auch ein Hirt die Tat,
Was er damals versprochen hat,
Zuerst erfüllet wissen.«[8]

Der Textdichter von Johann Sebastian Bachs Weihnachtsoratorium intoniert erstmals 1734 im Bassrezitativ des II. Teils ein Thema, das neunzig Jahre später Johann Peter Hebel in seinen Biblischen Geschichten gleichsam durchkomponiert und zu einer erstaunlich transparenten Einheit gefügt hat. Nicht die Verheissung-Erfüllung-Struktur als solche markiert die Besonderheit der Thematik von 1734 und 1824; als Modell einer integrierenden Zuordnung von Altem und Neuem Testament war diese Struktur schon der frühen Christenheit vertraut. Was die Parallele erwähnenswert erscheinen lässt und den Kantaten-Text zum Motto der Untersuchung des theologisch-systematischen Organisationsprinzips der Biblischen Geschichten erhebt, ist die vertrauenerweckende Personalisierung der Träger des Verheissungsgeschehens. Einfache, das Volk repräsentie-

---

7 Vgl. zum Folgenden: ebd., S. 239–250.
8 Johann Sebastian Bachs geistliche und weltliche Kantatentexte, nach *Rudolf Wustmann*, Wiesbaden ³1982, S. 17.

rende, gesellschaftlich aber durchaus verachtete Gestalten, ein Hirte damals, ein Hirte erneut in der Zeit der Erfüllung: das genau ist der Akzent, den der frühaufklärerische Textdichter eher formalistisch parallelisierend, der spätaufklärerische Hebel aber umso bewusster reflektierend, variierend und konstruierend dem Verheissungsgeschehen einschreibt.

Der klare Höhepunkt innerhalb der Aussagereihen des neutestamentlichen Teils der Biblischen Geschichten Hebels zum Thema »Erfüllung der Verheissung« findet sich am Ende der Geschichte »Letzte Reden Jesu an seine Jünger. Himmelfahrt«:

> »Das ist der Verheissene, in welchem alle Geschlechter der Erde sollen gesegnet werden, geboren in Bethlehem, schon in seiner Kindheit verloren und wiedergefunden am dritten Tag in Jerusalem, getauft von Johannes im Jordan, versucht in der Wüste, gesendet von Gott, zu stiften das heilige Reich Gottes auf der Erde und die selige Wiedervereinigung der Menschen mit Gott, geliebt von den Guten, verfolgt von den Bösen, verrathen von seinen Jüngern, gekreuziget, gestorben und begraben, am dritten Tag auferstanden von den Todten, aufgefahren gen Himmel.« (NT Nr. 55, S. 187f)

Unverkennbar ist der getragene Duktus der Partizipialkonstruktionen, der in evidenter Parallele zum Credo, zum Glaubensbekenntnis, gestaltet ist. Wichtig für Hebel im Zusammenhang einer Biblischen Geschichte ist an dieser Stelle allerdings nur der Bezug auf den sog. 2. Artikel, dem Bekenntnis zu Jesus Christus. Die Identifikation Jesu Christi, dem in den Himmel aufgenommenen Jesus von Nazareth, mit dem Verheissenen schlägt sofort einen Bogen zurück nicht nur auf die zahlreichen Hinweise in den neutestamentlichen Erzählungen, sondern besonders auf die Verheissungen des Alten Testament, die teils von Hebel eingeflochten, zum grösseren Teil jedoch wörtlich aus dem Bibeltext der Lutherübersetzung übernommen wurden. Die Abraham-Verheissung, die auf den Segen der universalen Menschheit abzielt, erscheint wie selbstverständlich zu Beginn dieses Kleinen Credos, das ganz nach Hebels Intention gestaltet ist. In den Erzählungen AT, Nr. 6, S. 22 und Nr. 9, S. 36 hatte Hebel diesen Beginn der Verheissungen Gottes innerhalb der Geschichte des Volkes Israel wörtlich aus Genesis 12,3b bzw. 22,18 übernommen und als theologisches Leitmotiv deutlich gemacht. Die Besonderheit des Hebelschen Credos liegt also zum einen in seiner bündelnden Kraft, die es ermöglicht, sowohl die vielen Geschichten untereinander als auch in ihrem deutlichen Bezug zu einer kleinen, formelhaften Summa des christlichen Glaubens als ein zusammenhängendes geschichtliches Kontinuum darzustellen, dessen sich entwickelnder Logik eigentlich nicht mehr widersprochen werden kann. Die andere Besonderheit hat ebenfalls mit Geschichte zu tun. Im Gegensatz nämlich zum altkirchlichen Nicäno-Konstantinopolitanum füllt Hebel das oft bemängelte Defizit zwischen Jungfrauengeburt und heilvoll überwundenem Kreuzestod: Eine lebensgesättigte Aussagenreihe lässt noch einmal die spannungsvollen Ereignisse um die Person Jesu rekapitulieren (geboren – verloren – wiedergefunden – getauft – versucht – gesendet – geliebt – verfolgt – verraten – gekreuzigt – gestorben – begraben – auferstanden – aufgefahren). Ein Detail muss hier besonders genannt werden: In Kongruenz zu seinem sonstigen Vorgehen – Hebel legt einen besonderen Akzent auf die Kindheit der Biblischen Figuren – wird hier die lukanische Erzählung vom Zwölfjährigen als theologischem Diskurspartner als Antizipation des Auferstehungsgeschehens gedeutet: »verloren und wiedergefunden am dritten Tag in Jerusalem« – und damit ohne alle Anstrengung eines der tiefsten Geheimnisse des Glaubens in einem menschlichen Rahmen ausgelegt. Dementsprechend wird auch das Ziel der Verkündigung Jesu interpretiert: Hier auf Erden soll Gottes Reich gestiftet und – anthropologisch gewendet – der Mensch vergöttlicht werden (»selige Wiedervereinigung des Menschen mit Gott«).

Im Folgenden wollen wir nun das Verheissungsschema als Organisationsprinzip an ausgewählten Erzählungen des Alten und Neuen Testamentes verifizieren und Hebels Perspektivierung des Verheissungsmotivs nach der Himmelfahrt Jesu und dem Kleinen Credo andeuten.

Bereits vor Abraham wird der Bund, den Gott mit Noah schliesst, und den er im Regenbogen veranschaulicht, von Hebel als »Pfand meiner [sc. Gottes; R. W.] Verheissung und meiner Gnade, womit ich die Erde anschaue« (AT Nr. 5, S. 20) gedeutet und dann transformierend in eine Linie mit dem ganzen nun folgenden Geschehen gesetzt. Mit der selbstverständlichen Freude des Spätaufklärers nutzt Hebel die dem Naturvorgang einer Regenbogenerscheinung immanenten symbolischen Bezüge zur Gegenwart: »Also erscheint noch von Zeit zu Zeit der Regenbogen am Himmel und es spiegelt sich in seiner schönen Gestalt und in seinen milden, heitern Farben noch jezt die Freundlichkeit und Leutseligkeit Gottes gegen den Menschen ab, und leuchtet hernieder auf die Erde.« (AT Nr. 5, S. 20) Ist das »Pfand der Verheissung« noch recht allgemein gehalten und fügt sich eine solchermassen beschworene »Leutseligkeit Gottes« noch gut in den Rahmen einer natürlichen Religion ein, so wird Hebel gleich in der darauf folgenden Geschichte konkreter im christlich-konfessionellen Sinn. Nach der Verheissung der Volkwerdung und einer universalen Segensverheissung an Abraham nämlich greift Hebel kommentierend, orientierend und die Fülle der überlieferten Geschichten organisierend in die Erzählung ein: »Das war eine grosse und geheimnissvolle Verheissung, und es kommt noch einer aus dem Geschlechte Abrahams, in welchem die Verheissung wahr wird.« (AT Nr. 6, S. 22)

Dieses Hebelsche »Es kommt noch einer ...«, das sich nun durch alle alttestamentlichen Erzählungen wie ein roter Faden ziehen wird, ist unübertrefflich in dreierlei Hinsicht:

Theologisch-exegetisch setzt es die verwirrende Fülle alttestamentlicher Geschichte und Geschichten unter einen eschatologischen Vorbehalt: Zukunft hält das Geschehen offen.

Theologisch-ethisch kann dieser eschatologische Vorbehalt stets dazu genutzt werden, die Unterscheidung von Vorläufigem und Endgültigem einzuschärfen und vor einer allzu biblizistisch-moralisierenden Anwendung der Geschichten zu schützen.

Literarisch und pädagogisch erfüllt Hebels Formulierung »Es kommt noch einer ...« das legitime Bedürfnis nach Spannung, das seinerseits ein inhaltliches Bei-der-Sache-Bleiben durch alle Wechselfälle der Ereignisse hindurch gewährleistet.

Das zukünftige Erfülltsein der Verheissung wird dabei aber nicht ins Unüberschaubare und damit ins Unerträgliche hinausgeschoben. Gleich die übernächste Geschichte variiert das Verheissungsmotiv im Hinblick auf den unerfüllten Kinderwunsch Saras und Abrahams. Einem angeblich vergeblichen Warten auf Nachkommenschaft wird zunächst das aus Genesis 18,14 übernommene, im guten Sinn entwaffnende Wort gegenübergestellt: »Sollte Gott etwas unmöglich seyn?« (AT Nr. 8, S. 30) Und Hebel schliesst die Geschichte mit der Feststellung einer ersten Einlösung des Versprechens Gottes: »Da sah er [sc. Abraham; R.W.] mit Freuden die göttliche Verheissung erfüllt und sein Vertrauen gekrönt. Es fehlte ihm nun nichts mehr zu seinem irdischen Glück.« (AT Nr. 8, S. 33) Diese erste glückliche Erfüllung eines Teils der Verheissung an Abraham setzt für Hebel aber nun gerade keinen einlinigen Prozess eines sukzessiven Triumphalismus göttlicher Realisationen in Gang. Der Gott der Verheissung ist für Hebel keine automatische Erfüllungsmaschinerie. In der Erzählung »Isaac« (Nr. 10) setzt Hebel einen deutlichen Akzent, wenn er in einem eingefügten Kommentar die geradezu absurden Anfänge der universalen Verheissung skizziert:

> »Allein Abraham hatte noch kein liegendes Eigenthum in dem Lande, sondern er kaufte von einem Landeseinwohner, Namens Ephron, einen Acker, in welchem eine zweifache Höhle war. In die Höhle begrub er die Genossin seines Lebens und seines Glückes. Das war das erste Eigenthum Abrahams und seiner Nachkommen in dem Lande, das ihnen verheissen war, ein Stücklein Ackerfeld und eine Leiche darin.« (S. 37)

So wie der Jude Jesus aus Nazareth von jeher gängige und geläufige Messiaserwartungen gesprengt hat, so lässt Hebel bereits durch alle Geschichten des AT die Verheissungserwartungen in geradezu konträrer Weise sich partiell realisieren. Jacob ist dabei ein eher unscheinbares Glied in der Kette der Verheissungsüberlieferung (»Also söhnten sich die Brüder aus, und Gott segnete den Jacob und bestätigte ihm die Verheissung seiner Väter.«; Nr. 14, S. 59). Die Mosegeschichten knüpfen an der Trostlosigkeit (»ein Stücklein Ackerfeld und eine Leiche darin«) wieder an: »Also war jezt von Abrahams Namen und Nachkommenschaft Niemand mehr in dem schönen Lande Canaan übrig, als die Todten. In Aegypten aber vermehrten sie sich zwar in der Länge der Zeit zu einem zahlreichen Volk.« (AT Nr. 20, S. 86) Dem Zwangsaufenthalt in der Fremde gesellt sich der Mordplan an allen »neugeborenen hebräischen Kinder(n)« männlichen Geschlechts. An dieser Stelle baut Hebel einen Kommentar ein, der Dreifaches leistet: Er unterstreicht die Verheissungsrealisation in contrario; er parallelisiert das Verheissungsgeschehen mit den Ursprüngen bei Abraham und er hält eben deshalb den Horizont für eine glückliche Entwicklung offen:

> »So schlimm sah es damals aus um die Verheissung: ›Deinen Nachkommen will ich das Land geben und sollen in deinen Nachkommen alle Geschlechter der Erde gesegnet werden.‹ Aber wie hat der Unbekannte zu Abraham gesagt: ›Sollte Gott etwas unmöglich sein‹, und geht nicht schon die Tochter des Königs am Wasser spazieren?« (AT Nr. 20, S. 87)

Der »kraftvolle(r) junge(r) Mann Moses« (S. 88), der seinem Volk zu einem befreienden Exodus und zur Kundmachung »viele(r) andere(r) schöne(r) Gesetze der Gerechtigkeit, der Billigkeit und der Milde« (AT Nr. 22, S. 100) verhilft, kann aber nicht verhindern, dass ihm Gott das Land der Verheissung nur zeigt, »wo seine Väter Abraham, Isaak und Jacob gelebt hatten, mit seinen fruchtbaren Gefilden, mit seinen Flüssen und mit seinen fernen Bergen, das schöne Land, welches ihren Nachkommen zum Eigenthum verheissen war.« (Nr. 23, S. 105) Und so stellt sich die bange, vom Gesamtduktus Hebels her aber rhetorische Frage »Aber wer wird jezt das verwaiste Volk in das Land seiner Verheissung führen?« (Nr. 24, S. 107) Josua kann die Landnahme »wahr« werden lassen: »Das ist das gelobte Land, oder das Land Canaan, mit seinen Palmen.« (Nr. 24, S. 109) Der Segen über dem Land stellt sich damit aber keineswegs ein: Die Zeit der Richter lässt die Hoffnung darauf eher verglimmen, und also »weckte der Herr dem bedrängten Volk von Zeit zu Zeit Helden und Heilande. Aber der Verheissene aus der Nachkommenschaft Abrahams, in welchem alle Völker sollen gesegnet werden, kommt noch lange nicht. Wiewohl es fängt bereits von weitem an etwas zu werden.« (AT Nr. 27, S. 126)

Zwar kommt das Volk Israel an das »Ziel (seiner) Reise und (seiner) langen Sehnsucht« Jerusalem wieder zurück (Nr. 57, S. 242), aber die Überschrift der letzten alttestamentlichen Geschichte, die Hebel in seinen Biblischen Geschichten als grosse Zusammenfassung und Überleitung konzipiert, ist betitelt: »Die kümmerlichen Zeiten dauern fort«. Im Text gibt es erneut Rückverweise; einmal muss Hebel feststellen: »Aber die schönen Zeiten Davids wollten nicht mehr zurückkehren.« Diese melancholische, rückwärtsgewandte Utopie wiederholt er einige Sätze weiter wörtlich im Text (AT Nr. 59, S. 252 f). Zum anderen werden die Israeliten an dieser Schnittstelle zwischen Altem und Neuem Testament »Abrahams unglückliche Nachkommen« (S. 252) genannt. Mit ganzer Wucht werden die uneingelösten universalen Verheissungsansprüche dem scheinbar schmählichen Ende gegenüber gehalten.

»Kein Wort des Trostes richtete mehr die armen Gemüther auf. Desto sehnlicher warteten sie auf den Verheissenen und nannten ihn zum voraus mit schönen und gerechten Namen, Sohn Davids, ferner Messias oder Christus, das heisst, der Gesalbte oder der König, ferner des Menschen Sohn, den Daniel, der Prophet in des Himmels Wolken sah, ferner Sohn Gottes, Retter, Erlöser, Heiland.« (AT Nr. 59, S. 253)

Wurden schon durch die lange Geschichte des Volkes Israel hindurch die Verheissungen nur partiell und in oft konträrer Art und Weise realisiert, so gilt nun am Schluss die grundsätzliche Erkenntnis, die Hebel insbesondere aus seinem Vorsehungsglauben schöpfte:

»Denn je dunkler auf der Erde die Nacht der Trübsal ist, desto heller steht am Himmel der Stern der Weissagung.« (ebd.)

Die Dialektik von augenscheinlicher Vergänglichkeit und Vergeblichkeit und verheissener Unvergänglichkeit und Sinnhaftigkeit verbindet im Kern die beiden zentralen theologischen Dimensionen in Hebels biblischen Geschichten: »Verheissung« als dogmatische Fundierung und »Vorsehung« als daraus erwachsendes, dynamisches ethisches Prinzip; die erste Dimension fungiert als systematisierendes Organisationsprinzip in der Fülle der Biblischen Geschichten, die zweite Dimension interessiert uns im nächsten Abschnitt in ihrer Funktion als Motiv der die Biblischen Geschichten begleitenden ethischen Konsequenzen, der Moral von der Geschicht' samt ihrer moralpädagogischen Vermittlung.

Die genannte Dialektik hält sich nun aber auch bei der Durchführung der Verheissungserfüllung in den Erzählungen des Neuen Testaments durch. Keineswegs triumphiert der Held Jesus in platter Automatik über alle Hindernisse, die wie bisher sich dem Verheissungsgeschehen in den Weg stellen. Indem die Verheissung an ihr Ziel gekommen ist und mit Jesus von Nazareth identifiziert werden kann, findet die Dialektik – allzu verkürzt – von Gut und Böse ihre ›Aufhebung‹ im dreifachen Hegelschen Sinn, aber nicht ihre pure ›Auflösung‹ im Sinne einer suprarationalen Sprengung aller natürlichen und geschichtlichen Bedingungen. Bereits die Freude der Mutter Maria, die »Gott in einem schönen Lobgesang dafür (preist), dass er die Verheissung erfüllte, die er Abraham und seinen Nachkommen gegeben hatte« (NT Nr. 1, S. 3), trübt Hebel durch einen Vorverweis, der im genuin christlichen Sinn den Anfang im Stall und das Ende am Galgen zusammenzurücken versucht: »Arme Jungfrau, es kommt noch eine Stunde, in welcher dich niemand wird seligpreisen!« (Ebd., S.

4) Und Hebel nimmt diesen Satz auf, indem er die Todesstunde Jesu charakterisiert durch den eingeschobenen Kommentar: »Das war die schmerzvolle Stunde, in welcher sie niemand selig pries.« (NT Nr. 48, S. 165f)

Weidlich nutzt Hebel die Differenz zwischen der Verheissungserwartung (des Volkes Israel, wie auch der Rezipienten der biblischen Geschichten) und der Realisation und Erfüllung in und mit der Person Jesu aus (vgl. vor allem NT Nr. 2 und Nr. 5).

Einen neuen Akzent erfährt die Verheissungsstruktur, wenn Hebel Jesus »Von dem Reich Gottes« (NT Nr. 9, S. 29ff) erzählen lässt und »seine Ermahnungen zur Gottseligkeit« mit »schönen Verheissungen« gleichsetzen kann. (S. 30) Hier wird deutlich, dass die Verheissungen tatsächlich über Jesus, den Verheissenen, hinausgehen, und somit die neutestamentliche Struktur des »Schon« und »Noch-nicht« von Hebel aufgenommen wird. So kann er etwa in der Pfingstgeschichte Petrus sagen lassen, »wie Gott schon in den Tagen den Propheten den Heiligen Geist verheissen habe, und jezt werde diese Verheissung erfüllt.« (NT Nr. 57, S. 192) Damit weist das Verheissungsgeschehen, das sich ja in allen Menschen erfüllen will, nicht nur in dem einen Jesus Christus, weit über Tod und Auferstehung hinaus und realisiert sich fortwährend in allem, was im Bewusstsein des Heiligen Geistes geschieht. Das gilt es mitzubedenken, wenn wir den dramatischen Abschluss und die überraschende Weiterführung des Kreuzestodes Jesu bei Hebel lesen: »In das Grab legten den Leichnam Jesu seine Freunde, und wälzten vor die Oeffnung einen grossen schweren Stein, als wenn jezt alles am Ende wäre. [...] Es war noch nicht alles am Ende. Der Verheissene kann im Grabe nicht bleiben, die Verheissung kann nicht sterben.« (NT Nr. 49 und 50, S. 169f)

Der verheissene Jesus, der durch seine Himmelfahrt zum Christus erhöht wird, kann nun als Erfüllung der Verheissung bekannt werden, wie Hebel uns das in seinem Kleinen Credo als Höhepunkt der neutestamentlichen Erzählungen vorgeführt hat (vgl. NT Nr. 55; aber auch Nr. 62, wo Petrus das Evangelium zusammenfasst und Hebel legitimierend hinzufügt: »So war immer die Rede der Apostel. Dabei blieben sie für den Anfang stehen. Das ist das Fundament ihrer Lehre«, S. 210).

Die Verheissungen aber, die jedem Menschen die »selige Wiedervereinigung [...] mit Gott« in Aussicht stellen, und die der Heilige Geist präsent hält, breiten sich nun im Rahmen der sich entwickelnden Urgemeinde immer weiter aus und streben einer allmählichen Universalisierung des Segens Gottes zu, wie er bereits dem Abraham in Aussicht gestellt wurde. Damit können wir für Hebels Biblische Geschichten ein heilsgeschichtliches Programm verifizieren, das – ganz im Sinne der lukanischen Theologie – eine Zeit der Erwartung, eine Zeit der Erfüllung und eine Zeit der universellen Ausweitung der Erfüllung sich einander ablösen lässt.

Für die letzte Phase der heilsgeschichtlichen Entwicklung – die letzten Endes stets bis zum augenblicklichen Rezipienten reicht – führt Hebel ein völlig neues Bild ein: Es ist das Bild von den kleinen, ja tödlichen Anfängen des Samens oder der einzelnen Samenkörner, das bereits – ganz im Sinne des Paulus, 1 Kor 15 – für das Ostergeschehen herangezogen wird (NT Nr. 53, S. 180):

> »Das war der heilige Ostersonntag, der noch jährlich mit Freude und Hoffnung in allen christlichen Kirchen gefeiert wird im Frühjahr, wann die ersten Samenkerne aus der Erde aufgehen, und so zu sagen auch ihre Auferstehung halten.«

Das Motiv der Verheissung wurde zuerst messianisch-jüdisch formuliert, es wurde dann christlich personifiziert, in dieser Erfüllungsbehauptung jedoch gleichwohl in die eschatologische Vollendungsvision hinein genommen. Christentum und Judentum bleiben gleichermassen der eschatologischen Dynamik ausgesetzt. Das war Hebels zentrales Anliegen für eine gesamtbiblische theologische Grunddimension. Und noch der eher formale Anhang der Biblischen Geschichten »Biblische Zeittafeln nach runden Zahlen« (NT S. 223f) zeugt davon: »Siebenzig Jahre nach Christi Geburt ist Jerusalem von einem römischen Kriegsheer belagert und sammt dem Tempel zerstört worden. Von dieser Zeit an hat sich das Christenthum und sein Schatten, das Judenthum, in die ganze Welt ausgebreitet.« (S. 224)

Der evangelisch-unierte Prälat aus Baden konzediert auch der Entwicklung des Judentums am Schluss seiner Bibeldichtung die Providentia dei: »Das Werk war von Gott. Sie konnten es nicht dämpfen.« (Ebd.)

2.2 »Vorsehung« als ethischer Kontrapunkt[9]

Bereits das zentrale theologische Leitwort der »Verheissung« platziert Hebel nicht nur an den Stellen, wo es die zitierten bzw. paraphrasierten Bibelstellen wörtlich oder sinngemäss abdecken. Immer wieder greift er auch anderswo mit Hilfe dieser theologischen Kategorie orientierend in den Ablauf der Bibelgeschichten ein. Wir wollen diese Eingriffe des Autors, die unmittelbar das Geschehen der Erzählung betreffen, ›Kommentare‹ nennen und setzen davon die ebenfalls als Eingriff des Autors zu charakterisierenden verallgemeinernden

---

9 Vgl. zum Folgenden *Reinhard Wunderlich*, Johann Peter Hebels »Biblische Geschichten«. Eine Bibeldichtung zwischen Spätaufklärung und Biedermeier, Göttingen 1990, S. 250–255.

›Appelle‹ ab, die eine Anwendung der längst vergangenen Geschichte auf die Gegenwart des jeweiligen Rezipienten intendieren.

Versucht man auf der ›Ebene der Appelle‹ eine inhaltliche Sondierung durchzuführen, so sieht man sich zunächst einer Fülle von populären Sentenzen, allgemeinverbindlichen Weisheiten und meist anthropologisch verankerten Verhaltensmaximen gegenübergestellt. Sie fliessen unmittelbar aus den Geschehnis- und Personenkonstellationen der einzelnen Geschichten und erscheinen in ihrer Reihenfolge beliebig: Ein blosses Additionsprinzip scheint zugrunde zu liegen.

Nach der Erzählung von »Jacobs Heimkehr und Aussöhnung mit seinem Bruder« (AT Nr. 14, S. 56ff) gibt Hebel folgenden negativen Ausblick: »Aber die Nachkommen des Esau und die Nachkommen des Jacob lebten fortan gegeneinander in Feindschaft.« (S. 59) Und er fügt eine Begründung an, die er in eine allgemeine Weisheit kleidet: »Denn manches, was Gott verzeiht, verzeihen die Menschen nicht, und hätten doch so viele Ursache zur Versöhnlichkeit und zum Frieden.« (Ebd.)

Innerhalb der Busspredigt des Johannes (NT Nr. 6, S. 18ff) folgert Hebel aus den Fragen des Volks, der »Zollbedienten« und der Soldaten (»Was sollen wir tun?«) folgende Verhaltensmaxime:

> »Davon kann nun jeder andere schon abnehmen, was er in seinem Stand, Amt und Beruf zu thun und zu lassen habe, und dass die Busse nicht gethan sei mit leerer Einbildung, oder mit schönen Reden und abgelernten Gebeten, sondern dass sie fruchtbar sey, vordersamst in Werken der Gerechtigkeit und der Barmherzigkeit. Das sind die rechtschaffenen Früchte der Busse.« (S. 19)

Bereits an diesen zwei typischen Beispielen wird die ›Stichwortverknüpfung‹ der Sentenzen und Maximen deutlich, die es erlaubt, unaufdringlich und ohne den Fluss der Erzählung langatmig zu hemmen, ethische Appelle einzuflechten. Desweiteren erkennt man die ›Implikationsstruktur‹ der Appelle, die ohne Befehls- bzw. Ausrufesätze die ethischen Implikationen der allgemein behaupteten, verbindlichen Aussagesätze ›bei-streut‹ – »quasi aliud agendo«!

Ein erneuter Durchgang durch die ethischen Appelle der biblischen Geschichten kann nun aber in aller beliebigen Fülle der ethischen Implikationen eine Strukturkonstante verifizieren, die ich als ›ethischen Kontrapunkt‹ zum theologischen Leitmotiv der Verheissung bezeichnen möchte. Ähnlich nämlich den Verheissungen Gottes, die sich stets aus nahezu absurden Anfängen zu partieller Erfüllung und zur Realisation in Jesus von Nazareth verdichten (vgl. nochmals AT Nr. 10, S. 37!), lässt sich auf der Ebene der Appelle eine Dialektik von Leidenserfahrung und zuversichtlicher Bewältigung ausmachen, die es erlaubt, gerade an den widerständigen und widerwärtigen Erfahrungen der biblischen Personen anzuknüpfen, sie mit ähnlichen Erfahrungen der Rezipienten zu parallelisieren und in einer Perspektive eschatologischer Vollendung aufzuheben. Während die ›Kommentare‹ das Verheissungsmotiv als heilsgeschichtlichen Rahmen für Gottes Erlösungshandeln bereitstellen, erscheint im ethischen Kontrapunkt der ›Appelle‹ das entsprechende Handeln der Menschen angesichts göttlicher Vollendungsverheissung. Allen von Hebel genannten Entsprechungen liegt also als unausgesprochenes Motiv der Vorsehungsglaube zugrunde. Ganz im Sinne des zentralen theologischen Artikels »De Providentia« behandelt Hebel denn auch letztlich die fortwährende und zuversichtliche menschliche Bewältigung des Theodizee-Problems. Er ermuntert angesichts menschlicher Schwäche und Ohnmacht, menschlichen Versagens und Irrens, das ohne alle Abstriche betont herausgearbeitet wird, zu unerschrockener Zuversicht und Zukunftshoffnung. Sie allein machen Sinn und ermöglichen so, den nächsten kleinen Schritt zu tun. Der Vorsehungsglaube begründet damit den ethischen Kontrapunkt und seine Implikationsstruktur und bildet so die innere, verborgene Konstanz angesichts der ethischen Herausforderungen einer widerständigen Wirklichkeit. Hierin liegt das Geheimnis und der unaufdringliche Charme von Hebels Moral von der Geschicht' und ihrer moralpädagogischen Vermittlung: Es geht ihm um eine tröstende und aufmunternde ethische Ausrichtung, es geht ihm mehr um Motivation als um Direktion!

Ein Liedvers, der gleich in zwei verschiedenen Predigten (darunter seine berühmte Abschiedspredigt in Lörrach 1791) zu finden ist, zeugt von diesem unaufdringlichen Charme:

>»Dort werd ich das Licht erkennen,
>Was ich auf Erden dunkel sah,
>Das wunderbar und heilig nennen,
>Was unerforschlich hier geschah.
>Da denkt mein Geist mit Preis und Dank
>Die Schickung im Zusammenhang.«[10]

Der »fromme Hirte Abraham« (AT Nr. 7, S. 27), der als erster biblischer Verheissungsträger keineswegs gering geachtet wird, mit »lauter Königen« (ebd.) zu verkehren, ist die erste biblische Person, an der Hebel den Vorsehungsglauben exemplifiziert. Im summarischen Kapitel »Reden Gottes zu Abraham« (AT Nr. 9, S. 34ff) wird Genesis 15,1 zitiert (»Fürchte dich nicht, Abraham, ich bin dein Schild und dein sehr grosser Lohn«) und daraus folgende Sequenz abgeleitet: »Das ist ein reicher Schatz für fromme Herzen, auch für bekümmerte Herzen, wenn sie fromm sind, dass Gott ihr Lohn seyn will. Das ist mehr als

---

10 In: *Johann Peter Hebels* sämmtliche Werke, Carlsruhe 1838, 5. Bd., S. 123 und 6. Bd., S. 232.

Dank und Lohn der Menschen, mehr als die Erde hat und geben kann.« (Ebd.,
S. 34) Die strukturelle, aber inhaltlich gefüllte Opposition von »bekümmerte(n)
Herzen« und »reiche(m) Schatz« unterstreicht Hebel, indem er innerhalb des
Appells eine Bibelsentenz folgen lässt, die als biblische Begründung des Auto-
reneingriffs verstanden werden kann: »Herr, wenn ich nur dich habe, so frage
ich nichts nach Himmel und Erde, und wenn mir gleich Leib und Seele ver-
schmachtet, so bist du doch, o Gott, allezeit meines Herzens Trost und mein
Theil.« (ebd.; das im Text gesperrt gedruckte Zitat stammt aus Psalm 73,25f) –
Am Anfang der Joseph-Legende kommentiert Hebel den Gang des Joseph
hinaus zu seinen Brüdern mit der knappen Vorausdeutung: »Er wusste nicht,
welchem Unglück und welcher Erhöhung er entgegenging.« Der Kommentar
wird danach zu einem providentiellen Appell erweitert: »Des Menschen Gang
steht nicht in seiner Gewalt.« (AT Nr. 15, S. 16) Die schmerzliche »Zweite Reise
nach Aegypten« (AT Nr. 18, S.75ff) führt Josephs Brüder zur Wiedererkennung
des Bruders in Aegypten und entsprechend schliesst Hebel: »Wenn die Noth
am grössten, ist oft ihr Trost am nächsten.« (S. 80; vgl. auch den Appell im
Vokativ, der die Freude Jacobs in der nächsten Geschichte Nr. 19, S. 82 aufnimmt: »O Gott, wie kannst du Leid in Freude verwandeln und ein langes,
kummervolles Leben noch mit einem glücklichen Alter krönen!«) – Innerhalb
der Mosegeschichten, die in besonders verallgemeinerbarer Weise von der
Opposition Wüste versus Land Kanaan geprägt sind (»Man muss zuerst durch
die Wüste ziehen, ehe man nach Kanaan kommt.« AT Nr. 22, S. 96), häufen
sich die Appelle zu providentieller Zuversicht (vgl. Nr. 21, S.92, »Die
Ausführung aus Aegypten«): »Denn das geschieht oft, wenn Gott bald retten
will und man sich schon auf die Erlösung freut, dass die Noth erst noch am
grössten wird, dass der Mensch erkenne, die Rettung komme von Gott. Wenn
Menschenhülf scheint aus zu seyn, so stellt sich Gottes Hülfe ein.« – Davids
Aktionen, die er mit einer um sich gesammelten »Schaar, sozusagen ein
Freikorps von sechshundert Mann«, nach seiner Flucht vor Saul ausübt (AT Nr.
34, S. 156), bleiben unter dem Schutz Gottes: Dementsprechend gilt allgemein:
»Wen Gott beschützt, der ist auch unter den Feinden sicher, und findet auch
unter den Feinden Freunde. Der Feind und der Freund müssen zu seiner
Rettung behülflich seyn, und die weisen Absichten Gottes befördern.« (S. 156f)
Das ethische Implikat dieser »weisen Absichten Gottes« verankert Hebel
anthropologisch: »Das ist ein grosser Gottessegen, dass gute Menschen im
Unglück sich noch über andere erbarmen können, und ihnen beispringen und
helfen in der Noth, in welcher sie selber sind. Mit dieser wundersamen Güte ist
das menschliche Herz von Gott gesegnet.« (S. 157) – In seinem kurzen Exkurs
zur Verkündigung der Propheten fasst Hebel ihre Botschaft insgesamt als
ethischen Appell: »Als lebendige Gottesstimmen ermahnten sie ihre

Zeitgenossen unermüdet zur inwendigen Besserung des Herzens. Die warnende Gottesstimme fand kein Gehör. Als alle Ermahnungen fruchtlos blieben, verkündeten sie immer ernsthafter und furchtbarer den nahen Untergang. Wo Gottesfurcht und Gerechtigkeit verschwunden sind, da ist der Untergang nicht ferne.« (AT Nr. 54, S 230) Aber gerade an dieser biblisch begründeten Gerichtsrede kann Hebel besonders deutlich die ethische Notwendigkeit des Vorsehungsglaubens für ein Bestehen und Durchstehen des »lange(n), lange(n) Elend(s), welchem sie [sc. das Volk Israel; R.W.] entgegengiengen« (ebd., S. 231) herausarbeiten und dabei denselben Bezugspunkt ins Auge fassen, der uns schon in Hebels Kleinem Credo begegnete: »Hinwiederum verkünden die nämlichen Propheten zum Trost der Frommen und einer besseren Nachwelt, dass nach allen Trübsalen glückliche Zeiten, und eine selige Wiedervereinigung der Menschen mit Gott zurückkehren werde.« (AT Nr. 54, S. 230f)

»Tränen und Freuden sind oft neben einander.« (AT Nr. 57, S. 243f) – so könnte man die providentiellen Appelle der alttestamentlichen Geschichten zusammenfassen, die im neutestamentlichen Teil mit der Sentenz »Man wartet oft noch auf Gottes Gnade, wenn sie schon da ist« (NT Nr. 10, S. 36) erneut fortgeschrieben werden: Der Bezugspunkt der beiden Testamente, nämlich die »selige Wiedervereinigung der Menschen mit Gott« bleibt ja derselbe!

Im »Gleichnis vom Säemann« (NT Nr. 20, S. 73) stellt Hebel explizit die Theodizeefrage: »Warum sind so viele böse Menschen auf der Welt? Warum folgen sie nicht alle der Einladung in das heilige und selige Reich Gottes?« Und er beantwortet sie ganz im allegorisierenden Stil der neutestamentlichen Überlieferung und Ausdeutung. (Vgl. Mt 13,1–9 und 18–23) Der ethische Appell wird dann sehr direkt und massiv angeschlossen: »Erhalte in mir ein feines und gutes Herz! Mein Leben sei fruchtbar an guten Gesinnungen und Thaten!« (Ebd., S. 75) Aber selbst hier, wo der ethische Kontrapunkt zu einer allzu schrillen Melodie transformiert zu sein scheint, federt Hebel ab und lässt einen natürlichen Spielraum, der seinen Anhaltspunkt im organischen Zusammenhang des Säens findet: »Rührt nicht Jesus mit so manchem schönen Sprüchlein die zarten Herzen an, und säet das Wort?« (Ebd.) Dem Befehlston ist die rhetorische Frage vorangestellt; der ethische Appell lebt aus dem Ermöglichungsgrund einer fürsorgenden Vorsehung. Diese ist für Hebel ein »göttliches Geheimnis«, das er, wie schon die Tatsache der Ausbreitung des Verheissungswortes in den urchristlichen Gemeinden, nur im Blick eben des Samens bzw. Saatkorns fassen kann; dabei ist ihm gerade der lebensnotwendige Aspekt, die reale Sachhälfte des Bildes wichtig:

> »Nährt nicht Gott auch von Jahr zu Jahr von einer geringen Aussaat viele Tausend Menschen, und viele Tausend Eltern Kinder, noch ohne die zahllosen Geschöpfe, die nicht säen und nicht ernten, und wenn alle gegessen und gelebt haben, ist nicht auch in der

grossen Haushaltung Gottes jährlich viel mehr noch übrig, als anfänglich gesäet ward? Kein sterblicher Mensch ist imstande, das göttliche Geheimniss und das Wunder zu ergründen, dass aus einem Weizenkorn in der fruchtbaren Erde ein schöner hoher Halm und eine Aehre voll neuer Körner heraus wachsen, und sich noch einmal und immer fort bis ins Unendliche vervielfältigen könne, dass der Segen, der in einem einzigen Saatkorn verborgen liegt, zur Ernährung vieler tausend Menschen genügen kann.« (NT Nr. 24, S. 90f)

Genauso unscheinbar, wie sich dies »göttliche Geheimnis« ins Werk setzt, dürfen die menschlichen Entsprechungen auf ethischem Gebiet ausfallen: »Den Redlichen, wenn die Menschen seine guten Absichten nicht verstehen, tröstet der Himmel mit seinem Beifall.« (NT Nr. 39, S. 133) – Die »Vermächtnisse der Apostel« (NT Nr. 64, S. 216–220), die diese »von Zeit zu Zeit (in) Briefe(n)« niederlegten (ebd., S. 216), und die Hebel mit einer Sammlung paränetischer Sprüche aus einer stattlichen Anzahl neutestamentlicher Briefe zusammenträgt, lassen sich im Sinne einer providentiellen Ethik folgendermassen zusammenfassen: »In den Briefen stärkten sie ihre Freunde in schönen Sprüchen zum standhaften Glauben an Christum und an seine Wiederkunft, und ermahnten sie zum Vertrauen auf Gott in mancherlei Trübsalen und zu einem gottseligen Sinn und Leben.« (ebd.)

Nach dem Durchgang der Biblischen Geschichten, der den ethischen Kontrapunkt im Rahmen des Vorsehungsglaubens zu verifizieren trachtete, stellt sich die Frage, die sich nicht nur einem modernen oder gar postmodernen Leser aufdrängt, sondern die durchaus auch schon am Beginn des 19. Jahrhunderts gärte: Walzt dieser providentielle Optimismus nicht alle nur allzu berechtigten Einwände und Zweifel, aber auch alle objektiven Realitätsstrukturen einfach nieder, gerinnt die implizite Ethik nicht zu einer quietistischen Unbekümmertheit, kippt Moralpädagogik hier nicht einfach um in die blosse Behauptung einer ›Moral von der biblischen Geschicht‹?

Die Antwort liegt in acht Worten, die in der offiziell-kirchlichen Rezeption den grössten Stein des Anstosses bildeten und die gleichwohl zum ehrlichsten und humansten gehören, was Hebel je geschrieben hat: Nach der Kreuzigung Jesu und seinem grausamen Tod versagt sich Hebel eine glatte fromme Formel und er kann nur offenlassen: »Man weiss nicht, was man dazu sagen soll.« (NT Nr. 48, S. 167) Das scheinbar so geschlossene System einer providentiellen Ethik kann sich nicht in totalitärer Weise immunisieren: Der tiefste und entscheidende Ton des Kontrapunkts ist deshalb noch unauslotbar, weil die Obertöne des Verheissungsmotivs noch nicht alle auskomponiert sind. Es gibt Leid, das mit Worten nicht mehr zu erfassen ist und das deshalb keine Bewältigung auf einer ethisch-appellativen Ebene verträgt.

Und es gibt historisch fremde Überlieferung, die sich nicht den Zeitgenossen des 19. wie des 21. Jahrhunderts direkt akkomodieren lässt! So wie Hebel die einfache Wiedergabe der Zehn Gebote didaktisch zuspitzte (»Merke:«), so fügt Hebel seiner Abbreviatur der Bergpredigt eine hermeneutische Spitze bei, die das aufgeklärte »Selber-Denken« sokratisch-mäeutisch befeuert:

> »Jesus, der sein Geschlecht und sein Volk so sehr liebte, gab bei dieser Gelegenheit seinen Zeitgenossen auch noch andere Ermahnungen und Lehren der Klugheit, bei welchen man an die damaligen Umstände denken muss […] Aber nicht alles, was Jesus seinen Zeitgenossen sagt, gilt auch für alle Menschen und für alle Zeiten. Wiewohl Sanftmut, Nachgiebigkeit mit Ehre und Klugheit ist in allen Zeiten zu empfehlen, und schon manchem, welchem die Streitsucht oder die Eigennützigkeit oder die Rachbegierde nicht erlauben wollte, einmal ein Unrecht zu ertragen, hat sich dadurch in das grösste Unglück gestürzt. Ein Körnlein Goldes ist in allem, was Jesus gesprochen hat, für den, der es suchen und erkennen mag.« (NT Nr. 17, S. 63–65)

Das also ist die Moral von der Geschicht'!

Merke: Ohne den leuchtenden Stern der Weissagung bleibt jedes Körnlein Goldes ohne Glanz! Aber es muss selbst gesucht und gefunden werden und man muss eigenständig mit ihm wuchern!

3. Keine Moral ohne Religion

Die fundamentale Bedeutung der Religion für die Moral, wie wir sie besonders eindrucksvoll, weil so völlig heiter und gelassen, wie nebenbei hingestreut, in den Biblischen Geschichten kenntlich machen konnten, hat Johann Peter Hebel in vielen theoretischen Überlegungen vorbereitet, die verstreut in seinen Briefen, Predigten, Gutachten, Aufsätzen und Exzerpten direkt zu finden sowie aus dem Nachlassverzeichnis seiner hinterlassenen Bibliothek indirekt zu erschliessen sind.[11]

Die ergiebigsten Funde zum Zusammenhang von Moral und Religion lassen sich bei Hebel dort machen, wo er sich mit der in der Aufklärung als Epoche und als Projekt allgemein besonders beliebten und geachteten Kategorie der Popularisierung bzw. Popularität kompromisslos befasst, im Guten wie im Schlechten. Moralpädagogik gerät bei Hebel so zu einer Angelegenheit aller ohne Unterschied: tua res agitur! Aber künstliche Überstülpungen sind Hebels Sache nicht.

---

11 Vgl. hierzu insbesondere das Zweite Kapitel in: *Reinhard Wunderlich*, Johann Peter Hebels »Biblische Geschichten«. Eine Bibeldichtung zwischen Spätaufklärung und Biedermeier, Göttingen 1990, S. 81–237.

3.1 Kritik an falscher Popularität

Wie streng und konsequent Hebel falsche Popularisierung und entsprechende Moralerziehung ablehnte, kann man am deutlichsten in seinen »Bemerkungen über das mit Abänderungen in unsern Schulen einzuführende biblische Geschichtbuch von Schmidt«[12] studieren, die einerseits natürlich wohlüberlegte Massgaben für eine zukünftige Biblische Geschichte entwickeln, andererseits aber ganz von der harten Auseinandersetzung mit Christoph von Schmids »Biblische(n) Geschichten für Kinder, zum planmässigen Unterricht für deutsche Schulen« (München, im Königlich deutschen Schulbuchverlag, 1. Auflage 1802) geprägt sind. Diese wurden bereits 1804 von dem badischen, lutherischen Kirchenrat Nikolaus Christian Sander zur Umarbeitung für eine einheitliche Biblische Geschichte im evangelischen Religionsunterricht vorgeschlagen, 1814 wurde sein reformierter Kollege Johann Ludwig Ewald damit beauftragt. Nur Hebels Intervention konnte eine offizielle Einführung der Ewaldschen Bearbeitung verhindern, brachte ihm allerdings die eigene Beauftragung zur Ausarbeitung einer Schulbibel ein.

Hebel bestreitet von Schmid rundweg »jene ächte(n) und edle(n) Popularität, die zwischen gebildeten und ungebildeten Lesern keinen Unterschied erkennend aus dem Menschen hervorgeht und den Menschen erfasst«. Die »conventionelle(n) Schönheiten im Ausdruck« und darauf berechnete »Effecte« erzeugten bei von Schmid einen »unnötigen Wortaufwand«, der letztendlich wirkliche Nachlässigkeiten in der ›sprachlichen Gestaltung‹ nach sich zieht. Hebel führt zur Erläuterung fünf Beispiele an, die den von Schmidschen »Übersezungs Prozess« desavouieren: für die Volkssprache inadäquate Formulierungen; unpopuläre »Inversionen«; »unnöthige Parenthesen«; »häufige Tropen aus der Kraftsprache« und schliesslich »ermüdende Einflechtungsformeln«. Neben der sprachlichen Gestaltung ermangelt auch der ›erzählende Ton‹ der von Hebel intendierten »ächten« Popularität. Insbesondere die Ausschmückung der Haupthandlung mit »Umständen, die sich zu sehr von selbst verstehen, als dass sie interessieren könnten«, stören ein Erzählen, dem Hebel eine eigentümliche Präzision zumutet, insofern er diesem Erzählen ein »zeichnen und mahlen, reflectiren und bis auf die letzte Faser zergliedern« kritisch kontrastiert. Gerade letzteres lehnt er für ein wahrhaft populäres Erzählen völlig ab, so dass man hier ein implizites Urteil auch über Hübners Standardwerk mitlesen darf.

> »Gar oft, wenn er in die gute Laune des Predigers kommt, findet er kein Ende mehr und presst den Apfel bis zur trocknen Trester aus. Man glaubt bisweilen nicht mehr Geschichte

---

12 Abgedruckt in *Peter Katz*, Ein Gutachten Hebels, in: Theologische Zeitschrift, 15/1959, S. 267–287, hier 270–276. Im Folgenden wird besonders aus den Seiten 270ff. zitiert.

sondern Betstundenvorträge über geschichtliche Texte zu lesen. Conf. die Darstellung Jesu im Tempel. Je kürzer, glaube ich, je körniger und sent+entiöser solche Bemerkungen sind, desto fruchtbarer. Es ist zweierlei, einzelne Frucht legen, und die ganze Erde darauf schütten. Aber das erstere ist das Bessere. Die Ernde wachst inwendig.«

Für Hebel kommt eine ›gemachte‹ Popularität nicht in Frage, bei ihm zählt nur die ›wirkliche‹ Popularität. Nur so wird eine isolierte, kontextlose Moralität vermeidbar. Das reine Moralisieren schafft keine Brücke zu den Rezipienten, die blosse Geschichtstatsache aber erst recht nicht. Erst die personale Verbindung von Eigenem und Fremden lässt fruchtbare Erkenntnis zu. Ein Bearbeiter bzw. Schriftsteller kann hierzu nicht mehr und nicht weniger als Anreger Katalysatoren setzen, die den Prozess der eigenen, individuellen Be- und Erarbeitung in Gang bringen.

3.2 Wahre Popularität

Diese wahre und wirkliche Popularität lässt sich nicht erzwingen, aber sie kann zwanglos und sensibel angebahnt und vorbereitet werden, wenn man fünf Prinzipien beachtet, die aufeinander aufbauend am Ende die Einbettung der Moral in die Religion so ermöglichen, wie es Hebel in seinen Biblischen Geschichten dann so überragend eingelöst und bis in gegenwärtige Kinderbibelproduktion so vorbildlich vorgemacht hat.

3.2.1 Adressatenorientierung

»Sie wissen« schreibt Hebel – und es handelt sich dabei wahrhaft um eine Kern-Aussage, die er im Rahmen seiner Kalendermachertätigkeit äussert, die aber in nuce für sein Bibelprojekt übertragbar ist – an Justinus Kerner 1817,

> »was dazu gehört einem bestimmten Publikum das zu sagende so recht in die Wahrheit und Klarheit seines Lebens hinein zu legen und wie unerlässlich an einen Nationalschriftsteller die Forderung ist, dass er während er quasi aliud agendo seine Leser belehrt, so viel als möglich zwischen ihren bekannten und ansprechenden Gegenständen sie herumführe, sie öfter an Bekanntes erinnere und sich ihnen gleiche, folglich sie und ihre Eigenthümlichkeiten wenigstens viel genauer kenne als ich, der sie [als Badener, R.W.] nur an ihren [der Württemberger, R. W.] Grenzstreifen wenig kenne.«[13]

Ohne grosse Worte bringt Hebel hier die entscheidende, in der Aufklärung erst so richtig zum Durchbruch gekommene pädagogische Kategorie auf den Punkt.

---

13 *Johann Peter Hebels* Briefe. Gesamtausgabe, hg. und erl. von *Wilhelm Zentner*, Karlsruhe 1939, S. 565.

3.2.2 Das »studium placendi« als Maske

In der Tradition Ciceros (»docere et delectare«) und Augustins (»uti et frui«) beabsichtigt Hebel einen verschmitzten Balanceakt: »Die Absicht, zu belehren und zu nutzen, sollte nicht voranstehen, sondern hinter dem studio placendi maskiert und desto sicherer erreicht werden«, heisst es in Hebels »Unabgefordertes Gutachten über eine vorteilhafte Einrichtung des Kalenders« von 1806.[14]

Der belehrende Zeigefinger des Spätaufklärers soll versteckt bzw. maskiert werden, also »uneigentlich« deuten. Wie mag solches ohne Selbstverstümmelung zugehen? Aus dem Brief an Kerner kennen wir die entscheidende Forderung Hebels an einen »Nationalschriftsteller«, »dass er quasi aliud agendo seine Leser belehrt«. Schon zwei Jahre zuvor hatte Hebel im Bibelgutachten diese Formel benutzt, um das Maskenspiel genüsslicher Belehrung in aller Beiläufigkeit – bei-spielend – zu inszenieren und so gewissermassen typisch biedermeierliches Spiel- und Spassvergnügen ernstlich auszubilden.

3.2.3 Natürliche Sprache

Hebel beginnt seine »Ideen zur Gebetstheorie« mit einem Ausruf, der über *allen* Bearbeitungen Hebels stehen könnte: Reinige Gott »unsern Stil von allem Schlendrian des Ausdrucks, von allem Hinüberdrehen ins Homiletische und Geistliche und Biblisch-Paulinische. Tausche der liebe Gott uns gegen diese fremde Zunftsprache unsere natürliche Sprache ein, die wir verloren haben!«[15] Vor allem bedeutet dies für Hebel – wie er das gegenüber von Schmid schon deutlich formuliert hat – eine Reduktion des Wortschwalls; sowohl von der Erfahrungsdimension der jeweiligen Adressaten her als auch von den Ansprüchen und Anforderungen der »Kunst« her geurteilt, ergibt sich das Konzept der Minimalisierung in seiner Qualität steigernder Wirkung: »Nie viel fragende Ausrufungen hinter einander! Es ist pathologisch richtig, der Mensch, der wahre Empfindung ausdrückt, ist in dieser Form nie wortreich; in Büchern ist's Kunst.«[16] Bei derlei hohem Kunstbewusstsein scheint der Zusammenhang von Dichtung und »dichter« Redeweise wie von selbst auf; allen trivialen Äusserungsformen der Sprachkunst, wie insbesondere der unerträglichen Häufung von Superlativen, wird hier eine entschiedene Absage erteilt. Die geforderte

---

14 *Johann Peter Hebels* sämtliche poetische Werke nebst einer Auswahl seiner Predigten, Aufsätze und Briefe in sechs Bänden, hg. und erl. von *Ernst Keller*, 6.Bd., Leipzig 1905, S. 59–65, hier: S. 60.

15 *Hebel*, Ideen zur Gebetstheorie, in: *Johann Peter Hebels* Sämmtliche Werke, 8 Bände, Carlsruhe 1838, 7. Bd., S. 1–14, hier: S. 3.

16 Ebd., S. 1–14, hier: S. 5.

natürliche Sprache unterscheidet sich ebenso von der Kraftsprache der Stürmer und Dränger als auch von den rührseligen Wortkaskaden der pietistischen Tradition. Der natürlichen Sprache eignet aber auch kein »zwitterhafte(r) Mittelton zwischen dem populären und gebildeten«, um »in einem unfesten Ton und Charakter bald für diese, bald für jene Klasse und Kulturstufe etwas hinzuwerfen«: Das sei »der unseligste Einfall«![17] Die natürliche Sprache stösst sich darüber hinaus nun allerdings auch nicht mit einer gewissen Rhythmisierung oder Versifizierung: Im aufklärenden Sinne können besondere, nicht-alltägliche Gefühle so auch sprachlich einfach strukturierten Menschen intensiv und adäquat vermittelt werden.

Eine populärästhetisch wirksame Moralerziehung, die »quasi aliud agendo« lehrt und damit unterhält, bedarf also unbedingt einer natürlichen Sprache!

3.2.4 Sinnliche Vorstellungsart

Aber die Belehrung in natürlicher Sprache bedarf ebenso der Anschaulichkeit der Vorstellungsart, soll ihre Wirkung zu echter, wirklicher und eben nicht gemachter moralischer Entfaltung kommen. »Popularität *kann* nicht nur, sie *muss* mit schöner Sinnlichkeit gepaart seyn. Schöne Sinnlichkeit ist ein Theil der Popularität und die einzig mögliche Blüthe der populären Schreibart.«[18]

Hebel erklärt besonders im Brief »An Wolff«, aus der ersten Hälfte des Jahres 1800, was er mit dem Begriff »Sinnlichkeit« meint. Die Gegenbegriffe sind für ihn »moralische Reflexion« und »Vernunft«,[19] aber auch »künstliche(s) Denken« durch bemerkbare erklärende Einschübe.[20] Dabei zielt Hebels Kritik nur auf eine isolierte Verwendung moralischer Reflexion, auf eine absolute Dominanz der Vernunft. Solche Isolierung sei »in didaktischer Hinsicht«[21] wirkungslos im pragmatischen Sinne des Wortes. Was die moralische Reflexion betreffe, so sei »immer wieder auf die Geschichte zu rekuriren und so dem trockenen todten Moralvortrag Anmuth und Leben zu verschaffen.«[22]

Aber dieses Beispiel, das im Übrigen natürlich programmatisch das Konzept seiner Biblischen Geschichten vorwegnimmt, kann Hebel auf eine noch grund-

---

17 *Johann Peter Hebels* Briefe. Gesamtausgabe, hg. und erl. von W. Zentner, Karlsruhe 1939, S. 419. (An Engelmann 1809).
18 *Hebel*, Ideen zur Gebetstheorie, in: J.P. Hebel's Sämmtliche Werke, 8 Bände, Carlsruhe 1838, 7. Bd., S. 1–14, hier: S. 10.
19 *Hebels* Briefe. Gesamtausgabe, hg. und erl. von *W. Zentner*, Karlsruhe 1939, S. 87.
20 *Hebel*, Ideen zur Gebetstheorie, in: J.P. Hebel's Sämmtliche Werke, 8 Bände, Carlsruhe 1838, 7. Bd., S. 1–14, hier: S. 10.
21 *Hebels* Briefe. Gesamtausgabe, hg. und erl. von *W. Zentner*, Karlsruhe 1939, S. 87.
22 Ebd.

sätzlichere Ebene heben, die die geschichtliche Übergangssituation zwischen Spätaufklärung und Biedermeierzeit indirekt widerspiegelt:

>»Die Sinnlichkeit – Sie will nicht besiegt, sondern gewonnen seyn, nicht als Sklavin der Vernunft, einem ihr fremden, sondern als befreundete Bundesgenossin einem engen gemeinschaftlichen Zwecke dienen, woran sie meines Bedünkens recht hat, und es gelingt nichts Mühsames und Schweres so oft es auch beschlossen und versucht wird, freiwillig ohne einen gewissen siegenden Enthusiasmus, der mir ohne Verein und harmonisches Zusammenwirken der Vernunft und Sinnlichkeit nicht gedenkbar ist.«23

Nur wenn neben der Methode des »quasi aliud agendo« und der Kunstfertigkeit einer »natürlichen« Sprachgestaltung die harte Arbeit auf der Ebene der Vorstellung mit der Leichtigkeit der Anschauung gepaart wird, scheint eine gültige Rede von Hebels wahrer Popularität erlaubt und eine wahre Einbettung der Moral gesichert zu sein. Allerdings ist nun für Hebel der Überstieg ins Religiöse ein notwendiger Schritt, wenn man sich auf die vernünftige Funktion der Sinnlichkeit einmal eingelassen hat.

3.2.5 Religiöse Transzendierung

Wenn »harmonisches Zusammenwirken der Vernunft und Sinnlichkeit« erklärtes Ziel einer Populärästhetik ist, dann ist für Hebel »Religiosität das einzige wirksame und würdige Mittel.«24 Erst in diesem religiösen Vollsinn wird verständlich, dass Hebel gleichsam als Motto für sein populärästhetisches Programm ein Zitat J.J. Mniochs (1765–1804) nicht aufhört zu »beten«: »Du lieber Gott erhalte/Uns eine dichterische Religion.«25

Und erst der religiöse Vollsinn einer populären Moralerziehung macht Hebels Ausführungen zum »Kirchen-Psalm« in seinem Gesangbuchgutachten verständlich: »Er entflame zur Andacht, führe das Gemüth zur tiefen Einkehr in sich selbst, erhebe es zu dem hohen Unsichtbaren, heilige die ganze Denk-Seyn- und Handlungsweise – gewählte biblische und schöne Naturbilder seyen sein höchster poetischer Schmuk. Auch der gemeine Volkssinn verträgt nicht nur den Hochpoetischen Ausdruck. Er ist sogar ein notwendiges Ingredienz der populären Poesie.«26

Genau dieser Übertritt von Dichtung zu Religion, von Poesie zu frommer Sprache ist begrifflich eines der ganz grossen Probleme im interdisziplinären

---

23 Ebd.
24 Ebd.
25 *Hebels* Briefe. Gesamtausgabe, hg. und erl. von *W. Zentner,* Karlsruhe 1939, S. 88.
26 *Johann Peter Hebel,* Vortrag. Die vorgetragene Sammlung eines neuen Gesangbuches betr., LKA Karlsruhe Gen. 83, Fol., 70v.

Diskurs zwischen Literaturwissenschaft und Theologie, die bis heute nur ungenügend bearbeitet und auch von Hebel nur andeutungsweise einer Verhältnisbestimmung zugeführt wurden. Im Hinblick auf den Religionsunterricht (und damit indirekt auch auf ein Schulbuch wie etwa seine Biblischen Geschichten) macht Hebel aber eine bedeutsame Einschränkung. Denn er hält es zwar für den ›Prediger‹ als »die eigentliche Aufgabe und den lezten Zwek«, »anhaltend das Gefühl im Menschen durch Religiosität, die der Sinlichkeit anspricht, zu heiligen«, nimmt dabei aber ausdrücklich den »Catecheten« aus.[27] Das heisst nun keineswegs, dass es nicht im Rahmen der Möglichkeiten eines ›Katecheten‹ (oder auch eines Schulbuches) liegen könnte, heilige Gefühle sinnlich zu entfachen; doch entlastet hier der erfahrene Schulmann von Anforderungen und letzten Gesamtzielen, die nicht mehr operationalisierbar sind.

Hebels Moralerziehung jedenfalls gibt formale Kriterien an die Hand, wie eine wie auch immer geartete Bibelbearbeitung optimal zu gestalten sei und integriert dabei den Überstieg ins Religiöse als verantwortete Offenheit für die erstrebte Harmonie von Vernunft und Sinnlichkeit. Dass dabei jede »Poesie« »populär« bleibe, dafür sorgt der Modus »quasi aliud agendo« in bemerkenswerter Nonchalance. Moral zwischen Aufklärung und Biedermeier kann so zu einem bezaubernden ethisch-religiösen Appell gerinnen.

4. Moral zwischen Aufklärung und Biedermeier

Während Theologen und Religionspädagogen mit dem Begriff der Aufklärung eine paradigmatische Kategorie verbinden, hinter deren fundamentale Ansprüche zurückzufallen einem sacrificium intellectus gleichkäme,[28] können dieselben Diskursteilnehmer mit dem Begriff Biedermeier gewöhnlich nur das Adjektiv »bieder« verbinden, das angeblich gerade kein Anspruchsniveau impliziert.

Entsprechend ist die Vorstellung einer Moral der Aufklärung von einer umfangreichen, höchst kontroversen Diskussion des Verhältnisses von Theo- zu Anthropologie begleitet, von einer Reflexion über das Verhältnis von Lebens- zu Gottesführung und einer stets zu gewärtigenden Gefährdung durch die berühmte Reduktion der Religion auf Moral in einem nachmetaphysischen

---

27 *Johann Peter Hebels* Briefe. Gesamtausgabe, hg. und erl. von *W. Zentner*, Karlsruhe 1939, S. 85.

28 Vgl. *Reinhard Wunderlich*, Theologie in der Aufklärung – Geschichtlicher Rückblick mit postmodernem Ausblick. In: Aufklärung – Projekt der Vernunft, hg. von *J. Jahnke*, Pfaffenweiler 1998, S. 15–29, und *ders.*, Aufklärung als Prozess. Die Dynamisierung des Christentums seit dem 18. Jahrhundert, in: *Reinhard Wunderlich/Bernd Feininger* (Hg.), Variationen des Christseins – Wege durch die Kirchengeschichte, Frankfurt 2006, S. 271–290.

Zeitalter. Die Vorstellung einer Moral des Biedermeier dagegen erschöpft sich in der Karikatur eines Biedermanns.

Will man unsere Titelei und den damit verbundenen Anspruch des »zwischen« ohne denunziatorische Vorurteile verstehen, genügt ein etwas intensiverer Blick auf Friedrich Sengles dreibändiges und 3049 Seiten umfassendes Monumentalgemälde »Biedermeierzeit. Deutsche Literatur im Spannungsfeld zwischen Restauration und Revolution 1815–1848« (Stuttgart 1971, 1972 und 1980).

In (hier tatsächlich einmal sträflicher) Elementarisierung möchte ich Sengles Sicht der Epoche auf zwei Zeilen von Wilhelm Raabe zusammenschnurren lassen, aus seinem Roman »Die Leute aus dem Walde« (1863), der als biedermeierlicher später Nachklang gleichwohl die Anfänge biedermeierlichen Lebensgefühls zum Ausdruck zu bringen vermag:

> »Blick auf zu den Sternen!
> Gib acht auf die Gassen!«

Hier zeigt sich eine erstaunlich empirische, enzyklopädisch ausgreifende Behutsamkeit allen Wirklichkeitsaspekten gegenüber bei einer gleichzeitig unverbrüchlichen Jenseitshoffnung bzw. -gewissheit. Der beiderseitige Anspruch auf Gültigkeit konstituiert die geistige Einheit dieser Epoche: Eine allerletzte Einheitsbemühung in der kulturellen Geschichte Europas und seiner Staaten. Diese zur Epoche integrierte Grundspannung zwischen Empirie und (unterschiedlich gefasster) Transzendenz ist der entscheidende Angelpunkt, der das Biedermeier an die Spätaufklärung bzw. an die Aufklärungstradition überhaupt ankoppeln lässt.

Die vielbeschworene biedermeierliche »Andacht zum Unbedeutenden«, zum nächstliegenden Detail, zur nahe liegenden Information,[29] die auch Hebel seit seinen Exzerptheften in alle seine Werke einfliessen liess, kann ja mindestens zurückgeführt werden bis auf Barthold Heinrich Brockes »Irdisches Vergnügen in Gott bestehend in Physicalisch- und Moralischen Gedichten« (Neun Bände, 1721–1748). Die Rolle der Theologie erweist sich so als eminent wirksam in einem Prozess der Welteroberung, der wie auch die Literatur der Biedermeierzeit vor keiner Thematik halt macht und so wahrhaft lebensweltlich orientiert ist.

Sengle bringt die Grundspannung der Epoche auf die Formel »Prinzipielle(r) ›Harmonismus‹ und (die) ›objektive Duplizität‹« und er erkennt die entschei-

---

29 *Friedrich Sengle*, Biedermeierzeit. Deutsche Literatur im Spannungsfeld zwischen Restauration und Revolution 1815–1848, Band 1, Stuttgart 1971, S. 34.

dende theologisch-geistesgeschichtliche Voraussetzung dafür im »Nachwirken der christlichen Eschatologie«.[30]

An Hebels Moralverständnis und seiner Moralpädagogik in seinen Biblischen Geschichten konnten wir herausarbeiten, wie stark der Vorsehungsglaube in seinem eindeutig eschatologischen Akzent und seiner verheissungsvollen Motivationsstruktur tatsächlich eine heiter-gelassene ethische Appellstruktur freisetzt, die sich auf lebensweltliche Stolpersteine der Lebensführung einlassen kann und damit die eine Seite der objektiven Duplizität, die Empirie, ernst nimmt. Während jedoch in der Biedermeierzeit immer stärker ein statisches Ordnungsdenken mit den entsprechenden ethischen Appellen zur »Entsagung« und »Einordnung« dem angestrebten Harmonismus dient,[31] bleibt Hebel spätaufklärerisch mit seiner leidenschaftlichen Forderung nach »Versöhnung« einem dynamischen Fortschrittsdenken verpflichtet.

---

30 Ebd., S. 78–82.
31 Ebd., S. 81.

Christine Reents / Christoph Melchior

Menschenrechte in Kinder- und Schulbibeln. Spurensuche – biblische Wurzeln – erste Gestaltungsvorschläge

Die Aufgabe, im säkularen Kontext Kinder nach einem gesellschaftlich anerkannten Massstab ethisch bewusst zu erziehen, wird in der Regel dem konfessionellen Religionsunterricht und seinen Alternativen zugewiesen. Diese Aufgabe lässt sich auf der Basis biblischer Ethik bearbeiten, denn diese bietet Regeln für ein Leben in Freiheit für Einzelne, für Gruppen und für das gesellschaftliche Miteinander. Allerdings ist die Freiheit des Einzelnen durch die gleiche Freiheit der Mitmenschen begrenzt; folglich darf es keine schrankenlose Freiheit sein. Für die Arbeit an dieser Erziehungsaufgabe fehlt ein in Deutschland anerkanntes knappes Biblisches Lesebuch für Kinder und Jugendliche etwa vom zehnten Lebensjahr an mit den in den Lehrplänen vorgesehenen Bibeltexten und, soweit nötig, ergänzt durch einige häufig vergessene Texte, die zu den biblischen Wurzeln der Menschenrechte zählen.

1. Die Menschenrechte als ein Kriterium für ein Biblisches Lesebuch

1.1 Leitfrage

Wer rund 700 Kinder- und Schulbibeln aus sechs Jahrhunderten gemustert hat, fragt sich nach den über die Einzelgeschichten und den Aufbau in biblischer Abfolge hinausgehenden allgemeingültigen Auswahlkriterien für Schulbibeln. Unsere These ist, dass die Menschenrechte wegen ihrer biblischen Verwurzelung, wegen ihrer Plausibilität und breiten Akzeptanz als *eine* der Leitlinien für die Gestaltung künftiger Kinder- und Schulbibeln[1] klarer als bisher herauszuarbeiten sind. Das christlich-konfessionelle Wertsystem ist zu ergänzen durch das übergreifende gesamtmenschliche. Schliesslich ist die Bibel nicht nur ein Buch der Christen und Juden, sondern auch ein gesellschaftlich und individuell relevantes Buch mit Grundrechten und Pflichten in der Gesellschaft.[2]

1.2 Zum Begriff: Menschenrechte

Der Begriff »Menschenrecht« stammt aus dem Wien der 1780er Jahre.[3] Menschenrechte sind universelle und unteilbare Rechte, die jedem Menschen von Geburt an zukommen, unabhängig von Hautfarbe, Geschlecht, Sprache, Religion, politischer Überzeugung sowie nationaler und sozialer Herkunft. Sie sind unverlierbar; folglich können sie dem Einzelnen nicht durch öffentliche Gewalt entzogen werden. Die einzelnen Rechte werden mit dem Begriff der Menschenwürde zusammengefasst.

---

1 Vgl. *Thomas Nauerth*, Kinderfriedensbibel? Anmerkungen zur Auswahl biblischer Texte, in: *Diana Klöpper/Kerstin Schiffner/Johannes Taschner* (Hg.), Kinderbibeln – Bibeln für die nächste Generation? Eine Entscheidungshilfe für alle, die mit Kindern Bibel lesen, Stuttgart 2003, S. 44–65. Nauerth befürwortet eine thematische Gestaltung von Kinderbibeln; im Unterschied zu ihm fragen wir, ob die herkömmliche Textauswahl und Abfolge zu ergänzen ist durch die auf die Menschenrechte bezogene.

2 Siehe: *Frank Crüsemann*, Menschenrechte und Tora – und das Problem ihrer christlichen Rezeption, in: *Ders.*, Massstab: Tora. Israels Weisung und christliche Ethik, Gütersloh 2003, S. 148–163; Die Menschenrechte im ökumenischen Gespräch. Ein Beitrag der Kammer der Evangelischen Kirche in Deutschland für öffentliche Verantwortung vom 26. September 1975, in: Die Denkschriften der Ev. Kirche in Deutschland. Frieden, Versöhnung und Menschenrechte, Bd. 1/2, GTB Siebenstern, Gütersloh 1978, S. 87–103; *Wilhelm Ernst*, Ursprung und Entwicklung der Menschenrechte in Geschichte und Gegenwart, in: Theologie und Glaube. Zeitschrift für den katholischen Klerus, 73. Jg. 1983, S. 452–488; *Johannes Heide*, »Soll ich meines Bruders Hüter sein?«: Zugänge zum Verständnis der Menschenrechte im Religionsunterricht. Eine Untersuchung zur Frage der didaktischen Rezeption des Themas »Menschenrechte« in unterrichtsrelevanten Materialien und Schulbüchern sowie in den Lehrplänen und Rahmenrichtlinien für den evangelischen Religionsunterricht. (Europäische Hochschulschriften 23), Frankfurt a.M.: Lang 1992; *Gerhard Höver*, Art.: Menschenrechte, in: Neues Handbuch theologischer Grundbegriffe III. München 2005, S. 52–60; *Wolfgang Huber*, Art.: Menschenrechte/Menschenwürde, in: TRE 22, 1992, S. 577–602; Menschenwürde. JBTh 15 (2001), Neukirchen-Vluyn 2001; *Reinhold Mokrosch*, Art.: Menschenrecht. Pädagogisch, in: RGG⁴, Bd. 5, Tübingen 2002, Sp. 1097f; *Otto Eckart*, »Menschenrechte« im Alten Orient und im Alten Testament; in: *Gerhard Höver* (Hg.): Religion und Menschenrechte. Genese und Geltung. (Schriften des Zentrums für Europäische Integrationsforschung der Rheinischen Friedrich-Wilhelms-Universität Bonn, Bd. 29), Baden-Baden: Nomos Verlagsgesellschaft 2001, S. 13–45.

3 Vgl. *Jacob und Wilhelm Grimm*, Deutsches Wörterbuch Bd. 12, Sp. 2064. Sie zitieren den österreichischen Aufklärungsdichter Aloys Blumauer (1755/Steyr–1798/Wien).

Unter historischen und systematischen Gesichtspunkten wird unterschieden zwischen:
- den Freiheits- und Gleichheitsrechten, die sich gegen die Willkür absolutistischer Staaten oder Diktaturen wenden, die z.b. Demokratisierung und Religionsfreiheit anstelle von Intoleranz fordern,
- den sozialen Menschenrechten, die sich gegen menschenunwürdige Arbeitsbedingungen wenden, wie sie z.b. im Zuge der Industrialisierung entstanden sind und immer noch entstehen, z.b. das Recht auf soziale Sicherheit, auf Gesundheitsfürsorge und bezahlten Urlaub, auf elementare Schulbildung, auf Asyl, auf den Schutz der Familie, die Gleichstellung der Frau,
- den kollektiven Menschenrechten, die eine gerechte Friedens- und Wirtschaftsordnung fordern[4] und sich gegen Naturzerstörung[5] wenden,
- den Rechten des Kindes (UNO 1959).[6]

Die »Allgemeine Erklärung der Menschenrechte« der UNO (1948)[7] bezieht sich auf diese schützenswerten Dimensionen, die einander durchdringen. Es geht um das Leben, den Wert und die Würde des Einzelnen in der Gemeinschaft, um menschenwürdige, politische, soziale und ökonomische Lebensverhältnisse in der Neuzeit und um die Ächtung von Naturzerstörung und Völkermord.

2. Spurensuche in der Geschichte der Kinder- und Schulbibel

Da die Menschenrechte nicht erst aus der Neuzeit stammen, sondern schon in der Bibel und in der Stoa verwurzelt sind, fragen wir zunächst, welche Spuren einer ethischen Erziehung nach den Menschenrechten sich in der Geschichte – vor allem der jener der Kinderbibel – finden lassen. Bisher kennen wir mehr oder minder zufällige Anklänge an biblische Impulse, die später als Menschenrechte mit gesamtmenschlicher Verpflichtung in Abwehr einer Ellbogengesellschaft definiert wurden. Es ist logisch, dass die Nähe zu biblischen Angeboten und Regeln für ein gelingendes Leben bei konkreten Rechten und Pflichten des Einzelnen in der Gemeinschaft und beim Friedensthema deutlicher erkennbar sind als dort, wo es um Menschenrechte in neuzeitlichen Gesellschaften geht.

---

4 Vgl. *Werner Simon*, Menschenrechte, in: *Gottfried Adam/Friedrich Schweitzer* (Hg.): Ethisch erziehen in der Schule, Göttingen 1996, S. 174–187.
5 Vgl. *Andreas Ruwe*, Art.: Menschenrechte, in: Sozialgeschichtliches Wörterbuch zur Bibel, hg. v. *Frank Crüsemann* u.a., Gütersloh 2009, S. 376–380.
6 In: *Karl Peter Fritzsche*, Menschenrechte. UTB 2437. 2. überarb. u. aktualisierte Auflage. Paderborn etc 2004, S. 311–331; Erklärung der Rechte des Kindes (UNO 1959), in: Überblick 4/1974, S. 7.
7 Vgl. Internationale Dokumente zum Menschenrechtsschutz (Reclam 7956/57), Stuttgart 1971.

Deshalb wird es sich bei unserer Spurensuche weniger um wörtliche Anklänge, sondern mehr um sinngemässe handeln.

2.1 Beispiele einer eingeschränkten Toleranz – von Comenius bis zum Vormärz

2.1.1 Eingeschränkte Toleranz und Gewaltfreiheit: Comenius 1658

In seinem berühmten bebilderten Lehrbuch »Orbis [...] pictus«, deutsch: »Die sichtbare Welt in Bildern« (Nürnberg 1658) stellt der tschechische Theologe und Pädagoge Johann Amos Comenius »Das Heidentum«, »Das Judentum« und »Das Christentum« fast wertfrei nebeneinander. Allerdings heisst es einschränkend am Schluss des Kapitels über das Christentum: »Von diesem Christo heissen wir Christen/und in Ihm allein werden wir seelig«[8]. Das Nebeneinander von Religionen entspricht dem enzyklopädischen Ansatz des Comenius, alle Menschen alles zu lehren. Zugleich entspricht es seinem Wahlspruch: »Violentia absit rebus. Omnia sponte fluant« – »Alles fliesse von selbst. Gewalt sei ferne den Dingen«. Auf der Basis biblischer Anthropologie, nach der alle Menschen von Gott nach seinem Ebenbild erschaffen sind (Gen 1,27), fordert er Chancengleichheit für alle, auch für sozial Schwache, weniger Begabte und für Mädchen.[9] Comenius fordert dies kurz nach dem Dreissigjährigen Krieg als letzter Bischof der Brüderunität, einer evangelischen Gruppe, die reichsrechtlich nicht anerkannt war. Es ist typisch, dass ein Bischof einer Minderheitskirche diese relative Toleranz im Erziehungskontext praktiziert wissen will, denn die Brüderunität war seit 1648 von der religiösen Duldung durch das Reich ausgeschlossen.

2.1.2 Hilfsbereitschaft ohne Unterschiede: Feddersen 1775

Das zweite Beispiel stammt aus dem »Leben Jesu für Kinder« des lutherischen Pfarrers Jakob Friedrich Feddersen, das während rund fünfzig Jahren aufgelegt wurde und von dem auch eine katholische Fassung erschien. In der zitierten 3. Auflage (1775) wendet sich Feddersen »An die Kinder der Hof- und Domge-

---

8 *Johann Amos Comenius*, Orbis sensualium pictus [...], Nürnberg 1658. Zit. nach der Ausgabe in: Die bibliophilen Taschenbücher 30, Dortmund 1978, Kap. CXLV-CXLVIII, Zitat: S. 301. Das Kinderbuch wurde nach Angabe des HKJL II, Sp. 433–453 und Ziff. 171 über 300 Jahre lang in weit über 200 Ausgaben gedruckt und häufig übersetzt.

9 Vgl. *Veit Jakobus Dieterich*, Johann Amos Comenius. Rororo monographien 446. Reinbek 1991, S. 56f; *Christine Reents*, Comenius' Impulse zur Mädchenbildung? Oder: die Gleichheit von Mann und Frau als Ausdruck ihrer Gottebenbildlichkeit, in: *Klaus Gossmann/Christoph Scheilke* (Hg.), Jan Amos Comenius 1592–1992, Gütersloh 1992, S. 49–69.

meinde zu Braunschweig«. Zum Gleichnis vom reichen Mann und armen Lazarus (Lk 16,19–31) mahnt er:

> »Lasst es euch gesagt seyn, der Nothleidende sey vornehm oder niedrig! Christ oder Jude!
> Er sey Lutheraner, Reformirter, Catholik, oder wie man ihn seinem Glauben nach nennen
> mag; dienet ihm, helft ihm, gebt ihm! So macht es Gott; so will es Jesus nach der Erzählung
> von dem barmherzigen Samariter gemacht haben.«[10]

Hier steht das Erziehungsdenken der Aufklärung Pate. Es ist die Zeit der US-
amerikanischen Unabhängigkeitserklärung (1776) und der Französischen
Revolution (1789). Gleichzeitig arbeitet Lessing im benachbarten Wolfenbüttel
und Basedow seit kurzem im nahen Dessau. Basedows Elementarwerk (1774)
ist gerade erschienen; einer der Widmungssprüche wendet sich »An Gottesverehrer in allen Kirchen«[11]. In der Vorrede heisst es:

> »Es handelt aber das Elementarwerk bloss von untheologischen Wissenschaften, folglich
> [...] nicht von der christlichen, sondern nur von der natürlichen Religion. Es ist keiner ein-
> zigen Kirchengemeinschaft ketzerisch, sondern in katholischen, griechischen, protestanti-
> schen, mennonitischen, jüdischen und naturalistischen Familien [...] in gleichem Grade
> brauchbar.«[12]

In einer Fussnote zur 2. Auflage (1782) beruft er sich auf den Wert einer »nicht
auf drei Kirchen eingeschränkten politischen Toleranz [...] der bürgerlichen
Gleichheit aller Gottesverehrer«; indem er an das Toleranzpatent des Kaisers
Josephs II (1781)[13] erinnert. Folglich betont auch Basedow, ohne sich auf
Comenius zu berufen, »Die Verschiedenheit der Menschen in der Religion«[14]
mit Distanz zu den Konfessionskirchen. Soweit zur natürlichen Religion der
Philanthropen als Hintergrund zu der Auslegung Feddersens. Ein weiteres Bei-
spiel ist das Gedicht aus einem Jugendbuch des Göttinger Theologieprofessors
Johann Peter Miller. Sein Erziehungsziel:

> »Der weise Christ.
> Ein Mann, der durch Vernunft, durch Redlichkeit, durch Fleis,
> Zeit, Welt, Glück, Ehr und Lust kennt und sie zu brauchen weis;
> Der sein vergnügtes Herz durch muntre Blicke zeiget,
> Schön denkt, vernünftig spricht und ungezwungen schweiget;

---

10 *Jakob Friedrich Feddersen*, Das Leben Jesu für Kinder. Frankfurt und Leipzig 1778, S. 109.
   Vgl. HKJL III, Sp. 732–735.
11 Zit. nach der Ausgabe von *Theodor Fritzsch*, Leipzig 1909, Reprint Hildesheim 1972, XXX.
   Vgl. HKJL III, Sp. 979.
12 Zit. nach der o.a. Reprint-Ausgabe von *Fritzsch*, Leipzig 1909, Bd. I, XL.
13 Ebd., Bd. I, XLI.
14 Ebd., Bd. I, 422ff.

Der keinen Menschen drückt, der jedem gleich vergiebt,
Und alle Brüder nennt, und sie als Brüder liebt [...]«[15]

»Der weise Christ« gilt als Vorbild der Brüderlichkeit. Es handelt sich um das
Ideal einer relativen Toleranz, denn einerseits ist für Miller die »Vortrefflichkeit
der christlichen Religion« (§ 222 f) und ihre Überlegenheit in Bezug auf andere
selbstverständlich, andererseits gilt »die natürliche Gleichheit und Freyheit
unter den Menschen«[16]. Diese Ziele kommen zehn Jahre vorher in Millers
Biblischen Erzählungen (1753) noch nicht vor.

2.1.3 »Der sächsische Diesterweg« Julius Kell[17] im Vormärz

Wir machen einen Sprung von rund 70 Jahren in das Königreich Sachsen im
Vormärz. Hier ist die Entwicklung vielschichtig. Seit den 1820er Jahren entsteht
das Industriebürgertum und mit ihm Reformbewegungen. Zum dreihundert-
jährigen Jubiläum von Luthers Bibelübersetzung im Jahre 1845 veröffentlicht
der liberale Pfarrerssohn Julius Kell (1813/Pappendorf–1849/Dresden)[18],
ehemaliger Rektor der Kirchberger Bürgerschule, die Forderung »der lebendigen, freisinnigen evangelischen Kirchenglieder zur Gründung eines christlichen
Schul- und Volksbibelverbreitungsvereines«[19]. Ziel ist es, »eine frei von einer
dogmatischen Richtung, nach christlichen Grundsätzen veranstaltete Sammlung aller für die Geschichte der Offenbarung und für Religion und Moral
wichtigen und inhaltsreichen Stücke [...]«[20] zu erarbeiten. Diese Schulbibel soll
die Vielfalt und Willkür bei der Einführung von Schulbüchern begrenzen und
»zum biblischen Geschichtsunterricht, [...] zur Bibelerklärung und zum
Spruchaufschlagen«[21] dienen. Kell will den Entwurf einer Schulbibel für alle
evangelischen Schulkinder in Sachsen erarbeiten lassen und diesen der Landeskirche zur Prüfung vorlegen, nachdem »alle vorhandenen Organe: Synoden,

---

15 *Johann Peter Miller*, Historischmoralische Schilderungen zur Bildung eines edlen Herzens in der
   Jugend. 2. Aufl. Dritter Theil, Helmstädt: Christian Friedrich Weygand 1763, als Motto [o.p.]
   vorangestellt. Vgl. HKJL III, Sp. 481–489.
16 Ebd., S. 288 = § 319.
17 Vgl. *Alfred Leuschke*: Julius Kell, in: Die deutsche Schule 1913, S. 282–284.
18 Nach seiner frühen Emeritierung wegen Krankheit im Jahre 1841 arbeitet Kell als
   Volksschriftsteller, Privatgelehrter und Herausgeber der Sächsischen Schulzeitung. Er ist an der
   Gründung des Allgemeinen Deutschen Lehrervereins beteiligt und lehnt die Aufsicht der Kirche
   über die Schule ab.
19 Vgl. *Julius Kell*, Die Schulbibel. Notwendigkeit und Ausführbarkeit eines gemeinsamen, der
   Kirche als Entwurf zur Prüfung vorzulegenden Bibelauszugs, Grimma o.J. [1845].
20 Ebd., S. 44.
21 Ebd., S. 57.

Prediger und Lehrerconferenzen, die Presse etc.«[22] diesen begutachtet hätten. Ein Jahr später wird Kells Vorschlag vom zuständigen konservativen Ministerium abgelehnt, denn die Lehrer hätten in der Frage nicht mitzureden. Kell verfasste einige Volksschriften z.B. über Benjamin Franklin (1845)[23], einen der Väter der Unabhängigkeitserklärung der USA. Ausserdem sind sowohl eine Kinderbibel als auch ein Handbuch für Lehrer erhalten; in diesem heisst es zum 5. Gebot:

> »Haben wir nicht alle einen Vater? Hat uns nicht alle Ein Gott erschaffen?« [Mal 2,10] »…
> alle Menschen, nahe und ferne, Christen und Nichtchristen, Heiden, Juden, Muhameda-
> ner, Christen aller Confessionen [sind die Nächsten]. Nicht verschiedene Religion, nicht
> Abstammung (Nationalhass) entschuldigen den Hass gegen Menschen […]. Vor Gott sind
> alle gleich!«[24]

Kell fügt Gellerts Liedvers aus dem Jahre 1757 an und stellt damit eine Verbindung zur Aufklärung her:

> »»Wir haben einen Gott und Herrn,
> sind eines Leibes Glieder,
> drum diene deinem Nächsten gern,
> denn wir sind alle Brüder […]«« (in: EG 412,4).

Diese Auslegung belegt die tolerante Haltung eines sächsischen Theologen und Lehrers. Später betont Kell im Anschluss an die Mahnung des Paulus, keine Spaltungen unter den Christen aufkommen zu lassen: »Dasselbe würde Paulus heute den römischen, griechischen, protestantischen Christen zurufen!«[25] Kell betont die Pflicht zur Toleranz im Kontext des 3. Artikels des Apostolikums.

Auch hier ist wieder von einer eingeschränkten Toleranz zu sprechen, denn selbstverständlich kommt dem Christentum Priorität zu. Kell vermittelt Luthers Kleinen Katechismus; die knappen Sätze zur Toleranz sind in wortreiche Auslegungen zum Katechismus eingeschoben und schwer auffindbar. Schliesslich

---

22 *Julius Kell*, Die Schulbibel, S. 65.
23 Vgl. *Jürgen Overhoff*, Julius Kells Franklin-Biographie bei Klinkhardt (1845) als Mittel der demokratischen Selbsterziehung im Vormärz, in: *Uwe Sandfuchs/Jörg W. Link/Andreas Klinkhardt* (Hg.), Verlag Julius Klinkhardt 1834–2009, in: Verlegerisches Handeln zwischen Pädagogik, Politik und Ökonomie. Bad Heilbronn 2009, S. 23–37. – Der Nachlass der Familie Kell befindet sich im Sächsischen Hauptstaatsarchiv Dresden, ist dort aber noch nicht verzeichnet und deshalb nicht zugänglich nach Auskunft von Hans-Martin Moderow, Volksschule zwischen Staat und Kirche. Das Beispiel Sachsen im 18. und 19. Jahrhundert. (Geschichte und Politik in Sachsen 25), Köln etc.: Böhlau 2007, S. 173, Anm. 87.
24 *Julius Kell*, Biblische Lehrstoffe für den gesammten religiösen Unterricht in allen Classen evangelischer Volksschulen so wie für den Confirmandenunterricht. In vier Abtheilungen: I. Biblische Geschichte. II. Glaubens- und Pflichtenlehren. III. Bibelkunde. IV. Kirchengeschichte. Ein Hand- und Hilfsbuch für den Lehrer, Leipzig: Klinkhardt 1843. II, S. 151.
25 A.a.O. II, S. 643 zum 3. Artikel mit dem Thema: Kirche.

war Kell als liberaler Schriftleiter der »Sächsischen Lehrerzeitung« gefährdet; im Zusammenhang der 1848er Revolution drohte der zuständige Minister des Innern, das Abgeordnetenmandat Kells als Landtagsdeputierter zu entziehen[26]; denn er hatte ein Protestgedicht nach der Ermordung des Freiheitskämpfers Robert Blum am 9. Nov. 1848 verfasst. Kell starb 1849 im Alter von nur 36 Jahren. Als »sächsischer Diesterweg«[27] vertritt er Toleranz in den Grenzen des Feudalsystems, und das nicht in seiner Schulbibel[28] für die Hand der Kinder, sondern in seinem Handbuch für Lehrer.

2.2 Beispiele aus Kinderbibeln der jüdischen Minderheit im 19. Jahrhundert

Seit den 1830er Jahren entstehen jüdische Kinder- und Schulbibeln mit vielen Belegen aus der Tora, die zu den Wurzeln der Menschenrechte zählen. Das geschieht aus Treue zur Tora, vielleicht auch im Vormärz aufgrund der gesellschaftlichen Aktualität für die jüdische Minderheit. Mit der Haskala (=Aufklärung) beginnen jüdische Reformgemeinden, sich den Idealen und Zielen der Aufklärung zu öffnen. Die Erlangung bürgerlicher Freiheiten und Rechte im späten 18. und in der ersten Hälfte des 19. Jahrhunderts ermöglicht den Juden die Integration in die Gesellschaft. Die Gründung von eigenen Schulen, in denen in deutscher Sprache gelehrt und gelernt wird, bedeutet auch die Hinwendung zum wirtschaftlichen, kulturellen und geistigen Leben der christlich geprägten Gesellschaft (Akkulturation). Diese Entwicklung führt in kritischer Auseinandersetzung mit dem tradierten jüdischen Lebensstil zu einem neuen Selbstverständnis, das eine Verbindung jüdischer und europäischer Kultur anstrebt.[29] Im Kontext dieser tiefgreifenden Veränderungen entstehen die »Erzählungen der Heiligen Schrift für Israeliten«[30]. Abraham Jakob Cohn (1807/Jungbunzlau, Böhmen–1848/Lemberg), seit 1833 Rabbiner in

---

26 Sächs. Hauptstaatsarchiv Dresden 10736 Ministerium des Innern, Nr. 245 b, Bl. 105 f. Kell war Mitglied des Schulausschusses der zweiten Ständekammer.

27 Vgl. *Jürgen Overhoff*, a.a.O., S. 35 nach *Alfred Leuschke/*Julius Kell, in: Die deutsche Schule (1913), S. 282–284.

28 *Julius Kell*, Die Geschichten der Bibel alten und neuen Testaments. In Worten der heil. Schrift. Für christliche Volksschulen in 100 Lehrstücke zusammengestellt und durch Bibelsprüche und Hinweisungen auf die Hauptstücke des christlichen Glaubens erläutert, Leipzig: Julius Klinkhardt 1848. ²1851 (SLUB Dresden Appar. bibl. 973 ᶠ). ⁴1857.

29 *Bernd Schröder*, Jüdische Erziehung im modernen Israel. Eine Studie zur Grundlegung vergleichender Religionspädagogik. (Arbeiten zur Praktischen Theologie, Bd. 18), Leipzig 2000, S. 104.

30 *Abraham Jacob Cohn/Abraham Dinkelspiel*, Erzählungen der Heiligen Schrift für Israeliten. Zum Schul- und Privatgebrauche bearbeitet, dritte vermehrte und verbesserte Auflage Barmen u. Leipzig: W. Langewiesche 1864.

Hohenems und engagiert für eine reformorientierte Jugendbildung, gibt das biblische Lehrbuch zusammen mit dem Lehrer Abraham Dinkelspiel (1799/Bingen–1871/Menden) heraus, »in welchem nicht nur die wichtigsten Erzählungen der heiligen Schrift, sondern auch die moralische Anwendung derselben, auf eine gemütliche und volksthümliche Weise mitgetheilt werden.«[31] Diese ab der zweiten Auflage 1852 in »einfacher, didaktischer Form« formulierten Lehren sollen der »Förderung des religiösen Denkens und Lebens in der israelitischen Jugend« dienen.[32] So enthält die von der Schöpfung bis zum Regierungsantritt des Hohenpriesters Johannes Hyrkanus fortlaufend erzählte biblische Historie auch Tugend- und Sittenlehre im Sinne der Aufklärung. Vereinzelt finden sich Lehren, die auf allgemeine Bürger- und Menschenrechte weisen. In der 4. Auflage von 1880 hat der in Eisenstadt (Ungarn), Berlin und Heidelberg ausgebildete erste Bonner Reformrabbiner Dr. Emanuel Schreiber (1852/Leibnik, Mähren–1932/USA)[33], die Auslegungen im Sinne der historisch-kritischen Exegese überarbeitet und ergänzt. Ein erstes Beispiel bietet die nach Gen 1 und 2 erzählte Schöpfungserzählung. Zur Erschaffung des ersten Menschenpaares heisst es darin:

> »Dann schuf Gott den Menschen aus Staub von der Erde, und blies in seine Nase lebendigen Odem. Also erschuf er den Mann und das Weib, Adam und Eva, in seinem Ebenbilde und in Aehnlichkeit mit ihm. – Und der Ewige segnete sie und sprach zu ihnen: Ihr sollt herrschen über die ganze Erde, und über Alles, was darauf ist, über alle Thiere und Gewächse!«

In der von Schreiber 1880 ergänzten Auslegung heisst es zur Gottebenbildlichkeit des Menschen:

> »Kein Geschöpf ist Gott zu gering, als dass ihm dessen Loos und Schicksal gleichgültig wäre; darum soll auch der im Ebenbilde Gottes geschaffene Mensch mit Vernunft über die Thiere und über die Erde herrschen; er kann und soll als ein mit freiem Willen, d.h. mit der Kraft, das Gute zu thun und das Böse zu meiden, begabtes Wesen, Gott in Güte, in Weisheit immer ähnlicher, im Guten immer vollkommener werden. Das Judenthum verwirft daher die Lehre von der Erbsünde und Möglichkeit, dass ein Mensch durch seinen Tod die Sünden A n d e r e r sühnen könnte. Vielmehr ist Jeder vermöge seines freien Willens wohl fähig, sich selbst zu e r l ö s e n , indem er das Böse, welches er gethan, wieder gut macht, sich bekehrt, d.h. zu seiner angeborenen Unschuld und Menschenwürde wieder zurückkehrt.

---

31 Vorwort zur 1. Auflage, Iserlohn am 3. Tage des Jahres 5594 a.m. [1833].

32 Vorwort zur 2. Auflage, Wolfenbüttel und Menschen im Anfang des Jahres 5613 a.m. im October 1852.

33 Zu Schreiber: *Leah Rauhut Brungs/Gabriele Wasser*, Rabbiner in Bonn. Spuren ihrer Tätigkeit zwischen dem 12. und dem 20. Jahrhundert (Hasbara Schriftenreihe der Gesellschaft für Christlich-Jüdische Zusammenarbeit in Bonn Heft 2, 2006), S. 52–59.

> Du schuffst in Deinem Ebenbild,
> O Gott, des Staubes Sohn;
> Hast ihn mit Deinem Geist erfüllt,
> Er schaut zu Deinem Thron.
> Zum Herrscher auf der Erdenwelt
> Hast Du ihn selbst geweiht.
> Heil ihm, wenn er auf Tugend hält;
> Sein Loos ist Ewigkeit!«[34]

Zu der Akzentuierung des freien Willens und der Ablehnung der christlichen Lehre von der Erbsünde tritt die Verknüpfung von Gottebenbildlichkeit und angeborener Menschenwürde, die jedem Geschöpf eigen ist. Als Ebenbild Gottes steht der Mensch unter besonderem Schutz. Der ehemalige Präsident des obersten Gerichts in Israel – Haim Herman Cohn (1911/Lübeck–2002/Jerusalem) – folgert aus der Auslegung der Gottebenbildlichkeit des Menschen in der rabbinischen Tradition: »What is important to us is that the fundamental equality between people – that we must treat each of them as having been created in the image of God – is a basic principle upon which the entire Torah of Israel is based«.[35]

Die Noah nach der Flut gegebenen Gebote erlauben den Verzehr von Fischen und geschächteten Tieren. Doch: »Wer Menschenblut vergiesst, dessen Blut soll wieder vergossen werden; denn im Ebenbilde Gottes ist der Mensch geschaffen.« Die Auslegung begründet den Schutzgedanken im Anschluss an Gen 8,22 und 9,1–7 aus Naturrecht und Erfahrung:

> »Gott ist Regierer und Erhalter der Welt; er ist die Vorsehung, d.h.: Natur und Erfahrung belehren uns, dass Gott mit seiner weisen Vorsehung die Welt in ihrer Schönheit, Ordnung und zweckmässigen Einrichtung erhält, dass er alle Wesen, also auch uns, mit seiner Allgüte beschützt und nur unser Bestes will.«[36]

Aus Lektion 31, die vom »Elend der Kinder Israels in Aegypten« handelt (Dtn 5,15 und eine knappe Nacherzählung zu Ex 4,20–6,1), ziehen Cohn/Dinkelspiel die Lehre: »Tyrannei besteht nicht lange; sie ist dem Ewigen ein Gräuel. Nur Gerechtigkeit und Menschenliebe haben Dauer und Bestand.« (1864, S. 68)

---

34 *Emanuel Schreiber*, Erzählungen der Heiligen Schrift für Israeliten. Zum Schul- und Privatgebrauch bearbeitet von Abrah. Jakob Cohn und Abraham Dinkelspiel, vierte, vermehrte, wissenschaftlich bearbeitete und mit einer kurzgefassten Geschichte des Judenthums versehene Auflage, Leipzig: W. Langewiesche 1880.

35 *Haim H. Cohn*, Human Rights in the Bible and Talmud. English translation by Shmuel Himelstein, Tel Aviv: MOD Books 1989, S. 28.

36 *Abraham Jacob Cohn/Abraham Dinkelspiel*, Erzählungen der Heiligen Schrift für Israeliten. Zum Schul- und Privatgebrauche bearbeitet, dritte vermehrte und verbesserte Auflage Barmen u. Leipzig: W. Langewiesche 1864. Erzählung, 12, Lehre, S. 13.

Schreiber ergänzt: »Es gab und gibt zu allen Zeiten Despoten, die sich selbst für mehr als Gott halten, nichts Höheres als sich anerkennen.« (1880, S. 53) Die biblischen Erzählungen lehren hier »Gerechtigkeit und Menschenliebe« als hohes, allein dauerhaftes Gut, weisen aber auch auf ihre Gefährdung durch Despoten hin, die sich und ihre Macht absolut setzen. Die Offenbarung der Zehn Gebote auf dem Sinai (Lektion 37) lehrt die Menschheit Gerechtigkeit.

> »Die Offenbarung Gottes am Sinai ist das wichtigste Ereignis in der Geschichte aller Völker und aller Zeiten. [...] ›Als deine Gesetze zur Erde kamen, lernten die Völker der Erde Gerechtigkeit‹« (1864, S. 83) - »Die zehn Gebote sind die Grundlage der Religion. Sie enthalten die Grundlehren, die uns anzeigen, welche Pflichten wir gegen Gott, gegen unsre Nebenmenschen und gegen uns selbst, als das Ebenbild Gottes zu erfüllen haben. Ordnung, Sicherheit und Tugend zu befördern ist ihr erhabener Zweck. Alle Menschen ohne Unterschied des Glaubens und der Meinung, des Volkes und des Vermögens, sollen als Kinder eines himmlischen Vaters in Eintracht mit einander durch's Leben wandeln, das wollen die heiligen Gebote Gottes.« (1864, S. 83f)

Die Auslegung weist auf die Pflichten des Menschen gegenüber Gott und den Mitmenschen hin.[37] Die Gottebenbildlichkeit des Menschen lässt hierbei keine Unterschiede nach Religionszugehörigkeit, Weltanschauung, Volkszugehörigkeit oder sozialer Stellung in der Achtung vor dem anderen zu.[38]

In Anlehnung an christliche, vor allem an protestantische Werke für den Religionsunterricht, verfassten Rabbiner und Lehrer nicht nur biblische Geschichten für die Schule, auch Spruchbücher entstanden wie dasjenige von

---

37 *Schreiber* ergänzt: »Der Dekalog bildet die Grundlage aller Gesetze bei allen Völkern.« (1880, S. 64) - »Der sechste Ausspruch verbietet nicht bloss den Todtschlag, sondern Alles, was geeignet ist, unseres Nächsten Leben und Gesundheit zu verkürzen (Kränkung, Beleidigung, Hartherzigkeit gegen Arme und Hungrige)« (1880, S. 65).

38 In der »Geschichte der Juden von der Zerstörung des zweiten Tempels bis auf unsere Zeit (70–1879)«, geht *Schreiber* auf den Prozess der schrittweisen Emanzipation der Juden in Europa ein: »Denn während Amerika 1783 und Frankreich durch die Revolution 1789 Gleichberechtigung der Confessionen, also auch Gleichstellung der Juden, aussprachen, war es in Deutschland damit traurig bestellt.« (1880, S. 215) - »Durch Frankreich wurde auch in Deutschland die Judenfrage eine brennende, mehr als 500 Schriften erschienen über die Emanzipation der Juden, und je mehr die jüdische Jugend deutscher Nation Gymnasien, höhere Schulen und Universitäten besuchte, desto empfindlicher wurde diese gebildete Generation gegen Verkümmerung ihrer Rechte und so trat sie selbst in den Kampf ein.« (1880, S. 216f) - »In Preussen wirkte die Stein-Hardenberg'sche Gesetzgebung sehr günstig, durch das Edikt vom 11. März 1812 wurden alle Juden Preussens zu Staatsbürgern erklärt, welches freilich später beschränkt wurde, indess traten im vereinigten Landtage (1847) Männer von politischem Rufe wie Graf Schwerin, Camphausen, Auerswald u.A. für die Juden ein und seit 1850 ist in Preussen die Unabhängigkeit der bürgerlichen und staatsbürgerlichen Rechte von dem Glaubensbekenntnisse verbürgt. Ueberhaupt ist seit 1848 auch in den übrigen Staaten Deutschlands die Judenfrage zu unseren Gunsten glücklich gelöst worden, und was noch von Ruinen früherer Zeiten stehen geblieben, wurde von der Gesetzgebung des deutschen Reiches (von 1871 ab) beseitigt.«

Bernhard Kuttner[39]: Der am Frankfurter Philanthropin tätige Religionslehrer
Bernhard Kuttner (1847/Wongrowitz Prov. Posen–1926/Frankfurt a.M.) ordnet
– methodisch auf neuestem Stand – biblische und talmudische Sprüche in drei
konzentrischen Kreisen für den Unterricht in der Unter-, Mittel-, und Ober-
stufe der Volksschule an.[40] »Die biblischen (und talmudischen) Sätze, die die
Summe der religiösen Überzeugung enthalten, müssen zum unverlierbaren
Eigentum der Jugend werden, um sie dann durchs ganze Leben als Warner und
Berater zu begleiten.« (If).[41]

Ziel der an der Aufklärungspädagogik orientierten philantropischen Erziehung »sollte der nützliche Bürger und tolerante, aufgeklärte Mensch sein.«[42]
Kuttner ist der Überzeugung, »dass kein erhabener Gedanke unter den Völkern
lebt, der nicht schon in unserer Religion seinen Ausdruck gefunden.« (II).

Dazu zählt der Gedanke, dass der Mensch Ebenbild Gottes ist, mit freiem
Willen begabt, jedoch zum Bösen geneigt, durch Busse aber gerettet werden
kann. (§§ 18–21). Aus dem »israel. Grundgesetz der Nächstenliebe« (Lev 19,18;
§ 51)[43], welches gegenüber jedem Menschen »im allgemeinen, d.h. gegen jeden,
ohne Unterschied« gilt, ergeben sich die einzelnen Pflichten gegenüber den
Mitmenschen: die Achtung des Fremden, die Achtung von Leben, Eigentum,
Ehre, das Gebot ihm zu helfen, ihn zu trösten, ihm gegenüber gerecht, ehrlich,
friedlich zu sein (§§ 52–61). Die Betonung der universalen Geltung des Gebots
der Nächstenliebe wie die daraus abgeleiteten, mit Bibelsprüchen begründeten
Weisungen, können nach Haim H. Cohn als Hinweis auf die Menschen- und
Bürgerrechte gesehen werden.

> »Eine ewige Satzung soll es sein euren Nachkommen, dass vor dem Ewigen der Fremdling
> sei wie ihr. Ein Gesetz und Ein Recht soll für euch und den Fremdling sein, der sich bei
> euch aufhält (Num 15,15f; § 51 b). Die Begründung gibt der in zwei Fragen ausgedrückte

---

39 Vgl. *Bernhard Kuttner*, Sprüche zur israelitischen Glaubens- und Pflichtenlehre in konzentrischen Kreisen, 2. verb. Aufl. Frankfurt a.M.: J. Kauffmann 1899. Vgl. Dt.-jüd. KJL Nr. 1373.

40 Ebd., Vorwort, I.

41 Der Vorschlag entspricht den Preussischen Regulativen für den evangelischen Religionsunterricht in der Elementarschule, die das Morgengebet mit dem Aufsagen eines Wochenspruchs und
eines Wochenliedes verbinden. *Ferdinand Stiehl*, Die drei Preussischen Regulative vom 1., 2. und
3. October 1854 über Einrichtung des evangelischen Seminar-, Präparanden- und Elementar-
schul-Unterrichts, Berlin 1854, S. 67.

42 *Heinz Mosche Graupe*, Die Entstehung des modernen Judentums. Geistesgeschichte der deutschen Juden 1650–1942, 2., rev. u. erw. Aufl. Hamburg: Helmut Buske Verlag 1977, S. 237. – Vgl.
Bernhard Kuttner, Der Religionsunterricht am Philanthropin im ersten Vierteljahrhundert seines Bestehens, in: Festschrift zur Jahrhundertfeier der Realschule der israelit. Gemeinde (Philanthropin). 1804–1904. Teil II, Frankfurt a.M. 1904, S. 141–165. [Literaturangabe aus dem GV].

43 Die Übersetzung *Auerbachs*: »Du sollst deinen Nächsten lieben wie dich selbst. Ich bin der
Ewige« entspricht bis auf die Wiedergabe des Tetragramms der Lutherübersetzung (Lev
19,18/Mk 12,31 par).

Gedanke, dass alle Menschen gleichen Ursprungs sind: ›Haben wir nicht alle einen Vater? Hat uns nicht ein Gott geschaffen?‹« (§ 51 c)

Den unbedingten Schutz des Lebens begründet Kuttner mit dem 6. Gebot und Gen 9,6; die Achtung des Eigentums mit dem 8. und 10. Gebot, Sprüche 28,24 und 29,24; den Gedanken, dass auch die Ehre wichtig ist mit dem 9. Gebot, Lev 19,16, Sprüche 19,9 und Sirach 19,6–8. Im letzten Teil hat Kuttner Pflichten gegenüber bestimmten Personen zusammengestellt. Neben Eltern, Geschwistern, älteren Personen, Lehrern und Erziehern, Freunden und Wohltätern, werden die Feinde (§ 60 mit Ex 23,4, Sprüche 24,17 und 25,22), »König, Obrigkeit und Vaterland« (§ 71) genannt. Die Obrigkeit gilt dem Frankfurter Lehrer als Garant für eine rechtstaatliche und sittliche Ordnung im Sinne der Tora: »Die Obrigkeit ist die Vertreterin der göttlichen Gerechtigkeit auf Erden.« (§ 71)

Leider ist die Tradition der deutschsprachigen Kinderbibeln für jüdische Kinder gewaltsam abgebrochen; heute findet sich keine deutschsprachige Kinderbibel für Kinder jüdischen Glaubens, die Texte zu den Wurzeln der Menschenrechte in der hebräischen Bibel berücksichtigt.

2.3 Spuren seit der Entkirchlichung und Demokratisierung der Erziehung nach 1968

In den späten sechziger Jahren setzt in der Bundesrepublik Deutschland eine Demokratisierung und bis heute anhaltende Entkirchlichung ein; seitdem lassen sich Erziehungsziele nicht mehr nur aus der Tradition und der Dogmatik ableiten. Deshalb griffen um 1970 einige Religionspädagogen zur Neudefinition der Erziehungsziele des Religionsunterrichts auf die Menschenrechte zurück; der evangelische Theologe Peter Biehl vertritt die These: »Die Grund- und Menschenrechte sind die einzig allgemeinverbindliche Basis für Ethik und Politik in der neuzeitlichen Welt; sie gewährleisten die notwendige Gemeinsamkeit im Welt- und Selbstverständnis.«[44] Biehl versteht »Theologie als kritische Reflexion auf Freiheitspraxis«.[45] Leider fehlt eine praxiserprobte Konkretisierung dieses Ansatzes mit Rückgriff auf die biblischen Wurzeln der

---

44 *Peter Biehl*, Zur theologischen Bestimmung des Religionsunterrichts an der öffentlichen Schule, in: *Klaus Wegenast* (Hg.), Religionsunterricht - wohin? Gütersloh 1971, S. 19.

45 *Ders.*, Zur Funktion der Theologie in einem themenorientierten Religionsunterricht, in: *Hans-Bernhard Kaufmann*, Streit um den problemorientierten Unterricht in Schule und Kirche. Frankfurt/M. 1973, S. 65.

Menschenrechte. Auf katholischer Seite hat Werner Simon[46] einen Aufsatz zum Menschenrechtsethos und seinen Entsprechungen im christlichen Glauben zur Diskussion gestellt. Er will im Sekundarbereich I aktuelle Probleme der Gerechtigkeit und Ungerechtigkeit mit prophetischen Traditionen verknüpfen. Die Achtung des Rechts des Fremden im eigenen Land wird – wie in der ältesten biblischen Rechtssammlung, dem Bundesbuch – mit Israels Erinnerung an die eigene Unterdrückungsgeschichte in Ägypten begründet. Kurz: sowohl auf evangelischer wie auch auf katholischer Seite gibt es konzeptionelle Ansätze, das Menschenrechtsthema aufzunehmen und mit biblischen Impulsen zu verknüpfen. Offen ist, wie sich Kinder und Jugendliche Kenntnisse und ein eigenes Urteil erarbeiten können.

2.3.1 »Der Bibelleser ist eine Fiktion«[47]: Basisbibel 1972/1982

In der Zeit der Religionskritik und der Abmeldungen vom Religionsunterricht nach 1968 weiss der hessische Theologe, Religionslehrer und Jugendschriftsteller Arnulf Zitelmann (geb. 1929/Oberhausen–Sterkrade), dass die regelmässige Bibellektüre eine Fiktion ist; zugleich wehrt er sich gegen die Verbannung der Bibel in ein frommes Ghetto. Deshalb erarbeitet er ein Taschenbuch mit Bibelzitaten, »die alle nicht nach der Milch der frommen Denkungsart schmecken, sondern nach kritischem Salz«[48]. Für ihn ist Jesus ein Befreier, der Brüderlichkeit und Gleichheit praktizierte. Seine erste Predigt in Nazareth enthält sein Programm:

> »Gottes Geist spricht aus mir. Er hat mich bestimmt, den Armen die Befreiungsbotschaft zu bringen. Er hat mich bestimmt, öffentlich unter den Gefangenen aufzutreten, dass sie los sein sollen und unter den Blinden, dass ihnen die Augen aufgehen. Gott hat mich geschickt, den Unterdrückten Freiheit zu geben und anzusagen seine messianische Zeit.« (nach Lk 4,18f)[49]

Zitelmann liest die Bibel mit den Augen der Kleinen und Benachteiligten. Jesus bringt die gute Nachricht vom Reich, »das den Entrechteten Recht verschafft«.[50] Zitelmann löst kurze biblische Sentenzen zur Sozialethik aus ihrem biblischen Kontext und übersetzt sie so, dass das Gewissen heute durch bibli-

---

46 *Werner Simon*, Menschenrechte, in: *Gottfried Adam/Friedrich Schweitzer* (Hg.): Ethisch erziehen in der Schule, Göttingen 1996, S. 174–187. Vgl. ausserdem das Themenheft: Dekalog und Menschenrechte, in: rhs 29 (1986); Art. Menschenrechte. In: RGG 4. Aufl. Bd. V, Sp. 1088–1098.
47 *Arnulf Zitelmann*, Basisbibel. Weinheim 1972; *Ders.*, Die neue Basisbibel (Sammlung Luchterhand 384), Darmstadt und Neuwied 1982, Zitat: S. 9.
48 *Arnulf Zitelmann*, Zitat auf dem Klappentext 1972, ähnlich 1982.
49 *Ders.*, Basisbibel 1972, S. 69.
50 *Ders.*, Die neue Basisbibel 1982, S. 14.

sche Impulse geschärft werden kann; dazu ein Beispiel aus der Tora: »Den gleichen Rechtsschutz wie der Bürger soll der Fremde bei euch geniessen.«[51] Er lässt häufig den Gottesbezug aus, weil der Gedanke, dass menschliches Recht auf Gottes Gerechtigkeit bzw. Gemeinschaftstreue gründet, heute vielen fremd geworden ist. In der neuen Zürcher Bibel heisst der Satz: »Ein und dasselbe Recht gilt für euch, für den Fremden wie für den Einheimischen. Denn ich bin der HERR, euer Gott.«[52]

2.3.2 Neuere Schulbibeln

Wer in Schulbibeln seit den 1970er Jahren nach biblischen Wurzeln der Menschenrechte sucht, findet in der Regel die Gottebenbildlichkeit des Menschen (Gen 1,26f), das gleichberechtigte Nebeneinander von Mann und Frau, das Schutzzeichen für Kain (Gen 4,15), nur selten die noachitischen Gebote (Gen 9,3–6), den Dekalog und weitere Gebote zum Schutz von Fremden, Witwen und Waisen, das Buch Ruth als Erzählung einer Fremden, die in Israel ihre Heimat findet, die Geschichte von Naboths unrechtmässiger Enteignung durch den König (1 Kön 21), die deutlicher als ein Beispiel der Rechtsverletzung interpretiert werden sollte, prophetische Kritik an sozialem Unrecht und Machtmissbrauch, mit Jona eine Geschichte von Gottes Güte gegenüber allen Menschen, Abschnitte aus der Bergpredigt und vereinzelt das Pauluswort von der Gleichheit der Menschen in Bezug auf Christus: »Hier ist nicht Jude noch Grieche, nicht Mann noch Frau [...]« (Gal 3,26–28)[53] und häufig die Vision einer Welt ohne Krieg, Leid und Tod (nach Apk 21). Ein besonders gelungenes Beispiel ist die in ökumenischer Kooperation entstandene Schweizer bzw. Neue Schulbibel von 1972/73,[54] die lange in Schulen benutzt wurde.

2.3.3 Gütersloher Erzählbibel 2004[55]

Die Gütersloher Erzählbibel, ein Pendant zur »Bibel in gerechter Sprache«, ist ein Novum, da sie die Frauengestalten der Bibel gründlich berücksichtigt,

---

51 Ebd., S. 132 nach Lev 24,22.
52 Lev 24,22 nach der neuen Zürcher Bibel 2007.
53 Vgl. *Rainer Oberthür*, Die Bibel für Kinder und alle im Haus, München ³2005, S. 277f; *Renate Günzel-Horatz/Silke Rehberg*, Meine Schulbibel. Ein Buch für Sieben- bis Zwölfjährige, Kevelaer etc. ²2006, S. 224.
54 *Willy Brüschweiler* u.a. (Hg.), Schweizer Schulbibel für die Mittelschule der Volksschule, Zürich: Benziger u.a. 1973. 14. revid. u. erw. Aufl. Zürich: Benziger u.a. 1993.
55 *Diana Klöpper/Kerstin Schiffner/Juliana Heidenreich* [Ill.], Gütersloher Erzählbibel, Gütersloh: Gütersloher Verlagshaus 2004.

insofern sie sich nicht auf männliche Gottesbilder beschränkt und dem jüdischen Kanon folgt. Vor allem an zwei Stellen ist die Sozialgesetzgebung auf dem
Hintergrund einer abgebildeten Torarolle zusammengefasst; es gilt, den Armen,
Fremden, Sklaven, Witwen und Waisen und selbst den Tieren zu ihrem Recht
zu verhelfen.

2.3.4 Die Manga-Bibel: London 2007[56]

Ein Bibelcomic im japanischen Mangastil betont, dass Gott über das Recht
wacht; dieses Verständnis wird ins Bild gesetzt. Rechts steht ein überlang ge-
zeichneter, gesichtsloser Mose auf dem Berg mit den beiden Gesetzestafeln, ihm
zu Füssen eine gesichtslose Menge der Israeliten. Rund um eine riesige Sprech-
blase sind Themen der Sozialgesetzgebung angeordnet, die in dem aus der Sklaverei befreiten Volk Geltung finden sollen.

Abbildung 13: Manga Bibel: »Gesetze, die das tägliche und religiöse Leben der Israeliten regelten«,
S. 53

---

56 Die Bibel. Konzept und Zeichnungen: *Siku*, Text: *Akinsu*. Aus dem Englischen von *Frank Neu-
bauer*, Köln 2007, Abb. S. 53, vgl. auch S. 55.

3. Biblische Anthropologie und Ethik als eine der Wurzeln der Menschenrechte (1948)

Welche Spuren der neuzeitlichen Menschenrechtstradition finden sich schon in der Bibel?

3.1 Gottebenbildlichkeit und Menschenwürde

Der für die Menschenrechte grundlegende Begriff lässt sich auf biblische Wurzeln zurückführen. Artikel 1 der Allgemeinen Erklärung der Menschenrechte der UNO vom 10. Dezember 1948 bezieht sich auf Freiheit, Gleichheit und Brüderlichkeit und lautet:

>»Alle Menschen sind frei und gleich an Würde und Rechten geboren. Sie sind mit Vernunft und Gewissen begabt und sollen einander im Geist der Brüderlichkeit begegnen.« [57]

Dieser Grundsatz von der gleichen Würde aller Menschen hat sich auf das Deutsche Grundgesetz ausgewirkt, dass nur kurze Zeit nach der Menschenrechtserklärung der UNO entstand. Dort heisst es knapp und lapidar, ohne nähere Begründung, in Artikel 1:

>»(1) Die Würde des Menschen ist unantastbar. Sie zu achten und zu schützen ist Verpflichtung aller staatlichen Gewalt.

>(2) Das deutsche Volk bekennt sich darum zu unverletzlichen und unveräusserlichen Menschenrechten als Grundlage jeder menschlichen Gemeinschaft, des Friedens und der Gerechtigkeit in der Welt.« [58]

Die drei Adjektive: unantastbar – unverletzlich – unveräusserlich sind nicht hinterfragbar. Die Würde des Menschen gilt als nicht ableitbar und unumstösslich. Ähnlich steht es mit der Gottebenbildlichkeit von Mann und Frau in der jüngeren Schöpfungsgeschichte: »Gott schuf den Menschen als sein Bild, als Bild Gottes schuf er ihn.« [59] In der jüdisch-christlichen Tradition ist es üblich, die allen Menschen zukommende Würde mit dem Glauben an die Gottebenbildlichkeit aller Menschen zu parallelisieren [60]: Ohne Ausnahme gilt jeder Mensch als nach Gottes Bild geschaffen.

Die jüngere Schöpfungsgeschichte der Bibel übergibt der Gemeinschaft der Menschen als Mann und Frau die Erde, um sie zu verwalten. Im babylonischen

---

57 Internationale Dokumente zum Menschenrechtsschutz (Reclam 7956/57), Stuttgart 1971, S. 10.
58 Grundgesetz für die Bundesrepublik Deutschland vom 23. Mai 1949.
59 Gen 1,27 nach der Zürcher Bibel 2007.
60 Vgl. *Rolf Peter Horstmann*, Art. Menschenwürde, in: HWP 5, S. 1128.

Schöpfungsmythos Enuma Elisch ist es dagegen der König. Die Rede von der Erschaffung des Menschen nach dem Bilde Gottes hat eine vielschichtige ausserisraelitische Vorgeschichte,[61] auf die ich hier nicht näher eingehen kann. Nach Westermann geht es darum, »dass der Schöpfer ein Geschöpf schuf, das ihm entspricht, zu dem er reden kann und das ihn hört.«[62] Gottebenbildlichkeit ist hier ein Beziehungsbegriff. Die Parallelisierung der Gottebenbildlichkeit mit der Menschenwürde gilt als angemessen, denn Würde ist auch ein Beziehungsbegriff. Beide Begriffe zielen darauf, dass das Menschsein zu achten ist, d.h., dass der Mensch als Person nicht zum Objekt gemacht wird, dass der Mensch selbstbestimmt leben kann, gleichberechtigt behandelt und nicht diskriminiert wird. Herrschaft des Menschen über den Menschen verfälscht die Gottebenbildlichkeit, denn »Schlecht ist für den Menschen eine Zeit, in der der Mensch Macht hat über den Menschen.«[63] Sowohl die Rede von der Gottebenbildlichkeit als auch die Rede von der Menschenwürde ohne Gottesbezug gründen auf der Überzeugung, dass der Mensch als Beziehungswesen nicht unbeschränkt autonom handeln darf.[64] Auch der sog. »Sündenfall« schränkt die Gottebenbildlichkeit nach biblischem Verständnis nicht ein.[65]

3.2 Humanisierende Impulse der Tora und ihre Auswirkungen auf die Menschenrechte

Dem biblischen Menschenbild entsprechen klare Regeln des Miteinanders. Die Ethik der Bibel gipfelt im Gebot der Nächstenliebe: »Du sollst deinen Nächsten lieben wie dich selbst. Ich bin der Herr« (Lev 19,18 b). Viele konkrete Anweisungen sind diesem Gebot zuzuordnen: »Du sollst kein Unrecht tun im Gericht. Du sollst die Person des Geringen nicht ansehen, aber auch den Vornehmen nicht begünstigen; gerecht sollst du deinen Nächsten richten« (Lev 19,15). Dazu einige Bestimmungen aus der ältesten Rechtssammlung Israels, dem sog. Bundesbuch: »Einen Fremden sollst du nicht bedrängen und nicht quälen, seid ihr doch selbst Fremde gewesen im Land Ägypten. Eine Witwe oder eine Waise sollt ihr nicht erniedrigen«. Leider endet diese Weisung für den Fall des Nichtbeachtens mit einer für unser Denken zu harten Strafandrohung:

---

61 Vgl. *Claus Westermann*, Genesis Kapitel 1–11, Neukirchen-Vluyn ²1976, S. 213.
62 Ebd., S. 217.
63 Koh 8,9 nach der Zürcher Bibel ²2008; vgl. *Hans Walter Wolff*, Anthropologie des Alten Testaments. München 1973, S. 241.
64 *Franz Böckle/Gerhard Höver*, Art.: Menschenrechte/Menschenwürde, in: Neues Handbuch theologischer Grundbegriffe, hg. v. *Peter Eicher*, München 1991, bes. S. 354.
65 Die Begriffe von Gen 1,26 kommen in Gen 5,1 und 3 sowie in 9,6 vor.

»[...] mein Zorn wird entbrennen, und ich werde euch töten mit dem Schwert, so dass eure
Frauen Witwen und eure Söhne Waisen werden« (Ex 22,20–23).

Dies ist ein Gottesbild, in dem Gott einerseits auf der Seite der Schwachen steht,
in dem er aber andererseits als grausamer Rächer an den Übertretern gilt. Gott
gilt in biblischer Sicht als ein Gott des Rechts (Jes 30,18; Mal 2,18; Gen 18,25).
Es finden sich auch Weisungen zum Schutz der Privatsphäre:

»Wenn du deinem Nächsten irgendetwas leihst, sollst du nicht in sein Haus hineingehen,
um ein Pfand von ihm zu nehmen. Draussen sollst du stehen bleiben, und der, dem du
leihst, soll das Pfand zu dir herausbringen. Und ist es ein armer Mann, dann sollst du dich
mit seinem Pfand nicht schlafen legen, sondern du sollst ihm sein Pfand zurückgeben,
wenn die Sonne untergeht, dann kann er in seinem Mantel schlafen [...]« (Dtn 24,10ff).

Vor dem Haus zu warten, ist eine konkrete Weisung zum Schutz der Privat-
und Freiheitssphäre.

Die Tora tritt für die Sicherung des Existenzminimums ein: »Man soll die
Handmühle oder den oberen Mühlstein nicht als Pfand nehmen, denn damit
würde man das Leben als Pfand nehmen.« (Dtn 24,6ff) Wer die Geräte weg-
nimmt, die zum Lebensunterhalt nötig sind, der nimmt dem armen Schlucker
sein Leben.

Die Gebote der Tora bringen die Notwendigkeit des Schutzes der menschlichen Würde zum Ausdruck: das Recht auf Leben (Ex 20,13), den Schutz des
Eigentums (Ex 20,15 und 17) und das Recht auf einen guten Namen (Ex 20,16)
und das Recht auf Niederlassungsfreiheit (Dtn 23,16). Die Unschuldsvermu-
tung – in dubio pro reo – stammt zwar aus der Erklärung der Menschenrechte
der Französischen Nationalversammlung (1789), doch das Verbot der üblen
Nachrede findet sich schon im Dekalog. Es verbietet rufschädigende Vorverur-
teilung und eine Verletzung der Unbescholtenheit, d.h., es kann als ein Beitrag
und eine Vorform zur Beachtung der Unschuldvermutung gesehen werden.

Nicht zuletzt ist das Feiertagsgebot (Ex 20,8–11; Dtn 5,12–17) zu nennen,
denn das Sabbatgebot fordert einen für alle gleichen siebten Tag als Ruhetag,
selbst für Sklaven, für Fremdlinge und für das Vieh. Knecht und Magd sollen
ruhen, »gleich wie du!« (Dtn 5,14). Wenigstens am Ruhetag gilt die Gleichheit
aller vor Gott und untereinander. Aus der Befreiung aus Ägypten resultiert die
Chance, an jedem siebten Tag aufatmen zu können (Ex 23,12). Der Ruhetag gilt
der Lust und Freude, pausenloses Durcharbeiten widersetzt sich dem Willen
Gottes. »Sechs Tage sollst du schaffen, aber am siebenten Tag sollst du aufhören
auch in der Zeit des Pflügens und Erntens.« So die vielleicht älteste Fassung des
Sabbatgebotes (Ex 34,21).

Schliesslich ist an die Regelungen zum Thema Lohn zu erinnern. »Du sollst
einen armen und bedürftigen Tagelöhner nicht bedrücken, weder einen deiner
Brüder noch einen Fremden in deinem Land [...] Am selben Tag sollst du ihm

seinen Lohn geben, und die Sonne soll darüber nicht untergehen [...]«.[66] Hier bedenkt der Gesetzgeber die Bedürfnisse der Arbeitenden. Später heisst es in der Weisheitsliteratur: »Wer dem Arbeiter seinen Lohn nicht gibt, der ist ein Bluthund.«[67] Jesus schliesst sich diesem Denken an, wenn er sagt: »Wer arbeitet, hat Lohn verdient!«[68] Insgesamt gilt vor allem vor Gericht, aber auch grundsätzlich: Bei Gott gibt es kein Ansehen der Person![69]

Zusammenfassend zitieren wir noch einmal den Juristen und Politiker Haim Cohn aus Israel: »Es gibt wohl kaum ein Gebiet in dem grossen Komplex der Menschenrechte, [...] das nicht schon im altjüdischen Recht seinen Ausdruck gefunden hat.«[70]

3.3 Beispiele aus der Prophetie

Ebenso wie die Völkertafel (Gen 10) tritt der Prophet Amos ein für die Gleichheit der Völker, wenn er Gott sagen lässt: »Seid ihr Israeliten mir nicht gleich wie die Mohren? Habe ich nicht Israel aus Ägypten geführt und die Philister aus Kaftor und die Aramäer aus Kir?«[71] Die Fremden und Fernen vom Rande der bekannten Welt, die Neger am Nil südlich von Ägypten, die Philister aus Kreta und die Aramäer aus der syrisch-arabischen Wüste sind Israel gleichgestellt. Bei dieser Gleichstellung Israels mit anderen Völkern ist herauszuhören: Was hilft das Pochen auf Erwählung? Erwählung heisst: Verpflichtung.

3.4 Humanisierende Impulse der Ethik Jesu von Nazareth

Schwieriger ist es mit der Ethik des Wanderpredigers Jesus im Kontext seines Wanderradikalismus und seiner ambivalenten Sicht der Tora. Bei Jesus geht es nicht um eine bürgerliche Lebensführung, die einfach übertragbar wäre. Er hatte kein festes Haus sondern lebte heimatlos, schutzlos und arm. Sogar mit seiner Herkunftsfamilie hatte er Streit (Mk 3,31–35; Mt 8,21f). Der Geist Jesu ist

---

66 Dtn 24,14f nach der Zürcher Bibel ²2008.
67 Jes Sir 34,27.
68 Lk 10,7.
69 Vgl. Dtn 1,17 und 10,17–19; 2 Chr 19,7; Jak 2,9 im Kontext der Nächstenliebe.
70 *Haim H. Cohn,* Menschenrechtliches aus dem altjüdischen Recht, in: Die Menschenrechte in Israel, Rechtsstaat in der Bewährung 9, Heidelberg u.a., 1980, S. 14. Zitiert nach *Frank Crüsemann,* Massstab: Tora. Israels Weisung für christliche Ethik, Gütersloh 2003, S. 150.
71 Vgl. Am 9,7. Die genaue Lage von Kir in der syrisch-arabischen Wüste (?) ist unbekannt. Vgl. *Hans Walter Wolff,* Dodekapropheton 2. Joel. Amos. BK XIV/2, Neukirchen-Vluyn 2. durchges. Aufl. 1975, S. 399f.

ein Geist des Friedens mit seiner Abkehr vom Freund-Feind-Schema wie sie z.b. in der Akzeptanz der Samaritaner[72] zum Ausdruck kommt. Gewalt und Gegengewalt bestimmen sein Handeln nicht – mit einer Ausnahme: die Händler vertrieb er fast gewaltsam aus dem Tempelvorhof (Mk 11,15–17); damit beginnt seine Leidensgeschichte. Im Zentrum seines Redens und Tuns steht die Botschaft, dass Gottes Herrschaft nahe ist. Er tritt für Kranke und Schwache ein und lebt Vergebung anstelle des Steinwerfens[73]. Jesu Toleranz schützt Frauen wie die grosse Sünderin[74] vor Diskriminierung, bittet sie jedoch zugleich, ihr Leben zu ändern. Für Jesus steht soziales Verhalten wie Barmherzigkeit, Treue und Recht über rituellen Geboten. Daraus ergeben sich Spannungen. Diese Spannungen und Widersprüche der Ethik Jesu erklären sich, weil er Randgruppen und Sünder vorbehaltlos akzeptiert, weil er naturverbunden und schöpfungsbezogen lebt – Gott lässt ja seine Sonne über Bösen und Guten aufgehen (Mt 5,45) – und weil er gleichzeitig eine neue Welt erwartet, die schon jetzt beginnt und die bald kommen soll (Lk 17,21). Ich kann diese Widersprüche gut verstehen, denn das Leben ist nicht spannungsfrei.

3.5 Zwischenbilanz

Der Geist der Bibel in einer humanorientierten Interpretation und der Geist der Menschenrechte sind ähnlich, obwohl viele Konkretionen differieren. Es lohnt sich, Dokumente zum Menschenrechtsschutz und Teile der Bibel im Vergleich zu diskutieren. Viele Unterschiede erklären sich aus der Veränderung der Lebensverhältnisse im bäuerlichen Israel und in unserer Industriegesellschaft. Vieles ist gleich und mit den drei Schlagworten: Menschenwürde, Solidarität bzw. Brüderlichkeit und Freiheit treffend umrissen. Allerdings ist die Freiheit durch die auch dem Anderen geltende Freiheit eingeschränkt.

Ein Unterschied bleibt: die Ethik der Hebräischen Bibel ist auf Gott bezogen; dasselbe gilt für die Ethik Jesu. Die Menschenrechtsdokumente sind dagegen säkular formuliert und kommen ohne den Gottesbezug aus. Trotz dieses Unterschiedes ist die Gemeinsamkeit zwischen den Intentionen der Menschenrechte und der biblischen Ethik gegen eine Ellbogengesellschaft unverzichtbar, z.B. die allen Menschen gleiche Würde bzw. die Gottebenbildlichkeit aller sowie die Gemeinschaftstreue untereinander. Der religiöse Bezug der biblischen Ethik bringt darüber hinaus die Hoffnung zum Ausdruck, dass das mangelhafte

---

72 Vgl. Lk 10,30ff und 17,11ff. Joh 4,4ff.
73 Vgl. Joh 7,53–8,11.
74 Vgl. Lk 7,36ff.

Mühen um Menschenwürde für alle mehr und mehr Realität werde und dass Gott die unvollkommene Realisierung des Ideals der Menschenwürde akzeptiert.

4. Folgerungen für die Gestaltung eines Biblischen Lesebuchs

In den beiden letzten Jahrzehnten entstanden viele ansprechende neue Kinderbibeln. Leider fehlt in Deutschland ein gemeinsames evangelisch/katholisches oder besser, ein ökumenisches biblisches Lesebuch für Schülerinnen und Schüler etwa ab zehn Jahren. Wir wünschen uns, dass eine kleine kompetente Gruppe von Fachleuten aus unterschiedlichen Berufen und Konfessionen eine neue Schul- und Jugendbibel im Geiste der »Schweizer Schulbibel« erarbeitet. Vorschlag: z.B. ein Lehrer und eine Lehrerin, ein/e Pfarrer/in, ein Junge und ein Mädchen, ein Illustrator und ein Fotograf, ein/e Exeget/in und ein/e Religionspädagoge/in, ein Jugendschriftsteller oder eine Schriftstellerin. Vor der Einführung ist eine Erprobungsphase unter vergleichbaren Kriterien in Schulen und Gemeinden unabdingbar. Dazu ergänzende Gestaltungsvorschläge:

4.1 Textauswahl

Trotz berechtigter Kritik würden wir die kanonische Abfolge nicht aufgeben, jedoch sind mehr Texte zu berücksichtigen, die zu den Wurzeln der Menschenrechte zählen. Einige neue Kinder- und Schulbibeln haben schon entsprechende Textangebote. Zu prüfen ist, welche der in den Lehrplänen für das 5. bis 10. Schuljahr vorgesehenen Texte zu berücksichtigen und wo Ergänzungen nötig sind. Beispiele: Eintreten für Kleine, für Fremde wie Ruth, Frauen der Bibel, Texte gegen die Selbstüberschätzung von Herrschern und gegen Machtmissbrauch mit Erzählungen wie der Jothamfabel, dem Gespräch zwischen dem Propheten Nathan und dem König David nach seinem Mord an Uria und der Verführung Bathsebas, Elia und Ahab streiten wegen Naboths Enteignung u.ä. Ausserdem sind Bibelsprüche zu Themen aufzunehmen, z.B. Menschenwürde, Frieden ohne Eliminierung von Kriegstexten, Ablehnung von Gewalt, Texte zum Thema: Lohn, Gleichheit ohne Ansehen der Person, der Dekalog in biblischer Fassung – nicht nur wegen des für alle gleichen Ruhetages und nicht zuletzt das Potential der Weisheitsliteratur. Innerbiblische Spannungen sind zu berücksichtigen, um Sachkritik zu ermöglichen, z.B. Vergleiche von königskritischen mit königsfreundlichen Texten, von wunderkritischen Texten mit Wundererzählungen, von Friedens- mit Kriegstexten.

Um nicht missverstanden zu werden: Wir stellen uns keine einseitig thematische Kinder- und Jugendbibel vor, sondern eine knappe, präzise und ästhetisch durchdachte Auswahlbibel mit klaren Kriterien: Menschenrechte, Humanisierung, und das – soweit didaktisch sinnvoll – in biblischer Abfolge. Ich wünsche mir eine bibelnahe Fassung in verständlicher Gegenwartssprache.

4.2 Überschriften

Ein Kriterium bei der Gestaltung der Überschriften ist eine Humanorientierung. Deshalb empfehle ich, mit dem Gottesbezug in den Überschriften sparsam zu sein und vorrangig Bezüge zur Lebenswirklichkeit herauszustellen, z.B. Recht oder Macht? (1 Kön 21 – Der König nimmt sich Naboths Weinberg). Leider fehlt diese elementare Rechtsverletzung mit dem Streit zwischen dem Propheten Elia und dem König Ahab in beliebten Kinder- und Schulbibeln.

4.3 Vergleiche

Es gilt, zu Vergleichen anzuregen, z.B.
– durch knappe Quellentexte am Rand, durch Sachtexte u.Ä.;
– durch einen Dokumentenanhang;
– durch das Nebeneinander von Dokumenten und deutenden Bildern.

4.4 Ein Desiderat

Der Geist der Bibel und der Geist der Menschenrechte sind ähnlich, obwohl viele Konkretionen differieren. Die allen Menschen gleiche Gottebenbildlichkeit (Gen 1,26–28) und die Fürsorge für andere in der Gemeinschaft sind zwei Grundpfeiler, auf die sich politische und soziale Freiheitsrechte stützen.[75] Beide lehnen die Ellbogengesellschaft mit dem Recht des Stärkeren ab. Es gibt in Deutschland kein anerkanntes vielseitig brauchbares Biblisches Lesebuch. Die Bibel ist nicht nur ein Buch der Konfessionskirchen, sondern auch eine Basis der Ethik und der Kultur. Angesichts des Überangebots von ca. 150 teils fragwürdigen Kinderbibel-Neuerscheinungen seit der Jahrtausendwende gilt es, die Kräfte und die Finanzen zu bündeln, um ein gemeinsames biblisches Lesebuch

---

75 Vgl. *Monika Melanchthon*, Die biblische Grundlage für die Menschenrechte. In: Jahrbuch Mission 2005, S. 18–25.

für das 5. bis 10. Schuljahr – zumindest für den evangelischen Raum – zu schaffen. Das wäre ein Novum in der Geschichte der Kinder- und Schulbibel in Deutschland.

Volker Menke

Gebote der Tora in neueren Kinderbibeln unter besonderer Berücksichtigung des christlich-jüdischen Dialogs

1. Vorbemerkung

Hintergrund dieses Beitrages ist ein Dissertationsprojekt unter der Überschrift »Kinderbibeln im Lichte des christlich-jüdischen Dialogs«. Im Rahmen dieses Projekts wurden von mir Texte und Textzusammenhänge in 14 neueren deutschsprachigen Kinderbibeln untersucht. »Neuere Kinderbibeln« bedeutet in diesem Zusammenhang, dass ihr Erscheinungsjahr in der Regel nicht vor 1990 liegt. Genauer gesagt stammen sieben der Kinderbibeln aus dem Zeitraum von 1990 bis 1999, fünf sind ab dem Jahre 2000 erschienen; lediglich zwei sind älter und haben als Ersterscheinungsjahr die Jahre ab 1973 (überarbeitete Gesamtausgabe 1998) bzw. 1988 (15. Aufl. 2004). Konkret handelt es sich um folgende Kinderbibeln:

1.) Das grosse Bibel-Bilderbuch, Erzähltext und Nachwort von Hellmut Haug, Bilder von Kees de Kort, Deutsche Bibelgesellschaft, Stuttgart 2003.

2.) Unter Gottes weitem Himmel. Die Bibel für Kinder, erzählt von Christiane Herrlinger, illustriert von Dieter Konsek, Deutsche Bibelgesellschaft, Stuttgart 2003.

3.) Die grosse Ravensberger Kinderbibel, erzählt von Thomas Erne, illustriert von Ulises Wensell, Ravensburger Buchverlag, Ravensburg 1995.

4.) Neukirchener Kinderbibel, erzählt von Irmgard Weth, Bilder von Kees de Kort, 15. Auflage, Kalenderverlag der Erziehungsvereins, Neukirchen-Vluyn 2004 (1. Auflage 1988).

5.) Elementar Bibel, erzählt von Anneliese Pokrandt, gestaltet und illustriert von Reinhard Herrmann, 1. Auflage der überarbeiteten Gesamtausgabe, Verlag Ernst Kaufmann, Lahr 1998 (in Einzelbänden 1973/1974/1975 /1978/1981/1985/ 1989/1993).

6.) Die grosse Kinderbibel, erzählt von Murray Watts, illustriert von Helen Cann, 4. Auflage, Brunnen Verlag, Giessen 2007 (1. Auflage 2002).

7.) Kinderbibel, erzählt von Werner Laubi, illustriert von Annegert Fuchshuber, 6. Auflage, Verlag Ernst Kaufmann, Lahr 1997 (1. Auflage 1992).

8.) Die Kinderbibel, erzählt von Eckart zur Nieden, illustriert von Ingrid und Dieter Schubert, 1. Sonderausgabe, R. Brockhaus Verlag, Wuppertal 2004.

9.) Die grosse Arena Kinderbibel, erzählt von Joaquín María García de Dios und María Menéndez-Ponte, illustriert von Rocío Martínez und Teresa Novoa, 3. Auflage, Arena Verlag GmbH, Würzburg 2006 (1. Auflage 2002).

10.) Auf dem Weg. Bibel für Kinder, erzählt von Baukje Offringa, illustriert von Lika Tov, 1. Auflage, Auer Verlag GmbH, Donauwörth 1996.

11.) Mit Gott unterwegs. Die Bibel für Kinder und Erwachsene neu erzählt, erzählt von Regine Schindler, illustriert von Štěpán Zavřel, 8. Auflage, bohem press, Zürich 2007 (1. Auflage 1996).

12.) Die Bibel für Kinder und alle im Haus, erzählt und erschlossen von Rainer Oberthür, mit Bildern der Kunst, ausgewählt und gedeutet von Rita Burrichter, 4. Auflage, Kösel-Verlag, München 2006 (1. Auflage 2004).

13.) Die Bibel für Kinder ausgewählt und erläutert von Josef Quadflieg, Bilder von Rita Frind, 2. Auflage, Patmos Verlag, Düsseldorf 1999 (1. Auflage 1994).

14.) Gütersloher Erzählbibel, erzählt von Diana Klöpper und Kerstin Schiffner, illustriert von Juliana Heidenreich, Gütersloher Verlagshaus GmbH, Gütersloh 2004.

Im Folgenden werden die genannten Kinderbibeln entsprechend der hier gebotenen Reihenfolge abgekürzt als KB 1 bis KB 14 wiedergegeben.

Die Erscheinungsjahre dieser neueren Kinderbibeln stellen sicher, dass Fragestellungen, Themen und Inhalte des christlich-jüdischen Dialogs, wie er sich nach der Schoa/dem Holocaust entwickelt hat, zur Kenntnis genommen werden konnten. Fragestellungen und Untersuchungskriterien, mit denen ich an die Kinderbibeln herangetreten bin, entstammen elf Dokumenten, die als Schlüsseltexte des christlich-jüdischen Dialogs bezeichnet werden können. Es handelt sich in chronologischer Reihenfolge um die folgenden: 1.) Die Seelisberger Thesen (1947); 2.) Erklärung über »das christliche Verhalten gegenüber den Juden« der Vollversammlung des Ökumenischen Rates der Kirchen; 3.) Erklärung über das Verhältnis der Kirche zu den nicht-christlichen Religionen, »Nostra aetate« (1965); 4.) »Die Haltung der Christen gegenüber dem Judentum. Pastorale Handreichungen« der französischen Bischofskonferenz (1973); 5.) Richtlinien und Hinweise für die Durchführung der Konzilserklärung »Nostra aetate«, Artikel 4 (1974); 6.) Studie »Christen und Juden I« des Rates der Evangelischen Kirche in Deutschland (1975); 7.) Erklärung der deutschen Bischöfe über das Verhältnis der Kirche zum Judentum (1980); 8.) Synodalbeschluss »Zur Erneuerung des Verhältnisses von Christen und Juden« der Synode der Evangelischen Kirche im Rheinland (1980); 9.) »Ökumenische Erwägungen zum jüdisch-christlichen Dialog« des Ökumenischen Rates der Kirchen (1982); 10.) Hinweise für eine richtige Darstellung von Juden und Judentum in der Predigt und in der Katechese der Katholischen Kirche (1985); 11.) »Dabru emet«. Eine jüdische Stellungnahme zu Christen und Christentum (2000).[1] Das letztgenannte Dokument bestätigt von jüdischer Seite die veränderte Sichtweise zu Juden und Judentum, wie sie sich gerade auch durch den christlich-jüdischen Dialog entwickelt hat.

Eine bestärkende Gegenlesung für die Fragestellungen und Untersuchungskriterien, mit denen ich auf Grund der Schlüsseltexte an die Kinderbibeln herangetreten bin, sind in den »Anregungen und Kriterien zu einem angemessenen Sprechen von der jüdischen Tradition, vom Judentum und vom Verhältnis Christen – Juden« zu finden; sie sind im Rahmen des Lernprozesses Christen – Juden an der katholischen Theologischen Fakultät der Universität Freiburg insbesondere von Peter Fiedler entwickelt worden.[2]

Es gehört grundlegend zum Wesen eines Dialogs, dass in ihm die jeweiligen Gesprächspartner mit ihrem je eigenen Selbstverständnis zur Sprache kommen dürfen.[3] Sie sollen sich authentisch mitteilen dürfen. Im Blick auf das Alte bzw. Erste Testament, also den heiligen Schriften Israels, die Juden und Christen gemeinsam sind, ist damit die Frage verbunden, ob sich ein jüdischer Leser/eine jüdische Leserin im Alten Testament einer christlichen Kinderbibel wiederfinden kann. Und natürlich gilt diese Frage auch für das Neue Testament und die Art und Weise, wie dort von Juden und Judentum gesprochen wird.

---

1 Die genannten Dokumente finden sich abgedruckt in: *Rolf Rentorff/Hans Hermann Henrix* (Hg.), Die Kirchen und das Judentum, Bd. 1: Dokumente von 1945–1985, 3. Aufl., Bonifatius; Gütersloher Verlagshaus/Chr. Kaiser, Paderborn 2001, sowie *Hans Hermann Henrix/Wolfgang Kraus* (Hg.), Die Kirchen und das Judentum, Bd. 2: Dokumente von 1986–2000, Bonifatius; Gütersloher Verlagshaus/Chr. Kaiser, Paderborn 2001.

2 Christen – Juden, Analysekriterien zum »Lernprozess Christen – Juden« von *Peter Fiedler*, bearbeitet und ergänzt von *Georg Hilger* und *George Reilly*, abgedruckt in: Christen und Juden von den Wurzeln her verbunden, hg. von der Hauptabteilung Erziehung und Schule im Bischöflichen Generalvikariat Aachen, 2. Auflage, Aachen 1989, S. 21–67.

3 Zur Bestimmung von »Dialog« im positiven Sinne als einer Begegnung auf gleicher Augenhöhe s. z.B. *Jakob J. Petuchowski*, Art. Dialog, in: *ders./Clemens Thoma*, Lexikon der jüdisch-christlichen Begegnung, überarb. und erw. Neuausgabe, Verlag Herder, Freiburg i. Br. 1997, S. 35.

2. Die Tora als Identifikationsmerkmal des Judentums

Zur Identität des Judentums gehört die Tora. Anders als vielfach, auch in Kinderbibeln, wiedergegeben, bedeutet der Begriff »Lehre« oder »Unterweisung« und nicht »Gesetz«, wiewohl auch gesetzliche Bestimmungen zur Tora gehören.[4] Und wenn auch Juden von der Tora durchaus als Gesetz sprechen können, dürften damit andere Assoziationen verbunden sein als es im christlichen Sprachgebrauch vielfach der Fall ist.

»Im engeren Sinne bezeichnet Tora die Mose am Sinai übergebene Offenbarung Gottes und die fünf Bücher Mose (Pentateuch)«, im weiteren Sinne ist Tora Bezeichnung für »das jüdische Religionsgesetz von der Bibel bis hin zu den jüngsten halachischen Entwicklungen«, anders ausgedrückt umfasst sie schriftliche und mündliche Tora.[5] Letztgenannte ist die Auslegung des von Gott in den heiligen Schriften Gebotenen, da dieses in den unterschiedlichen Situationen des Lebens der permanenten Aktualisierung bedarf.[6] Um solche aktualisierende Auslegung der Tora geht es zum Beispiel im Neuen Testament bei den Lehr- bzw. Streitgesprächen zwischen Jesus und Schriftgelehrten.

3. Die Zehn Gebote als Grundtext der Tora

Zu dem von Gott in der Tora Gebotenen gehören als vermutlich bekanntester Text die Zehn Gebote. Sie fehlen wohl auch kaum im Kanon einer Kinderbibel. In den oben aufgeführten Kinderbibeln finden die Zehn Gebote durchgängig eine Wiedergabe. Sie werden in allen Fällen nach der Fassung von Exodus 20 nacherzählt, wie gelegentlich der Wortlaut und immer der Kontext erweist.

In der Zählung wird zumeist der bei Reformierten, Anglikanern und Orthodoxen üblichen gefolgt, d.h., dass als 2. Gebot das Verbot von Götzenbildern steht. Nur eine Kinderbibel, und zwar diejenige von W. Laubi (KB 7, S. 79), folgt der katholischen und lutherischen Zählung, bei der das Bilderverbot nicht genannt ist;[7] konkret werden die Zehn Gebote in dieser Kinderbibel in der Formulierung von Luthers Kleinem Katechismus zur Sprache gebracht. Das bringt aber auch mit sich, dass damit die Näherbestimmung des sich selbst vorstellenden Gottes nicht genannt ist, nämlich dass er der ist, »der ich dich aus Ägyptenland, aus der Knechtschaft geführt habe« (Ex 20,2). Es ist gerade diese aus

---

4   S. redaktioneller Art. Tora, in: Neues Lexikon des Judentums, hg. v. *Julius H. Schoeps*, Gütersloh 2000, S. 813.
5   Ebd.
6   Ebd.
7   Zu den Zählungen s. *Matthias Köckert*, Die Zehn Gebote, München 2007, S. 35.

Selbstvorstellungs- und Exodusformel bestehende Präambel,[8] die den Zehn Geboten ihr besonderes Gewicht verleiht: »Sie gelten Befreiten und halten dazu an, die Freiheit zu bewahren. Aus der erfahrenen Befreiung erwächst die Bindung an den befreienden Gott.«[9] Und »weil die Erfahrung der Befreiung mit anderen verbindet, folgt daraus zugleich die Bindung an den befreiten Nächsten.«[10]

Bildhaften Ausdruck findet die Bindung an den befreienden Gott einerseits und an den befreiten Nächsten andererseits in den zwei Tafeln des Dekalogs. Die Gebotstafeln sind in einer Reihe von Kinderbibeln illustrativ wiedergegeben (KB 1, S. 90.91; KB 3, S. 67; KB 4, S. 85; KB 5, S. 126 und öfter; KB 7, S. 78; KB 9, S. 68.69; KB 12, S. 99; KB 13, S. 62). Auf den Tafeln finden sich dabei auch wiederholt hebräische Buchstaben oder Wörter, ein deutlicher Hinweis darauf, dass erster Adressat der Gebote Israel ist und Christen dieses grundlegende Stück Tora dem Judentum verdanken, auch wenn sie es aus der Perspektive des neutestamentlichen Christusgeschehens lesen und deuten.

Ausdrücklich sei erwähnt, dass nach vorherrschender jüdischer Einteilung der Gebote das erste eigentlich gar keines ist, sondern in der Selbstvorstellung des Gottes Israels (JHWH) besteht, der sein Volk aus dem Sklavenhause Ägyptens befreit hat.[11] Diese Besonderheit der jüdischen Zählung nehmen auch einige der Kinderbibeln auf, indem sie vom Druckbild her die Präambel durch Absetzung hervorheben oder sie entsprechend der jüdischen Zählung ausdrücklich als erstes Gebot nennen (s. KB 9, S. 66; KB 10, S. 75; KB 12, S. 98; KB 13, S. 62; KB 14, S. 92, wobei KB 10 und 14 der jüdischen Zählung folgen).

3.1 Textliche Wiedergabe der Zehn Gebote

Es geht in den Zehn Geboten um Befreiung und Bewahrung der von Gott ermöglichten Freiheit. Manche der Kinderbibeln wollen diesem Charakter auch durch freiere Formulierungen Ausdruck verschaffen. So heisst es beispielsweise mit Bezug auf das Gebot der Sabbatheiligung und das Verbot des Stehlens: »Haltet den Ruhetag ein.«/»Stehlt nicht.« (KB 1, S. 90); »Halte den Feiertag heilig!«/»Stehle nicht!« (KB 10, S. 75); »Du wirst den Sabbat heilig halten«/»Du wirst nicht stehlen« (KB 12, S. 98.99); »Sei bedacht, den Sabbat zu heiligen« (aber: »Du sollst nicht stehlen«) (KB 13, S. 62); »Darum: Denk an den Sabbat-

---

8 Ebd., S. 45.
9 Ebd., S. 47f.
10 Ebd., S. 48.
11 Die Tora in jüdischer Auslegung, Bd. 2, Schemot/Exodus, hg. v. *Wolf Gunther Plaut*, Gütersloh 2000, S. 206f.

tag!«/»Darum: Bestiehl andere nicht!« (KB 14, S. 92). Doch werden solche Formulierungen der schroff klingenden apodiktischen Gestalt der Gebote, insonderheit der Verbote im Hebräischen nicht gerecht. Denn sie formulieren keine Bitten oder Wünsche; vielmehr geht es um grundlegende ethische Lebens- und Verhaltensregeln. Der Dekalog zieht ausserste Grenzen, die allem Recht vorausliegen.«[12]

Schon formal fällt auf, dass die meisten Kinderbibeln die Zehn Gebote gegenüber ihrer biblischen Vorlage verkürzt wiedergeben. Seinen Grund findet das darin, dass zum einen die mit dem Götzenbilderverbot in Verbindung stehenden Verse aus Exodus 20,5 und 6 keine Berücksichtigung finden (Ausnahmen: KB 5, S. 121.122; KB 8, S. 124), also die Aussage vom eifernden »Gott, der die Missetat der Väter heimsucht bis ins dritte und vierte Glied an den Kindern derer, die mich hassen, aber Barmherzigkeit erweist an vielen tausenden, die mich lieben und meine Gebote halten.« Warum fehlt die Aussage? Stört sie wegen der Rede vom eifernden, die Missetat heimsuchenden Gott, mit Blick auf die manche vielleicht sogar meinen, hier zeige sich etwas typisch Alttestamentliches gegenüber dem Gott der Liebe, den Jesus dann im Neuen Testament verkündigt? Dabei bringt die Rede von der Heimsuchung der Schuld bis ins dritte und vierte Glied vor dem Hintergrund der antiken Grossfamilie, in der drei oder vier Generationen zusammenlebten, zum Ausdruck, dass die Schuld der Eltern Auswirkung auch auf die Kinder zeitigt, die ganze Familie mit ihren drei oder vier Generationen in Mitleidenschaft zieht. Darin liegt eine bleibende, heute noch zu machende Erfahrung, auch wenn der Kontext der unter einem Dach zusammenlebenden Grossfamilie nicht mehr gegeben ist. Der Heimsuchung der Missetat gegenüber aber erstrahlt auch im Dekalog die Grösse der Barmherzigkeit Gottes; »vor der Liebe Gottes verblasst die Androhung des göttlichen Zorns«,[13] denn seine Barmherzigkeit erzeigt sich bei denen, die ihn lieben und seine Gebote halten »bis in das tausendste Geschlecht«, will sagen: »für immer.«[14] Mit Exodus 20,5 und 6 werden in den meisten Kinderbibeln Verse weggelassen, die die Barmherzigkeit des Gottes Israels unterstreichen und dazu verlocken, seine Gebote zu halten.

Zum anderen wird in den meisten Kinderbibeln das Sabbatgebot (Ex 20,8–11) verkürzt wiedergegeben. In der Regel fehlt der Hinweis auf die Schöpfungsgeschichte und das Ruhen Gottes am siebten Tage (Ex 20,11; Ausnahmen sind KB 5, S. 122; KB 8, S. 124; KB 14, S. 92), sowie der Hinweis auf die Wohltat des von Gott geschenkten Sabbats, der auch für den Sklaven und die Sklavin, für

---

12 *Matthias Köckert*, a.a.O., S. 21f.
13 S. dazu Die Tora in jüdischer Auslegung, a.a.O., S. 213f.
14 Ebd., S. 212.

den Ausländer und sogar für das Vieh gelten soll (Ex 20,10; Ausnahme: KB 14, S. 92; hier wird von »kein Mensch« und von »keines deiner Tiere« gesprochen, die am Sabbat arbeiten sollen).

זָכוֹר אֶת־יוֹם הַשַּׁבָּת לְקַדְּשׁוֹ - so heisst es in Exodus 20,8. Wie ist יוֹם הַשַּׁבָּת (Jom ha schabbat) in Kinderbibeln wiedergegeben? Die Mehrheit der Kinderbibeln gebraucht den Begriff »Feiertag« (KB 4, S. 82; KB 7, S. 79; KB 8, S. 124; KB 10, S. 75; KB 11, S. 70; KB 5, S. 122, wobei letztgenannte nachfolgend auch noch den Begriff »Sabbat« verwendet); in zwei Kinderbibeln findet sich der Begriff »Ruhetag« (KB 1, S. 90; KB 2, S. 98, in letztgenannter ergänzt durch »am siebten Tag der Woche«); eine Kinderbibel formuliert: »Sechs Tage sollst du arbeiten, aber am siebten wirst du ruhn« (KB 9, S. 66); in einer heisst es, ich denke, begrifflich verfehlt: »Vergiss nicht den Sonntag« (KB 3, S. 66); drei Kinderbibeln verwenden den Begriff »Sabbat« (KB 12, S. 98; KB 13, S. 62; KB 14, S. 92, in letztgenannter am wörtlichsten wiedergegeben mit »Sabbattag«; KB 5, S. 122 spricht nach Verwendung des Begriffs »Feiertag« nachfolgend auch vom »Sabbat« (s.o.).

Dem christlich-jüdischen Dialog wird sicherlich am meisten gerecht, wenn in Kinderbibeln ausdrücklich vom »Sabbat«, vielleicht sogar in der hebräischen Sprechweise »Schabbat« gesprochen würde. Das macht unmissverständlich deutlich, dass es sich im Dekalog um den wöchentlichen Feiertag des Judentums handelt und dass der Genuss eines arbeitsfreien Tages in der Woche für viele Menschen weltweit, unabhängig von ihrer Religion, sich letztlich Israel und dem befreienden Gott Israels verdankt.[15] Denn: »Wochenrhythmus und arbeitsfreier Tag gehen letztlich auf das Sabbatgebot und seine noch älteren Wurzeln in der Bibel zurück.«[16]

4. Über die Zehn Gebote hinausgehende Tora-Bestimmungen in Kinderbibeln

Nach klassischer Zählung des Judentums umfasst die Tora 613 Gebote und Verbote, die ihren symbolischen Ausdruck in den Schaufäden (Zizit) des Gebetsschals (Tallit) gefunden haben.[17]

---

15 *Matthias Köckert*, a.a.O., S. 68.
16 Ebd., S. 68f.
17 S. dazu: Die Tora in jüdischer Auslegung, Bd. 4, Bemidbar/Numeri, hg. v. *Wolf Gunther Plaut*, Gütersloh 2003, S. 149–154.

4.1 Jesus als Tallit tragender torafrommer Jude

Gelegentlich findet sich in Kinderbibeln die im Neuen Testament mit der
Erzählung von der Auferweckung der Tochter des Jairus verschachtelte
Geschichte der Heilung der blutflüssigen Frau (Mt 9,20–22 par). In der
matthäischen Fassung heisst es in der Luther-Übersetzung der Bibel, dass die
Frau den Saum von Jesu Gewand berührte (v. 20). Durch den Begriff »Saum«
(griech. κράσπεδον) ist nicht erkenntlich, dass es sich dabei um die zu Quasten
geflochtenen Zizit an den vier Ecken des Tallits handelt, die der »fromme Jude
zur Erinnerung an die Gebote Gottes« trägt.[18] Mithin wird also Jesus als tora-
frommer Jude charakterisiert.[19] Dieses Element des Judeseins Jesu kommt allerdings in Kinderbibeln ebenso wenig zum Ausdruck wie in Luthers Bibelübersetzung.

4.2 Das doppelte Gebot der Liebe im Alten Testament

Zu den nach klassischer Zählung 613 Bestimmungen der Tora zählen das Gebot
der Liebe zu dem einen-einzigen Gott (Dtn 6,4f) und das Gebot der Nächstenliebe (Lev 19,18). Luther legt, darin Augustin folgend, die beiden Tafeln der
Zehn Gebote mit dem Doppelgebot der Liebe aus.[20] Und berühmt ist Jesu Dik-
tum: »In diesen beiden Geboten hängt das ganze Gesetz und die Propheten«
(Mt 22,40), so die Luther-Übersetzung, oder um die Aussage mit der Formulierung im Jüdischen Neuen Testament des messianischen Juden David H. Stern
wiederzugeben: »›Die ganze Torah und alle Propheten hängen von diesen beiden Mizvot ab.‹«[21]

In Schlüsseldokumenten des christlich-jüdischen Dialogs werden beide
Gebote immer wieder als die Brückentexte zwischen Altem und Neuem Testament, zwischen Juden(tum) und Christen(tum) angesehen und als Unterstrei-
chung: der Gott des Alten Testaments ist auch der Gott des Neuen Testaments.
Juden und Christen verehren den einen-einzigen Gott, wobei im Zentrum des
christlichen Glaubens seine Offenbarung in Leben, Sterben und Auferstehung
Jesu steht.

---

18 *Fritz Rienecker*, Sprachlicher Schlüssel zum Griechischen Neuen Testament, 16. Aufl., Gies-
   sen/Basel 1980, S. 22.
19 S. *Peter Fiedler*, Das Matthäusevangelium, Stuttgart 2006, S. 220, Anm. 81, S. 221.
20 *Matthias Köckert*, a.a.O., S. 115.
21 Das jüdische Neue Testament. Eine Übersetzung des Neuen Testaments, die seiner jüdischen
   Herkunft Rechnung trägt, von *David H. Stern*, 4. Aufl., Holzgerlingen 2007, S. 42f.

Mit Deuteronomium 6,4 (dem Sch'ma Jisrael) begegnen wir dem Glaubensbekenntnis, dem »Kennwort des Glaubens Israels«,[22] das in der jüdischen Liturgie einen Stellenwert hat, »der keinem anderen Vers zukommt.«[23] Es ist auch Grundlage der Ethik, denn der eine Gott ist der »Gott der ganzen Menschheit, weshalb alle Menschen als Geschwister« anzusehen sind. »Das Sch'ma stellt die Welt als Bühne des ethischen Lebens vor und verbindet den Monotheismus mit der Moral.«[24] Allerdings ist das Sch'ma Jisrael und sein engerer Kontext Deuteronomium 6,1–25, wo es um die Liebe zu dem einen Gott, der sein Volk aus Ägypten befreit hat, und um die Beherzigung seiner Gebote geht, in den Kinderbibeln kaum zu finden. Und genauso selten trifft man im Alten Testament von Kinderbibeln auf das Gebot der Liebe zum Nächsten. Wenn man es bildlich ausdrücken will: diesem für den christlich-jüdischen Dialog bedeutsamen Brückentext zwischen Altem und Neuem Testament und zwischen Juden und Christen fehlt in Kinderbibeln oft der alttestamentliche Pfeiler.

4.3 Weitere Bestimmungen der Tora im Alten Testament von Kinderbibeln

Insgesamt gibt es unter den oben genannten 14 neueren Kinderbibeln mit der Gütersloher Erzählbibel (KB 14) nur eine, die das zentrale Thema Israels, die Tora und das Leben nach den Weisungen des befreienden Gottes, zu einem eigenen Thema in ihrem Alten Testament macht. Unter der Überschrift »›Ihr sollt heilig sein, denn ich bin heilig!‹« werden Gebote, die die Ethik betreffen, aus dem Gesamtzusammenhang Leviticus 19–26 zur Sprache gebracht (S. 100f). Hierzu gehört das schon genannte Gebot der Nächstenliebe (Lev 19,18), das letztlich alle Menschen einschliesst (s. Lev 19,33f). Zudem finden im Anschluss an die Zehn Gebote ethische Weisungen sowie Gebote zum Festkalender des Bundesbuches (Ex 20,22–23.33)[25] ausführliche Erwähnung. Die diesbezüglichen Überschriften der Abschnitte lauten: »Lebt zusammen, wie es eurer Befreiung entspricht!«; »Sorgt für einen gerechten Ausgleich!«; »Schützt die Schwachen, denn GOTT ist auf ihrer Seite!«; »Haltet Sabbat und feiert Feste der Erinnerung!« (S. 93ff)

---

22 Die Tora in jüdischer Auslegung, Bd. 5, Dewarim/Deuteronomium, hg. v. *Wolf Gunther Plaut*, o. J., S. 112.

23 Ebd., S. 114.

24 Ebd., S. 112.

25 Zum Bundesbuch s. *Erich Zenger*, in: *ders. u.a.*, Einleitung in das Alte Testament, 6. Auflage, Stuttgart 2006, S. 185ff.

4.4 Das doppelte Gebot der Liebe im Neuen Testament

Während man mit Blick auf das Alte, das Erste Testament von Kinderbibeln, ein nahezu völliges Fehlen dieser beiden Gebote feststellen muss, und damit an dem Ort, wo sie ihren Ursprung haben und schon von grundlegender Bedeutung sind, so findet sich das doppelte Gebot der Liebe im Neuen Testament in nahezu allen der oben aufgeführten Kinderbibeln. Dieser Sachverhalt erweckt den Eindruck, als seien die Gebote der Liebe zu Gott und zum Nächsten eine neutestamentliche, gar christliche Entdeckung und Eigenart.

Das Doppelgebot der Liebe kommt im Neuen Testament der Kinderbibeln zumeist im Zusammenhang der Beispielgeschichte vom Barmherzigen Samariter (Lk 10,25–36) zur Sprache und damit in einer Geschichte, die wohl zum Muss eines Kinderbibelkanons gehört. Von den oben genannten 14 Kinderbibeln hat lediglich KB 3 diese Geschichte nicht aufgenommen. Unter dem Blickwinkel des christlich-jüdischen Dialogs birgt der Sachverhalt, dass das Doppelgebot der Liebe nach dem Lukasevangelium zur Sprache kommt, aber auch Probleme, denn die lukanische Fassung stellt unter jenem Blickwinkel nicht die beste Möglichkeit zur Wiedergabe des doppelten Gebotes der Liebe dar. Der Rahmen, in dem bei Lukas wie auch an den zwei weiteren Fundstellen bei Matthäus (Mt 22,34–40) und Markus (Mk 12,28–34) das Doppelgebot der Liebe zur Sprache kommt, ist das Gespräch zwischen einem Toralehrer (gängigerweise, aber nicht unbedingt besser als »Schriftgelehrter« bezeichnet) und Jesus. Der synoptische Vergleich der drei Texte zum Doppelgebot der Liebe legt nahe: im Lichte des christlich-jüdischen Dialogs sollte von den Toraboten der Liebe zu Gott und zum Nächsten nach der markinischen und damit der ältesten EvangelienFassung erzählt werden. Zwei inhaltliche Gründe seien genannt: Erstens der Rahmen, in den bei Mk das Doppelgebot der Liebe eingebettet ist, ist in den Evangelien die Stelle, die am positivsten das Verhältnis zwischen Jesus und einem Toralehrer zum Ausdruck bringt. Gibt das Neue Testament sonst zumeist Spannungen zwischen Jesus auf der einen und Pharisäern und Schriftgelehrten auf der anderen Seite wieder, wobei Pharisäer und Schriftgelehrte dann meist in feindseliger Haltung dargestellt werden, so hält die Markus-Version zum Doppelgebot der Liebe eindeutig ein von Sympathie und Einverständnis getragenes Verhältnis zwischen dem Toralehrer und Jesus fest. Ausgangspunkt ist, dass der Toralehrer auf Jesus zugeht und mit ihm ins Gespräch, ins Lehrgespräch über die Tora kommen will, »als er sah, dass er ihnen gut geantwortet hatte« (Mk 12,28), womit Bezug genommen ist auf das vorher geschilderte Streitgespräch, oder sagen wir auch hier besser: über die toragelehrte Auseinandersetzung zwischen Jesus und Sadduzäern zur Frage der Auferstehung (Mk 12,18–27). Mt, aber auch Lk in seinem Kontext mit der Erzählung vom Barmherzigen Samariter unterstellen dem Toralehrer etwas von der oben angesprochenen feindseligen Haltung, wenn es bei ihnen heisst, dass sich der Schriftgelehrte an Jesus wendet, um ihn zu versuchen (Mt 22,35; Lk 10,25). Zweitens sollte zum anderen in Kinderbibeln das Doppelgebot der Liebe deshalb in der Mk-Fassung nacherzählt werden, weil im Neuen Testament nirgends deutlicher als hier das Jude-Sein Jesu zum Ausdruck kommt. Denn hier spricht Jesus den Kernsatz des Glaubens Israels selbst, das Bekenntnis zu dem einen-einzigen Gott, der sein Volk befreit hat und den man deswegen von ganzem Herzen, von ganzer Seele, von ganzem Gemüte und von allen Kräften lieben kann und lieben soll: »»Höre, Israel, der HERR (JHWH), unser Gott, ist der HERR (JHWH) allein‹« (Mk 12,29).

Nun bieten, wie gesagt, alle oben aufgeführten Kinderbibeln die Tora-Gebote der Liebe zu Gott und zum Nächsten im Zusammenhang mit der Geschichte vom Barmherzigen Samariter bei Lk, und damit nach der Fassung, in der, wie bei Mt, im synoptischen Vergleich der Toralehrer an sich und in seinem Verhältnis zu Jesus schlechter »abschneidet« als bei Mk. Manche der Kinderbibeln lassen das in ihrer Nacherzählung von Lk 10,25–37 auch so stehen, wie es ihnen die biblische Vorlage vorgibt. Sie sind damit texttreu, was aber auch beinhaltet, dass sie die Negativzeichnung des Schriftgelehrten übernehmen. Andere erzählen zwar grundsätzlich Lk 10,25–37 nach, folgen aber in der Darstellung des Toralehrers mehr oder weniger deutlich der positiven Zeichnung in der Mk-Fassung. Nur eine Kinderbibel, »Die Bibel für Kinder und alle im Haus« (KB 12, S. 224ff), erzählt das Gespräch zwischen Jesus und dem Toralehrer eigens nach der markinischen Version nach und schliesst daran die Wiedergabe des Gleichnisses vom Barmherzigen Samariter an, beginnend mit dem Satz: »Der Gesetzeslehrer fragte Jesus: ›Und wer ist mein Nächster?‹« Zwischen beide Nacherzählungen ist ein erläuternder Text eingeschaltet, in dem zum einen auf die alttestamentliche Verankerung des Gebots der Liebe zu Gott und des Gebots der Nächstenliebe hingewiesen wird; zum anderen wird die oft feindliche Darstellung von Schriftgelehrten und Pharisäern und deren Hintergrund in den Evangelien thematisiert und dabei ausdrücklich Bezug genommen auf die Darstellung des Toralehrers im Zusammenhang der schriftgelehrten Diskussion um das wichtigste Gebot. Es heisst: »Anders als bei Matthäus und Lukas ist bei Markus, wie du gerade gelesen hast, der Schriftgelehrte begeistert von Jesu Ansichten. Dasselbe Gespräch erzählen Matthäus und Lukas so, als wollten die Gesetzeslehrer Jesus reinlegen« (KB 12, S. 225).

Leider muss man feststellen, dass es auch Kinderbibeln gibt, die in Bezug auf das »Reinlegen« in ihrer Nacherzählung von Lk 10,25–37 noch über die biblische Vorlage hinausgehen, indem sie die dortige versucherische Haltung des Toralehrers ausschmücken und so die negative Darstellungsweise seiner Person steigern. Diese Tendenz strahlt dann gelegentlich bis in die Nacherzählung des Gleichnisses vom barmherzigen Samariter selbst aus, und zwar dergestalt, dass der Priester und der Levit, von denen im Gleichnis die Rede ist, zusammen mit dem Toralehrer zu Repräsentanten einer angeblich gesetzlichen Religion, sprich des Judentums, werden, während der Samariter eine Haltung repräsentiert, in der das Herz spricht. Undeutlich wird so, dass es in Lk 10,25–37, zulaufend auf das Gleichnis vom barmherzigen Samariter, ganz zentral um das »Gesetz« bzw. um die Tora geht, die den Priester, den Leviten und den Samariter im Gleichnis, wie auch Jesus und den Toralehrer als Gesprächspartner verbindet.

5. Begriffe für Toragelehrte/Schriftgelehrte in Kinderbibeln

Welche Begriffe finden sich in Kinderbibeln für diejenigen Personen, die sich um das rechte Verständnis des in der Tora offenbarten Gotteswillens im Blick auf konkrete Lebenssituationen kümmern? Im griechischen Neuen Testament finden sich für sie insbesondere die Bezeichnungen νομικός (nomikos) und γραμματεύς (grammateus), wobei zwischen beiden Begriffen kein gravierender inhaltlicher Unterschied besteht.[26]

Der »nomikos« von Lk 10,25 findet in den Kinderbibeln folgende Wiedergaben: »ein Mann« (KB 1, S. 226); »ein Mann, der sich in den heiligen Schriften sehr gut auskannte« (KB 8, S. 311); »Gelehrter« (KB 4, S. 213; KB 11, S. 196; KB 9, S. 193, hier mit der Fortsetzung: »der anderen das Gesetz Gottes erklärte und den Gottesdienst für das einzig Wichtige hielt«); »Schriftgelehrter« (KB 5, S. 421; KB 7, S. 219, eingeleitet mit: »Männer, die das Gesetz des Mose genau studiert hatten«; »Bibelgelehrter« (KB 10, S. 233); »Gesetzeslehrer« (KB 2, S. 210; KB 6, S. 268; KB 13, S. 191; KB 12, S. 226); Toralehrer (KB 14, S. 291).

Das jüdische Neue Testament spricht in Bezug auf Lk 10,25 von einem »Torakenner«,[27] in Bezug auf Mk 12,28 wird für »grammateus« der Begriff »Toralehrer« gebraucht.[28]

Welche Wiedergabe von »nomikos« bzw. »grammateus« wäre für Kinderbibeln, letztlich aber allgemein, am angemessensten? Pinchas Lapide hält die Vokabel »Gesetz« als Ausdruck der Gesamtheit der Gebote Gottes und gerade wenn damit von christlicher Seite die ganze hebräische Bibel oder die fünf Bücher Mose bezeichnet werden, für kalt und verfälschend.[29] Angemessen

---

26 Siehe *Hans Hübner*, Art. νομικός/nomikos, in: Exegetisches Wörterbuch zum Neuen Testament, hg. v. *Horst Balz/Gerhard Schneider*, Bd. 2, 2. Aufl., Stuttgart/Berlin/Köln, 1992, Sp. 1157.
27 Das Jüdische Neue Testament, a.a.O., S. 122.
28 Ebd., S. 84.
29 *Pinchas Lapide*, Ist die Bibel richtig übersetzt?, Bd. 1, 7. Aufl., Gütersloh 1997, S. 45.

müsse Tora mit »Lehre« oder »Weisung« übersetzt werden,[30] und sie sei nach jüdischem Verständnis vor allem und hauptsächlich das, was Christen »Evangelium« nennen, »die Frohbotschaft von der Liebe Gottes und der Freiheit aller Adamskinder.«[31] Befreiten wurde die Tora am Sinai als Gnadengabe gegeben, um Liebe einzuflössen und zur höheren Menschwerdung zu rufen.[32] Dieser Aufgabe dient auch das Wirken derer, die im Neuen Testament mit den Begriffen »grammateus« oder »nomikos« bezeichnet werden. Im Lichte des christlich-jüdischen Dialoges halte ich eine Übersetzung mit »Gesetzeslehrer«, gerade auch in Kinderbibeln, für nicht hilfreich und letztlich unangemessen, da er sehr leicht irreführende Assoziationen mit sich bringt. Ich halte eine Übersetzung mit »Toralehrer« oder »Toragelehrten« für am besten. Darin liegt auch eine Anregung, einerseits danach zu fragen, was »Tora« ist und beinhaltet, und andererseits zum Ausdruck zu bringen, dass es sich um Personen handelt, die nach Gottes Wiesung, wie sie sich in Geboten und Verboten Ausdruck verschafft, aktuell fragen und die Regelungen der Tora hinsichtlich der konkreten Lebenssituationen auslegen mit der Absicht, dass Leben heiler und heil werde, dass Gottes Herrschaft sich Raum verschaffe. Jüdische Liturgie sagt von der Tora, der Weisung Gottes: »›Ihre Wege sind Wege der Anmut und alle ihre Pfade führen hin zum Frieden.‹«[33] Dieses Ziel liegt auch im Blickfeld von Christen, auch wenn sie die Tora im Lichte von Gottes Offenbarung in Christus her sehen und deuten.

---

30 Ebd., S. 43.
31 Ebd.
32 Ebd., S. 44.
33 Ebd.

Edith Aller

Was hat David eigentlich mit Batseba gemacht?
Der moralische Sprachgebrauch in dänischen Kinderbibeln während der letzten 300 Jahre. Einige Beispiele

Einleitung

Da mein Fachgebiet die Linguistik ist, geht mein Zugang zu den biblischen Geschichten über die Tiefenstruktur und den Sprachgebrauch der Texte, was sich im Verlauf dieses Beitrags auch zeigen wird. Allem voran möchte ich aber einen kurzen Überblick über die bisher in Dänemark erschienenen Kinderbibeln geben.

1. Kinderbibeln auf Dänisch

Im Jahr 1573 erschien Martin Luthers »Passional« auf Dänisch. Die erste eigentliche Kinderbibel, also das erste Buch mit nacherzählten biblischen Geschichten, das direkt auf Kinder ausgerichtet war, war aber eine Übersetzung von Hübners »Zweimal zwei und funffzig Auserlesene Biblische Historien Aus dem Alten und Neuen Testamente, Der Jugend zum Besten abgefasset«, die 1782, 14 Jahre nach der deutschen Ausgabe, in Dänemark erschien.

Von 1728 bis heute sind rund 200 Erstausgaben von Kinderbibeln in Dänemark auf den Markt gekommen, wobei hier nur Sammlungen von Nacherzählungen, also keine Katechismen, Gebetssammlungen und andere christliche Bücher für Kinder hinzu gerechnet werden.

Die dänische Theologie war im 18. und 19. Jahrhundert eng mit der deutschen verbunden. So kommt es, dass die sechs frühesten im dänischen Raum erschienenen Kinderbibeln allesamt Übersetzungen aus der deutschen Sprache ins Dänische sind. Später folgten dann auch Übersetzungen aus dem Schwedischen und – in den letzten drei Jahrzehnten – aus dem Englischen oder Amerikanischen. Dies nicht zuletzt aus dem Grund, da Dänemark ein doch eher kleines Sprachgebiet umfasst und das Anfertigen von Illustrationen kostspielig ist. Dennoch existieren rund 150 original in Dänisch verfasste Kinderbibeln. Bis 1975 waren die meisten Ausgaben auf die evangelisch-lutherische öffentliche Schule ausgerichtet, seither finden sie sich aber auch auf dem allgemeinen Markt für Kinderbücher.

2. Was hat David eigentlich mit Batseba gemacht?

2.1 Was wird in der Bibel erzählt?

Auf meinem Bücherregal mit Bibelausgaben finden sich unter anderem drei auf Deutsch verfasste Werke. Eines davon ist eine Luther-Ausgabe[1]. Hier steht in 2 Sam 11,4 – in der Geschichte von David und Batseba – ganz ohne Umschweife: »Und als sie zu ihm kam, wohnte er bei ihr.«

Die ältere der beiden übrigen deutschen Bibelausgaben ist ebenfalls eine Lutherbibel aus dem Jahr 1903.[2] In ihr ist folgendes zu lesen: »Und da sie zu ihm hineinkam, schlief er bei ihr.«

Die dritte Bibel schliesslich ist eine Einheitsübersetzung von 1980[3]. Auch hier heisst es: »Er schlief mit ihr«. Gerade diese Übersetzung mutet ziemlich zeitgenössisch, beinahe umgangssprachlich an. In der ältesten dänischen Bibelübersetzung (von 1550) steht: »Oc der hun kom ind til hannem, soff hand hoss hende« [= Und da sie zu ihm kam, schlief er bei ihr]. In der Übersetzung von 1780[4] wiederum heisst es: »Og der hun kom til ham, da laae han hos hende« [= Und da sie zu ihm kam, da lag er bei ihr]. Diese Formulierung wird auch in der jüngsten dänischen – eigens von der Königin autorisierten – Übersetzung von 1992 verwendet: »Hun kom ind til ham, og han lå med hende« [= Sie kam zu ihm, und er lag mit ihr].

Die Formulierung »miteinander liegen« wird so in der heutigen Umgangssprache nicht mehr verwendet und muss von daher als Bibelsprache betrachtet werden. Viel eher würde man sagen: »Er schlief mit ihr«.

---

1 Sie erschien in Verbindung mit den Luther-Feiern 1983 in der ehemaligen DDR und wurde mir damals von einem jungen Kirchentag-Teilnehmer mit Namen Andreas in Eisleben geschenkt.

2 Eine Erbschaft von meinem Vater, der 23 Jahre in Südjütland an der deutschen Grenze dänischer Pfarrer war.

3 Soweit ich mich erinnere, von mir selbst Anfang Oktober 1990 in Verbindung mit einer internationalen kirchlichen Tagung in Celle über Evangelisierung in den modernen europäischen Städten gekauft. – Unvergesslich, weil die Tagung zufälligerweise mit dem Tag der deutschen Wiedervereinigung zusammenfiel.

4 Bei dieser Ausgabe handelt es sich um eine Christian den Syvendes-Bibel.

2.2 Die Möglichkeiten der Kinderbibelautoren

Was machen nun die dänischen Kinderbibelautoren mit der Erzählung von David und Batseba? Wer die Geschichte als für Kinder ungeeignet erachtet oder wer eine fleckenlose Darstellung von König David geben will, der kann sie natürlich unerwähnt lassen. Wer sie aber aufnehmen möchte, jedoch mit der Formulierung bzw. dem direkten Sprachgebrauch Schwierigkeiten hat, verfügt über mindestens zwei Möglichkeiten:

1. Man kann der Erzählung eine geänderte, kürzere Paraphrasierungsform geben und dadurch die eigentliche Tat Davids unauffällig unterschlagen oder stillschweigend voraussetzen;

2. man kann die längere Paraphrasierungsform der Bibel beibehalten und doch die eigentliche Handlung Davids mit Batseba auslassen oder einen anderen, z.B. einen euphemistischen Ausdruck dafür verwenden.

Meine Untersuchungen zeigen, dass Kinderbibelautoren durch die Zeiten vier verschiedene Paraphrasierungsformen verwendet haben: Zwei kürzere, wo die biblische Geschichte sehr konzentriert wiedergegeben wird und zwei längere, bei denen die ganze Geschichte in adäquaten Formulierungen nacherzählt, vielleicht dazu noch dramatisiert und im Verhältnis zum Bibeltext verlängert wird.

3. Die vier Paraphrasierungsformen[5] – mit Beispielen.

3.1 Die »single sentence utterance«, die Form der Einzelaussage

In dieser ersten kurzen Nacherzählungsform wird die ganze Geschichte in einem, oft sehr abstrakten Satz und ohne narrativen Verlauf wiedergegeben.

Beispiel 1

»David gjorde dog engang en gruelig Synd, og udøste uskyldigt Blod.«

[= David beging jedoch einmal eine furchtbare Sünde, und vergoss unschuldiges Blut.]

(N.F.S. Grundtvig 1814)

---

5 Theoretisch stütze ich mich hier auf die Untersuchungen von *Gülich* und *Quasthoff*, »Story-Telling in Conversation«, in: Poetics, Vol. 15, Nos. ½, April 1986 und *Uta Quasthoff, Erzählen in Gesprächen*, Tübingen 1980.

Damit hat es sich. Das Geschehnis wird nicht weiter erläutert, schon gar nicht konkretisiert.

N.F.S. Grundtvig, Theologe, Pädagoge und Poet, der auch unter deutschen Theologen durchaus bekannt ist, schrieb 1814 eine Kinderbibel, die im eigentlichen Sinn doch eher eine Debattenschrift war. Wie oben dargestellt, gibt der Autor hier der ganzen Geschichte von David und Batseba die »single sentence utterance«-Form, die Form der Einzelaussage – und zwar zweimal: Eine ein ganzes Kapitel umfassende biblische Geschichte wird mit insgesamt elf Worten *zweimal* wiedergegeben:

> »David beging jedoch einmal eine furchtbare Sünde
>
> und (David) vergoss unschuldiges Blut«.

Die erste Wiedergabe *verurteilt* das Handeln Davids. Ein solcher Passus kommt in der Bibel nicht vor, ist aber typisch für die Kinderbibeln zur Zeit Grundtvigs. Die zweite Wiedergabe legt höheren Wert auf das *Resultat* von Davids Handlung als auf das, was eigentlich passiert ist. Gleichwohl hat auch sie einen verurteilenden Unterton.

Grundtvig verfolgt in seinem Buch das klare Ziel, Gottes Güte und Macht durch den Verlauf der Weltgeschichte hindurch zu beweisen, um damit das dänische Volk zu stärkerem christlichen Glauben zu bewegen. Dazu braucht er die konkrete Geschichte von David und Batseba nicht. Mit der sehr kurzen Form vermeidet er auch das Problem, Davids Unternehmen mit dieser Frau beim Namen zu nennen. In der zweiten, sehr veränderten Ausgabe seiner Kinderbibel von 1828 schreibt Grundtvig dann, dass »David Ehebruch beging« – der Name Batseba wird hier nicht genannt.

3.2 Der »report«, die Form des Kurzreferats

In dieser zweiten Kurzform wird die Geschichte sehr konzentriert, oft in drei oder vier Sätzen wiedergegeben, jetzt jedoch in einem narrativen Verlauf mit im Präteritum stehenden Verben.

Beispiel 1

> »David saa engang fra Taget paa sit Slot et smukt Fruentimmer i Bad. Endskjønt det var en givt Kone [...], hentede han hende, lod hendes Mand dræbe og ægtede hende siden selv.«
>
> [= David sah einmal ein hübsches Frauenzimmer im Bad. Obwohl sie eine verheiratete Frau war, holte er sie, liess ihren Mann ermorden und heiratete sie.]
>
> *(Johan Werfel 1801)*

Johan Werfel hatte keine formale Ausbildung. Er finanzierte seinen Lebens-unterhalt dadurch, dass er Bücher herausgab (ab und an auch solche, deren Verfasser er nicht selber war). Sein Schreibstil war traditionell, mit seinen Formulierungen wollte er niemanden beleidigen. Seiner Geschichtsfassung gab er die Form des Kurzreferats.

Mehrere ältere Autoren wählten denselben Weg: ein Kurzreferat, im Rah-men dessen David zwar die schon verheiratete Frau ehelichen will, dabei aber die vorausgehenden Intimitäten verschwiegen werden.

Beispiel 2

In der Mitte des 19. Jahrhunderts wurde dann schon anders formuliert. Ole Jensen war ausgebildeter Lehrer und wurde von den Ideen Grundtvigs zu freie-ren pädagogischen Gedanken inspiriert.

Er schrieb 1845:

»David tog nemlig Bathseba, Urias hustru, og lagde sig hos hende, og magede det derpaa saaledes, at hendes Mand kom af Dage, hvorpaa han ægtede hende.«

[= David nahm nämlich Batseba, Urias' Ehefrau, und legte sich zu ihr und machte es dann so, dass ihr Mann umkam, worauf er sie heiratete.]

(Ole Jensen 1845)

Die ganze Geschichte ist auch hier als »report«, als Kurzreferat formuliert. Trotz der Kurzform schreibt Ole Jensen jedoch, dass David sich »zu ihr legte«. Er hätte wie Werfel sehr leicht die Tat Davids umgehen können – dies scheint ihm aber nicht notwendig gewesen zu sein.

Die sog. Grundtvigianer waren der Meinung, dass sowohl die biblischen Geschichten als auch die nationalen Geschichten und die Weltgeschichte insgesamt den Kindern *mündlich* erzählt werden sollten, dies möglichst aus-führlich und lebhaft. Seitens der Schulbehörden wurde jedoch zusätzlich gefordert, dass die Schulkinder die biblischen Geschichten auswendig lernten. Es ist zu vermuten, dass Ole Jensen sich nicht derart kurz fasste, um den Kin-dern vorzuenthalten, was in der Geschichte eigentlich passiert. Seine Absicht war wohl eher, ihnen mit der Kurzform das Auswendiglernen zu erleichtern.

3.3 Die Form der Nacherzählung6

In dieser einen Spielart der längeren Paraphrasierungsformen werden die
wesentlichen Einzelereignisse der Geschichte erwähnt. Die Verben stehen im
Präteritum, die Repliken sind oft indirekt wiedergegeben.

Durch die Jahrhunderte hindurch ist die Form der Nacherzählung die in den
Kinderbibeln am häufigsten verwendete. Deshalb sollen hier nicht weniger als
vier Beispiele, aus je verschiedenen Zeitaltern, Beachtung finden:

Beispiel 1

Der Pfarrer H.J. Birch schrieb die erste ursprünglich auf Dänisch verfasste Kin-
derbibel.7 Die Geschichte von David und Batseba wird von ihm in vielen
Einzelheiten erzählt. So lautet ein Abschnitt:

> »En Aften saae David [...] et Fruentimmer, som badede sig. [...]. Kongen blev optændt af
> en ukydsk Begierlighed, lod hende hente, bedrev Hoer med hende, og lod siden hendes
> Mand Uria dræbe.«

> [= Eines Abends sah David [...] ein Frauenzimmer, das sich badete. Der König wurde von
> einer unkeuschen Begierde entflammt, liess sie holen, verübte mit ihr Hurerei, und liess
> später ihren Mann Uria töten.]

> *(H.J. Birch 1782)*

Birch scheint keine Probleme mit dem unumwundenen biblischen Sprach-
gebrauch zu haben, wählt aber dennoch ein spezifisches Wort für Davids Tat,
die zu seiner Lebzeit in der Umgangssprache »Hurerei« genannt wurde – ein
Wort, das durch den »Kleinen Katechismus« wohlbekannt war, auch unter
Kindern. Ein anderer Pfarrer, Thomas Rasmussen, der sich besonders für
Kindererziehung interessiert, schreibt zur selben Zeit, d.h. 1785, an seinen
Bischof (Übersetzung E.A.): »Welchen Begriff von Hurerei soll man wohl
einem vier bis sechs Jahre alten Kind geben? Warum sollen die Kinder Gott als
einen sehr eifrigen, heimsuchenden Gott kennen lernen, bevor sie ihn als den
mildesten Vater kennen gelernt haben?«

Hurerei hiess es noch lange. Auch Rasmussens Bischof beharrte fest darauf:
Die Kinder mussten fortgesetzt Luthers Katechismus auswendig lernen.

---

6 Die Form der Nacherzählung wird bei Kommt bei *Uta Quasthoff* nicht besprochen.
7 *H.J. Birch*, Det Gamle og Nye Testamentes Historie til Brug for Ungdommen og Almuen i Dan-
  mark og Norge, Kbh. 1782.

Beispiel 2

Der Gymnasiallehrer Ch.H. Kalkar schreibt im Jahr 1843 in seinem Werk »Biblische Geschichte. Für gelehrte Schulen und höhere Realschulen«[8] in Form einer Nacherzählung von David und Batseba:

> »Han lod hende hente til sig, og hun blev frugtsommelig.«
>
> [= Er liess sie zu sich holen, und sie wurde schwanger.]

(Kalkar 1843)

Kalkar muss also der Meinung gewesen sein, die Schüler wüssten, was passiert ist, wenn sie das Resultat – dass Batseba schwanger wurde – erfahren. So übergeht er die eigentliche Tat und führt nur das Resultat an. Mit Kalkar sind wir im Zeitalter der Romantik. Der Dichter Hans Christian Andersen hat schon mehrere Märchen geschrieben und Bernhard Severin Ingemann hat seine schönen romantischen christlichen Morgenlieder für Kinder herausgegeben. Auch in den damals erschienenen Kinderbibeln für kleinere Kinder schlägt sich das romantische Empfinden nieder. Nicht jedoch so in den Bibeln für ältere Kinder und Jugendliche (wozu auch obiges Beispiel gehört) – die Thematik ist dann doch zu ernst.

Beispiel 3

Ein in Dänemark sehr bekannter Kinderbibelverfasser ist der Pfarrer Morten Pontoppidan, ein Grundtvigianer, der Anfang des 20. Jahrhunderts lebte. Auch er wählte nahezu immer die Form der Nacherzählung. Er schreibt:

> »David fik Batseba at se. Hun var saa dejlig at se paa. Og David kunde ikke faa hende ud af sine Tanker, skønt Batseba var en anden Mands Hustru. Han ønskede at Batseba kunde blive Enke.«
>
> [= David bekam Batseba zu sehen. Sie war so schön anzusehen. Und David konnte sie sich nicht aus dem Kopf schlagen, obwohl sie die Frau eines anderen war. Er wünschte sich, dass Batseba Witwe würde.]

(Pontoppidan 1909)

Obwohl in dieser Version genügend Platz für Einzelheiten besteht, begeht Pontoppidans David nicht die Sünde der Hurerei, sondern bloss jene, sich eine verheiratete Frau zu wünschen. Das ist wohl auch, was ein Kind zu dieser Zeit verstanden haben wird, obwohl es noch in der Schule »Hurerei« auswendig lernen muss.

---

8 *Ch.H. Kalkar*, Bibelhistorie. Til Brug for lærde skoler og høiere Realskoler, Odense 1843.

Pontoppidans Kinderbibel[9] war im Jahr 1909 einzigartig in ihrer Gestalt:
Dem Autor lag viel daran, die Bibel so weit wie möglich in einer alltäglichen,
»kinderfreundlichen« Sprache wiederzugeben – inklusive wohlbekannten Rede-
wendungen wie beispielsweise: »David konnte sich Batseba *nicht aus dem Kopf
schlagen*«. Elemente, die Kinder nicht verstehen, wurden ansonsten oft ausge-
lassen. Nicht so diese Geschichte – sie war ihm wohl zu spannend.

Beispiel 4

Das vierte Beispiel stammt aus der Zeit nach dem 2. Weltkrieg. Damals wurde
in Dänemark endlich darauf hingearbeitet, den altmodischen obligatorischen
Religionsunterricht in den öffentlichen Schulen zu erneuern. Der bedeutendste
Religionspädagoge dieser Jahre war Aage Nørfelt. Seine Erzählungen sind
Nacherzählungen mit dramatischen Einschlägen. In seiner Kinderbibel, die
1958 erschien, heisst es:

> »Han beholdt hende på slottet om natten, som om hun var hans kone.«

> [= Er behielt sie die Nacht über auf dem Schloss, als wäre sie seine Frau.]

Dies, obwohl die öffentliche, autorisierte Bibelübersetzung von 1931 noch die
Formulierung verwendete:

> »Han lå hos hende.«

> [= Er lag bei ihr.]

In dieser Hinsicht war das Dänemark dieser Zeit doch eher prüde. 1948 war ein
Buch über das wunderbare Geheimnis, wie denn eigentlich ein Kind entsteht,
herausgegeben worden: »Wie, Mutter?« lautete der Titel. Es war von einem
Sexualpsychologen in »bürgerlichen« Wendungen geschrieben worden und
doch erregte es ein gewisses Aufsehen – über so etwas sprach man in der
Öffentlichkeit nicht. Die Studentenunruhen lagen noch bevor, eine allgemeine
Haus- und Schulsprache über Sexualität gab es noch nicht und Sexualität
gehörte, öffentlich und ordentlich, eindeutig der Ehe zu. So verwendet Nørfelt
einen euphemistischen Ausdruck – »als wäre sie seine Frau«, und was David auf
längere Sicht mit Batseba will, geht daraus auch hervor: Er möchte sie natürlich
heiraten. Nørfelts Kinderbibel war weit verbreitet und erschien 1971 zuletzt in
einer neuen Auflage.

---

9 *Morten Pontoppidan*, Bibelske historier fortalte for Børn, Kbh. 1909/11.

3.4 Die Form des »replaying« – die dramatische Nacherzählung

Bei dieser Form wird die Geschichte szenisch berichtet, d.h. sie ist mit längeren Dialogen und oft mit im dramatischen Präsens stehenden Verben erzählt.

Beispiel 1

In den neueren Kinderbibeln wird die Form der dramatischen Nacherzählung häufig verwendet. 1999 erschien eine von der Pfarrerin Ingrid Schrøder-Hansen[10] verfasste Kinderbibel. In ihr ist folgendes zu lesen:

> »David blev hedere end før: ›Hvem er hun?‹ ›Hun hedder Batseba,‹ svarede hans tjener. ›Hun er gift med krigeren Urias, ham hittitten.‹ Men David ville have hende [...] Batseba sov hos David den nat.«
>
> [= David wurde noch heisser: ›Wer ist sie?‹ ›Sie heisst Batseba,‹ antwortete sein Diener. ›Sie ist mit dem Krieger Urias, dem Hetiter verheiratet [...]‹ David wollte sie aber haben [...]. Batseba schlief diese Nacht bei David.]
>
> *(Ingrid Schrøder-Hansen 1999)*

Ingrid Schrøder-Hansen ist eine sehr lebendige Erzählerin. Ihr Buch ist theologisch hochqualifiziert, der Sprachgebrauch hingegen allgemein, nicht besonders »religiös« oder theologisch. Zudem lässt sich oftmals ein leicht humoristischer Unterton in den Texten erkennen.

In der dänischen Bibelübersetzung von 1992 heisst es noch, wie bereits erwähnt, »David lag mit ihr«. Bei Ingrid Schrøder-Hansen steht hingegen kurz und gut: »Batseba schlief diese Nacht bei David.« In den heutigen dänischen Schulen wird längst Sexualkunde erteilt. Zudem wissen die Kinder, was es bedeutet, wenn Batseba diese Nacht »bei David schlief«. Ingrid Schrøder-Hansens Kinderbibel ist mittlerweile so populär geworden, dass sie jetzt in einer Ausgabe eigens für Supermärkte erschienen ist.

Beispiel 2

Unter den vielen neueren dänischen Übersetzungen nach englischen oder amerikanischen Kinderbibeln gibt es natürlich auch schlechtere, sprachlich eher unsichere Ausgaben. Meistens sind die Bearbeitungen und Übersetzungen jedoch erstaunlich gut: Die Übersetzer und Übersetzerinnen scheinen die Aufgabe ernst zu nehmen, die Sprache wie »echtes Dänisch« aussehen zu lassen. Das heisst, als Leser bemerkt man die Bearbeitung der Sprache nicht – eine durchaus wünschenswerte Situation.

---

10 *Ingrid Schrøder-Hansen*, Bibebelens historier. Bd. 1 og 2, Kbh. 1999.

Ein gutes Beispiel hierfür ist die Übersetzung der »Lion Bible for Children« von 2002, die 2004 auch in dänischer Sprache erschien und von der Lyrikerin und Dramatikerin Pia Juul übersetzt wurde.[11] Die von ihr gewählte Form ist jene der dramatischen Nacherzählung. Es heisst dort:

> »›Hvem er det?‹ spurgte David sin tjener. ›Det er Batseba, hittiten Urias' kone,‹ fortalte han. ›Manden er ikke hjemme; han gør tjeneste i din hær.‹ ›Ikke hjemme?‹ sagde David, og han vendte sig for at se på kvinden en gang til. […] ›Hent hende!‹ sagde David. […] Batseba gav sig selv til David. De elskede med hinanden.«

> [= ›Wer ist das?‹ fragte David seinen Diener. ›Das ist Batseba, die Frau des Hetiters Uria‹, erzählte er. ›Der Mann ist nicht zu Hause. Er dient in deinem Heer.‹ ›Nicht zu Hause?‹ sagte David, und er wandte sich um, um die Frau noch einmal anzusehen. […] ›Hole sie!‹ sagte David. […]. Batseba gab sich selbst David hin. Sie liebten einander.]

Eine gewisser Stilbruch lässt sich in der Formulierung »Batseba gab sich selbst David hin« erkennen. »Sich selbst hingeben« klingt altmodisch-romantisch in dem ansonsten alltäglich-modernen Sprachgebrauch, wo Batseba und David unmittelbar danach »einander liebten«. Der altmodische Ausdruck stammt aus dem englischen Original. Dort heisst es: »Bathsheba gave herself to David. They made love together.«[12] Auch für eine so erfahrene Autorin wie Pia Juul ist es augenscheinlich nicht leicht, sich vom Originaltext loszumachen. Eine Schwierigkeit bei Übersetzungen besteht zudem darin, dass der neue Text ebenso viel Platz einnehmen sollte, wie dies der ursprüngliche tat. Sprachlich muss man sich also auch danach richten und kann sich nicht vollumfänglich frei ausdrücken. Das scheint hier jedoch nicht das Problem gewesen zu sein.

4. Konklusion

Was David mit Batseba machte, ist natürlich in den biblischen Wiedergaben durch die Jahrhunderte hinweg dasselbe. Wenn die Tat aber Kindern erzählt werden soll, so nimmt die Erzählung eine gewisse, sich je nach Umstand ändernde Farbe an – wie dies in den Beispielen zum Ausdruck kommt: Die Sexualsprache der Kinderbibeln spiegelt die vorherrschende Sexualsprache von Erwachsenen mit Kindern und Jugendlichen zur jeweiligen Zeit wider.

---

11 *Murray Watts*, Hovedlands Bibel for børn. På dansk ved Pia Juul, Forlaget Hovedland 2004.
12 *Ders.*, The Lion Bible for Children, Oxford 2002.

Dávid Németh

Ethische Schlüsselprobleme und ungarische Kinderbibeln

1. Einleitung

Im Voraus muss ich klarstellen, dass man von ungarischen Kinderbibeln nur sehr bedingt sprechen kann. Die ungarischsprachigen Kinderbibeln wurden vor der Wende meist im Ausland hergestellt und dementsprechend aus anderen Sprachen übertragen. Da der damalige Staat Kinder und Jugendliche vor allen »schädlichen« Einflüssen mit vollem Einsatz schützen wollte, konnten Kinderbibeln nur als Schmuggelware ins Land eingeführt werden. Die politische Wende 1990 brachte eine grundsätzliche Veränderung.

Infolge der Öffnung des Büchermarktes erschienen in den letzten zwanzig Jahren Kinderbibeln auf Ungarisch in grosser Anzahl und in anspruchsvoller Ausstattung. Doch sind es weiterhin fast ausnahmslos ausländische Produkte, die ins Ungarische übersetzt und in Ungarn aufgelegt werden. Die wenigen Kinderbibeln, die wirklich von ungarischen Autoren verfasst und illustriert wurden, sind bis auf eine[1] kaum populär, erlebten nur eine Auflage und verschwanden nach einiger Zeit.[2] Es wäre zwar interessant zu untersuchen, worauf es zurückzuführen ist, dass ihnen ein so düsteres Schicksal zuteil wurde und welche Qualitäten sie trotz ihrer kurzfristigen Blüte aufzeigen. Uns beschäftigen dennoch eher die Kinderbibeln, die in den Buchhandlungen gegenwärtig erhältlich sind, von Eltern gekauft und von Kindern gebraucht werden. Unter ihnen fand ich nur eine, die im wörtlichen Sinne eine ungarische Kinderbibel genannt werden kann. Alle übrigen Veröffentlichungen sind Übertragungen. Das heisst, die ausländischen Verfasser/-innen brachten schon bei der Auswahl der Geschichten und mit der Akzentuierung bzw. durch den Stil des Erzählens

---

1 Bibliai történetek gyerekeknek (Biblische Geschichten für Kinder), Budapest 2006 (erste Auflage 1987).
2 Z.B. *Edit Szula*, Aranykönyv. Kedvenc bibliai történeteim (Goldenes Buch. Meine Lieblingsgeschichten aus der Bibel), Dabas o.J.; Képes Biblia kicsiknek és nagyoknak (Bilderbibel für Kleine und Grosse), Text: *Judit Soós*, Budapest: Aranyhal Kiadó o.J.

ihre Konzeption bezüglich der moralischen Orientierung zur Geltung. Die Übersetzer konnten nur bei der Wortwahl etwas nuancieren. Unseren Forschungsgegenstand bildet also der ungarische Text derjenigen Gruppe von Kinderbibeln, die in Ungarn zurzeit in Gebrauch sind. Wir beobachten, welche Impulse die Kinder in Ungarn bei ihrer moralischen Entwicklung den Kinderbibeln entnehmen können.

Es werden insgesamt vier Kinderbibeln unter die Lupe genommen, und zwar folgende:

1. Az első gyermekbibliám (Meine erste Kinderbibel), Text: Anne de Graaf, übers. durch Edit Belucz und Gábor Sebestyén, Budapest: TBL Magyarország Alapítvány 2006. – im Weiteren mit »A« bezeichnet,
2. Gyermekbiblia (Kinderbibel), Text: Pat Alexander, übers. durch Lajos Simonfalvy, Budapest: Harmat 2004. – im Weiteren mit »B« bezeichnet,
3. Bibliai történetek gyermekeknek (Biblische Geschichten für Kinder), Budapest: Kálvin Kiadó 2006. – im Weiteren mit »C« bezeichnet,
4. Mesélő Biblia (Erzählende Bibel), Text: Bob Harmann, übers. durch Mónika Miklya Luzsányi und Zsolt Miklya, Budapest: Harmat 2008. – im Weiteren mit »D« bezeichnet.

Ausser den genannten werden in den Buchhandlungen in Ungarn zwei weitere – vor allem durch die römisch-katholische Kirche betreute – Kinderbibeln angeboten.[3] Bei der vorliegenden Analyse konzentrieren wir uns auf die oben aufgezählten protestantischen Kinderbibelausgaben.

2. Ziel der Untersuchung

Schon beim ersten Hinschauen wird man mit der Tatsache konfrontiert, dass der Faden von »credenda« und »agenda«, also der »dogmatische« und der ethische Aspekt, in den biblischen Geschichten miteinander verwoben ist. Im AT handelt oft Gott selbst, oder es handeln Menschen auf seine direkte Anordnung

---

3 Első Bibliám (Meine erste Bibel), Text: *Pat Alexander*, übers. durch Valéria Smidt, Szeged: Agapé 1999. (Sowohl der Text als auch die Illustrationen dieser Kinderbibel lassen vermuten, dass sie vor allem für Kinder unter dem Schulalter gemeint ist.); Biblia gyermekeknek (Bibel für Kinder), übers. durch Krisztina Vezár, Budapest: Napraforgó 2006. (Diese Kinderbibel weist sich durch die folgenden Charakteristika als eindeutig katholisch aus: das Erzählen der Geschichte von Judith, öfters werden kirchliche Legenden zu den biblischen Geschichten erzählt, wie z.B. die Liebesbeziehung zwischen Salomo und der Königin von Saba, wie die Hülle von Turin, wie das Martyrium von Petrus, und die Apostel werden in der Regel als Heilige bezeichnet, eine ganze Reihe von Ausdrücken, Namen und die Benennung der biblischen Bücher folgen der Tradition der katholischen Kirche, die sich zum Teil erst nach dem zweiten Vatikanischen Konzil ausbildete.)

hin. Es liegt von daher nahe – wenngleich es theologisch verkehrt ist – die Taten und Befehle Gottes moralisch zu bewerten. Durch Gott bewirkte oder gar vollbrachte Gewalt stört Kinder nicht, da sie der Überzeugung sind, dass ihm alles erlaubt sei. Er hätte die innere Gerechtigkeit der Welt zu sichern, indem er Schlechtes bestraft und Gutes belohnt. Er ginge sozusagen erzieherisch vor.⁴ Im NT ist Jesus der vornehmliche Akteur, der ja auch als göttlicher Machthaber handelt. Geschichten also, in denen Gott oder Jesus handeln, lassen wir bei der Untersuchung ausser Acht, und wir richten unser Augenmerk ganz auf die menschlichen Handlungen, konkreter auf diejenigen, die von moralischer Qualität sind, also einen Bezug zu anderen Menschen haben und in diesem Zusammenhang als richtig oder falsch, bzw. als gut oder böse bewertet werden können. Kinderbibeln sind keine Lehrbücher christlicher Ethik. Sie wollen auch keine direkten Anweisungen für christliches Verhalten vermitteln. Es wäre eine Zumutung, vorauszusetzen, dass sie zu einer christlichen Lebensführung einladen wollten. Sie nehmen sich eindeutig vor, die wichtigsten und mit Vorliebe gelesenen biblischen Geschichten den Kindern vertraut zu machen und durch sie den Gott der Bibel bzw. Jesus Christus erkennen zu lassen. Wollte man die ethisch-moralische Botschaft der Bibel weitergeben, so wären dafür nicht so sehr die Geschichtserzählungen geeignet, sondern vielmehr die Gesetzessammlungen, bestimmte Abschnitte aus der Weisheitsliteratur, die prophetischen Texte, die ethischen Aussagen Jesu und die apostolischen Briefe. Da die Kinderbibeln vor allem Geschichten erzählen wollen, behandeln sie die ethische Thematik nur am Rande. Auf welche Weise und mit welchen Mitteln können sie dennoch die moralische Urteilsfähigkeit der Kinder beeinflussen und auf sie verhaltensorientierend wirken? Ausgehend von dieser grundsätzlichen Fragestellung führen wir detaillierter die folgenden Teilaspekte aus:

Kommen die heutigen ethischen Schlüsselprobleme in irgendeiner Form in Kinderbibeln vor? Inwiefern tragen die biblischen Geschichten der Kinderbibeln zur Lösung von gegenwärtigen ethischen Schlüsselproblemen bei?

Entsprechen die von Kinderbibeln provozierten ethischen Fragestellungen der moralischen Entwicklung der Grundschulkinder? In diesem Lebensalter sind Kinderbibeln nämlich am beliebtesten. Welche Orientierung bieten die erzählten Geschichten den Kindern in ihren entwicklungsspezifischen moralischen Fragen und Problemen an?

---

4 Vgl. *Anton A. Bucher*, Ein zu lieber Gott? Oder: Ist die Tilgung des »Bösen« aus der Bibeldidaktik nur »gut«? In: *Volker Elsenbast/Rainer Lachmann/Robert Schelander* (Hg.), Die Bibel als Buch der Bildung, Wien 2004, S. 173ff.

Welche biblischen Geschichten stellen Identifikationsmodelle für Kinder
dar? Welche Verhaltensformen werden durch die biblischen Vorbilder vermittelt?

3. Ethische Schlüsselprobleme und der ethische Inhalt der Kinderbibeln

Aus dem Gesagten geht eindeutig hervor, dass wir eine innerbiblische Ethik
und deren Explikation von einer Kinderbibel nicht verlangen können. Religionspädagogisch erscheint es viel nützlicher, zu prüfen, ob in ihnen Aussagen,
Handlungsbeschreibungen, Schilderungen von Vorgehensweisen zu finden
sind, die zur ethischen Orientierung der Kinder inmitten heutiger Lebenspro-
bleme beitragen. Dazu müssen wir erst die ethisch-moralischen Problemfelder
aufspüren und benennen, dann anhand der gefundenen Kategorien die zu
untersuchenden Kinderbibeln durchlesen und schliesslich die Passagen heraus-
sortieren, die Berührungspunkte oder zumindest einen Berührungspunkt mit
den Problemfeldern aufweisen. Erst nachher können wir die Texte einer struk-
turellen Inhaltsanalyse unterziehen.

a) Problemfelder

Da unser Ansatz eminent religionspädagogisch ist, erscheint es sinnvoll, von
einer Problemliste auszugehen, die von vornherein nach religionspädagogischen Gesichtspunkten konzipiert wurde. Aus der neueren Fachliteratur bietet
sich die auf Klafkis Ansatz »Epochaltypische Schlüsselprobleme« zurückge-
hende Auswahl von M. Rothgangel[5] an. Dieser Problemkatalog ist aber alles
andere als biblisch. Das ist sicherlich ein erheblicher Vorteil, wenn wir daran
denken, dass hier nicht abgeleitete, sondern mitten im Leben entstehende Probleme benannt werden. Andererseits aber trägt eine solche sich ganz an der
Lebenswirklichkeit des heutigen Menschen orientierende Problemliste den
Nachteil in sich, dass bestimmte Probleme keine Analogien im biblischen Stoff
haben und umgekehrt, dass manche ethischen Probleme, die in der Bibel zen-

---

5 Martin Rothgangel, Schlüsselprobleme: Begründung und Auswahl, in: Rainer Lach-
   mann/Gottfried Adam/Martin Rothgangel (Hg.), Ethische Schlüsselprobleme, Göttingen 2006,
   S. 38ff. Vgl. Wolfgang Klafki, Schlüsselprobleme als inhaltlicher Kern internationaler Erziehung,
   in: Norbert Seibert/Helmut J. Serve (Hg.), Bildung und Erziehung an der Schwelle zum dritten
   Jahrtausend, Marquartstein 1996, S. 135ff.

tral sind und vielleicht auch im Leben der Kinder ein Echo finden, eine periphere Stellung einnehmen.

Die von Rothgangel zusammengestellte Liste lautet:
- Umwelt
- Frieden/Gewalt
- Gewalt/Aggression
- Frieden/Krieg
- Bevölkerungswachstum/Welternährung
- Gerechtigkeit/Ungerechtigkeit
- Geschlechtergerechtigkeit
- Ökonomische Verteilungsgerechtigkeit: Geld und Eigentum
- Politische Gerechtigkeit: Macht und Herrschaftsformen
- Globalisierung
- Neue elektronische Medien
- Interkulturalität/Interreligiosität
- Ich-Du-Beziehungen
- Freundschaft/Liebe/Sexualität
- Ehe/Familie/gleichgeschlechtliche Beziehungen
- Verhältnis der Generationen
- Freizeit/Arbeitslosigkeit
- Arbeit/Arbeitslosigkeit
- Freizeit: Zeitverwendung/Zeitverschwendung
- Gesundheit/Krankheit/Behinderung
- Bioethik: Technisierung und Menschenwürde

b) Zuordnung der Geschichten der Kinderbibeln zu den ethischen Schlüsselproblemen

Schlüsselprobleme	Kinderbibeln			
	»A«	»B«	»C«	»D«
Umwelt	Bunte Darstellung der Schöpfung			Bunte Darstellung der Schöpfung
Dass es nicht für alle Kinderbibelautoren selbstverständlich ist, dass die Schöpfungsgeschichte die Schönheit und die Vielfalt der Schöpfung erkennen und schätzen lernt, zeigt die Tatsache, dass nur zwei der untersuchten Kinderbibeln bei der Erzählung von den Schöpfungstagen die Gelegenheit nutzen, die Kinder zum Staunen über die Prächtigkeit der Natur anzuregen und für den Reichtum der Geschenke Gottes zur Dankbarkeit zu bewegen. »B« und »C« beschränken sich auf blosse Angaben und konzentrieren sich gleich auf das Schicksal des Menschen.				

Gewalt/Aggression	Kains Mord	Kains Mord	Kains Mord	
	Abraham ist bereit, seinen Sohn aufzuopfern	Abraham ist bereit, seinen Sohn aufzuopfern	Abraham ist bereit, seinen Sohn aufzuopfern	
		Sodoms Einwohner sind gewalttätig		
	Seine Brüder wollen Josef töten	Brüder wollen Josef töten	Brüder wollen Josef töten	Brüder wollen Josef töten
	Der Pharao lässt die jüd. Knaben töten	Pharao lässt die jüd. Knaben ertrinken	Pharao lässt die jüd. Knaben in den Nil werfen	Pharao lässt die jüd. Knaben töten
	Juden werden in Ägypten geschlagen	Juden werden in Ägypten geschlagen	Juden werden in Ägypten geschlagen	
	Mose tötet den Ägypter	Mose tötet den Ägypter	Mose schlägt auf den Ägypter ein und er stirbt	
	Du sollt nicht töten	Ihr sollt keinen Menschen töten	Du sollst nicht töten	
	Mose zerbricht die Tafel vor Wut	Mose zerbricht die Tafel vor Wut	Mose zerbricht die Tafel vor Wut	
	Simson tötet Philister	Simson tötet tausend Philister		Simson tötet tausend Philister
	Simsons letzte Tat	Simsons letzte Tat		Simsons letzte Tat
	David tötet einen Riesen und enthauptet ihn	David enthauptet Goliath	David tötet Goliath mit einem Schwert	David tötet mit der Schleuder den Riesen
	Saul hasst David	Saul verfolgt David		
			Davids Todesurteil über die Attentäter von Sauls Sohn	
	David lässt Uria töten	David lässt Uria töten	David lässt Uria töten	

		Tötung der Baal-Propheten	Tötung der Baal-Propheten	
		Isebel lässt Naboth töten		
		Athalias Gewalt gegen die Königsfamilie		
	Nebukadnezar tritt auf gegen Daniels Freunde	Nebukadnezar gegen Daniels Freunde	Nebukadnezar gegen Daniels Freunde	Nebukadnezar gegen Daniels Freunde
	Darius lässt Daniel vor die Löwen werfen	Darius lässt Daniel vor die Löwen werfen	Darius lässt Daniel vor die Löwen werfen	Darius lässt Daniel vor die Löwen werfen
	Haman will Mordechai und die Juden töten	Haman will Mordechai und die Juden töten	Haman will Mordechai und die Juden töten	Haman will Mordechai und die Juden töten
	Hamans Hinrichtung	Hamans Hinrichtung	Hamans Hinrichtung	Hamans Hinrichtung
			Prophetie von Jesaja über die Gewaltlosigkeit	
		Kindermord in Bethlehem	Kindermord in Bethlehem	
	Hinrichtung von Johannes dem Täufer	Hinrichtung von Johannes dem Täufer		
		Petrus schneidet Malkus' Ohr ab		Petrus will mit einem Dolch kämpfen
	Jesu Kreuzigung	Jesu Kreuzigung	Jesu Kreuzigung	Jesu Kreuzigung
	Steinigung von Stephanus	Steinigung von Stephanus	Steinigung von Stephanus	
		Auspeitschen von Paulus und Silas	Auspeitschen von Paulus und Silas	Auspeitschen von Paulus und Silas

Alle vier untersuchten Kinderbibeln sind reichhaltig an Aggressions- und Gewaltgeschichten. Ihre Anzahl übersteigt die von anderen Erzählungssorten bei weitem. Bibel »D« stellt eine deutliche Ausnahme dar. Was also die Häufigkeit des Auftauchens von Aggressivität und Gewalttat anbelangt, bestätigt sich bei diesen Bibeln die von Bucher und anderen beobachtete Erscheinung der

»Expurgation des Bösen und Gewalttätigen aus Kinder- und Schulbibeln« nicht.[6] Im Vergleich zu »B« sind es in »A« und »C« jeweils sechs Erzählungen bzw. Andeutungen weniger, die auf aggressive Verhaltensweisen hindeuten. Die abweichenden Stellen sind allerdings unterschiedlich. In »B« sind sogar drei Stellen zu finden, die in allen anderen Kinderbibeln fehlen: die Bemerkung über das gewalttätige Verhalten der Einwohner Sodoms, die Ermordung Naboths und die Gewalttat von Athalia.

Auffällig seltener kommen aggressive Geschichten in »D« vor. Wir suchen sogar Geschichten vergeblich, die dem »kinderbiblischen Kanon« sonst angehören, wie z.B. »Kain und Abel«, »Abraham und Isaak«, »David und Uria«, »Kindermord in Bethlehem«. Bei diesem Werk und bei »C« ist zu beobachten, dass sie an mehreren Stellen mildere Formulierungen wählen. In »C« heisst es: die jüdischen Knaben wurden in den Nil geworfen (und nicht getötet bzw. ertränkt), Mose schlägt auf den Ägypter ein; in »D« wird verschwiegen, dass David Goliath enthauptet, und dass Petrus das Ohr des Soldaten abschlägt. Die Verfasser wollten vermutlich die direkte Identifikation mit den Opfern sowie das Vorzeigen konkreter verletzender Handlungen seitens der Modellpersonen vermeiden. Aus ähnlichem Grund gebrauchen »A«, »B« und »C« in der Isaak-Geschichte das Wort »schlachten« nicht. In 37% aller Stellen ist die aggressiv oder gewalttätig handelnde Person eine positive Figur, und ihre Tat wird nur in zwei Fällen negativ bewertet (Davids Vorgehen gegen Uria, sowie Petrus' Tat im Garten Gethsemane). Diese Prozentzahl scheint ziemlich hoch zu sein. In mehr als der Hälfte der Fälle (sechs) hängt die Aggression oder die Gewalttat mit Selbstverteidigung zusammen, die für Grundschulkinder etwas Selbstverständliches ist und ihnen durchaus gerechtfertigt erscheint. Da sie in solchen Situationen oft frustriert zurückbleiben, hegen sie eine besondere Sympathie für Personen, die sich erfolgreich verteidigen können. In 20% der in den Kinderbibeln behandelten Stellen richtet sich die Gewalt gegen das Volk Gottes, in 45% gegen einzelne Auserwählte Gottes oder gegen unschuldige Opfer. Solche Geschichten bieten den Kindern die Opfer- bzw. Angegriffenenperspektive zum emotionalen Anknüpfungspunkt. Ich würde nicht unbedingt von Identifikation sprechen, da auf der Seite der Kinder eher Mitleid, Trauer sowie das Gefühl des Beistehens geweckt wird. Da die Mehrzahl der Geschichten zu einer solchen Partizipation einlädt, spielen sie in der moralischen Entwicklung der Kinder eine wichtige Rolle.

---

6 *Anton A. Bucher*, a.a.O., S. 175.

Frieden/Krieg	Eroberung Jerichos	Eroberung Jerichos	Eroberung Jerichos	Eroberung Jerichos
		Einnahme von Ai		
		Frieden zwischen Israel und Gibeon		
			Schlacht bei Gibeon (bloss erwähnt)	
	Gideons Sieg über Midian	Gideons Sieg über Midian	Gideons Sieg über Midian	Gideons Sieg über Midian
	Schlacht zwischen Saul und den Philistern			
	Davids Sieg über die Philister		Davids Sieg über die Philister	
		Absaloms Aufruhr		
		Ahabs Krieg gegen die Aramäer		
		Sanherib zieht gegen Jerusalem	Sanherib zieht gegen Jerusalem	Sanherib zieht gegen Jerusalem (nur erwähnt)
	Zerstörung von Jerusalem durch Nabukadnezzar	Zerstörung von Jerusalem durch Nabukadnezzar	Zerstörung von Jerusalem durch Nabukadnezzar	
			Michas Prophetie über die Friedenszeit	
			Jesajas Prophetie über die Friedenszeit	

Es sind nur zwei Kriegsgeschichten, die in allen analysierten Kinderbibeln vorkommen. Beide werden als »friedliche« Schlachten vorgestellt, wo die Israeliten nicht mit Waffen, sondern durch das mächtige Eingreifen Gottes den Sieg geschenkt bekommen. Die Vernichtung der Besiegten in Jericho wird nur angedeutet (z.B. »keiner bis auf Rahab blieb übrig«) oder ganz verschwiegen (»C«). Bei der Schlacht gegen Midian töten die Soldaten des Gegnerheeres einander im verwirrenden Chaos der Nacht. Ohne Gewaltausübung siegen – das allein kann schon eine ethische Botschaft sein.

Zwei weitere Geschichten sind in drei Kinderbibeln zu finden. Es gibt noch eine, die von zwei Kinderbibeln erzählt wird. Die übrigen sechs Geschichten werden in je einer Kinderbibel vorgestellt. Neben den Kriegserzählungen gibt es eine einzige Geschichte, wo es sich – zwar mit List verbunden – um eine Friedensstiftung handelt. In »C.« kommen dazu noch die Prophetien von Micha und Jesaja über die eschatologische Friedenszeit, die Gott (nicht der Mensch) schafft. Sie sind zwar keine Geschichtserzählungen (hier ist nicht der Mensch der Handelnde), die suggestiven Bilder können jedoch einprägend auf die Kinder wirken.

In allen Kriegsgeschichten hat Gott eine entscheidende Rolle. Er legitimiert sie als Vollzug seines Willens oder als Strafe oder aber als gerechte Selbstverteidigung. Für Kinder im Grundschulalter gilt damit die Gerechtigkeitsfrage als erledigt, sie forschen nach Gründen kaum weiter. Sie (vor allem die Jungen) finden in der Regel diese Geschichten echt spannend und sind begeistert über ihren »glücklichen« Ausgang. Es wirkt auf sie beruhigend, dass Gott im Konfliktfall Recht schaffend präsent ist. Er steht dem Guten bei, der Schlechte aber muss eine Niederlage erleiden. Gideon stellt auch so ein Vorbild dar.

Die Kategorie von Frieden/Krieg lässt sich leider nicht eindeutig genug vom Problemfeld Gewalt/Aggression differenzieren. Von daher ergeben sich bei der Zuordnung der Geschichten zu beiden Kategorien Schwierigkeiten. Es gibt keinen Krieg ohne Gewalt und Aggression, so sind Kriegserzählungen selbstverständlicher Weise voll von Gewalttaten und aggressiven Verhaltensweisen.

Bevölkerungswachstum/ Welternährung	Jakobs Söhne kaufen Nahrungsmittel in Ägypten	Jakobs Söhne kaufen Nahrungsmittel in Ägypten	Jakobs Söhne kaufen Nahrungsmittel in Ägypten	Jakobs Söhne kaufen Nahrungsmittel in Ägypten
	(Hungersnot in der Wüste)	(Hungersnot in der Wüste)	(Hungersnot in der Wüste)	(Hungernot in der Wüste)
	Boas ernährt Noomi und Rut	Boas ernährt Noomi und Rut	Boas ernährt Noomi und Rut	Boas ernährt Noomi und Rut
		(Elia und die Raben)	(Elia und die Raben)	(Elia und die Raben)
		(Die Witwe zu Zarpat)	(Die Witwe zu Zarpat)	(Die Witwe zu Zarpat)
	(Jesu Versuchung)	(Jesu Versuchung)	(Jesu Versuchung)	
	Sorget euch nicht	Sorget euch nicht	Sorget euch nicht	
				Der Reiche und Lazarus

	(Speisung der Fünftausend)	(Speisung der Fünftausend)	(Speisung der Fünftausend)	(Speisung der Fünftausend)
			Letztes Gericht	

Es ist merkwürdig, dass die Schöpfungserzählungen den Befehl »seid fruchtbar und mehret euch und füllet die Erde« (Gen 1,28) nirgendwo beinhalten. Wo es in den Kinderbibeln (und überhaupt in der Bibel) um Hunger geht, handelt auffällig oft Gott selbst (die Geschichten in der Klammer), um die Not aufzuheben. Darauf bezieht sich auch die Ermutigung Jesu zu einem sorglosen Leben in der Bergpredigt (Mt 6,31ff). Die übrigen vier Stellen handeln davon, dass wir Menschen ebenfalls verantwortlich sind, wenn unsere Nächsten Not leiden. Es ist zu befürchten, dass die menschliche Solidarität in der Joseph-Geschichte, in der Ruth-Geschichte und im Gleichnis von dem Reichen und Lazarus (nur in »C«!) mit keiner durchschlagenden Kraft wirken kann neben den durchaus prägnanten Geschichten über die direkte Ernährung Gottes. In diesen Geschichten wird sich die Aufmerksamkeit der Kinder auf andere Momente richten. Jesu Rede über das letzte Gericht, die ebenfalls nur in »C« vorkommt, kann aufgrund der kindlichen Gerechtigkeitsvorstellung und des Bedürfnisses auf eine klare Unterscheidung zwischen guten und schlechten Personen und aufgrund der Perfektionsbestrebungen der Kinder nachhaltig wirken.

Geschlechter gerechtigkeit				
	Eva ☺ ●	Eva ☺ ●	Eva ☺ ●	Eva ☺ ●
	Sara ☺	Sara ☺	Sara ☺	Sara ☺
	Frau von Lot ●	Frau von Lot ●		
	Rebekka ☺ ●	Rebekka ☺ ●	Rebekka ☺	Rebekka ☺ ●
	(Rahel ☺)	(Rahel ☺)	(Rahel ☺)	(Rahel ☺)
		(Lea ☺)	(Lea ☺)	(Lea ●)
	Frau von Potifar ●	Frau von Potifar ●	Frau von Potifar ●	Frau von Potifar ●
	Mutter von Mose ☺	Mutter von Mose ☺	Mutter von Mose ☺	Mutter von Mose ☺
	Miriam ☺	Miriam ☺	Schwester von Mose ☺	Schwester von Mose ☺
	Die Tochter des Pharao ☺	Die Tochter des Pharao ☺	Die Tochter des Pharao ☺	Die Tochter des Pharao ☺

Ehre des Vaters und der Mutter ☺	Ehre des Vaters und der Mutter ☺	Ehre des Vaters und der Mutter ☺	
Rahab ☺	Rahab ☺	Rahab ☺	
Delila ●	Delila ●		Delila ●
Noomi und Rut ☺	Noomi und Rut ☺ ☺	Noomi und Roth ☺ ☺	Noomi und Rut ☺ ☺
(Anna und Peninna ☺ ●)	(Anna und Peninna ☺ ●)	(Anna ☺)	
Batseba ☺	Batseba ☺		
Zwei Mütter ☺ ●		Zwei Mütter ☺ ●	Zwei Mütter- ☺ ●
(Die Königin von Saba ☺)	(Die Königin von Saba ☺)	(Die Königin von Saba ☺)	
	(Witwe zu Zarpat ☺)	(Witwe zu Zarpat ☺)	(Witwe zu Zarpat ☺)
	Isebel ●		
Witwe mit zwei Söhnen ☺			
	Schunemiterin ☺	Schunemiterin ☺	
	Die Magd von Naaman ☺	Magd von Naaman ☺	Magd von Naaman ☺
	Thalia ●		
	(Prophetin Hulda ☺)		
Vasti und Ester ☺ ●	Vasti und Ester ☺ ●	Vasti und Ester ☺ ●	Ester ☺
Maria ☺	Maria ☺	Maria ☺	Maria ☺
(Elisabeth ☺)	(Elisabeth ☺)	(Elisabeth ☺)	
	Samariterin ☺	Samariterin ☺	
Sünderin in Simons Haus ☺	Sünderin bei Simon ☺		
Salome, Herodias ● ●	Salome, Herodias ● ●		
		(Blutflüssige Frau ☺)	(Blutflüssige Frau ☺)

		(Die Tochter von Jairus ☺)	(Die Tochter von Jairus ☺)	(Die Tochter von Jairus ☺)
	Die Ehebrecherin ●		Ehebrecherin ●	
	Maria und Marta ☺ ☺	Maria und Marta ☺ ☺	Maria und Marta ☺ ☺	Maria und Marta ☺ ☺
	Ehescheidung ☺			
	Maria salbt Jesus ☺			
	Scherflein der Witwe ☺			Scherflein der Witwe ☺
				(Den Groschen suchende Frau ☺)
			(Zehn Jungfrauen ☺ ●)	
	Die weinenden Jerusalemerinnen ☺		Weinende Jerusalemerinnen ☺	
	Frauen unter dem Kreuz ☺	Frauen unter dem Kreuz ☺		
	Die Frauen am Ostermorgen ☺	Die Frauen am Ostermorgen ☺	Die Frauen am Ostermorgen ☺	Die Frauen am Ostermorgen ☺
				Tabita ☺
	(Magd, die Petrus einlässt ☺)	(Rhode lässt Petrus ein ☺)		
			(Lydia ☺)	
				(Ein Mädchen in Philippi ● ☺)
		(Priszilla ☺)	(Priszilla ☺)	

Es ist interessant zu sehen, wie viele Frauen in den Kinderbibeln vorkommen. Ihre Zahl macht immer noch etwa nur ein Viertel aller benannten Personen der Kinderbibeln aus. Die Leser von Kinderbibeln haben also eindeutig den Gesamteindruck, dass es sich bei den biblischen Akteuren überwiegend um Männer handelt. Mädchen, die im Märchenalter nach Identifikationsfiguren suchen, finden wenig Hilfe in den biblischen Geschichten. Wir haben auch aufgezeigt, welche Frauen negative und welche positive Rollen spielen. Von 53

Frauen (bzw. Frauengruppen) sind über 16 (rund 30%) negative Aussagen zu lesen. Eindeutig und im moralischen Sinne negativ werden nur sieben weibliche Personen dargestellt, zwei davon sind aber einzig in »B« vorfindbar. Der allgemeinen Meinung entgegen erscheint Batseba in beiden Kinderbibeln als eine positive Figur, die bezaubernd schön und nicht in der Lage ist, den mächtigen König zurückzuweisen, obwohl sie um ihren verstorbenen Mann bitterlich trauert.

In einer überwiegenden Mehrzahl der Geschichten, in denen Frauen vorkommen, spielen sie eine Nebenrolle. Wir finden in den analysierten Kinderbibeln insgesamt acht Stellen, wo es speziell um die Erzählung der Tat einer Frau geht, also die Frau die Hauptrolle inne hat (Eva, Rahab, Maria und Marta, Rut, Ester, Jesum salbende Maria, die das Scherflein einwerfende Witwe). Von Eva abgesehen werden ihre Taten als vorbildhaft gewertet. Im Falle Evas können wir aber von keinem moralischen Vergehen sprechen. Die Art der Erzählung stärkt nämlich in keiner Kinderbibel die allgemeine Stereotypie, wonach die Sünde durch die Frau in die Welt gekommen sei. Vergleichen wir die negativen und die herausragend positiven Erzählungen über Frauen, so fällt das Hauptgewicht unabstreitbar auf die positive Seite.

Geld und Eigentum	Du sollst nicht stehlen	Du sollst nicht stehlen	Du sollst nicht stehlen	
		Schuld von Akan		
	Delila bekommt Geld für Simsons Geheimnis	Delila bekommt Geld für Simsons Geheimnis		Delila bekommt Geld für Simsons Geheimnis
	Salomo wünscht sich keinen Reichtum			
		Nabots Weinberg		
	Witwe mit zwei Söhnen			
		Schunemiterin	Schunemiterin	
			Prophetie von Amos	
			Die Predigt des Täufers	
	Jesu Versuchung	Jesu Versuchung	Jesu Versuchung	

Schätze sammeln	Ihr sollt euch nicht Schätze sammeln		
Der reiche Jüngling			
Zwei Schuldner			Zwei Schuldner
		Der Reiche und Lazarus	
Zachäus	Zachäus	Zachäus	Zachäus
		Steuerfrage	
Scherflein der Witwe			Scherflein der Witwe
		Anvertraute Zentner	Anvertraute Zentner
Judasgeld	Judasgeld	Judasgeld	

Die Kinderbibeln »A« und »B« bringen je zwei Geschichten zu diesem Problem, die in allen anderen nicht vorkommen. »C« beinhaltet sogar vier solche Geschichten bzw. Passagen. Allein die Zachäus-Geschichte ist in allen vier untersuchten Kinderbibeln vorhanden. Es gibt vier Stellen, die in drei Kinderbibeln zu finden sind. Alle übrigen Geschichten (sechs) tauchen nur in zwei Bibeln auf. Dies zeigt, dass im Blick auf biblische Inhalte, wo es um den Umgang mit Geld und Eigentum geht, keine geheime Übereinkunft unter den Verfassern herrscht. Trotz der inhaltlichen Unterschiede ist die Verteilung gleichmässig (ausgenommen »D«, die insgesamt 74 Geschichten beinhaltet). Die Geschichten bzw. Texte kann man in drei Gruppen einordnen. Die grösste Gruppe besteht aus Geschichten, die mit Habgier zu tun haben. In sechs Erzählungen (Akan, Delila, Nabot, reicher Jüngling, böser Schuldner, Judas) ist das Geld unmittelbar ein Motiv zur bösen Tat bzw. zur schlechten Entscheidung. Zum Gegengewicht stehen eigentlich nur zwei Bemerkungen da: Salomos Reichtumsverzicht und die Zurückweisung des Reichtums durch Jesus. Das wäre zu wenig. Die negativen Geschichten suggerieren aber sehr stark, dass das geldmotivierte Verhalten zum gefährlichen Ende führt. Die Geschichte von Zachäus stellt etwa einen Übergang zwischen den beiden Verhaltensweisen dar.

Die zweite Textgruppe besteht aus Ermahnungen und Ratschlägen (Zitate aus den Zehn Geboten, aus dem Buch Amos, aus der Bergpredigt und aus der Predigt von Johannes dem Täufer sowie die Äusserung Jesu über die Steuer und das Gleichnis vom reichen Mann und Lazarus). Diese Texte prägen sich wahrscheinlich nicht nachhaltig ein. Anders das Gleichnis vom reichen Mann und Lazarus. An dieser Geschichte fasziniert die Kinder die Beschreibung des Zustandes nach dem Tod, sodass ihrer Aufmerksamkeit die Ermahnung zum verantwortlichen Leben einfach entgeht. Die dritte Gruppe von Geschichten handelt davon, wie man mit Geld und Eigentum vernünftig umgehen kann: indem man durch sie Leben rettet (Witwe mit zwei Söhnen), indem man von ihnen mit ganzem Herzen spendet (Scherflein der Witwe) und indem man klug wirtschaftet (anvertraute Gelder). Kinder phantasieren oft davon, was wohl wäre, wenn sie reich wären. Dabei denken sie meist nicht an Geld, sondern an Gegenstände, die sie gerne besässen. In den behandelten Kinderbibeln suchen die Kinder vergeblich nach Beispielen für einen verantwortlichen Umgang mit Geld und Eigentum.

Macht und Herrschafts formen	Erster Holocaust in Ägypten	Erster Holocaust in Ägypten	Erster Holocaust in Ägypten	Erster Holocaust in Ägypten
	Pharaos hartes Herz	Pharaos hartes Herz	Pharaos hartes Herz	Pharaos hartes Herz
	Die Autorität von Mose	Die Autorität von Mose	Die Autorität von Mose	Die Autorität von Mose
	Israel verlangt einen König	Israel verlangt einen König	Israel verlangt einen König	Israel verlangt einen König
	Sauls Eifersucht	Sauls Eifersucht	Sauls Eifersucht (nur erwähnt)	
	David verschont Saul	David verschont Saul		
	David lässt Uria töten	David lässt Uria töten	David lässt Uria töten	
		Ahab und Isebel		
	Plan von Haman	Plan von Haman	Plan von Haman	Plan von Haman
	Esters Chance	Esters Chance	Esters Chance	Esters Chance
		Herodes, der Kindermörder	Herodes, der Kindemörder	
	Herodes Anti-pas, der Joh. den Täufer tötet	Herodes Anti-pas, der Joh. den Täufer tötet		
	Verurteilung Jesu	Verurteilung Jesu	Verurteilung Jesu	Verurteilung Jesu

Die biblischen Beispiele zeigen vor allem, wie Macht missbraucht werden kann. Wir haben in den untersuchten Kinderbibeln nur drei Gegenbeispiele gefunden: Mose setzt seine Autorität trotz der ständigen Unzufriedenheit des Volkes immer für das Volk ein, David nützt seine Rückschlagmöglichkeiten gegen Saul nicht aus und Ester kann als Königin ihr Volk vor einer Katastrophe bewahren. Von diesen positiven Beispielen finden sich zwei in allen vier Kinderbibeln. Die Fürbitte durch Mose und die pfiffige Vorgehensweise Davids stehen gar nicht so weit von der Lebenswelt der Grundschulkinder entfernt.

Bei den negativen Machtgeschichten ist der gemeinsame Tenor, dass doch Gott die Macht über alle Mächte hat, und dass er die Missbräuche mit Macht und Herrschaft nie befürwortet, sondern letztlich Gerechtigkeit schafft. Böse Machthaber werden früher oder später zur Verantwortung gezogen. Für die moralische Entwicklung der Kinder halte ich es für äusserst wichtig, dass die Unterscheidung zwischen guter und böser Machtausübung klar ist. »C« zitiert zwar das Magnificat, lässt aber die einschlägige Passage (Verse 51–53) weg.

Globalisierung				
Kinder denken im »Kinderbibelalter«, wie bekannt, konkret-operativ. Sie sind noch nicht fähig, eine globale Perspektive einzunehmen. Vorhistorische Geschichten wie die vom Turmbau zu Babel oder die Sintfluterzählung regen zwar zum weltweiten Denken an, aber Grundschulkinder können den kognitiven Sprung nicht mitmachen, der vom Konkreten zum Abstrakten, von der ersten zu einer übertragenen, von der einmaligen zur allgemeinen Bedeutung hinführt.				
Neue elektronische Medien				
Dieses Problemfeld wird in den Kinderbibeln selbstverständlicher Weise weder direkt noch mittelbar berührt.				
Interkulturalität /-religiosität	Rut in der Fremde	Rut im Fremden	Rut im Fremden	Rut im Fremden
	Delila als fremde Frau	Delila als fremde Frau		Delila als fremde Frau
	Die Königin von Saba	Die Königin von Saba		
		Salamos Abgötterei	Salamos Abgötterei	
	Elias Auseinandersetzung mit den Baals-Priestern	Elias Auseinandersetzung mit den Baals-Priestern	Elias Auseinandersetzung mit den Baals-Priestern	Elias Auseinandersetzung mit den Baals-Priestern
		Jeremias' Brief ins Exil		
	Daniel und seine Freunde essen keine fremden Speisen	Daniel und Freunde essen keine fremden Speisen	Daniel und Freunde essen keine fremden Speisen	Daniel und Freunde essen keine fremden Speisen
	Drei Männer fallen vor dem Bildnis nicht nieder	Drei Männer fallen vor dem Bildnis nicht nieder	Drei Männer fallen vor dem Bildnis nicht nieder	Drei Männer fallen vor dem Bildnis nicht nieder

	Daniel betet wie gewohnt	Daniel betet wie gewohnt	Daniel betet wie gewohnt	Daniel betet wie gewohnt
	Jona in Ninive	Jona in Ninive	Jona in Ninive	Jona in Ninive
	Weise aus Morgenland	Weise aus Morgenland	Weise aus Morgenland	Weise aus Morgenland
		Die Samariterin	Die Samariterin	
			(Hauptmann von Kapernaum)	(Hauptmann von Kapernaum)
	Der barmherzige Samariter	Der barmherzige Samariter	Der barmherzige Samariter	Der barmherzige Samariter
	Petrus und Kornelius	Petrus und Kornelius	Petrus und Kornelius	

Die Theodizee-Frage wird auch bei den heikelsten Fällen (Plagen, Kindermord in Bethlehem oder Enthauptung von Johannes dem Täufer) nicht gestellt.

Interkulturalität und Interreligiosität gelten in der Bibel als ambivalente Phänomene. Das spiegelt sich auch in den analysierten Kinderbibeln wider. Die Anwesenheit fremder Kulturen und fremder Religionen ist eine tagtägliche Erfahrung, die Bewahrung der eigenen Identität und die Treue zur eigenen Religion ist zugleich eine von Gott herrührende Aufgabe. Die Identität des Gottesvolkes besteht nicht bloss aus selbstdefinitorischen (dazu gehören auch die bekennenden) Aussagen und bestätigenden Erfahrungen des Erwählt-Seins, sondern gleichsam aus Momenten der Selbstverteidigung, Apologetik und Abgrenzung.[7]

Im Blick auf die Identitätsentwicklung ist das Kindergarten- und Grundschulalter die Zeit der Selbstunterscheidung. Das Mädchen und der Junge fragen nicht danach, wer sie sind, vielmehr danach, was sie von anderen unterscheidet. Die Frage lautet also eher: Wer bin ich nicht? Und das wird im Grundschulalter auch nicht im individuellen, sondern im kollektiven Sinne verstanden: Wer sind wir nicht? Das bringt eine gewisse Feindseligkeit anderen gegenüber mit sich. Deshalb können sich Kinder in Geschichten gut wieder finden, wo es um die Verteidigung der eigenen Identität geht (Elia, Daniel,

---

[7] Neulich hat *Michael Meyer-Blanck* auf die religionspädagogische Bedeutung der Selbstunterscheidung im Prozess der Indentitätsbildung hingewiesen in: *Michael Meyer-Blanck*, Von der Identität zur Person. Religionspädagogische Redigierungen in der Postmoderne, in: Zeitschrift für Pädagogik und Theologie 51 (1999), S. 347ff.

Freunde von Daniel), und wo die Annäherung an das Fremde als Versuchung oder als Gefährdung (Salomos fremde Frauen, Delila, die Speise des babylonischen Königs, Niederfallen vor dem goldenen Standbild, die Gebetsgewohnheit aufgeben) gedeutet wird und die Möglichkeit des Identitätsverlustes in sich birgt.

Verhältnismässig gross ist die Gruppe von Geschichten (neun und sechs davon kommen in allen vier Kinderbibeln vor), die über eine Annäherung Fremder zum Gott Israels oder zum Volk Gottes erzählen. Sie werden als Vorbilder vor die Erwählten gestellt. »D« hebt diesen Aspekt besonders hervor. Die Kinder werden wahrscheinlich die Konsequenz ziehen: Schlechte (nicht unbedingt im moralischen Sinne, sondern als eine Art Annahme, dass Fremde automatisch schlecht sind) können zu Guten werden.

Es sind noch zwei Stellen, wo ein weiterer Modus der Interkulturalität bzw. Interreligiosität auftaucht: das Sich-Öffnen vor Fremden. Dies wird von Jeremia den Exilanten (nur in »C«) geraten, und dies tut Petrus gegenüber Kornelius. Gefühlsmässig können die Kinder so etwas vermutlich kaum nachvollziehen.

Freundschaft/ Liebe/ Sexualität				
	Abrahams Fürbitte für Sodom		Abrahams Fürbitte für Sodom	
	Rebekka verliebt sich in Isaak	Isaak hatte Rebekka sehr lieb	Isaak hatte Rebekka sehr lieb	
		Jakob mochte Rahel mehr als Lea		Jakob mochte Rahel mehr als Lea
	Gegenseitige Zuneigung zw. Joseph und der Frau Potifars	Frau von Potifar verliebt sich in Joseph		
	Moses Fürbitte für das Volk	Moses Fürbitte für das Volk	Moses Fürbitte für das Volk	
	Rahab verbirgt die Kundschafter	Die Hure Rahab verbirgt die Kundschafter	Rahab verbirgt die Kundschafter	
	Simson verliebte sich in Delila	Simson verliebt sich in Delila		Simson hatte Delila sehr lieb
				Boas verliebte sich in Rut
	Elkana liebt Anna mehr als Peninna	Anna wusste, dass Elkana sie sehr mag		

Jonathan hat David sehr gerne	Jonathan mag David sehr gerne (nur erwähnt)	Jonathan und David sind gute Freunde (nur erwähnt)	
David verliebt sich in Batseba	David findet Batseba sehr schön und schläft ihr bei		
	Gegenseitige Hilfe zw. der Schunamiterin und Elisa	Gegenseitige Hilfe zw. der Schunamiterin und Elisa	
			Die Magd hilft Naaman
			Der König hatte Ester lieb
Elisabeth und Maria sind Freundinnen			
Joseph hat Maria lieb	Joseph hat Maria lieb		
Die Freunde des Gelähmten	Die Freunde des Gelähmten		
Die Ehebrecherin		Ehebrecherin	
Barmherziger Samariter	Barmherziger Samariter	Barmherziger Samariter	Barmherziger Samariter
Maria zeigt ihre Liebe zu Jesus			
	(Jesus mag Marta, Maria und Lazarus)	(Jesus mag Lazarus)	
		Du sollst deinen Nächsten lieben wie dich selbst	
Jesus wäscht die Füsse der Jünger			

Rechnen wir zu dieser Kategorie die unterschiedlichsten Äusserungen der Freundlichkeit und der freundschaftlichen Hilfe hinzu, so wird die Spannweite von dieser Erscheinungsgruppe bis zur partnerschaftlichen Liebe (oder gar zur Sexualität) allzu gross. So wird die allgemein menschliche Zuneigung auf diesem Problemfeld zum gemeinsamen Nenner. Die einfache zwischenmenschliche Zuwendung und Hilfe, wo es weder um »Brot« noch um »Geld« oder um »Krankheit« geht, stellt den einen Pol dieser Kategorie dar, den anderen dagegen die leidenschaftliche Sexualität. Es eröffnet sich ein zu weites Feld!

Wie verteilen sich die Geschichten zwischen diesen zwei Polen? Es sticht gleich ins Auge, dass »C« eindeutig die Geschichten der Nächstenliebe präferiert (sie zitiert sogar das Doppelgebot der Liebe), und dass »D« verhältnismässig arm an solchen Erzählungen ist. Andererseits betonen »A« und »B« gerne, dass zwischen einer Frau und einem Mann leidenschaftliche Liebe herrschen kann. Das Gesamtinventar sieht wie folgt aus:

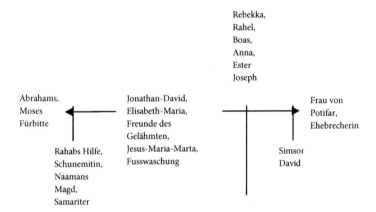

Auf der linken Seite befinden sich Geschichten, die über Nächstenliebe, freundliche Zuwendung und Hilfe bzw. über freundschaftliche Beziehungen erzählen (elf an der Zahl). Auf der rechten Seite stehen Geschichten, die partnerschaftliche Liebe, blinde Liebesbeziehung und pure Sexualität darstellen (insgesamt zehn). Der Vergleich spiegelt eine Ausgewogenheit.

Würden wir die beiden Seiten abgesondert unter zwei eigenständigen Kategorien behandeln, so wäre es offensichtlich, wie niedrig die Zahl der Geschichten in den Kinderbibeln ist, die die zentrale ethische Botschaft der Bibel – nämlich die Nächstenliebe bis hin zur Feindesliebe – zum Thema haben. Die Kinderbibeln entstellen also unausweichlich die Ethik der Bibel. Dafür sind nicht die Verfasser verantwortlich zu machen. Die biblischen Geschichten, die das Rohmaterial für Kinderbibeln liefern, spiegeln die zentralen Inhalte der Bergpredigt, der paulinischen oder der johanneischen Ethik nur in Spuren wider. Die Frage ist berechtigt, ob diese Inhalte überhaupt kindgemäss sind. Ich bin der Meinung, dass die christliche Ethik eine empathische Ethik ist. Das heisst, sie hält die Einfühlung für das Grundmotiv des ethischen Handelns. Auf der

Grundlage der Empathie kann jemand sogar im christlichen Sinne ethisch handeln, auch wenn er/sie von Prinzipien und Zusammenhängen kaum Kenntnis hat. Nach dem Befund der Empathieforschung verfügen schon die Grundschulkinder über eine recht differenzierte Empathiefähigkeit.[8] Wenn wir also bedenken, dass Kinderbibeln überhaupt mittels Identifikation und Empathie wirken und dadurch diese Fähigkeiten bei den Kindern »trainieren«, sollten wir es vielleicht nicht so tragisch finden, dass gerade das Problemfeld Nächstenliebe so schmal repräsentiert ist.

Ehe/ Familie/ gleichgeschlechtliche Beziehungen	Zwei Brüder: Abel und Kain	Zwei Brüder: Abel und Kain	Zwei Brüder: Abel und Kain	
	Rebekka wird zur Frau für Isaak ausgewählt	Rebekka wird zur Frau für Isaak ausgewählt	Rebekka wird zur Frau für Isaak ausgewählt	
	Zwillinge: Esau und Jakob (Bruch in einer Familie)	Zwillinge: Esau und Jakob	Zwillinge: Esau und Jakob	Zwillinge: Esau und Jakob
		Jakob heiratet Rahel	Jakob heiratet Rahel	Jakob heiratet Rahel
	Konflikt zwischen den Söhnen Jakobs	Konflikt zwischen den Söhnen Jakobs	Konflikt zwischen den Söhnen Jakobs	Konflikt zwischen den Söhnen Jakobs
	Die mütterliche Fürsorge von Moses Mutter	Die mütterliche Fürsorge von Moses Mutter	Die mütterliche Fürsorge von Moses Mutter	Die mütterliche Fürsorge von Moses Mutter
	Du sollst nicht ehebrechen	Ehemänner und Ehefrauen sollen treu sein	Du sollst nicht ehebrechen	
	Eheschliessung zw. Rut und Boas	Eheschliessung zw. Rut und Boas	Eheschliessung zw. Rut und Boas	Eheschliessung zw. Rut und Boas
	Delila wendet sich gegen Simson	Delila wendet sich gegen Simson		Delila wendet sich gegen Simson

---

8 Umfassende Darstellung der Forschungsergebnisse in: *Zsuzsanna Kulcsár* (Hg.), Morális fejlődés, empátia és altruizmus (Moralische Entwicklung, Empathie und Altruismus), Budapest 1999.

Die Sorge der Kinderlosigkeit bei Anna	Die Sorge der Kinderlosigkeit bei Anna	Die Sorge der Kinderlosigkeit bei Anna	
Davids Eheschliessung mit Batseba	Eheschliessung Davids mit Batseba		
Die wahre Mutter		Die wahre Mutter	Die wahre Mutter
Die Frauen von Ahasveros	Frauen von Ahasveros	Frauen von Ahasveros	Ahasveros heiratet Ester
Joseph heiratet Maria trotz Bedenken	Joseph heiratet Maria trotz Bedenken		
Der zwölfjährige Jesus bleibt im Tempel zurück	Der zwölfjährige Jesus bleibt im Tempel zurück	Der zwölfjährige Jesus bleibt im Tempel zurück	Der zwölfjährige Jesus bleibt im Tempel zurück
Herodes und Herodias	Herodes und Herodias		
Jesu Worte gegen die Scheidung			

Dieser Problembereich ist schwer vom vorherigen abzutrennen. Partnerschaftliche Liebe bzw. Sexualität und Ehe sowie Liebe und Familienleben verweben sich ineinander. Die hier genannten Kategorien erweitern dimensional die rechte Seite des vorangehenden Problemfeldes. Im Blick auf die Ehe- und Familiengeschichten – wie die Tabelle zeigt – weisen die untersuchten Kinderbibeln eine grosse Einheitlichkeit auf. Manche Lücken sind – wie erwartet – in »C« und »D« zu entdecken. Unter den Erzählungen kommen in überwiegender Mehrzahl Eheschliessungen vor, die bis auf eine Ausnahme (Herodes und Herodias) positiv bewertet werden. Wegen historisch-kultureller Spezifika, die in diesen Geschichten sehr dominant sind (Braut holen, der Braut dienen, Levirat, jemanden aus dem feindlichen Volk heiraten, mehrere Frauen haben), können diese Geschichten von Kindern weniger als Muster betrachtet werden. Sie gehören zu einer vergangenen Zeit.

Drei Erzählungen befassen sich mit Geschwisterkonflikten in der Familie: eine mit einem tragischen, zwei mit einem glücklichen Ausgang. Überall ist das Wurzelproblem die Rivalität, der verbitterte Kampf für die Liebe der Eltern (bzw. Gottes). Für die moralische Bildung ist von grosser Bedeutung, dass diese Geschichten zu einem guten Ende führen können, und zwar aufgrund der Vergebung seitens des Gekränkten.

Ebenfalls drei Geschichten behandeln die mütterliche Liebe. Das Verhalten der Mutter Moses ist wohl vorbildlich, steht aber weniger nahe zur Lebenswelt heutiger Kinder. In dieser Hinsicht ist auch die Situation der salomonischen Entscheidung fremd. Diese Geschichte hat aber eine dermassen suggestive Wirkung, dass die Kinder sich dieser wohl kaum entziehen konnen.

Den Abschnitt mit Jesu Worten über die Scheidung in »A« finde ich problematisch, weil betroffene Kinder mit solchen Aussagen wenig anfangen können.

Verhältnis von Generationen	Abraham und Isaak	Abraham und Isaak	Abraham und Isaak	
	Isaak gibt den Segen weiter	Isaak gibt den Segen weiter	Isaak gibt den Segen weiter	Isaak gibt den Segen weiter
	Rut und ihre Schwiegermutter	Rut und ihre Schwiegermutter	Rut und ihre Schwiegermutter	Rut und ihre Schwiegermutter
	Saul und Jonathan	Saul und Jonathan (kurz erwähnt)	Saul und Jonathan (kurz erwähnt)	
		David und Absalom		
	Der verlorene Sohn und sein Vater	Der verlorene Sohn und sein Vater	Der verlorene Sohn und sein Vater	Der verlorene Sohn und sein Vater

Wie es schon durch einen auf die Tabelle geworfenen Blick einsichtig ist, sind die Generationskonflikte, oder der bereichernde Austausch zwischen Generationen keine favorisierten Themen der Kinderbibeln. Auch die wenigen erzählten Geschichten stehen der Lebenswirklichkeit heutiger Kinder ziemlich fern. Die Gefühlsregungen aber, die in diesen auch für Kinder spannenden Situationen auf der Seite der jüngeren Mitbeteiligten erscheinen, können den Benutzern der Kinderbibeln wohl bekannt sein (Ausgeliefertsein, Bindung, Abgewiesensein bzw. Ausstossung, Auflehnung, Wunsch nach Unabhängigkeit). Für sie handelt es sich in diesen Geschichten weniger um Verhältnisse von Generationen, vielmehr um die Abhängigkeit der Jüngeren von den Älteren, der Kinder von den Erwachsenen. Ähnlich wie viele Märchen, sind auch diese Geschichten geeignet, die Wunschphantasien der Kinder nach Gross- und Selbstständigsein zu kanalisieren. Dabei bieten sie aber auch bestimmte Lösungen für die fortwährenden Abhängigkeitssituationen an.

Arbeit/Arbeits-losigkeit	Du sollst am siebten Tag ruhen und nicht arbeiten	Ihr sollt den Ruhetag halten	Ihr sollt euch an den Ruhetag erinnern und ihn heiligen	
	Rut arbeitet fleissig bei Boas	Rut arbeitet fleissig bei Boas	Rut arbeitet fleissig bei Boas	Rut arbeitet fleissig bei Boas
	Maria und Marta	Maria und Marta		Maria und Marta
			Die anvertrauten Zentner	Die anvertrauten Zentner

Begriffe wie Arbeit und Arbeitslosigkeit klingen im Ohr der Schulkinder ziemlich fremd. So auch die biblischen Geschichten, die diese Fragen thematisieren. Viele machen von Woche zu Woche die Erfahrung, dass ihre Eltern auch sonntags arbeiten müssen. Ihnen ist es aber meiner Beobachtung nach kaum bewusst. Sie nehmen nur wahr, dass die Eltern keine Zeit für sie haben. Ich kann mir schwer vorstellen, dass sie solche Erfahrungen mit den oben genannten Geschichten in Verbindung setzen.

Zeitverwendung/-verschwendung				
Hierzu sind keine Geschichten in den behandelten Kinderbibeln zuzuordnen.				
Gesundheit/Krankheit/Behinderung	(Pocken als sechste Plage)		(Pocken als sechste Plage)	(Pocken als sechste Plage)
	David kuriert Sauls Depression	David kuriert Sauls Wahn	David kuriert Saul von schlechten Gedanken	
			David fastet und betet für seinen kranken Sohn	
		Der Sohn der Schunemiterin wird geheilt	Der Sohn der Schunemiterin wird geheilt	
		(Heilung Naamans)		(Heilung Naamans)
		(Der kranke Hiskia wird gesund [nur erwähnt])	(Der kranke Hiskia wird gesund [nur erwähnt])	(Der kranke Hiskia wird gesund)
			(Das Leiden von Hiob)	

Daniel und seine Freunde essen kein Fleisch und bleiben gesund	Daniel und seine Freunde essen kein Fleisch und bleiben gesund		Daniel und seine Freunde essen kein Fleisch und bleiben gesund
(Heilung des Gelähmten)	(Heilung des Gelähmten)	(Heilung des Gelähmten)	(Heilung des Gelähmten)
		(Heilung des Knechts des Hauptmannes von Kapernaum)	(Heilung des Knechts des Hauptmannes von Kapernaum)
		(Heilung der blutflüssigen Frau)	(Heilung der blutflüssigen Frau)
(Heilung des Kranken am Teich Bethesda)	(Heilung des Kranken am Teich Bethesda)		
	(Heilung von Bartimäus)	(Heilung von Bartimäus)	
(Heilung der zehn Aussätzigen)			(Heilung der zehn Aussätzigen)
Der barmherzige Samariter	Der barmherzige Samariter	Der barmherzige Samariter	Der barmherzige Samariter
		(Heilung des Blindgeborenen)	(Heilung des Blindgeborenen)
		Ich bin krank gewesen und ihr habt mich besucht	
Heilung des Gelähmten vor der Schönen Tür	Heilung des Gelähmten vor der Schönen Tür	Heilung des Gelähmten vor der Schönen Tür	Heilung des Gelähmten vor der Schönen Tür

Zu diesem Schlüsselproblem hätten wir eigentlich nur diejenigen Geschichten auszuwählen, in denen Menschen für die eigene Gesundheit oder für die Genesung anderer etwas tun. Wir bezeichnen deshalb mit Klammern, wo Gott (oder Jesus) allein der Handelnde ist. In den wenigen Fällen, wo auch Menschen tätig sind, ist die Heilung selbst weiterhin Gottes Werk, das durch die Mitwirkung eines Menschen vollbracht wird. Die Propheten (David, Elisa) und der Jünger (Petrus) leisten aber in diesen Fällen keine diakonische Hilfe, sondern repräsentieren die Vollmacht bzw. den Heilungswillen Gottes.

Die in den untersuchten Kinderbibeln vorfindbaren Gesundheits- und Heilungserzählungen vermitteln unüberhörbar die Botschaft: Unsere Gesundheit und Heilung liegt in Gottes Hand. Er will uns heilen. Kinder, die über Gott als »Deus ex machina« (Fritz Oser) denken, sind voller Erwartungen in dieser Hinsicht. Wo es jedoch nicht zur Erfüllung kommt, geschieht etwas Fürchterliches: Das Ereignis wird als Plage oder Strafe verstanden. So wird Gott zum Verursacher des Übels (s. die Plage in Ägypten, die Erkrankung und das Sterben von Davids Sohn, das Leiden Hiobs). Krankheit und Heilung hat immer mit der Gottesbeziehung zu tun. Grundschulkindern steht die Frage der Jünger nahe: »Wer hat gesündigt, dieser oder seine Eltern, dass er blind geboren ist?« (»C«), oder »Ist er so geboren, weil seine Eltern etwas Schlechtes getan haben?« (»D«). Doch erscheint dieser Gedanke direkt oder indirekt nur in fünf Heilungserzählungen von den 13 (davon einmal – im Blick auf Hiskias Krankheit in »D« – wird dieser Zusammenhang angedeutet, obwohl in der Bibel davon keine Rede ist). Insofern sind die in den Kinderbibeln angeführten Gesundheits- und Krankheitsgeschichten (abgesehen von vier Stellen) kaum von ethischer Relevanz. Das Gehorchen von Daniel und seinen Freunden gilt auch mehr als Bekenntnis des Glaubens und weniger als moralische Handlung (etwa als Beweis des Ausharrens).

Es bleiben drei Geschichten übrig: die »musiktherapeutische« Hilfe Davids bei den Anfällen Sauls, die barmherzige Tat des Samariters und die Mahnung Jesu im Blick auf das letzte Gericht (Krankenbesuche als selbstverständliche Pflicht seiner Nachfolger). Von diesen drei Stellen wird wohl einzig das Gleichnis vom barmherzigen Samariter eine nachhaltige Wirkung bei den Kindern ausüben. Hier kann allerdings störend sein, dass sie sich wahrscheinlich mit dem Notleidenden identifizieren und zur Konsequenz gelangen, dass es schön wäre, wenn in der Welt viele so vorgingen wie der Samariter. Es tut nämlich gut, wenn man im Notfall Hilfe bekommt. Das Beispiel Davids ist allzu speziell, deshalb kann sich das Kind in die Rolle des Helfers schwer hineinversetzen. Das Jesuszitat in »C« ist zu flüchtig um ansprechend wirken zu können.

Drei weitere Geschichten haben noch einen ethischen Bezug: In ihnen handelt es sich um Menschen, die etwas unternehmen, damit jemandem Hilfe zukommt. Die Freunde des Gelähmten werden zwar erwähnt, aber ihre Hilfeleistung bekommt in keiner der Kinderbibeln Nachdruck – und das, obwohl das Mitmachen, das Behilflich-Sein für die Kinder durchaus vorbildlich sein kann. Das Denken und Verhalten des Hauptmannes aus Kapernaum wird dagegen in »C« und »D« ausführlich beschrieben, von daher würde er sich auch als Modellfigur eignen. Das Fasten und Beten Davids wird in »C« nicht ausführlich erzählt. Wir können voraussetzen, dass die Kinder nicht die Perspektive des todkranken Kindes einnehmen, da der schlechte Ausgang der

Geschichte doch deprimierend wirken wird. Die Erzählung deutet nicht an, dass es sich um eine Strafgeschichte handelt.

Es ist interessant zu sehen, dass die sonst reichhaltige (und konservative) Kinderbibel »A« auffallend wenig Geschichten solcher Art anführt, »D« hingegen relativ viel.

> Technisierung
> und Menschenwürde

Die durch die Möglichkeiten der heutigen Medizin entstehenden ethischen Probleme kommen in den Kinderbibeln nicht einmal in analoger Weise vor.

Zu diesem Problemfeld können wir aber in bestimmter Hinsicht die Auferweckungsgeschichten zählen. In unseren Kinderbibeln kommen fünf solcher Geschichten vor: der Sohn der Witwe zu Zarpat (»B«, »C«, »D«), der Sohn der Schunemiterin (»B«, »C«), Lazarus (»B«, »C«), die Tochter von Jairus (»B«, »C«, »D«), Tabita (»D«) und natürlich die Auferweckung Jesu (in allen). Diese Texte vermitteln unbestreitbar die Botschaft von der unbedingten Bejahung des Lebens durch Gott. Einen ethischen Beiklang haben sie aber selbst für die erwachsenen Bibelleser nur sehr indirekt (wohl noch weniger für die Kinder, was ja auch verständlich ist).

4. Schlussbemerkungen

Aus unserer Untersuchung geht hervor, dass das Leben gegenwärtig durch Probleme erschwert wird, für deren Lösung wir nur sehr mittelbar Impulse aus den biblischen Geschichten gewinnen können (Umwelt, Globalisierung, neue elektronische Medien, Arbeit/Arbeitslosigkeit, Zeitverwendung/Zeitverschwendung). Andererseits gibt es allerdings auch Probleme (wie Schuld/Vergebung, Strafe/Belohnung, Gehorsamkeit/Ungehorsamkeit), die in den Kinderbibeln eine deutliche Repräsentanz haben, obschon sie der heutige Mensch aus seinem Leben ausblendet oder als indifferent bzw. erledigt beiseite schiebt. Letztere stehen dem Leben der Kinder im Grundschulalter viel näher als manche viel diskutierten aktuellen moralischen Probleme. Am Anfang dieser Lebensphase orientieren sich die Kinder daran, was die »Grossen«, die Machthabenden für gut oder schlecht, für richtig oder falsch halten. So sind die Befehle Gottes nicht hinterfragbar: Man kann nur richtig vorgehen, wenn man sich gehorsam fügt. Auf diese Weise kann man auch die Strafe vermeiden. Zugleich erscheint eine Tat im Auge des Kindes schon dadurch als gerechtfertigt, dass sie dem Vollbringenden nützt. Während des inneren Mitverfolgens vieler biblischer Geschichten erlebt das Kind die Verwirklichung seiner Gerechtigkeitserwartungen. In den darauf folgenden Lebensjahren drängt sich der Wunsch nach Gleichheit, nach Ausgeglichenheit, nach gleichmässiger Verteilung der Güter in den Vordergrund. Moralisch vertretbar erscheint dann eine Handlung, wenn sie zum Ausgleich von Gewinn, von Möglichkeiten und von Schäden beiträgt. Auch dieses Handlungsmuster kann das Kind in den Geschichten der Kinderbibeln entdecken.

Infolge der Analysen kann festgestellt werden, dass die epochaltypischen Schlüsselprobleme allzu sehr auf Erwachsene zugeschnitten sind, und es wird wenig darauf geachtet, dass Kinder viel mehr altersspezifische als epochaltypische moralische Schlüsselprobleme haben. Fragestellungen und Zugängen solcher Art begegnen die untersuchten Kinderbibeln ausgesprochen gut. Damit hängt auch zusammen, dass der angewandte Katalog von epochaltypischen Problembereichen der inneren »Problemtabelle« der Kinderbibeln nur zum Teil entspricht.

In den in Ungarn erhältlichen Kinderbibeln wird die Hinleitung zur Praxis der Nächstenliebe stark vernachlässigt. Ausser der Person Jesu stellen sie den Kindern nur wenige Modellfiguren vor. Die wiederholte Hinführung zur Empathie, zum Miterleben und zum Nachvollzug ist die bevorzugte Art und Weise, wie Kinderbibeln zur moralisch-ethischen Entwicklung von Kindern beitragen können. Dieser Beitrag ist auch nicht zu unterschätzen. Die Absicht, moralische Impulse oder Orientierung zu geben, konnten wir in den behandelten Kinderbibeln nicht entdecken. Ihre unabstreitbare Stärke ist hingegen, dass sie den – hinter den Geschehnissen der Welt – handelnden Gott für die Kinder eindeutig bezeugen. Daraus können auch in späteren Lebensphasen noch ethische Konsequenzen gezogen werden.

Gottfried Adam

»Thumb Bible«/»Daumenbibel«.
Zu einem übersehenen Genre von Biblische Geschichten-Büchern*

Beim Genre »Daumenbibel« handelt es sich um eine Form biblischer Geschichten, die im deutschsprachigen Raum gegenwärtig völlig unbekannt ist. Dies gilt nicht nur für den Bereich des Umgangssprachlichen, sondern auch für jenen der literaturwissenschaftlichen Forschung. Dies wird deutlich, wenn man einen Blick in gängige Nachschlagewerke wirft.

1. Zum Begriff »Thumb Bible« bzw. »Daumenbibel«

Der »Duden. Die deutsche Rechtschreibung«[1] und »Duden. Das grosse Wörterbuch der deutschen Sprache«, 3. neu bearbeiteten Auflage[2] sowie das Lexikon »Die Zeit. Das Lexikon in 20 Bänden«[3], aber auch das »Digitale Wörterbuch der deutschen Sprache des 20. Jahrhunderts«[4] kennen zwar ein »Daumenkino«, aber keine Daumenbibel. Auch eine Recherche bei Google bleibt erfolglos.[5]

Wendet man sich englischen[6] und amerikanischen[7] Allgemeinlexika zu, macht man ebenfalls die Erfahrung, dass man unter »Thumb Bible« nicht fün-

---

* Robert Schelander, dem langjährigen Weggefährten, Gesprächspartner und Kollegen meiner Wiener Jahre zum 50. Geburtstag in Freundschaft zugeeignet.
1 Mannheim u.a., 24. Aufl. 2006.
2 Hg. vom Wissenschaftlichen Rat der Dudenredaktion, Mannheim u.a. 1999.
3 Hamburg/Mannheim 2005.
4 S. www.dwds.de (Aufruf vom 7.1.2010). Auch das Wortschatzlexikon der Universität Leipzig (http://wortschatz.uni-leipzig.de) enthält keinen entsprechenden Eintrag. Das gleiche Ergebnis erbringt eine Abfrage bei elexiko, dem Online-Wörterbuch zur deutschen Sprache des Instituts für deutsche Sprache (www.owid.de).
5 Aufruf »Daumen Bibel« und »Daumenbibel« vom 2.9.2009 und 7.1.2010.
6 Z.B. Cambridge Advanced Learner's Dictionary. Online (Aufruf vom 8.1.2010).

dig wird. Auch in der deutschen und der internationalen literaturwissenschaftlichen Forschung, zumal zu Kinder- und Jugendliteratur[8], findet man in den
grossen Standardwerken keinerlei Hinweise auf die Miniatur-Bibeln.[9]

Ein anderes Bild bietet dagegen die Internet-Recherche. Hier gibt es
zunächst viele Verweise auf die in den USA beliebten »thumb indexed bibles«.
Dabei handelt es sich um Bibelausgaben, die mit einem Griffregister ausgestat-
tet sind, auf dem die einzelnen biblischen Bücher verzeichnet sind, was das
Aufschlagen von Bibelstellen erleichtert. Diese Verweise sind für unsere Fragestellung nicht relevant. Doch daneben gibt es auch eine Reihe aufschlussreicher
Hinweise auf das Genre der »Thumb Bible«. Bei näherem Hinsehen zeigt sich,
dass »Thumb Bible« ein Begriff ist, der dreierlei ausdrücken kann:

Zum Ersten kann damit eine besondere Form eines Buches bezeichnet werden: das Miniatur-Buch (»Miniature book«). Dies ist dann ein Terminus für
eine bestimmte Publikationsform[10]. Es handelt sich dabei um ein Buch, das in
die offene Hand passt und ungefähr die Grösse eines Daumens aufweist.[11]
Wenden wir uns den Ausgaben von Biblischen Geschichten zu, so sind bei solchen Miniatur-Büchern zwei Formen deutlich zu unterscheiden:

(1) Einmal: Miniatur-Ausgaben des vollständigen Bibel-Textes.[12] Diese sind
    gering an Zahl, wohingegen z.B. spezielle Ausgaben von Psalmen in
    Miniaturform häufiger zu finden sind. Zum anderen: die »Thumb Bible«
    bzw. »Daumenbibel«. Dabei handelt es sich um Paraphrasen biblischer
    Geschichten (teilweise auch in Versform), die hauptsächlich für den
    Gebrauch durch Kinder gedacht sind.

(2) Zum Zweiten kann der Begriff die Bezeichnung für ein literarisches Genus
    darstellen: nämlich ein Buch für Kinder. In dieser Hinsicht handelt es sich
    um einen literaturwissenschaftlichen Begriff.

(3) Zum Dritten stellt der Begriff eine Bezeichnung für den Inhalt dar. Dabei
    geht es um die Bezeichnung eines religiösen Werkes: eben die »Thumb

---

7 Z.B. Cambridge Dictionary of American English. Online oder Merrian-Webster's Online
   Dictionary (Aufruf vom 8.1.2010). Auch die DVD-Ausgabe der Encyclopædia Britannica von
   2005 kennt den Begriff nicht.

8 *Ruth E. Adomeit,* Three Centuries of Thumb Bibles. A Checklist (Garland Reference Library of
   the Humanities 127), New York/London: Garland Publishing Inc. 1980, S. XVII, listet entsprechende Standardwerke der Kinderliteraturforschung auf. – Im Folgenden wird dies grundlegende Werk mit »Adomeit« zitiert. Näheres zu R. Adomeit siehe unten im Abschnitt 2.2.1.

9 Siehe z.B. *Thomas Anz* (Hg.), Handbuch Literaturwissenschaft, Bd. I-III, Stuttgart 2007; sowie
   Kindlers Literaturlexikon, Stuttgart, 3. völlig neu bearbeitete Auflage 2009.

10 Vgl. z.B. die vielfältigen Produkte des Miniaturbücher Verlages in Leipzig.

11 Siehe dazu die Abbildung 12 auf der folgenden Seite.

12 Siehe z.B. die Miniaturausgabe »Bilderbibel«, Leipzig: Miniaturbücher Verlag, 2005, im Format
   5,3cm x 5,3cm, 2 Bde., 1024 S. mit 240 Holzschnitten von *Julius Schnorr von Carolsfeld.*

Bible«. Für solche Miniatur-Ausgaben gibt es zwar keine einheitlich definierte Obergrösse, aber sie passen in jedem Falle in das Innere einer Hand. Ihr Wortbestand ist von ziemlich begrenztem Umfang. Sie kommen für die Darstellung der biblischen Inhalte mit nicht mehr als 10.000 Wörtern aus.13

Abbildung 14: Die Ausgabe »History of the Bible« (Lansingburgh 1824) im Format 3,2cm x 5,0cm im Vergleich zu einer menschlichen Hand (Eigenes Foto)

Wenn beschrieben werden soll, worum es bei einer »Thumb Bible« geht, so geschieht dies im Umkreis und unter Verwendung der folgenden Begriffe: Zusammenfassung, Inbegriff (lat. Epitome), Summarium, Inhaltsangabe (Synopsis), Paraphrase und Abridgement.

Hugh Tempest Sheringham hat dies Buch-Genre auf folgende Weise charakterisiert: »Was als ›Thumb Bible‹ bekannt ist, stellt ein populäres Buch des 18. Jahrhunderts dar. Es ist eine Art von Biblischer Geschichte, die in ungefähr

---

13 In den USA gibt es für das Katalogisieren von »Rare Books and Special Collections« ein Hilfsmittel, den so genannten »RMBS Thesaurus«. Im Januar 2009 wurde der Begriff »Thumb Bibles« in diesen Thesaurus neu aufgenommen und folgendermassen definiert (http://rmbsthesauri.pbwiki.com/Thumb-Bibles [Aufruf vom 20.2.2010]):
»*Thesaurus:* Genre Terms – *Term:* Thumb Bibles
Hierarchy: [Special shapes, sizes and kinds of books]: Printing & Publishing Evidence
                  [Literary forms]: Genre Terms
                  [Content of work]: Genre Terms
Scope Note: Use for miniature volumes containing summaries or abridgments of biblical texts in verse or prose; typically illustrated and produced chiefly for use by children.
Broad Term: Miniature books
                  Juvenile literature
                  [Religious works].«

7.000 Wörtern zusammengefasst und mit Holzschnitten geschmückt ist.«[14] In inhaltlicher Hinsicht handelt es sich also um den Versuch, den gesamten(!) Inhalt der Bibel in einem schmalen Büchlein für Kinder zusammenzufassen. Der RMBS-Thesaurus hat in formaler Hinsicht durchaus zutreffend formuliert, dass der Begriff »Thumb Bible« verwendet werden soll für »Miniaturbücher, die Summarien oder Auszüge von biblischen Texten in Vers- oder Prosaform enthalten, in einer bestimmten Weise illustriert und hauptsächlich für den Gebrauch durch Kinder hergestellt worden sind.«[15]

Der englische Kinder- und Jugendschriftsteller John Taylor, der erste erfolgreiche Autor einer solchen »Thumb Bible«, formuliert die Intention durchaus zutreffend, wenn er in seinem Vorwort zu seinem »Verbum Sempiternum« (1614) schreibt, dass zwar der Band von geringem Umfang sei, er gleichwohl insgesamt doch die Summe des Ganzen enthalte.

Es ist aber noch nicht wirklich hinreichend geklärt, wie der Begriff »Thumb Bible« als solcher entstanden ist. In Frankreich wurde um 1800 in Paris die »Bible du Petit Poucet« gedruckt. Vielleicht stammt die Bezeichnung von jener Publikation, die mit »Tom Thumb`s Bible« zu übersetzen ist. Immerhin war die literarische Kategorie des Märchens vom »Kleinen Däumling« in Frankreich ziemlich bekannt, jedenfalls seitdem der Schriftsteller Charles Perrault das Kunstmärchen »Le Petit Poucet« erstmals im Jahre 1697 als Teil seiner Sammlung »Les Contes de ma mère l´Oye« veröffentlicht hatte.[16]

---

14 *Hugh Tempest Sheringham*, A Library in Miniature, London 1948, S. 51. (Übersetzung: *G.A.*)
15 Siehe Fussnote 13, Abschnitt »Scope Note«.
16 *Ruth E. Adomeit,* Three Centuries of Thumb Bibles, a.a.O., S. XIII, macht auch auf einen anderen möglichen Zusammenhang mit dem überaus populären Liliputaner-Showman »General Tom Thumb« aufmerksam, der im Jahre 1844 mit dem amerikanischen Zirkus Barnum auf einer Tour durch England unterwegs war. Sein richtiger Name war Charles Stratton (1838–1883): Im Alter von sechs Jahren wog er 15 Pfund und war 60cm gross. Adomeit hält es für wahrscheinlich, dass der Begriff in diesem Kontext geprägt wurde.

Abbildung 15: Bible du Petit Poucet. Ornée De 30 Jolies Figures. Paris: Saintin [ca. 1800] (Adomeit C 49)[17]

Der Terminus taucht erstmalig im Zusammenhang eines Nachdruckes von John Taylors »Verbum Sempiternum« auf, der im Jahre 1849 durch Longman and Company in London durchgeführt wurde.

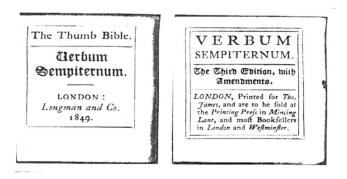

Abbildung 16: Titelblatt der Ausgabe von 1849[18]

Wie man der Abbildung 3 entnehmen kann, ist auf dem Titelblatt an oberster Stelle eben »The Thumb Bible« zu lesen.

---

17 Wiedergabe nach http://www.indiana.edu/~liblilly/miniatures/thumbbibles.shtml.
18 Wiedergabe nach *Ruth E. Adomeit*, Three Centuries of Thumb Bibles, a.a.O., S. 263 (B 58). – Vorhanden in der British Library, London, unter der Signatur: BL 528m.23/52.

2. Zur Verbreitung der Daumenbibeln und ihrer Druckgeschichte

Zunächst wenden wir uns der Frage der Verbreitung der Daumenbibeln und ihrer Druckgeschichte (2) zu. Anschliessend wird exemplarisch auf zwei Veröffentlichungen, John Taylors »Verbum Sempiternum« (3) und die »History of the Bible« (4), eingegangen. Den Abschluss bilden eine kurze Bilanz und ein Ausblick auf Forschungsperspektiven (5).

2.1 Zur Einführung

Die grösste Verbreitung fanden die »Thumb Bibles« auf den British Isles und in Amerika, genauer: zunächst in der englischen Kolonie in Amerika und nach der Unabhängigkeitserklärung in den New England States und an der Ostküste (New York, Philadelphia) der Vereinigten Staaten von Amerika. Auf dem europäischen Kontinent wurden in den Niederlanden, in Frankreich, Deutschland und Schweden Daumenbibeln gedruckt.

Im späten 18. und beginnenden 19. Jahrhundert waren die Daumenbibeln offensichtlich ein beliebtes Geschenk für Kinder, z.B. dann, wenn man sie belohnen wollte, weil sie etwas getan hatten, was den Gefallen der Eltern oder sonstiger Bezugspersonen fand. Sie stellten allerdings auch eine Art Kuriosität dar, so dass sich sowohl andere Leserschichten als auch die bibliophilen Sammler von Büchern dafür interessierten. Es sei allerdings ausdrücklich festgehalten, dass sich keineswegs nur die Liebhaber von Büchern und die Sammlerinnen von Kuriositäten für die »Thumb Bibles« interessierten. Sie wurden tatsächlich von den Heranwachsenden gebraucht, wie das an den Gebrauchsspuren und Abnutzungserscheinungen erkennbar ist, die bei vielen Exemplaren nicht zu übersehen sind.

Wenn man davon ausgeht, dass über dreihundert Ausgaben von Daumenbibeln in etwas mehr als dreihundert Jahren (1701–2008) erschienen sind, dann zeigt dieser Tatbestand, dass die »Thumb Bibles« populär waren und durchaus verbreitet gewesen sind. Dabei muss man sich vergegenwärtigen, dass Bibliotheken in der Regel keine alltägliche Gebrauchsliteratur sammeln (man nehme nur als Beispiele die Fahrpläne öffentlicher Verkehrsmittel und die Telefonbücher) und Kinderbibeln durchaus diesem Genre zuzuordnen wären.

Angesichts der genannten Zahl von Daumenbibelausgaben, die mit Sicherheit keine vollständige Erfassung darstellt, ist nun aber deutlich: Wir haben es bei diesen Büchern mit einer eigenständigen Form von Kinderliteratur zu tun. Sie verdient unsere Aufmerksamkeit sowohl aus literaturwissenschaftlicher als auch aus religionspädagogischer Sicht, nicht zuletzt im Zusammenhang der Kinderbibelforschung.

2.2 Zur Druckgeschichte und Verbreitung

Wie kommt es, dass wir über diese Bibeln und ihre Verbreitung doch recht gut Bescheid wissen? Dies ist deshalb der Fall, weil es in den USA einige Sammlerinnen und Sammler gegeben hat, die sich für dieses Genre von Veröffentlichungen interessierten.

2.2.1 Ruth Adomeits »Checklist«

Die grösste Sammlung hat dabei Ruth Elizabeth Adomeit (1910–1996) – im Zusammenhang ihres 50 Jahre dauernden Sammelns von Miniatur-Büchern überhaupt – zusammengetragen.[19] Im Jahre 1980 hat sie in ihrem Werk »Three Centuries of Thumb Bibles. A Checklist«[20] eine umfassende Zusammenstellung von »Thumb Bibles« vorgelegt. Die Verfasserin hat für diese Veröffentlichung aus Bescheidenheit den Titel »Checklist« gewählt, es handelt sich dabei aber durchaus um eine den hohen wissenschaftlichen Ansprüchen zu genügend reichende Bibliographie. Sie stellt jetzt sogar die für diesen Bereich massgebliche Bibliographie dar.

Ruth E. Adomeit hat ihre Zusammenstellung nach den jeweiligen Publikationsorten in drei Gruppen zusammengefasst:
A. Amerika: 156 Publikationen;
B. British Isles [d.h. England, Schottland, Irland]: 89 Titel;
C. Continental Europe: 50 Ausgaben.

Diese Zahlen ergeben bereits ein eindeutiges Bild hinsichtlich der Verbreitung der Daumenbibeln. Amerika liegt mit insgesamt 156 (+ 6 + 1) Publikationen[21]

---

19 Die Bestände ihrer Sammlung befinden sich inzwischen in der »Ruth E. Adomeit Collection of Miniature Books« in der Lilly Library der Indiana University, Bloomington, Indiana/USA. – Sammlungen von »Miniature Books» unter Einschluss von »Thumb Bibles« haben auch die American Antiquarian Society in Worcester, Massachusetts, die University of North Texas Libraries und die University of Iowa Libraries (Charlotte M. Smith Collection). Weitere Bibliotheksbestände nennt *Ruth E. Adomeit,* Three Centuries of Thumb Bibles, a.a.O., S. XXIf.

20 New York/London 1980. – Ruth E. Adomeits Leistungen würdigt *Janet Rauscher,* Ruth E. Adomeit: An Ambassador for Miniture Books, in: *Christiane J. Gruber* (Hg.), The Islamic Manuscript Tradition. Ten Centuries of Book Art in Indiana University Collections, Bloomington/Ind./USA 2009, S. 52–77. Zu den »Thumb Bibles» siehe S. 61–63.

21 Dazu kommen sechs weitere Ausgaben, die *Robert E. Massmann* in zwei Veröffentlichungen nachgetragen hat:
(1) More not in Adomeit New Britain, Connecticut: REM Miniatures 2001 und dass., 2. erweiterte Ausgabe 2002 (Thumb bibles not listed by R. Adomeit); (1) zu *Adomeit* A 81/82: Ausgabe von grösseren Format, (2) zu *Adomeit* A 82: andere Ausgabe, (3) zu *Adomeit* A 146: anderes Expl. von 1852, (4) zu *Adomeit* B 75/B 76/B 77: spätere Ausgabe, Besitzereintrag von 1833.

an der Spitze. Es folgen die britischen Inseln mit 89 Veröffentlichungen. Für das kontinentale Europa werden insgesamt 50 Auflagen aufgeführt. Es handelt sich dabei um die Länder Deutschland, Frankreich, Holland und Schweden.

Abbildung 17: *Ruth E. Adomeit* im November 1972 aus Anlass der Ausstellung ihrer Sammlung in der Cleveland Public Library[22]

Auch wenn man bedenken muss, dass die Sammlerin Adomeit und die übrigen »Thumb Bible«-Sammler in Amerika gelebt haben, so ist doch nicht damit zu rechnen, dass künftig noch sehr viele Drucke im Bereich des kontinentalen Europa gefunden und sich damit die Zahlenverhältnisse umkehren werden.

2.2.2 Drucke in England und Amerika

Die erste »Thumb Bible« erschien am Anfang des 17. Jahrhunderts in England. Im Jahre 1601 ist »An Agnus Dei« von John Weever herausgekommen.[23] Der Text war in Versform gefasst. Das Büchlein hatte aber nur eine kurze Lebensdauer. Es wurde offensichtlich bald von John Taylors »Verbum Sempiternum«

---

(2) More not in Adomeit, New Britain, Connecticut: REM Miniatures 2002 (Thumb bibles not listed by R. Adomeit); (5) zu *Adomeit* A 92 Ausgabe mit grösserem Format, (6) Ausgabe wie *Adomeit* A 143/144, aber grösseres Format.
Weiter kommt dazu eine Ausgabe analog zu *Adomeit* A 57, die sich in der Charlotte M. Smith Collection der University of Iowa Libraries findet (www.lib.uiowa.edu/speccoll/bookcolls/smith%20miniture%20collection/19th. [Aufruf vom 2.2.2010]).

22 Wiedergabe nach Dunham Tavern Museum News, Vol. 68, November 2006, S. 2.

23 Es erschienen noch drei weitere Auflagen in den Jahren 1603, 1606 und 1610 (siehe *Adomeit* B 2–4).

verdrängt, das erstmalig im Jahre 1614 erschienen ist. Es handelt sich dabei um eine Paraphrase der gesamten Bibel (also Altes Testament und Neues Testament) in Versform. In Amerika wurde der Text erstmals in Boston, 1765, gedruckt.[24]

Weitere Titel von in England erschienen Ausgaben lauteten: »Biblia or a Practical Summary of ye Old & New Testaments« (London 1727), »The Bible in Miniature« (London 1771), »A New History of the Old and New Testament, In a Short, Easy and Instructive Manner« (London 1771). Die von den englischen Daumenbibeln bekannteste und häufig nachgedruckte Ausgabe stellt »The Bible in Miniature, or a Concise History of the Old and New Testament« dar, die im Jahre 1780 erstmals für den Kinderbuchverlag E. Newbery in London gedruckt wurde (Adomeit B 26–28); eine Ausgabe ist für Amerika in New York 1791 nachgewiesen (Adomeit A 5). Von dieser Bibel sind über 70 Exemplare bezeugt.

In Amerika erschienen weitere Bibelausgaben mit folgenden Titeln: »A Concise History of the Bible« (Philadelphia 1787), »The Bible« (Philadelphia 1798), »The Bible and Apocraphy versified« (o.O. 1805), »A Short History of the Bible« (Philadelphia 1809), »Bible History« (New York 1811), »Eine kurzgefasste Geschichte der Bibel« (Philadelphia 1811), »History of the Bible« (Boston 1812), »Miniature Bible, Or Abstract of Sacred History. For the use of children« (Brattleborough, VT. 1816), »A Miniature History of the Holy Bible« (Hartford 1821), »The Child`s Bible. With Plates« (Cincinnatti 1834), »Miniature Bible, With Engravings« (Philadelphia 1839), »The Little Picture Bible for Young Children« (New Haven 1841).[25] Es zeigt sich eine erstaunliche Vielfalt. Zugleich wird der Zeitraum erkennbar, in dem dieses literarische Genus seinen Publikations-Höhepunkt hatte.

2.2.3 Das kontinentale Europa

Wenden wir den Blick auf das kontinentale Europa zu, so ist die Zahl der Drucke deutlich geringer.[26]

5. In Deutschland erschienen u.a. »Biblia; oder Innhalt gantzer Heiliger Schrifft« (1705, Adomeit C 1), »Biblia oder Inhalt und Kern gantzer h. schrift« (1707, Adomeit C 3). Als Besonderheit ist eine zweibändige Daumenbibel- Edi-

---

24 Weiteres dazu siehe im folgenden Abschnitt 3. John Taylors »Verbum Sempiternum«.

25 Belege und weitere Angaben bei *Ruth E. Adomeit,* Three Centuries of Thumb Bibles, a.a.O., S. 191ff (Books Printed in the Bristish Isles) und S. 1ff (Books Printed in America).

26 Im Folgenden nenne ich die Titel, aber nicht die Anzahl der erschienenen Auflage, die teilweise im Titel leicht variieren.

tion in Bilderform hervorzuheben. Dabei handelt es sich um Kupferstiche, die
in der Tradition der Icones Biblicae von Matthias Merian stehen: »Des Alten
Testaments Mittler«/»Des Neuen Testaments Mittler« (um 1690, Adomeit C
48).27

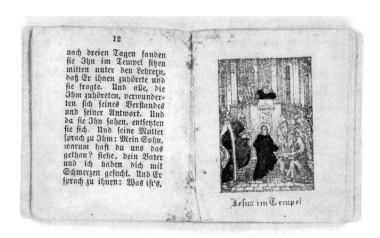

Abbildung 18: Feines Bilderbüchlein für fromme Kinder (1868)

Ergänzend sei noch auf eine kleine Ausgabe im Format von 4cm x 5cm mit
ausgewählten neutestamentlichen Geschichten hingewiesen, die unter dem
Titel »Feines Bilderbüchlein für fromme Kinder« im Jahre 1868 erschienen
ist.28

---

27 Dazu siehe unten Abbildung 24 und 25.
28 Neu-Ruppin: Verlag F. W. Bergemann 1868, S. 48. (Ich danke *Wilhelm von der Recke* für den
   Hinweis auf dies Büchlein und die Vorlage für Abb. 16).

- Für Holland sind zu nennen die »Biblia ofte Inhoud en Kern der gantschen H. Schrift« (1719, Adomeit C 9), »Kern Des Bybels« (1750, Adomeit C 15), »Kleine Print Bybel ofte 170 Geschiedenissen des O. en N Testaments (1750, Adomeit C 51)«.
- Aus Frankreich kommen: »Sommaire De La Bible« (1750, C 18), »La Sainte Bible, Mise en Vers« (1762, Adomeit C 32), »Bible De L´Enfance« (Adomeit C 40), »Bible du Petit Poucet« (ca. 1800, Adomeit C 49).[29]
- Und schliesslich ist aus Schweden die »Bibel För Barn« (1820, Adomeit C 41) zu nennen.

2.3 Zwischenbemerkung

Es ist deutlich erkennbar, dass mit dem ausgehenden 19. Jahrhundert dieses literarische Genus aufhört, eine Rolle zu spielen: Es werden keine Daumenbibeln mehr gedruckt. Nach dieser ersten Einführung in die literarische Gattung der Daumenbibel und dem Überblick über die Verbreitung und Druckgeschichte sollen im Folgenden zwei Beispiele, je eines aus England und Amerika, herausgegriffen und näher behandelt werden.

Das ist zum einen die (zeitlich gesehen) erste erfolgreiche Daumenbibel, die auch später noch häufig – vor allem in England – nachgedruckt wurde. Es handelt sich um John Taylors »Verbum Sempiternum/Salvator Mundi«. Diese Bibel erschien erstmals im Jahre 1614 und zum letzten Mal um 1889.[30] Und das ist zum anderen die »History of the Bible«, die es in Amerika auf eine enorme Zahl von Auflagen brachte. Erstmalig wurde sie 1811 aufgelegt, letztmalig um 1890.

3. John Taylors »Verbum Sempiternum«

Im Jahre 1614 erschien unter dem Titel »Verbum Sempiternae« (sic!) die Daumenbibel von John Taylor.[31] Bereits in einem weiteren Druck des Jahres 1614 wurde der Titel korrigiert zu »Verbum Sempiternum«.[32] Taylor hat – wie zuvor John Weever – seinen Text in Reime gefasst, aber er hat keineswegs Weevers »An Agnus Dei« von 1601 kopiert. Dort war es um das Leben Jesu in gereimter

---

29 Siehe Abbildung 12.
30 *Adomeit* A 151 und 152 vgl. B 87. – Im Jahre 1908 wurde ein Reprint der 1. Auflage von 1614 im Umfang von 100 Exemplaren in Aberdeen herausgebracht (*W.M. Stone,* The Thumb Bible, a.a.O., S. 58).
31 Adomeit B 5.
32 Adomeit B 6.

Form gegangen, bei Taylor geht es dagegen um den Inhalt der ganzen Bibel. Taylor hat darum etwas Eigenständiges geschaffen. Sein Text ist auch literarisch gesehen von deutlich besserer Qualität als der von John Weever.

3.1 Wer war John Taylor?

Die Britannica Online Encyclopædia 2010 weiss folgendes über ihn zu berichten: Er wurde am 24. August 1580 geboren und starb in London im Jahre 1653. Er wird charakterisiert als »minor English poet, pamphleteer, and journalist who called himself ›the Water Poet‹.«[33]

John Taylor wurde als Sohn eines Chirurgen geboren. Er scheiterte in der Schule an der lateinischen Grammatik und ging darum bei einem Fährmann auf der Themse in die Lehre. Die »watermen« beförderten Passagiere sowohl die Themse auf- und abwärts als auch auf die andere Seite des Flusses, wo sich das Vergnügungsviertel, einschliesslich der Theater (z.B. Shakespeares Globe) befand. In einer Zeit, in der die Strassen schlecht, der Transport zu Lande schwierig und die London Bridge die einzige Brücke über die Themse war, handelte es sich dabei um einen wichtigen Beruf.

Allerdings zählten die Fährmänner nicht zu den hoch qualifizierten Berufsgruppen und wurden zudem auch nicht besonders gut bezahlt. Gleichwohl handelte es sich um eine zahlenmässig grosse Gruppe von Personen. Im Jahre 1641 zählte man z.B. 4.000 Mitglieder in der Gilde der Fährleute. Voraussetzung für die Anstellung war der erfolgreiche Abschluss einer Lehre von mehrjähriger Dauer. Auch wurden die Fährmänner im Rahmen der Marine militärisch eingesetzt.

---

33 Britannica Online Encyclopædia – Aufruf vom 4.1.2010. Weiter ist hinzuweisen auf die 68 Seiten umfassende Abhandlung von *Wilbur Macey Stone*, The Thumb Bible of John Taylor, Brookline, Massachusetts: Sixtifourmos 1928. Es handelt sich dabei um einen Nachdruck eines Artikels aus »The American Collector«, Novemberausgabe 1927.

Abbildung 19: *John Taylor*, engraving by E. Scriven (Courtesy of the trustees of the British Museum; photograph J.R. Freeman)

Teilweise resultierte wohl auch daraus die grosse Zahl der Gildenmitglieder.[34] John Taylor verdiente seinen Unterhalt als ein solcher Fährmann. Einige Jahre hatte er zusätzlich eine Anstellung am Tower of London. Er unternahm darüber hinaus Reisen, die er beschrieb und literarisch vermarktete. Seine diesbezüglichen Veröffentlichungen machten ihn zu einer bekannten Persönlichkeit. Während des englischen Bürgerkrieges zog er nach Oxford um. Im Jahre 1645 kehrte er nach London zurück, wo er bis zu seinem Tod ein Gasthaus – »The Poet`s Head« – führte.

Taylor war zu seiner Zeit durchaus ein bekannter Verfasser von populärer Literatur. Er hat eine beachtliche Zahl von Veröffentlichungen vorzuweisen.[35] Er gilt als der »Erfinder« von drei Generationen von Kinderliteratur: (1) »Thumb Bibles«, (2) »Nonsense Verses« und (3) Tiergeschichten des Typs »faithful animal companion«.

---

34 Vgl. Google → Icons. A portrait of England → John Taylor, the Water-Poet (Aufruf 15.1.2010): »A unique figure in the world of poetry, John Taylor was a working water boatman as well as a published poet [...] He was apprenticed to a London waterman; that is, a member of the guild of boatmen that ferried passengers across the Thames [...] It was an overcrowded profession with 4,000 men in the union in 1641. Its members were used as a naval reserve, and this is how John Taylor ended up serving in Essex's fleet in 1596.«

35 Bei seinem Gesamtwerk ist mit etwa 150 Veröffentlichungen zu rechnen. Im Jahre 1630 veröffentlichte er 63 seiner Titel in einem umfangreichen Folioband »All the Works of John Taylor the Water Poet«. W.M. *Stone*, The Thumb Bible, a.a.O., S. 12 nennt weitere Nachdrucke (A complete reprint of his writings) aus den Jahren 1872 und 1876.

In einem späteren New Yorker Druck »The Thumb Bible. By J. Taylor, New York o.J.«, der etwa im Jahre 1889 erschienen ist, findet sich am Anfang des Büchleins vor dem Titelblatt ein ausführlicher Hinweis auf John Taylor [36], was sowohl in dieser Form als auch als inhaltlicher Bestandteil einer »Thumb Bible« einmalig ist. Darin werden einige Daten aus seinem Leben und zu seinem Schaffen mitgeteilt. In diesem Zusammenhang wird auch ein Grund für die Bezeichnung »Thumb Bible« angegeben: nämlich das Format (size) der Veröffentlichung:

>»NOTE.

>The author of the Thumb Bible was John Taylor (born in 1580, died in 1654), commonly called the Water-Poet. Taylor, after fulfilling his apprenticeship to a waterman, seems to have served in the fleet under the Earl of Essex. Afterward he took up the trade of a waterman, and for a time was an excise collector. At the approach of the Civil War he retired to Oxford. His sympathies were wholly with the Royalists, and when the town surrendered, he returned to London, where he dies.

>He published Verbum Sempiternum (an epitome of the Old Testament in verse), dedicated to Charles I.; Salvator Mundi (an epitome to the New Testament in verse). These two were published in one volume in 1693, and dedicated to the Duke of Gloucester, etc., under the title of Verbum Sempiternum, being an epitome of the Bible, termed from its size »The Thumb Bible.« It was reprinted in 1849 by Longman & Co., and again in 1888 by Hodder & Stoughton, London.«[37]

3.2 Wie häufig wurde Taylors »Thumb Bible« gedruckt?

Ruft man den Titel über WorldCat-Katalog, den grossen internationalen Katalog, auf, findet man auf Anhieb eine Reihe von verschiedenen Ausgaben verzeichnet. Wie bereits erwähnt erschien die erste Auflage 1614. Dabei erhielten der alt- und der neutestamentliche Teil je eine eigene Überschrift. Der alttestamentliche Teil erhielt den Titel »Verbum Sempiternum«, der neutestamentliche Teil den Titel »Salvator Mundi«.

---

36 Siehe *Adomeit* A 152.
37 Wiedergabe nach *Ruth E. Adomeit*, Three Centuries of Thumb Bibles, a.a.O., S. 182.

Abbildung 20: Verbum Sempiternum. The Third Edition, With Amendments, London: Printed for
Tho. James 1701[38]

Bei Adomeit sind insgesamt 31 Ausgaben von Taylors Daumenbibel nachgewiesen. Davon sind zehn in Amerika gedruckt worden und 21 in England
erschienen.[39] Dazu muss man noch weitere fünf Drucke hinzurechnen: nämlich
die drei Abdrucke im Gesamtband »All the Works of John Taylor, the Water-
Poet«[40] und den Reprint in Aberdeen aus dem Jahre 1908[41] und weiter die bei
Adomeit nicht dokumentierte »Third Edition« von London 1693. Davon findet
sich ein Exemplar in der Charlotte M. Smith Collection of Miniature Books in
den University of Iowa Libraries.[42]

Darüber hinaus wurden auch Übersetzungen in die holländische und französische Sprache vorgenommen.[43] Mit Sicherheit sind dies keineswegs alle Ausgaben, die gedruckt wurden. Aus analogen Fällen können wir den Schluss ziehen,
dass es noch weitere Auflagen gibt, die sich durchaus im zweistelligen Bereich

---

38 Diese Ausgabe ist bei *Adomeit* unter B 13 verzeichnet. Die Wiedergabe des Nachdrucks von
   1701 erfolgt hier nach http://www. diindiana.edu/~liblilly/miniatures/thumbbibles.shtml.
39 *W.M. Stone*, The Thumb Bible, a.a.O., nennt 16 englische und elf amerikanische Ausgaben.
   d'Alte Altridge Welch verzeichnet 15 amerikanische Ausgaben (A Bibliography of American
   Children`s Books Printed Prior to 1821, American Antiquarian Society and Barre Publishers
   1972, S. 425–427).
40 (1) London 1630, (2) Nachdruck London 1869 und (3) Reprint London: »Scolar Press« 1973
   sowie (4) der Reprint der 1. Aufl. 1614 in Aberdeen 1908.
41 Siehe Nr. 16 bei *W.M. Stone*, The Thumb Bible, a.a.O., S. 58.
42 Siehe oben Anmerkung 21. Zum Nachdruck dieser »Third Edition« im Jahre 1849 mit den
   Zusatz »The Thumb Bible« siehe oben Abbildung 3.
43 Siehe die Angaben bei *W.M. Stone*, The Thumb Bible, a.a.O., S. 61f; *Ruth Adomeit,* Teil C.

bewegen können. Schaut man sich den Zeitraum der Publikationen, der sich von 1614 bis 1908 erstreckt, an, so kann man durchaus von einem »Longseller« sprechen.

3.3 Intention und Inhalt von »Verbum Sempiternum«/»Salvator Mundi«

Am Anfang seiner Daumenbibel spricht Taylor den Leser an. Dabei macht er deutlich, dass es ihm um die Kürze der Darstellung geht. Er betont, dass dies keine einfache Aufgabe darstelle, dass er aber mit Sorgfalt und unter Mühen aus dem heiligen Buch diesen Auszug angefertigt habe.[44] Weiter stellt er heraus, dass er mit grosser Achtsamkeit alle jene Ereignisse ausgewählt habe, die von grösster Bedeutung seien. Er bittet den Leser, bevor er sein Urteil fälle, möge er sich vergewissern, dass er auch wirklich verstanden habe.[45] Taylor schliesst mit einer captatio benevolentiae dergestalt, dass in dem Masse, wie der Leser sich ihm gegenüber geneigt erweise, er zu jeder Zeit das Gleiche für den Leser tun werde.

In der sich anschliessenden Widmung an Prince William, Duke of Gloucester, wird herausgestellt, dass der Autor ihm die Summe dessen, von dem wir immer schon leben[46], in die Hände lege. Dann folgt – unter Verwendung eines Wortspiels von »small« und »All« – eine eingängige Formel, in der Taylors Programm der Elementarisierung, d.h seine Konzentration auf das Wesentliche deutlich formuliert wird:

> »And tho' the Volume, and the Work/be small,
> Yet it contains/the sum of All in/All.«

Es geht also um Kürze einerseits und um Umfassendheit andererseits. Dies ist zunächst eine formale Bestimmung des Inhalts der »Thumb Bible«. Zuvor war diese »Sum of all« aber schon durch ihre Lebensdienlichkeit etwas näher bestimmt worden, indem davon gesprochen wurde, dass der Autor dem Prinzen William die Summe all dessen in die Hände lege, was uns schon immer zum Leben befähige (»which makes us ever live«).

Der neutestamentliche Teil der Bibel (»Salvator Mundi«) enthält eine weitere Anrede an den Leser. Darin wird einerseits auf die preisgünstige Art der Veröffentlichung angespielt und auf den geringen Umfang hingewiesen und andererseits der inhaltliche Gegenstand als des Menschen Elend, seine Sündhaftigkeit und Gottes überwältigende Gnade herausgestellt:

---

44 The Thumb Bible, London 1849, Preface: »with care and pains out of the Sacred Book this little Abstract I for thee have took.«

45 »And all I beg when thou tak`st it in hand Before thou judge, be sure to understand« (ebd.).

46 »The sum of that which makes us ever live« (ebd.).

»Here, Reader,/thou may`st find/for little cost,/
How thou wast/ransom`d, when thou/wert/quite lost.
Man`s Sinfulness,/and God`s exceeding/Grace,/
Thou here may`st/read, and see in little/space.«

Der Autor stellt hier in Klarheit das zentrale Thema der biblischen Heilsgeschichte, sozusagen die Mitte der Schrift, heraus: nämlich den sündigen Menschen und den gnädigen Gott. Man darf festhalten, dass Taylor damit durchaus
in theologisch sachgemässer Weise den Kern der biblischen Botschaft zur Geltung bringt.

Taylors »Thumb Bible« ist dabei in ihrem zeitlichen und gesellschaftlichen
Umfeld zu sehen. Dafür ist charakteristisch, dass im England des 17. Jahrhun-
derts die Bibel und ihr Inhalt den Kindern auf vielfältige Weise nahe gebracht
wurden. Die diesbezüglichen Bestände der British Library in London belegen
das auf eindrückliche Weise.[47] So finden wir u.a. Summarien, Biblische Dialoge,
Biblische Katechismen, biblische Texte in Versform, Lesebücher mit biblischen
Stoffen, Lexika mit biblischen Namen oder Begriffen und eine hieroglyphische
Bilderbibel.

3.4 Die literarische Form

Die Besonderheit der Taylorschen »Thumb Bible« liegt nicht zuletzt in ihrer
Versform des Pentameters. Dabei dient der Gebrauch von Versen vor allem der
Bewahrung der biblischen Inhalte. Einige Jahrzehnte später hat John Lloyd in
seinen Versen zur Bibel diese Intention offen ausgesprochen, indem er bereits
im Titel seiner Veröffentlichung formuliert: »A Good Help for Weak Memo-
ries« (1671). Die Versform ist nützlich für das Behalten, die Wiederholung und
das Auffinden von Bibelstellen in der Heiligen Schrift.[48] Sie ist damit so etwas
wie ein aide-mémoire.

Das Verhältnis von Form (Verse) und Inhalt (biblischer Aussage) ist damit
zweifellos dahingehend zu bestimmen, dass die inhaltliche Aussage das Entscheidende darstellt, dem sich die Versform zu unterstellen hat. Es ist zu vermuten, dass mit grosser Wahrscheinlichkeit die Popularität von Taylors Daumenbibel mehr mit ebendiesem Vers-Format zu tun hat und weniger mit der

---

47 Die Bestände sind über den Integrated Catalog aufrufbar. Zum Folgenden vgl. auch *Ruth B.*
   Bottigheimer, The Bible for Children from the Age of Gutenberg to the Present, New
   Haven/London 1996, S. 43ff. (The Bible in Europe and America: England). Dort sind auch ein-
   schlägige bibliographische Hinweise zu finden.
48 »remembering, repeating and finding out of places of Scriptures« – zitiert nach *David Norton*, A
   History of the English Bible Literature, Cambridge: University Press 2000, S. 125.

poetischen Qualität der Daumenbibel. Seine Art zu formulieren, sei hier an drei Beispielen dargestellt. Der äussere Rahmen für seine Verse ist dadurch vorgegeben, dass die einzelnen Seiten des Büchleins eben nur 3,2cm x 2,9cm gross sind. Darum können nicht mehr als zwei Verse auf einer Seite enthalten sein. Das sieht konkret dann folgendermassen aus:

Beim Summarium zu den Proverbien lesen wir:

»The wisest man that ever man begot,
In heavnly Proverbs shows what`s good and what`s not.«

Am Ende des Alten Testaments heisst es zu den »Apocrypha«:

»For which the/Church hath ever/held it fit,/
To place them/by themselves from/Holy Writ.«

Zum Abschluss seien noch zwei neutestamentliche Kostproben zur Auferstehung Christi (nach dem Matthäus-Evangelium) gegeben. Auf der linken Seite lautet der Text folgendermassen:

»He, after Three days glorious doth arise;
He leaves the sinful Earth, and mounts the Skies.«

Auf der rechten Seite finden sich die folgenden beiden Verse:

»But first to his Disciples he appears,
Where he their drooping half-dead spirits cheers.«

Abbildung 21: *John Taylor*, Verbum Sempiternum:[49] Textbeispiel zur Auferstehung Jesu Christi

John Taylor hat sich in seinem literarischen Schaffen stets als ein Schriftsteller erwiesen, der ein gutes Gespür für die Bedürfnisse des Publikums, d.h. seiner

---

49 Beispiel aus einem Exemplar, das in Providence, Rhode Island, gedruckt wurde: http://www.prbm.com/quotes/festured_book_Thumb_Bible_Providence_and_Provenance. (Aufruf vom 2.9.2009).

potentiellen Käufer hatte. Darum lag die Auflagenhöhe seiner Bücher auch über dem Durchschnitt. Ihm kommt das Verdienst zu, die »Thumb Bible« als Genre von Kinderliteratur geschaffen zu haben.

Erschien Taylors Daumenbibel erstmals zu Beginn des 17. Jahrhunderts und hatte den Hauptort ihres Erscheinens in England, so kommen wir mit dem zweiten Beispiel in das 19. Jahrhundert mit dem Publikationsschwerpunkt Amerika.

4. Die Daumenbibel »History of the Bible«

Dieser Text ist nun nicht in Verform gehalten, sondern in Prosa geschrieben. Von der »History of the Bible« sind bei Adomeit ungefähr 55 Ausgaben aufgeführt.[50]

4.1 Zur Druckgeschichte

Über den Verfasser dieser Bibel ist bislang nichts bekannt. Ihre Vorgeschichte und ihr Verhältnis zu anderen Bibelausgaben für Kinder aus dieser Zeit bedürfen noch einer genaueren Untersuchung.[51] Im vorliegenden Beitrag geht es darum, eine Grundinformation und eine inhaltliche Einführung zu dieser Daumenbibel zu geben.

Im Zuge des nach 1780 deutlich wachsenden Marktes von Bibeln für Kinder in Amerika kommt der »History of the Bible« eine wesentliche Bedeutung zu. Aufgrund von Ruth Adomeits Forschungen kennen wir 156 Daumenbibeln aus den USA (zuzüglich sieben weiterer Exemplare). Damit ist deutlich, dass die »History of the Bible« ein volles Drittel der bekannten Daumenbibeln ausmacht.

Seit 1811 ist sie auf dem Markt und wurde in den nächsten Jahrzehnten kontinuierlich verlegt – und zwar in den Druckzentren des amerikanischen Nordostens (New England States, New York State und Pennsylvania).

---

50 Siehe im Einzelnen dazu die Angaben bei *Adomeit* → Register.

51 Siehe *Ruth B. Bottigheimer*, The Bible for Children, a.a.O., S. 44 und 46 sowie die dazugehörigen Anm. 33 und 35. Die Autorin verweist darauf, dass der Londoner Kinderbuchverleger Newbery im Jahre 1757 die »Holy Bible Abridged«, eine ausgesprochene Bibel für Kinder, herausgebracht hat. Diese wurde nach 1780 in Boston durch eine grössere Zahl von Raubdrucken bekannt und fand weite Verbreitung. Vorbehaltlich einer weiteren Analyse vermutet Bottigheimer, dass es sich bei der Daumen Bibel »History of the Bible« um eine Bearbeitung dieser Newberyschen Bibelausgabe handelt.

Die Druckorte sind im Einzelnen Boston, Massachusetts, Bridgeport, Hartford and New-London in Connecticut, Concord in New Hampshire sowie Albany, Buffalo, Cooperstown, Lansingburg, Sandy-Hills und Troy im Staate New York und Philadelphia in Pennsylvania.

4.2 Das Programm der »History of the Bible«

Die folgende Einführung wird anhand eines Exemplars geboten, dessen Besitz ich meiner Frau Renate Rogall-Adam verdanke: der Ausgabe »History of the Bible«, Lansingburgh 1824.[52]

Abbildung 22: Titelblatt der »History of the Bible« (1824)

Die den Umfang betreffende Gewichtung der Texte ist folgendermassen vorgenommen worden:

Das Vorwort umfasst neun Seiten.

Dem Alten Testament sind 127 Seiten und zwölf Bilder gewidmet, wozu noch das Mosebild vor der Titelseite kommt.

Dem Neuen Testament sind 96 Seiten und zwei Bilder gewidmet.

Das Bindeglied zwischen dem Altem und dem Neuen Testament stellt Johannes der Täufer dar.[53]

---

52 Published by *N. Stratton/F. Adancourt*, printer, Troy 1824. Die Daumen Bibel hat das Format 3,1cm x 5,0cm. Sie umfasst insgesamt 256 S., wobei das Vorwort mit römischen Ziffern (S. V–XIII) und der anschliessende Textteil fortlaufend mit arabischen Ziffern (S. 14–256) gezählt wird. Die Bildseiten werden fortlaufend mitgezählt. Bei *Adomeit* ist sie unter A 54 verzeichnet.

53 Ebd., S. 158.

Im Vorwort wird deutlich formuliert, welche Intentionen bei der Veröffentlichung der Daumenbibel für den Verfasser leitend gewesen sind.

Zunächst wird darauf abgehoben, dass es eine zu Sorgen Anlass gebende Beobachtung sei, dass in einem Land, wo alle die Bibel in ihren Händen haben könnten, es so viele Menschen gebe, die dieses beste aller Bücher selten lesen. Die Menschen seien daher ignorant im Blick auf die Art und Weise, in der die »unbegrenzte Weisheit« (»infinite wisdom«) von Anfang an den Menschen ihre Absicht bekannt gemacht habe und wie all die vorlaufenden Erweisungen der göttlichen Fürsorge und Liebe ihre Erfüllung durch das Kommen Jesu Christi gefunden haben.[54]

Es wird der Hoffnung Ausdruck gegeben, dass die Lektüre des Büchleins, das interessanterweise als kleine Abhandlung (»little treatise«) bezeichnet wird, die Neugierde auf den Inhalt stimulieren und die Liebe zu den heiligen Schriften hervorrufen möge. Dies wird dann noch einmal durch den Hinweis begründet, dass es sich um wertvolle Texte handele, die lohnend seien im Blick auf Lehre (»doctrine«), Mahnung (»reproof«) und Unterweisung (»instruction«).

Was die Schriften lehren, wird sodann in zweifacher Weise näher bestimmt: Es gehe darum, der Gottlosigkeit und weltlichen Lust abzusagen und in der gegenwärtigen Welt ein solides (»sober«), rechtschaffenes (»righteously«) und gottgefälliges (»godly«) Leben zu führen.[55]

Die Vorrede wird mit einer Beschreibung Gottes und seiner Eigenschaften in zwei Durchgängen abgeschlossen.[56] Zunächst wird unter Rekurs auf die Hl. Schrift Gott charakterisiert

als Schöpfer, Erhalter und Herrscher,

als ein Wesen, das perfekt ist und an Bedeutung und Exzellenz alle anderen Wesen übertrifft,

als ein Geist, ewig und unveränderlich, gerecht, vertrauenswürdig, rein und heilig.

Nach diesem ersten Durchgang mit Aussagen zu Gottes Wesen wird in einem zweiten Gottes Handeln charakterisiert. Es wird herausgestellt, dass Gott zu allen Menschen gut ist und dass seine liebevollen Gnadenerweisungen Bestandteil seines gesamten Handelns sind. Er sei »der Gott der Liebe und des Friedens«. Dies wird weiter dahingehend konkretisiert, dass

---

54 History of the Bible, a.a.O., S. VII: »and how all former dispensations of the Divine care and love, have received their completion by the coming of Jesus Christ.«

55 Ebd., S. IX.

56 Ebd., S. X–XIII: »Of God, and his Attributes«.

er der Vater der Barmherzigkeit und des Trostes sei,
er den Unschuldigen nicht verdamme,
noch den Schuldigen frei ausgehen lasse,

seine Ratschläge seit alters Treue und Wahrheit seien,
seine Versprechungen Ja und Amen seien, für alle Zukunft.[57]

Die Sprache dieses Vorwortes zeichnet sich durch einen theologischen Sprachgebrauch aus. Dieser erinnert teilweise an liturgische Formulierungen. In inhaltlicher Hinsicht handelt es sich um didaktische Überlegungen, die verbunden sind mit einer Würdigung der inhaltlichen Qualität der biblischen Schriften und deren existentieller Relevanz. Anhand der Gottesfrage geht es im Vorwort dann um eine theologische Einführung in zentrale christliche Inhalte.

4.3 Die Auswahl der biblischen Inhalte

Die »History of the Bible« ist in 28 Kapitel gegliedert. Davon sind zwölf Kapitel für das Alte Testament und 17 Kapitel für das Neue Testament bestimmt. Da Kapitel 16 fehlt (es wird in der Zählung übersprungen), gibt es in Wahrheit im Neuen Testament nur 15 und im Ganzen 27 Kapitel. Es ergibt sich folgende Übersicht der ausgewählten Stoffe.

Altes Testament

I.	Schöpfung (7 S. und 1 Bild)
II.	Kain und Abel (8 S. und 1 Bild)
III.	Sintflut/Noahs Bau der Arche (8 S.)
IV.	Ende der Sintflut/Noahbund/Verteilung der Erde unter die drei Söhne Noahs (7 S. und 1 Bild)
V.	Turmbau zu Babel (3 S.)
VI.	Abraham/Isaaks Opferung/Sodom und Gomorrha (8 S.)
VII	Isaak segnet Esau/Jakob schaut die Himmelsleiter (7 S.)
VIII.	Josephsgeschichte/Moses Geburt/Hiob (17 S. und 1 Bild)
IX.	Exodus (Plagen/Durchzug durchs Rote Meer/Anhang zu Passah-Fest) (5 S.)
X.	Mose und die Zehn Gebote/Zeremonialgesetz/Zelt/Einsetzung der Priesterschaft (19 S.)

---

57 Ebd., S. XIIf.

| XI. | Wüstenwanderung/Moses Tod/Josua/Richter und Herrscher, bes. Samson (3 S. und 1 Bild) (23 S. und 3 Bilder) |
| XII. | Elia/Elisa/2 Kön 2/Bären töten Kinder/Jona/Ahasver-Haman-Esther-Daniel-Johannes der Täufer (20 S. und 4 Bilder) |

Neues Testament

XIII.	Weihnachtsgeschichte/Kindermord in Bethlehem (9 S.)
XIV.	Flucht nach Ägypten (5 S.)
XV.	Der zwölfjährige Jesus im Tempel/Bergpredigt (6 S.)
(XVI.)	(Kapitel fehlt in der Zählung)
XVII.	Speisung/Wunderbare Fischzug (4 S.)
XVIII.	Gespräch mit Nikodemus (4 S.)
XIX.	Jesu Stillung des Sturmes (3 S.)
XX.	Jesu Predigt vom Reiche Gottes/Kindersegnung (3 S.)
XXI.	Auswahl und Sendung der Jünger (4 S.)
XXII.	Barmherzige Samariter (5 S. und 1 Bild)
XXIII.	Einzug in Jerusalem (3 S.)
XXIV.	Das Schärflein der armen Witwe (5 S.)
XXV.	Letzte Mahl/Fusswaschung/Jesus vor Pilatus/Pilatus wäscht Hände in Unschuld (8 S.)
XXVI.	Verspottung Jesu/Jesus am Kreuz/Grablegung/Auferstehung/Austeilung des Hl. Geistes/Missionsbefehl/Himmelfahrt (16 S. und 1 Bild)
XXVII.	Matthias wird für Judas nachgewählt (3 S.)
XXVIII.	Pfingsten/Urgemeinde/Ananias und Sapphira/Steinigung des Stephanus/Kirche Christi/Wir sind nach Christus genannt (16 S.).

Am Ende schliesst die Bibel mit folgenden Sätzen: »We are called christians; and that if we walk in his ways and keep his commands, he will be with us alway[s], even unto the end of the world.«[58]

Damit schliesst sich der Kreis zum Anfang der Daumenbibel: Das Bild von Moses, der die Zehn Gebote empfängt, ist das erste Bild der ganzen Bibel. Es ist nicht im alttestamentlichen Teil an der entsprechenden Stelle eingeordnet, sondern ist ganz an den Anfang, sogar vor den Titel der »History of the Bible«, gesetzt worden.[59] Dies kann man darum als einen zentralen Fokus verstehen, der den Zugang zur Bibel insgesamt eröffnen soll. Dazu passen die Schlusssätze

---

58 Ebd., S. 255f.
59 Siehe Abbildung 20.

der Bibel, wenn das Christsein daran festgemacht wird, dass Christus mit uns sein wird, wenn »wir auf seinen Wegen gehen werden und die Zehn Gebote befolgen«.

Die Auswahl der Bibeltexte zeigt einerseits, dass durchaus kindgerechte Texte (Weihnachten, der zwölfjährige Jesus, Kindersegnung u.a.) in den Blick gerückt werden und dass andererseits zentrale Texte (Schöpfung, Abraham, Kreuzigung usw.) wiedergegeben werden. Auffällig ist, dass der Autor in der Frage der Wunder Jesu ausgesprochen zurückhaltend ist. Ebenso bemerkenswert ist es, dass die Gleichnisse als Inhalt gänzlich entfallen. Bei der Passionsgeschichte finden wir eine starke Konzentration und knappe Behandlung der Ereignisse, zugleich aber wird eine theologische Deutung klar erkennbar. Am Ende wird der Bezug zur gegenwärtigen Kirche unter Einschluss des Bischofsamtes klar ersichtlich.

4.4 Das Bildprogramm

Bei den Bildern handelt es sich um Holzschnitte, die keine grosse künstlerische Qualität aufweisen, sondern von sehr einfacher Struktur und in ästhetischer Hinsicht anspruchslos sind. Die Bilder sind dabei folgenden Themen gewidmet:

Altes Testament

Vor der eigentlichen Titelseite findet sich das Bild »Moses on Mount Sinai« (Moses empfängt die Zehn Gebote).

Im Textteil des Alten Testaments sind folgende weitere Bilder enthalten:
- »Adam and Eve« (S. 18)
- »Cain and Abel« (S. 24)
- »The Ark« (S. 41)
- »Moses found« (S. 78) (Mose im Schilfkörbchen)
- »Samson tearing the Lion« (S. 116)
- »David & Goliath« (S. 122)
- »Death of Absalom« (S. 126)
- »Elijah fed by Ravens« (S. 136)

Abbildung 23: Elia wird von den Raben versorgt[60]

- »Bears Tearing the Children« (S. 143)
- »Jonah and Whale« (S. 147)
- »Haman Hanged« (S. 153)
- »Daniel and the Lions« (S. 156)

Neues Testament

Zum Neuen Testament finden sich lediglich zwei Darstellungen, dafür aber mit überaus gewichtigen Themen. Dies gilt gerade auch im Gegenüber zu den Bildern im alttestamentlichen Teil. Es handelt sich dabei um:

---

60 Warum dies Bild eine solche Rolle spielt, ist mir nicht klar. Interessanterweise findet sich auf den holländischen Bibelfliesen des 17./18. Jahrhunderts gerade dieses Motiv auch am häufigsten. Vgl. dazu *Gottfried Adam*, Biblische Geschichten auf Fliesen. Ein Beitrag zur Hermeneutik visueller Kommunikation, in: Wiener Jahrbuch für Theologie 8/2010, S. 135–146.

»Good Samaritan« (S. 200)

Abbildung 24: History of the Bible (1824), S. 200f.

»The Crucifixion« (S. 227)

Abbildung 25: History of the Bible (1824), S. 226f.

Mit diesen beiden Bildern sind der Grund des Glaubens und das Handeln aus Glauben deutlich »verbildlicht«. Dieses Bildprogramm entspricht durchaus auch den letzten Sätzen der »Thumble Bible«, auf die wir im vorigen Abschnitt bereits eingegangen sind. Wäre hier der Gesichtspunkt der Unterhaltung der Kinder zum Zuge gekommen, wären Geschichten wie die Steinigung des Stephanus, die Tempelreinigung, Petrus schlägt dem Malchus das Ohr ab u.ä. bildlich dargestellt worden. Das ist aber nicht der Fall.

Sieht man sich dagegen die Bilder zum Alten Testament an, so sind eben jene Geschichten ausgewählt, bei denen es um Aktion geht: Kain und Abel, Samson, David und Goliath, Absaloms Tod[61], der Tod der Kinder, Jonah und

---

61 Siehe Abbildung 16.

der Wal, die Hinrichtung von Haman. Und im Alten Testament sind nun einmal mehr solcher »blutrünstiger« Geschichten enthalten als im Neuen Testament. Hier ist also auf der einen Seite durchaus ein Tribut an das Unterhaltungsbedürfnis der Kinder nach spannenden Geschichten gezollt.

Auf der anderen Seite wird die Folge der Bilder – das sei noch einmal unterstrichen – eröffnet mit Moses' Empfang der Zehn Gebote und wird abgeschlossen mit der Kreuzigung Christi: Moses und Christus, das ist durchaus ein deutlicher theologischer Spannungsbogen – und dazwischen am Übergang vom Alten zum Neuen Testament: Johannes der Täufer, der mit folgenden Worten eindeutig als der Wegbereiter Jesu beschrieben wird: »Six months before the birth of Christ, John the Babtist (sic!) was born, who came to prepare the way before him.«[62]

Es ist also ein doppeltes Bildprogramm erkennbar: auf der einen Seite Unterhaltung, auf der anderen Seite theologische Bildung.

5. Bilanz und Perspektiven

Im vorliegenden Beitrag wurde eine Grundinformation über das Genre »Thumb Bible« vorgelegt und es wurden wesentliche Dimensionen für eine Definition des Begriffes Daumenbibel herausgestellt.

An zwei Beispielen, John Taylors »Verbum Sempiternum« und der »History of the Bible« wurden konkrete Ausgestaltungen dieses bisher übersehenen, eigenständigen Genres der Kinderliteratur herausgestellt. Es zeigte sich, dass die »Thumb Bible« vor allem im englisch-amerikanischen Kulturbereich zu Hause ist, was sich rein äusserlich schon darin erkennen lässt, wo und in welchem Umfang die Daumenbibeln gedruckt worden sind. Wir haben es dabei interessanterweise aber nicht mit einer Verbreitung durch Bibelgesellschaften zu tun, sondern es handelt sich um eine Weitertradierung der biblischen Tradition im gesellschaftlichen Raum. John Taylor war ein Kinderbuchautor. Der Verleger Newbery führte einen Kinderbuchverlag. Ich denke, mit diesen Ausführungen wurde die intendierte Absicht des Beitrages, auf das übersehene Genre der »Thumb Bible«/Daumenbibel aufmerksam zu machen und einen ersten Zugang zum Thema zu bahnen, erfüllt. Bei der weiteren Beschäftigung mit dieser Thematik gibt es eine Reihe von Fragestellungen, denen nachzugehen sich lohnt. Es seien zum Abschluss einige – ohne Anspruch auf Vollständigkeit – benannt:

---

62 History of the Bible, a.a.O., S. 158.

- Wie verhält es sich genauer mit der literaturwissenschaftlichen Seite dieses Genres »Thumb Bible«? Wie verhält sich die Qualität der Daumenbibeln zur Qualität anderer Kinderbücher?
- Was besagt es eigentlich, dass wir hier die Form der Reime finden? Welche Vorteile bringt dies im Blick auf den Prozess der Weitervermittlung der biblischen Botschaft? Ergeben sich auch Nachteile bei der religiösen Sozialisation?
- Wie ist das Verhältnis von Bild und Wort gestaltet? Handelt es sich um ein zufälliges Nebeneinander oder ist eine bewusste künstlerische und/oder theologische Gestaltung erkennbar?

Besondere Aufmerksamkeit verdient m.E. die Veröffentlichung von Christina und Magdalena Küslin mit dem Titel »Des Alten Testaments Mittler« und »Des Neuen Testaments Bilder«.

Abbildung 26 und Abbildung 27: Titelblätter »Des Alten Testaments Mittler« und »Des Neuen Testaments Mittler« (o.O. [Augsburg] um 1690)[63]

---

63 Wiedergabe nach *Ruth E. Adomeit,* Three Centuries of Thumb Bibles, a.a.O., S. 363.

Es handelt sich hierbei um eine »Thumb Bible« in Bilderform. Das ist eine Besonderheit. Darüber hinaus ist es auch spannend zu untersuchen, ob und welche Wirkungsgeschichte das Meriansche Programm der Icones Biblicae in dieser Veröffentlichung hat.

Anlässlich des Kolloquiums »Religion, Children`s Literature an Modernity in Europe 1750–2000« habe ich in meinem Beitrag »Protestantism and Modernisation in German Children`s Literature of the Late 18th Century«[64] darauf aufmerksam gemacht, dass es, bevor es zur Entstehung einer eigentlichen Literatur für Kinder kam, bereits vorher Veröffentlichungen für Kinder, also Kinderliteratur im eigentlichen Sinne, in Form eben von Bibeln für Kinder gegeben hat.[65] Dieser Beitrag liefert weitere Argumente zur Unterstützung dieser These. Aber er ist zugleich eine Anregung, dieser Frage auch in literaturwissenschaftlicher Hinsicht weiter nachzugehen.

---

64 In: *Jan De Mayer et al.* (Ed.), Religion, Children's Literature and Modernity in Western Europe 1750–2000 (KADOC Studies on religion, Culture and Society 3), Leuven: Leuven University Press 2005, S. 233–250. Vgl. auch *Gottfried Adam*, Kinderbibeln im Protestantismus in der zweiten Hälfte des 18. Jahrhunderts, in: Amt und Gemeinde 54/2003, S. 220–232.

65 In diesem Befund weiss ich mich mit *Ruth B. Bottigheimer*, Children`s Bibles 1690–1750 and the Emergence of Fictions for Children, in: Compar(a)ison 2/1995, S. 101–115, einig.

Irene Renz

»Babybibeln« als kritische Herausforderung im Hinblick auf frühkindliche religiöse Sozialisation und Erziehung

1. »Babybibeln« als Kleinkinderbibeln – vielgestaltig und bedenkenswert

»Gott in der Krippe – Religiöse Bildung von Anfang an«, so lautet der Titel einer jüngst erschienenen Arbeitshilfe für die Arbeit mit Kleinkindern, herausgegeben vom Diakonischen Werk der Ev.-luth. Landeskirche Hannover. Die Frage, ab welchem Alter sich Religiosität zu entwickeln beginnt, wird hier neu gestellt angesichts einer Gesellschaft, in der religiöse Bindung nicht mehr selbstverständlich ist, mehr noch, zusehends im Schwinden begriffen zu sein scheint. Neben kindgerechtem Gestalten christlicher Feste, Gesten und Ritualen, werden in dieser Handreichung auch Kinderbibeln als wichtiges Medium zur Tradierung religiöser Texte schon für Kleinkinder genannt.

Seit etwa 1970 ist eine Zunahme der Publikationen von Bibelbearbeitungen für Kinder im Lesealter zu verzeichnen. Für kleinere Kinder kamen zur gleichen Zeit bebilderte Einzelgeschichten auf den Markt, wie die »Docete-Reihe« mit den bis heute von Erzieherinnen in kirchlichen Kindertagesstätten sehr geschätzten Bildern von Kees de Kort.[1] In den 80er Jahren wurden jeweils fünf dieser Einzelgeschichten zusammengefasst in einer fünfbändigen Gesamtausgabe, die sich bis heute grosser Beliebtheit erfreut. Diese Bibel-Bilderbücher mit dem Titel »Was uns die Bibel erzählt« waren sowohl vom Format als auch von der Festigkeit des Papiers her eher für die Hand von Erwachsenen gedacht, die sich gemeinsam mit dem Kind den Bildern und Kurztexten zuwenden sollten.

Mit der »Baby-Bibel« aus dem Jahr 1996 von Barbara Cratzius entstand ein neuer Typus, hinsichtlich der Aufmachung und des Gebrauchs. Diese Baby-Bibel – und seitdem sind etliche dieser Art erschienen – war für die Hand des

---

[1] Herausgegeben von der deutschen Bibelgesellschaft Stuttgart, ab 1969 in mehreren Auflagen.

Kleinkindes gedacht nach dem Modell üblicher Baby-Bilderbücher mit dicken Pappseiten, abwaschbar, schön bunt und mit abgerundeten Ecken. Die Texte sind jeweils weniger weit gefasst, die Bilder in der Regel ›niedlich‹, und das Format solch einer »Babybibel« ist klein und daher für Kinderhände gut zu ›handhaben‹. Allerdings hat sich der Titel: »Baby-Bibel« nicht durchgesetzt. Es folgten Bibeln mit Bezeichnungen wie »Die Bibel für die Allerkleinsten«[2] oder »Meine erste bunte Bibel« (engl. »The Toddler Bible«)[3], auch vielfach mit Zusätzen wie ›Für die Kleinsten‹, oder mit Altersangaben ›ab 2 oder 3 Jahre‹. Mit der Veränderung der Papierqualität war man auch nicht mehr ausschliesslich auf Pappseiten angewiesen, sondern reissfeste Seiten in üblicher Papierstärke sorgten für Gewichtsminderung. Damit war die Möglichkeit – aber auch der Anreiz oder sollte man sagen, die Versuchung – gegeben, den Textumfang zu erweitern.

Es zeigt sich also, dass sog. Babybibeln entgegen mancher Annahmen kein einheitliches Bild bieten. Sie differieren ähnlich von einander wie die Kinderbibeln für ältere Kinder. Sie unterscheiden sich im Format, in der Anzahl der ausgewählten Geschichten, in der Bebilderung und in den durch die Erzählweise gesetzten Akzenten. Auch gehen die Texte und die Wortwahl häufig weit über das im Klappentext empfohlene Alter hinaus, so dass man von Bibelbearbeitungen für das Kindergartenalter und bei nicht wenigen Publikationen sogar bis zur ersten Schulzeit ausgehen kann, obwohl die im Klappentext anvisierte Zielgruppe mit 2–3 Jahren angegeben wird. Daher ist die Bezeichnung »Babybibeln« in Anführungszeichen zu setzen und eher von »Kleinkinderbibeln« zu reden.

2. Zum Kontext der Kleinkinderbibeln

Stellen wir zunächst einmal die religiöse Komponente hintan, so ist es vorab der pädagogische Aspekt, der auch das ›normale‹ Bilderbuch aufweist: die Seh- und Erkennungsfähigkeit zu schulen und das Sprachrepertoire zu erweitern. Oder wie schon im 17. Jahrhundert der Pädagoge Jan Amos Comenius forderte, die »res et verba« zusammenzubringen[4] und das Erfassen kurzer Handlungsabläufe durch vereinfachte Texte und Bilder zu ermöglichen. Kleinkinder drücken ihre Kommunikation mit einem Bild recht präzise aus mit: »Ist das?« (die Frage

2 *Matthias Jeschke/Rüdiger Pfeffer*, Die Bibel für die Allerkleinsten, Deutsche Bibelgesellschaft, Stuttgart 2006.
3 *Beate Brielmeier/Yorgos Sgouros*, Meine erste bunte Bibel, Stuttgart 2009.
4 Vgl. *Jan Amos Comenius*, Orbis sensualium pictus, Erstausgabe 1658, neu erschienen in: Die bibliophilen Taschenbücher, Dortmund 1978.

nach der Bezeichnung) und: »Macht das?« (die Frage nach der Funktion, bzw. Handlung).[5]. Nicht zu vergessen seien jedoch auch die emotionalen Reaktionen, die Bilderbücher auslösen. Da wird z.b. der böse Riese gehauen oder das kleine Schäfchen gestreichelt.

Der literaturwissenschaftliche Aspekt verweist uns auf das Genre der sog. adaptierten Kinderliteratur. Bezogen auf Bibelbearbeitungen für Kinder und auch für ›die Kleinsten‹ unter ihnen heisst das, für Erwachsene geschriebene biblische Texte, werden für Kinder in eine dem Alter entsprechende rezipierbare Form übersetzt, wobei die Form sich als Wort und Bild darstellt. Das Bild ist freilich bei Kleinkinderbibeln das Vorherrschende. Der für unser Thema indes bedeutendere Aspekt ist die Frage nach dem religionspädagogischen Kontext bzw. nach der grundsätzlichen Legitimation frühkindlicher religiöser Sozialisation.

Fünf Momente seien herausgegriffen, welche die Hinwendung speziell zum Kleinkind und dessen Hineinnehmen in den christlichen Glauben aufweisen.
- Das erste und grundlegende ist das sog. Kinderevangelium. Es findet sich bei allen drei Synoptikern. In der Bibelausgabe der Württembergischen Bibelanstalt von 1966 steht bei Markus der ergänzende Hinweis auf jene, welche die Kinder »trugen«. Zweifelsohne sind es Kleinkinder, die noch getragen werden, auf die sich die Teilhabe am Himmelreich und damit auch auf die Hineinnahme in die religiöse Gemeinschaft bezieht.
- Dann wäre Martin Luther zu nennen, der durch die Taufgnade auch kleinen Kindern schon einen Zugang zum Evangelium attestiert.
- Der dritte Hinweis zeigt, dass bereits in der Aufklärung an Kleinkinder gedacht wurde. Im Vorwort der »Cürieusen Kinderbibel« von 1749 heisst es: »[...] dass also zwei bis dreijährige Kinder, sobald sie nur ein wenig reden können, nicht nur von den wichtigsten göttlichen Lehren einen kurzen Begriff erhalten, sondern« – und es folgt der Hinweis auf die Funktion vieler historischer Kinderbibeln – »auch sowohl zum deutsch und lateinisch lesen [...] spielend angewiesen werden können.«[6]

---

5 Nach diesem Prinzip ist vornehmlich auch der oben genannte ›Orbis sensualium pictus‹ konzipiert.
6 *Regine Schindler/Frank Jehle/Rosmarie Tschirky*, Die Bibel für Kinder einst und jetzt. Beiheft zur Ausstellung, Schweizerisches Jugendbuch-Institut 2000, S.10.

- Viertens gab es in der Zeit des Pietismus bei Zinzendorf in der Herrnhuter Brüdergemeine seit 1731 sonntägliche »Armkindergottesdienste«[7], also für Kinder, die noch auf dem Arm der Mütter gehalten wurden. Bei leisen Gesängen »unter einer lieblichen Music« sollten die Kinder in den Armen sanft gewiegt werden. Ein Indiz auch dafür, dass in der religiösen Erziehung von Kleinkindern das Atmosphärische eine nicht zu unterschätzende Rolle spielt.
- Was nun die Gegenwart betrifft, so haben wir seit einigen Jahren in vielen Kirchengemeinden die sog. ›Krabbelgottesdienste‹, die belegen, dass nicht nur Kinder, sondern auch speziell die Kleinsten im religionspädagogischen Horizont der Praktischen Theologie erscheinen.

Fazit

Kleinkinder haben in der Tat ihren theologisch begründeten Platz in einer christlichen Glaubensgemeinschaft, daher gehört es zum religionspädagogischen Aufgabenbereich, auch die Allerkleinsten einzubeziehen. Bibeln für die Kleinsten sind letztlich eine zu erwartende Folge, die es jedoch ebenso ernst und kritisch zu prüfen gilt, wie Kinderbibeln für ältere Kinder, denn hier entstehen bereits Prägungen, die entscheidend für das spätere Verhältnis zum christlichen Glauben sein können.[8]

Nicht verschwiegen werden sollten natürlich auch kommerzielle Interessen des Buchmarktes, die im Rahmen des allgemeinen Kinderbibel-Booms auch Kleinkinder als Zielgruppe entdeckt haben, doch sollte dies an einem anderen Ort behandelt werden.

3. Qualitätskriterien von Kleinkinderbibeln

Drei Elemente, die für eine Bibelbearbeitung für Kinder konstitutiv sind, werden in der Forschung auch als Prüfpunkte bezüglich der Qualität von Kinderbibeln gesehen. Es sind dies erstens: die Auswahl der Texte, zweitens: die Erzählweise und drittens: die Bebilderung. Im Folgenden werde ich 15 von mir ausgewählte »Babybibeln«, die entweder mit einer Altersangabe (ab 2 bzw. 3

---

7 *August Gottlieb Spangenberg*, Leben des Herrn Nicolaus Ludwig Grafen und Herrn von Zinzendorf und Pottendorf, Barby, 1.Theil, 1775, S. 668f.
8 Vgl. auch *Elisabeth Würth*, Die religiöse Erziehung des Kleinkindes, Freiburg 1961, S. 25: »Die Jahre der frühen Kindheit sind entscheidend für das spätere religiöse Leben [...] bestimmend für die Grundhaltung zu Gott«.

Jahre) oder mit dem Zusatz für ›kleine Kinder‹ o.ä. versehen sind,[9] mithilfe dieser drei Elemente auf Qualitätskriterien hin überprüfen.

3.1 Die Auswahl der Texte

Da in den meisten der hier ausgewählten Publikationen ein Vor- oder Nachwort fehlt, erfahren wir nichts über die Auswahlkriterien der Verfasser selbst. Eine Ausnahme bildet Mary Hollingsworth. Sie deklariert ihre Auswahl als »die wichtigen Passagen der Bibel.« Es sind insgesamt 42 Geschichten, davon 20 Texte aus dem Alten und 22 aus dem Neuen Testament.[10] Unter dem Gesichtspunkt der Bedeutsamkeit und der relativ grossen Anzahl der Texte ist es jedoch verwunderlich, dass z.B. die Geschichte von Simson und Delila enthalten ist, aber das Gleichnis vom barmherzigen Samariter fehlt.[11] Sollte die Stärke Simsons bedeutender sein als die »Stärke« des Samariters?

Kenneth Taylor[12], dessen Bibel »schon für die Kleinsten« ab drei Jahren gedacht ist, ist die umfangreichste in meiner Auswahl mit 256 Seiten und 125 Texten, davon ca. 70 aus dem Alten Testament und 55 neutestamentliche. Die Bibel mit den wenigsten Geschichten – es sind nur fünf – ist die aus der Reihe des Coppenrath Verlags: »Meine ersten Bibelgeschichten«.[13] Die Spannbreite, den Textumfang von Babybibeln betreffend, ist also sehr weit. Weniger weit gefasst ist indes die Altersangabe auf den Klappentexten dieser beiden Bibeln mit zwei bzw. drei Jahren.

Vergleichen wir jetzt die Häufigkeit, der in den 15 Publikationen ausgewählten Texte, so haben wir nur drei Geschichten, die in all diesen Kleinkinderbibeln vorkommen. Es sind: Die Schöpfungserzählung, Noah und die Arche und die Geburt Jesu. Die Geschichten: Mose im Körbchen, Jona, Passion und Ostern sind in zwölf Ausgaben enthalten, gefolgt von David und Goliath in elf Bibeln. Den Auszug aus Ägypten finden wir in neun und Daniel in der Löwengrube in acht Ausgaben. Die Kindersegnung jedoch – und das hatte ich so nicht

---

9 Es sind dies Publikationen, die derzeit (Sommer 2009) in Kieler Buchhandlungen am häufigsten vorhanden, bzw. in Gemeinden und Familien in Gebrauch waren. Die alphabetische Auflistung erfolgt am Ende dieses Artikels.

10 *Mary Hollingsworth*, Die kleine Bibel für mich, Neuhausen 1993, S. 96.

11 Dieses Gleichnis ist übrigens nur noch in zwei Bibeln dieser Auswahl enthalten: *Reinhard Abeln/Yvonne Hoppe-Engbring*, Mein grosser Bibelschatz, Deutsche Bibelgesellschaft, Stuttgart 2007 und *Kenneth N. Taylor/Maria Bühler/Nadine Wickenden/Diana Catchpole*, Meine bunte Kinderbibel, Augsburg 2001.

12 *Taylor*, a.a.O.

13 *Birgit Meyer*, (Übersetzung) *Sarah Dillard*, Meine ersten Bibelgeschichten, Reihe: ›Der kleine Himmelsbote‹, Münster 2002.

erwartet – auch nur in acht Publikationen, d.h., nur etwa die Hälfte der Stichprobe[14] von »Babybibeln« bearbeiten diesen Text, der doch explizit die Kleinsten meint. Die beiden Veröffentlichungen von Barbara Cratzius[15] schliessen allerdings mit der Kindersegnung bzw. mit der Aufforderung »Lasset die Kinder zu mir kommen«, und verleihen dieser Erzählung damit doch einen besonderen Akzent.

Zachäus ist ebenfalls siebenmal vertreten, die Heilung des Blinden findet man in sechs Exemplaren und Abraham, die Zehn Gebote, der zwölfjährige Jesus im Tempel, der Verlorene Sohn und Texte aus der Apostelgeschichte in fünf Bibeln für kleine Kinder. Von den christlichen Festen wurde Weihnachten in allen, Ostern in zwölf Publikationen, Pfingsten hingegen nur noch in drei und Himmelfahrt lediglich in zwei Bibeln aufgenommen. Die Häufigkeit weiterer Texte wird aus der folgenden Synopse ersichtlich.

Inhalte

Miriam Cordes: Meine ersten Geschichten aus der Bibel	*Linda Parry*: Mein kleines Bibelbuch	*Mathias Jeschke*: Die Bibel für die Allerkleinsten
AT	AT	AT
Schöpfung	Gott macht die Welt	Gott macht eine bunte Welt
Noah	Noah und die Arche	Eine Arche voller Tiere
	Josef und seine Brüder	
	Der kleine Mose wird gerettet	Mose wird gerettet
David und Goliath		
Jona		Jona und der grosse Fisch
NT	NT	NT
Geburt Jesu	Jesus wird geboren	Jesus wird im Stall geboren
	Gleichnis vom Sämann	
Heilung des Blinden		
Das verloren Schaf		
Sturm auf dem Meer		Jesus und der Sturm
Jesus und die Kinder		
		Der verlorene Sohn

---

14 Die Stichprobe resultiert aus den im Juli angebotenen Publikationen in den Kieler Buchläden inklusive der Evangelischen Bücherstube.

15 *Barbara Cratzius*, Die Baby-Bibel, Augsburg 1996 und: Meine ersten Bibelgeschichten, Münster 2002.

	Jesus lebt (als Einleitung kurzer Hinweis auf die Passion)	Zachäus sitzt im Baum
		Passion und Auferstehung
	Paulus glaubt an Jesus	

Mary Hollingsworth: Die kleine Bibel für mich	*Horst Heinemann:* Hosentaschenbibel	*Barbara Cratzius:* Baby-Bibel
AT	AT	AT
Gott schuf die Welt	Schöpfung	Schöpfung
	Kain und Abel	
Noahs Arche	Noahs Rettung	Noah
	Abrahams Auszug	
	Jakob und die Himmelsleiter	
Josefs schöner Mantel	Josef	
Der kleine Mose	Die Rettung Moses	Das Kind Mose
Ein brennender Busch	Der brennende Busch	
Auszug aus Ägypten vor Pharao	Durchzug durchs Rote Meer	
Gottes Zehn Gebote	Die Zehn Gebote	Das erste Gebot (gekürzt)
Die Mauern Jerichos stürzen ein		
Simson und Delila		
Rut und Naomi		
		David, der Hirte
David und der Riese	David und Goliath	
König David		
Der weise Salomo		
Die mutige Königin Esther		
23. Psalm		Auswahl aus Psalm 47
Sprüche 3, 1–4		
Drei Männer im Feuerofen		
Daniel in der Löwengrube		Daniel in der Löwengrube
Jona	Jona	
NT	NT	NT
Geburt des Johannes		
Geburt Jesu	Geburt Jesu	Geburt Jesu (nur Hirten)
Der zwölfjährige Jesus	Der zwölfjährige Jesus	Der zwölfjährige Jesus
	Berufung der Jünger	
Jesus macht 5000 Menschen satt		
Jesus stillt einen Sturm	Sturmstillung	Sturmstillung
Jesus und die Kinder	Jesus und die Kinder	Jesus und die Kinder
Jesus und der Blinde	Jesus heilt den Bartimäus	
	Das Verlorene Schaf	
Der Verlorene Sohn	Der Verlorene Sohn	
Zachäus	Zachäus	Zachäus
Lazarus wird wieder		

lebendig		
	Einzug in Jerusalem	
Das letzte Abendmahl		
	Verleugnung des Petrus	
Tod und Auferstehung		Tod und Auferstehung
	Die Emmaus-Jünger	
Jesus kehrt in den Himmel zurück		
	Pfingsten	
Die ersten Christen		
	Die Taufe des Kämmerers	
Saulus begegnet Jesus	Paulus vor Damaskus	
Petrus und der Engel (Gefängnis)		
Liebe deinen Nächsten (1 Kor 13)		
Gehorche deinen Eltern (Eph 6,1–3)		
Hilf anderen (Hebr 13, 1–3)		
Jesus kommt wieder (Offb 20f)		

Lois Rock: Entdecke die Bibel	*Beate Brielmeier:* Meine erste Bunte Bibel	*Vera Hausmann:* Meine Bibel
AT	AT	AT
Schöpfung	Schöpfung	Schöpfung
Noah	Noah	Noah
Abraham		
Josef	Josef	
Moses Rettung		
Auszug	Mose	Auszug
Jericho		
David und Goliath	David und Goliath	David und Goliath
David als König		
Salomos Tempelbau		
Drei Männer im Feuerofen		
	Jona	Jona
	Daniel in der Löwengrube	
Propheten, Weissagungen		
NT	NT	NT
Geburt Jesu	Geburt Jesu	Geburt Jesu
		Heilung des Gelähmten
Jesus heilt (Zusammenfassungen)	Jesus heilt (Zusammenfassungen)	
	Speisung der 5 000	Speisung der 5 000
	Sturmstillung	Sturmstillung
		Der kluge und der dumme Baumeister

		Seewandel
	Bartimäus	
	Zachäus	
Jesus vergibt (Zusammenfassungen)		
Jesus und die Kinder		
Das vierfache Ackerfeld		
Fusswaschung		
Abendmahl		
Kreuzigung	Passion/Kreuzigung	Kreuzigung
Auferstehung	Auferstehung Maria Magdalena	Auferstehung
Taufe des Kämmerers		
Die ersten Christen		

Reinhard Abeln: Mein grosser Bibelschatz	*Annette Langen:* Kinderbibel in 5-Min	*Kenneth Taylor:* Meine bunte Kinderbibel
AT	AT	AT
Schöpfung	Schöpfung	Schöpfung
		Kain und Abel
Noah	Noah	Noah
		Turmbau
	Abraham und Sara	Abraham
		Jakob Himmelsleiter
	Josef und seine Brüder	Josef (nur »der bunte Rock«)
Mose im Binsenkorb	Mose im Binsenkorb	Mose im Binsenkorb
		Der brennende Dornbusch
Exodus	Exodus	Plagen und Exodus
Wüstenwanderung	Wüstenwanderung	Wüstenwanderung
		Kampf gegen Amalek
	Zehn Gebote	Zehn Gebote (Goldenes Kalb)
		Bileams Esel
		Jericho
		Hiob
		Rut
		Samuel
		Saul
David und Goliath	David und Goliath	David und Goliath
		Absalom
		Salomo
		Elia, Elischa, Naemann, Joas
		Hiskia. Josia, Jeremia
		Die drei Männer im Feuerofen
Daniel in der Löwengrube	Daniel in der Löwengrube	Daniel in der Löwengrube
Jona	Jona	Jona
		Esther
NT	NT	NT
Verkündigung an Maria	Verkündigung an Maria	Verkündigung an Maria

		Zacharias
Geburt Jesu	Geburt Jesu	Geburt Jesu
		Simeon, Flucht nach Ägypten
Der zwölfjährige Jesus	Der zwölfjährige Jesus	Der zwölfjährige Jesus
	Taufe Jesu	Taufe Jesu
		Nikodemus
Berufung der Jünger, Jesu Wirken	Berufung der Jünger	Berufung der Jünger
		Samariterin am Brunnen
Hochzeit zu Kana		
		Petri Fischzug
		Heilung des Gelähmten
		Bergpredigt
		Heilung des Dieners des Römers
		Auferweckung der Tochter des Jairus
		Seewandel
		Verklärung
Der Barmherzige Samariter		Der Barmherzige Samariter
		Maria und Martha
Der Verlorene Sohn		Der Verlorene Sohn
Speisung der 5000	Speisung der 5000	Speisung der 5000
		Die Frau am Gotteskasten
	Der gute Hirte Joh.	Der gute Hirte
Kindersegnung		Kindersegnung
Bartimäus		Heilung des Blinden
		Auferweckung des Lazarus
		Heilung der zehn Aussätzigen
Zachäus		Zachäus
Einzug in Jerusalem	Einzug in Jerusalem	Einzug in Jerusalem
Abendmahl	Abendmahl	Abendmahl
		Gefangennahme, Verleugnung
	Vor Gericht	Vor Gericht
Kreuzigung	Kreuzigung	Kreuzigung
Auferstehung	Auferstehung	Auferstehung
		Himmelfahrt
Pfingsten		Pfingsten
		Paulus, Bekehrung , Flucht
		Kornelius
		Befreiung des Petrus (Gefängnis)
		Timotheus
		Lydia
		Befreiung des Paulus (Gefängnis)
		Aquila und Priszilla
		Wiederkunft Jesu nach Joh

Barbara Cratzius: Mein erstes Buch vom lieben Gott	Birgit Meyer: Meine ersten. Bibelgeschichten	Sarah Toulmin: Meine erste Bibel
AT	AT	AT
Was Gott geschaffen hat	Gott erschuf die Welt	Der Anfang (Schöpfung)
Noah	Die Arche Noah	Regentage (Noah)
Turmbau		
		Berufung der Familie Abrahams
		Der schöne Mantel (Josef)
Geburt des Mose und Rettung	Mose im Binsenkörbchen	Rettung des Mose
Mose wird von Gott gerufen		Mose wird vom Gott gerufen
		Exodus
		Die Mauern stürzen ein (Jericho)
David und Goliath		Der Riese und der Junge
Jona und der Wal	Jona und der Wal	Der grosse Fisch
Daniel in der Löwengrube		Die hungrigen Löwen
Maria und der Engel		
Jesus wird geboren	Die Geburt von Jesus	Das Baby (Geburt Jesu)
Jesus segnet die Kinder		
		Jesus und seine Botschaft
		Der gute Hirte
		Brot und Fisch (Speisung)
		Der Sturm
		Das kleine Mädchen (Jairus)
		Das Vater unser
		Der König kommt
		Das Kreuz
		Er lebt

3.2 Die Erzählweise

Die meisten dieser »Babybibeln« machen keine Zäsur zwischen Altem und
Neuem Testament und gebrauchen auch diese Begriffe nicht. Die Ausnahme
bildet auch hier Mary Hollingsworth[16]. Im Vorwort heisst es: »Das Alte Testament erzählt uns, wie Gott die Welt geschaffen hat. Und es berichtet von den
ersten Menschen. Das Neue Testament erzählt uns von Jesus, Gottes Sohn, und
davon wie wir in den Himmel kommen können«. Lois Rock[17] weist im Einfüh-
rungsteil »Was ist das, die Bibel?« auf den Ursprung beider Testamente hin und
bei Annette Langen[18] und Sarah Toulmin[19] findet man zu Beginn ein Inhaltsverzeichnis unter den Rubriken: Altes und Neues Testament. Auf die beiden
Begriffe wird jedoch nicht weiter eingegangen. Häufig gehen jedoch Kleinkinderbibeln ohne irgendeine Kennzeichnung von der Jona-Geschichte oder auch
von dem in der Löwengrube sitzenden Daniel unmittelbar zur Geburt Jesu
über.

Zur Art des Erzählens bietet der Klappen- oder Einbandtext folgende Qualitäten: einfach, leicht verständlich[20], kindgerecht nacherzählt[21], leicht verständlich[22], liebevoll erzählt[23]. Die Baby-Bibel von Babara Cratzius soll »zum Liebha-
ben«[24] sein. Die Publikation von Annette Langen spricht auch von »spannenden Geschichten«. Der Schonraum für ein Kleinkind scheint durchaus zu
überwiegen. Es ist das Alter, in dem sich ein Repertoire »innere Bilder« anhand
von Erfahrungen in der äusseren Lebenswelt, aber auch anhand von
Begebnissen in Bilderbüchern und Geschichten bildet. Das kleine Kind findet
sich in einer Welt vor, in der es auf Zuwendung, Schutz, Versorgung und
Annahme angewiesen ist[25]. Es »holt« sich das das Grundvertrauen aufbauende
»Material« aus positiven mütterlich-väterlichen Erfahrungen des realen Umfel-
des oder aber auch aus archetypischen Präfigurationen, die durch das Erleben
äusserer Situationen – wozu in diesem Alter auch Bilder und Geschichten gehören – belebt und dadurch zu innerpsychischen Bestandteilen des Kindes wer-

---

16 *Hollingsworth,* a.a.O.
17 *Lois Rock (Cornelia Pfeiffer)/Colin Smithson,* Entdecke die Bibel, Freiburg im Breisgau 1997.
18 *Annette Langen/Frauke Weldin,* Kinderbibel in 5-Minuten-Geschichten, Freiburg im Breisgau
    2009.
19 *Toulmin,* a.a.O.
20 *Parry,* a.a.O., Einbandtext.
21 *Langen,* a.a.O., Einbandtext.
22 *Meyer,* a.a.O., Einbandtext.
23 *Toulmin,* a.a.O., Einbandtext.
24 *Cratzius,* 1996, Einbandtext.
25 Vgl. auch *Irene Renz,* Kinderbibeln als theologisch-pädagogische Herausforderung. Unter
    Bezugnahme auf die Analytische Psychologie nach C.G. Jung, Göttingen 2006, S. 329–333.

den. Die Erstellung eines Schonraumes hat also im frühen Kindesalter weitgehend seine Berechtigung, konfrontieren wir ja auch im Alltag kleine Kinder möglichst nicht mit Konflikten, die sie noch nicht verarbeiten können; wie etwa Katastrophen- und Gewaltszenen oder lautstarke Auseinandersetzungen. Zu den konfliktträchtigen Erfahrungen gehören u.a. unsere eigenen problematischen Seiten[26] und damit auch die als problematisch empfundenen Züge des Gottesbildes, wie Gottes Zorn, Gottes Strafgewalt etc.[27]

Einige Erzählweisen in Kleinkinderbibeln scheinen mir dennoch zu ›weichgespült‹. So fehlt z.B. bei Meyer, Jeschke, Toulmin und in beiden Publikationen von Cratzius nach der Schöpfungserzählung die Vertreibung aus dem Paradies. Das erste ›Nein‹ und die Übernahme von Verantwortung für das eigene Tun ist auch schon kleinen Kindern zuzumuten, zumal Verbote auch im realen Leben bereits erfahren werden.

Unnötig verharmlost wird in der Baby-Bibel von Barbara Cratzius die Kindheitserzählung über Mose: Es wird ein Baby im Körbchen von einer badenden Prinzessin »entdeckt«, und Mose genannt.[28] Damit endet die Geschichte, ohne dass von einer Gefahr berichtet wird, die es nötig machte ein Kind derart auszusetzen.

Auch ein Vergleich der Sintflutgeschichte ist angebracht, da sie in allen Bibeln aufgenommen wurde: In fünf Sätzen wird sie in der Baby-Bibel von Barbara Cratzius[29] erzählt:

> »›Bau ein grosses Schiff‹, sagte Gott zu Noah. Noah gehorchte ihm. ›Nimm deine Familie und von allen Tieren ein Paar mit hinein‹, sprach Gott. Der Regen rauschte herab, vierzig Tage und vierzig Nächte. Gott aber beschützte alle Menschen und Tiere in der Arche.«

Es ist hier zwar von einem ungewöhnlich langen Regen die Rede, aber von einer Ursache, die mit Gut und Böse im Zusammenhang steht, wird nichts erzählt. Ähnliches finden wir bei Kenneth Taylor[30]. Hier heisst es unvermittelt – Überschriften fehlen generell in dieser Bibel – im Anfangsteil der Noahgeschichte:

> »Gott sagte, ›Ich will soviel Regen schicken, bis die ganze Welt überschwemmt ist.‹ Noach glaubte Gott. Gott befahl Noach, ein grosses Boot zu bauen. Es wurde Arche genannt.«

---

26 Ungeduld, lautstarke Aggressivität und ›Strafen‹ kann ein Kleinkind noch nicht einordnen. Es sieht sein Vertrauen in die Bezugsperson erschüttert und entwickelt u.U. Misstrauen, das sich später als Bindungsangst zeigen kann.

27 Vgl. hierzu *Ruth Bottigheimer*, »The character of God« in: *dies.*, The Bible for children from the Age of Gutenberg to the Present, Yale 1996, S. 59–69.

28 *Cratzius,*1996, unpaginiert.

29 *Ders.,* 1996, unpaginiert.

30 *Taylor*, a.a.O., S. 14f.

In einer späteren Babybibel von Barbara Cratzius[31] heisst es dann jedoch wesentlich härter:

> »Viele Menschen lebten auf der Erde. Sie bekämpften und hassten sich. Da sprach Gott:
> ›Menschen und Tiere sollen betraft werden. Nur der gute Noah soll gerettet werden.‹«

Allerdings wird einzig von den Menschen gesagt, dass sie sich »bekämpften und hassten«. Doch auch die Tiere sollen bestraft werden. Bei dem ausgeprägten Gerechtigkeitssinn und der besonderen Zuneigung kleinerer Kinder zu Tieren, ist eine Aversion fast vorprogrammiert, die das Gottesbild grundlegend negativ besetzen kann[32]. Erst bei grösseren Kindern kann man das Verständnis für die im Text der Vollbibel angedeutete Tragik erwarten, dass unter dem Tun des Menschen auch unschuldige Lebewesen leiden müssen.

Das Böse nicht eliminierend, aber dennoch behutsam, so erzählt Matthias Jeschke[33] den Anfang der Flutgeschichte:

> »Alles, was Gott gemacht hat, ist gut. Doch die Menschen tun viel Böses. Nur Noah hört
> auf Gott. Über Noah kann Gott sich freuen. Gott sagt zu Noah: ›Ich schicke eine grosse
> Flut. Aber dich und deine Familie will ich retten.‹«

Das Hereinbrechen der Flut wird begründet. Doch es geht hier nicht um eine grundsätzliche Zuschreibung von Gut oder Böse als menschliche Charakterqualität, sondern das Tun der Menschen ist böse oder gut, eine Nuance, die nicht nur für ein Kind bedeutsam ist.

Annette Langen[34] schildert zuvor auch das Tun der Menschen, wählt aber dann das abstrakte Böse, das auch schon kleinere Kinder ahnen können:

> »[...] So sprach Gott zu Noah: ›Es ist soviel Böses in der Welt. Ich werde eine grosse Flut
> schicken, die alles Böse vernichtet.‹«

Eine interessante Variante bietet Sarah Toulmin, obwohl auch sie die Menschen in Gute und Böse einteilt[35]. Die Überschrift lautet: Regentage.

> »Gott schaute vom Himmel herunter. ›Die bösen Menschen haben auf meine wundervolle
> Erde nicht Acht gegeben‹, sagte er. Da erinnerte er sich an Noah. Noah war ein guter
> Mann. ›Ich habe einen Plan‹, sagte Gott zu Noah. ›Ich mache die Erde neu. Du musst ein
> grosses Schiff bauen‹. Noah gehorchte.«

---

31 *Cratzius*, 1996, unpaginiert.
32 Ein Religionspädagoge berichtet, dass sein Sohn daraufhin lange Zeit keine biblische Geschichte mehr hören wollte, »weil Gott ja selber so böse ist«.
33 *Jeschke*, a.a.O., ohne Paginierung, Hervorhebung: I.R.
34 *Langen*, a.a.O., S. 17.
35 *Toulmin*, a.a.O., S. 14f.

Hier wird vom Neuanfang erzählt, eine Version, welche die Interpretation der Sintflutgeschichte als die eines weiteren Schöpfungsmythos aufgenommen hat. Der Blick wird schon zu Beginn der Erzählung auf ein gutes Ende gelenkt, auf das Versprechen Gottes am Schluss: »Die neue Erde werde ich immer beschützen.«[36]

An diesen kurzen Beispielen wird eines der grundsätzlichen Probleme von Kinderbibeln deutlich und tritt noch verschärft bei Bibelbearbeitungen für kleine Kinder in das Blickfeld: Der Umgang mit dem Bösen, mit Gefahr, mit Gewalt. Eine eindeutige Haltung zeichnet sich in der derzeitigen Diskussion kaum ab. Die eine Position befürwortet Babybibeln »zum Liebgewinnen«[37] und damit verniedlichende und das Böse verschweigende Erzählweisen. Die andere Überzeugung will keine ›Heile-Welt-Bibel‹, sondern eine Konfrontation mit Üblem in der Welt schon von klein auf und nimmt dadurch auch die Nähe zum biblischen Text als Argument hinzu. Beide Positionen zeichnen sich auch in Kleinkinderbibeln ab. An dieser Stelle sei ein vorgezogener Blick auf die Illustrationen erlaubt. Hier überwiegt in der Regel das Verniedlichende. Angsterzeugendes wird weitgehend vermieden: So sind z.B. die Löwen in den meisten Danielgeschichten lieb und kuschelig, dass man fast selbst gern in die Löwengrube steigen möchte, um sie zu streicheln. Doch eine Ausnahme bildet z.B. die Bibel von Sarah Toulmin mit den Illustrationen von Kristina Stephenson. Hier sehen die Löwen recht grimmig aus und im Text heisst es: »Die Löwen brüllen hungrig: ›Rooaaar!‹«[38] Angstmindernd wirkt jedoch die gesammelte Haltung Daniels.

Ein weiteres Problem wird durch die oft auf wenige Sätze reduzierten Verkürzungen einer Geschichte deutlich. Es wird von der Auffassung ausgegangen, dass kleine Kinder mit ausführlicheren Texten überfordert sind. Aber ob solch eine ›Turbobibel‹ wie die von Kenneth Taylor mit 125 Geschichten im Telegrammstil und ohne Zäsur und Überschriften wie ein Endlosschlauch ineinander übergehend, ein Kind mit dieser Menge der Geschichten einerseits und der Knappheit an erzählenden Elementen andererseits nicht auch erdrückt?

---

36 Ebd., S. 23.
37 Siehe auch *Cratzius*, 1996, Einbandtext.
38 *Toulmin*, a.a.O., S. 78f, Illustration doppelseitig. Lautmalende Elemente findet man hier und da in dieser Bibel, doch werden sie sehr gezielt eingesetzt und vermeiden so eine vordergründige ›Kindertümelei‹.

Die Hiobsgeschichte besteht aus fünf lapidaren Sätzen:

>»Hiob war ein guter Mann. Er liebte Gott und Gott liebte ihn. Aber Gott liess ihn sehr
krank werden. Er hatte am ganzen Körper Schmerzen. Aber Hiob liebte Gott immer noch,
obwohl er krank war«.[39]

Die Himmelfahrt Christi und seine Wiederkunft werden in zwei Sätzen wiedergegeben:

>»Eines Tages stieg er in den Himmel auf und verschwand in einer Wolke. Irgendwann
wird er wieder auf die Erde zurückkehren«.[40]

Eine nüchterne Feststellung, als Tatsache formuliert, ohne irgendwelche erzählerischen Qualitäten, die auch den anderen Texten abgehen. Durch die Bildge-
staltung wird die mangelnde Qualität noch eindrücklich unterstrichen: Jesus
>steht< wie ein Gestirn am Tageshimmel vor einer pilzförmigen Wolke, unter
ihm im verkleinerten Massstab die elf Jünger.

Es ist also hinsichtlich der Textfülle dieser und ähnlicher Bibeln für kleine
Kinder Christine Reents vorbehaltlos Recht zu geben, wenn sie in einem
Abschnitt über »Babybibeln« unter Verweis auf Maria Montessori kritisch
anmerkt: »Man sollte nicht hastig weiterblättern und vieles nur oberflächlich
antippen«.[41]

Einzelgeschichten in kindgerechter Sprache zu entfalten, ist die Stärke der
»Bibel für die Allerkleinsten« von Mathias Jeschke. Noch einmal aus dem Kapitel: »Eine Arche voller Tiere« ein kleiner Passus:

>»Die Vögel kommen geflogen. Ihr Zwitschern und Flöten, ihr Gurren und Krähen erfüllt
die Arche. Da kommen die Tiere auf kurzen und langen Beinen. Sie bellen und brüllen, sie
quieken und quaken. Es gibt auch Tiere, die machen gar kein Geräusch. Oder sie rascheln
leise im Stroh.«

Die ganze Erzählung füllt zehn Doppelseiten mit Bildern und mit je zwei Text-
zeilen. Sie lädt ein zum Verweilen, zum Schauen, zum Verfolgen der Handlungsabläufe und gibt der Vorstellungskraft Raum, ohne die es kaum möglich
ist, sich eine Geschichte wirklich zu Eigen zu machen.

---

39 *Taylor*, a.a.O., S. 78f.
40 Ebd., S. 234.
41 *Christine Reents*, Neuere Kinderbibeln unter der Lupe, in: *Gottfried Adam/Rainer Lach-
mann/Regine Schindler* (Hg.), Das Alte Testament in Kinderbibeln. Eine didaktische
Herausforderung in Vergangenheit und Gegenwart, Zürich 2003, S. 262.

Harmonisierungen und damit Verfälschungen sind auch mehrfach anzutreffen.
Bei Kenneth Taylor wird die Erschleichung des Segens durch Jakob zunächst
weggelassen. Es heisst dort:

> »Als Jakob erwachsen war, ging er eines Tages von zu Hause weg. Er schlief im Freien und
> legte seinen Kopf auf einen Stein. Jakob träumte von Engeln [...].«[42]

Auf der nächsten Seite liest man: »Später [...] hat Jakob seinen Bruder betrogen.« Dass einem schuldig gewordenen Flüchtenden dennoch die Engel begegnen, ist mit den Moralvorstellungen des Autors anscheinend nicht zu vereinba-
ren, deshalb musste die Reihenfolge vertauscht werden.

Eine besondere Schwierigkeit in Kinderbibeln bietet prinzipiell die Passions
und Ostergeschichte[43]. Zu knapp erscheint mir der Anfang der Passionsgeschichte bei Linda Parry:

> »In der Stadt Jerusalem geschieht etwas Schlimmes. Jesus hängt am Kreuz. Er muss ster-
> ben. Die Freunde von Jesus sind traurig [...].«[44]

Die ›Warum-Frage‹ zu beantworten, die Kinder hier unweigerlich stellen, wenn
sie an der Geschichte interessiert sind, wird dem überlassen, der mit dem Kind
diese Bibel anschaut. Nur wenige Erwachsene werden wahrscheinlich in der
Lage sein, eine dem Kind gemässe Antwort zu geben.

Annette Langen leitet dagegen schon am Ende des »Einzugs in Jerusalem«
die Passionsgeschichte ein:

> »Für die Hohenpriester und Schriftgelehrten war Jesus nichts andres als ein Unruhestifter.
> Und den konnten sie vor dem grossen Fest nicht gebrauchen.«[45]

Sarah Toulmin begründet das Geschehen ähnlich:

> »Es gab Leute, die mochten Jesus nicht. Sie schickten Soldaten, um ihn festzunehmen. Die
> Soldaten nagelten ihn an ein Kreuz. Jesus starb am Kreuz. Seine Freunde sind sehr trau-
> rig.«[46]

---

42 *Taylor*, a.a.O., S.30f.
43 Elisabeth Buck plädiert für die »Kunst des Weglassens« hinsichtlich der Passions- und Ostergeschichte: »Das Schwergewicht nicht auf die Passion legen [...]« und »Jesu »Erscheinungen sind
   wichtiger als das leere Grab«. In: *Elisabeth Buck*, Und wer hat Gott gemacht?, Göttingen 2008,
   S. 111.
44 *Parry*, a.a.O., unpaginiert.
45 *Langen*, a.a.O., S. 71.
46 *Toulmin*, a.a.O., S. 150f.

Theologische Aussagen wie:

> »Jesus ist für dich und mich gestorben, damit Gott uns die schlechten Dinge, die wir tun, vergeben kann.«

aus der Bibel von Kenneth Taylor[47] für Kinder ab drei Jahren(!) sind unangemessen und werden bestenfalls zu einer Leerformel ohne Bedeutung. Auch die Ausführung von Annette Langen bietet hier in der ansonsten guten Erzählweise eine formelhafte Aussage:

> »Jesus musste schrecklich leiden. Doch er war sich ganz sicher, dass das, was er tat einen Sinn hatte. Er musste für die Menschen sterben.«[48]

Mary Hollingsworth verbindet die Sündenvergebung mit der Auferstehung. Nach der Grablegung heisst es dort:

> »Aber drei Tage später war Jesus wieder lebendig: Jesus ist viel mächtiger als der Tod. Deshalb kann er uns auch von unseren Sünden retten.«[49]

Auch hier zwei theologische Richtigkeiten. Jedoch können Tod, Auferstehung und Sündenvergebung »kleine Kinder«, an die sich diese Bibel laut Vorwort wendet, noch nicht in Verbindung bringen. Da es indes um existenzielle Fragen geht, die ihre eigene Dynamik haben, kann hier Verwirrung und Angst entstehen, die, wenn sie nicht aufgefangen wird, zu Ablehnung[50] biblischer Geschichten führen kann.

Kleinkinderbibeln schliessen unterschiedlich:
- Mit der Bekehrung des Paulus und seinem Wirken: »Paulus erzählt jetzt allen Menschen von Jesus«[51];
- mit der Wiederkunft Christi: »Dann werden die, die an Jesus glauben, mit ihm in den Himmel gehen«[52];
- mit dem Leben der ersten Christen: Nach dem Hinweis auf das gemeinsame Mahl, in Erinnerung an das Abendmahl schliesst Lois Rock: »Die Leute brachten ihre Freunde mit, um sich mit anderen Christen zu treffen. Jeder war willkommen.«[53]

Annette Langen beendet ihre Bibel mit der Ostergeschichte unter der Überschrift: »Jesus besiegt den Tod«. Auf die Begegnung der Frauen mit dem Aufer-

---

47 *Taylor*, a.a.O., S. 221.
48 *Langen*, a.a.O., S. 76f.
49 *Hollingsworth*, a.a.O., S. 78.
50 Es ist dies eine Angstabwehrreaktion, die sich generalisierend auf biblische Geschichten überhaupt beziehen kann.
51 *Parry*, a.a.O., letzte Seite (unpaginiert).
52 *Hollingsworth*, a.a.O., S. 94; ähnlich auch *Taylor*, a.a.O., S. 254.
53 *Lois Rock*, a.a.O., ohne Paginierung.

standenen folgt übergangslos aber in zu grosser Dichte – auf Taufe und Abendmahl wird verwiesen – der Bogen bis zur Gegenwart:

> »Jesus hat den Tod besiegt. Seitdem ist der Ostersonntag der glücklichste Tag. Seine Jünger haben vielen Menschen von Jesus und der grossen Liebe Gottes berichtet. Auch heute werden kleine und grosse Menschen getauft und so in die Gemeinschaft der Christen aufgenommen. Und wo Brot miteinander geteilt wird und Menschen einander helfen, ist Jesus nah. So ist er immer bei uns.«[54]

Ein ansprechender Schluss, jedoch mit dem Ausblick auf die christliche Gemeinde, mit dem Sakrament der Taufe und dem subtilen Hinweis auf das Abendmahl zu kompakt. Eine neue Überschrift mit dem Ausblick auf die Gegenwart und damit eine Entzerrung, im Sinne einer besseren Verständlichkeit für »die Kleinsten« (s. Einbandtext), wäre hier sinnvoller gewesen.

Eine früher vielfach gepflegte Tradition, Texte in Bibeln für Kleinkinder in kurze Reime zu kleiden, wird heute kaum mehr gepflegt. Allein in der Baby-Bibel von Barbara Cratzius[55] findet man noch einen Vierzeiler als Schöpfungserzählung und ebenso zur Geburt Jesu, der indes rhythmisch etwas holprig ausfällt und für Kinder daher nicht leicht eingängig ist.

3.3 Die Illustrationen

Versprochen werden u.a. »wunderschöne Illustrationen«[56]; »farbenfroh leuchtende Bilder«[57]; »klare einprägsame Bilder«[58] und »ausdrucksstarke Illustrationen«[59].

Vier Publikationen aus meiner Auswahl zeigen äusserst verniedlichende Bilder, von denen angenommen wird, dass Kinder sie mögen, bzw. zu mögen haben. Es sind die beiden Publikationen von Barbara Cratzius, die »ersten Bibelgeschichten« von Birgit Meyer und »Die kleine Bibel [...]« von Mary Hollingsworth.

Dass kleine Kinder anscheinend zunächst auf betonte Konturen und einfache Grundformen mit flächiger Farbgebung angewiesen sind, berücksichtigt »Mein kleines Bibelbuch«[60]. Allerdings wirken diese Illustrationen sehr stereotyp und unlebendig. Es ist indes nicht zwingend, dass schwarze Konturen den

---

54 *Langen*, a.a.O., S. 77.
55 *Cratzius*, 1996.
56 *Cratzius*, 1996, Einbandtext.
57 *Ders.*, 2002, Einbandtext.
58 *Parry*, a.a.O., Einbandtext.
59 *Taylor*, a.a.O,. Einbandtext.
60 *Parry*, a.a.O.

Eindruck von Starrheit hervorrufen müssen. Das präsentiert Rüdiger Pfeffer in der »Bibel für die Allerkleinsten«[61]. Hier zeigt sich viel Bewegung, sowohl in der sehr dynamischen Konturierung wie in den Farbnuancen. Dass hier ›etwas geschieht‹ kann nach meiner Erfahrung auch von kleinen Kindern bereits gut erfasst werden. Besonders deutlich wird das in der Bildsequenz von Zachäus.

Betont dynamisch wirken auch die Illustrationen von Kristina Stephenson in der Publikation von Sarah Toulmin[62]. Die Spannung und Bewegung wird durch leichte Verzerrungen erzeugt, die jedoch durch die harmonische Farbgebung in Pastelltönen wieder gemildert wird. Ausgeprägte Mimik und Gestik lassen jede Szene sehr belebt und interessant erscheinen.

Ein besonderes Konzept liegt der »Hosentaschenbibel« für Kinder ab drei Jahren von Horst Heinemann[63] zugrunde. Es ist dies eine Bibel, die ausschliesslich Bilder zeigt (Vorbild waren die Biblia pauperae des Mittelalters), und die – ich zitiere den Herausgeber – »in einer Bubenhosentasche mindestens ein Jahr überleben kann.« In der Tat ist das Material, ein Kohlefaservlies, trotz dünner Seiten unzerreissbar und ohne scharfe Kanten. Auch Wasser kann dieser Bibel nichts anhaben, was sich überzeugend demonstrieren lässt. In dieser ›Mini-Bibel‹ (7,5cm x 7,5cm) sind doppelseitige Bilder zu insgesamt 27 Geschichten aus dem Alten und Neuen Testament zu finden. Die Idee ist, Kinder und Erwachsene in einen Dialog zu bringen. Kinder fragen – so setzt man voraus – anhand der Bilder nach den Geschichten, die dann erzählt werden sollen. Die Passionsgeschichte wird hier zum einen nur durch die Verleugnung des Petrus und zum anderen in der Szene des Brotbrechens bei den Emmaus-Jüngern mit dem (Rück-)Blick auf eine Ebene, an deren Horizont drei Kreuze zu sehen sind, dargestellt. Ein explizites Kreuzigungsbild ist bewusst nicht aufgenommen. Ein Erzählband, in dem Eltern bzw. Erzähler nachschlagen können, wird parallel angeboten. Ergänzt wird das Projekt später durch eine »Schulranzenbibel«, wo nahezu die gleichen Bilder, zwar durch etliche andere erweitert[64], wieder auftauchen. Dann jedoch mit sehr bibelnahem Text[65]. Begleitet werden alle Bilder von Zappi, der Schildkröte, die es dann bald auch als Handpuppe und damit als Erzählfigur gibt. Eine Praxis, die – so meine ich – nicht ganz unproblematisch ist. Kleine Kinder werden zunächst fasziniert zuhören. Daher die Beliebtheit bei Religionspädagogen und der Erfolg von Erzählfiguren im Allgemeinen.[66] Aber wenn Kinder älter werden, bleiben die Geschichten stets als von

---

61 *Jeschke*, a.a.O.
62 *Toulmin*, a.a.O.
63 *Horst Heinemann/Gabriele Hafermaas* (Hg.), Hosentaschenbibel, Göttingen 2004.
64 Hier ist u.a. auch ein Kreuzigungsbild aufgenommen., S. 47.
65 *Horst Heinemann*, Die Schulranzenbibel, Altenstadt 2008.
66 Es werden vielerorts Workshops mit Erzählfiguren angeboten.

einer Schildkröte o.ä. erzählt im Gedächtnis haften. Die Schildkröte aber gibt es ja nicht ›in echt‹! Und was ist dann mit den Geschichten?

Anders verhalten sich die Tiere, Ruben, der Rabe und Bileam, der Bär in der Ausgabe von Lois Rock. Sie erzählen nicht, sondern stellen Fragen kommentieren oder halten Schriftrollen mit wichtigen Aussagen. Sie sind Begleitfiguren, aber nicht Erzähler! Ein Spezifikum dieser Bibelbearbeitung ist die Aufklapptechnik. Sie wird sehr sinnvoll eingesetzt als Interpretation und als Betonung des Unerwarteten und Geheimnisvollen. Auf dem Kläppchen steht z.B., dass: »die Hirten nachts ihre Schafe hüteten«, also nichts Ungewöhnliches. Klappt man den kleinen Bildrahmen auf heisst es: »Plötzlich erschien ein Engel [...]«. Auch die Deutung des »vierfachen Ackerfelds« steht jeweils hinter dem Kläppchen. Man muss eben bei den Geschichten der Bibel ›dahinter‹ kommen. Das wird hier anhand der Aufklapptechnik sehr gut demonstriert.

Birgit Meyers Veröffentlichung: »Meine ersten Bibelgeschichten«[67] arbeitet mit Fühlelementen. Das Tigerfell fühlt sich weich an, schuppig der Panzer des Krokodils. Das Flechtwerk des Mosekörbchens, der raue Sandstrand, auf dem Jona landet, das Kuschelfell des Schafs an der Weihnachtskrippe bieten taktiles Erleben und fördern das Interesse und das ›Begreifen‹.

Die Illustrationen von Frauke Weldin in der Kinderbibel von Annette Langen[68] zeichnen sich aus durch Farbschönheit, durch sparsam ausgeführte Physiognomie und dennoch ausdrucksvolle und ansprechende Gesichtszüge, die für Kinder sehr wichtig sind[69]. Aus ihnen leiten sie die Atmosphäre der ganzen Geschichte ab. Erfrischend sind die Bilder, weil auch ein kleiner Anflug von Humor nicht fehlt. Doch er kommt sehr unaufdringlich und nicht aufgesetzt daher. Hierzu drei Beispiele: Beim Einzug in die Arche gehen nicht alle Tiere brav in Zweierreihen. Mit dem Schaf hat Noah einige Mühe, es am Strick ziehend in die Arche zu bekommen[70]. – Der gerade über Bord gegangene Jona hält sich, wie Kinder es im Schwimmbad zu tun pflegen, die Nase zu und spreizt die Zehen, bevor er ins Wasser fällt[71]. – Beim Zug der drei Weisen zupft das letzte Kamel an der Decke des vor ihm schreitenden Pack-Kamels. Dieses wirft einen äusserst indignierten Blick nach rückwärts[72]. Nicht nur Kinder haben ihre Freude an diesen kleinen Verschmitztheiten, die dort zu finden sind, wo es die

---

67 *Meyer*, a.a.O.
68 *Langen*, a.a.O.
69 Vgl. *Irene Renz*, Und was meinen die Kinder? Was Kinder zur Bebilderung von Kinderbibeln sagen. In: Gottfried *Adam*/Rainer *Lachmann*/Regine *Schindler* (Hg.), Illustrationen in Kinderbibeln, Jena 2005, S. 266–268.
70 *Langen*, a.a.O., S. 16.
71 Ebd., S. 46.
72 Ebd., S. 54.

Geschichten auch vertragen. Das »Liebgewinnen« einer Kinderbibel kann, wie hier gezeigt, gewiss auch ohne dem Kitsch nahe Bilder geschehen.

4. Ethik und Moral in »Babybibeln«?

Kinderbibeln dienten und dienen vielfach auch als Vehikel, um Moral zu transportieren. Die Frage ist daher begründet: Wie steht es mit Ethik und Moral in Bibeln für die Kleinsten? In den meisten dieser Ausgaben liest man keine moralischen Forderungen. Allein die Jona-Geschichte bietet zuweilen eine Erzählweise, die an »Beugehaft« erinnert. Kenneth Taylor fragt am Schluss der Geschichte: »Hat Jona sofort gehorcht?«[73] Bei Annette Langen verspricht Jona »*von nun an*_seinen Auftrag zu erfüllen. Das hörte Gott. Er liess den Wal an Land schwimmen.«[74] Bei Mary Hollingsworth heisst es: Nach drei Tagen spuckte der Fisch Jona an Land. *Nun* gehorchte Jona [...]«[75] Sarah Toulmin zeigt, dass es auch anders geht. Nachdem(!) der Fisch Jona an Land gespuckt hatte, sagt Jona: »Gott hat mich am Leben gelassen. Was mache ich jetzt? Ich gehe nach Ninive.«[76] Hier kommt kein Gedanke mehr auf, dass der Gehorsam vielleicht aus der Not heraus erzwungen wurde.

Gehorsamsforderungen spielen indes bei Mary Hollingsworth und Hilfsbereitschaft bei Kenneth Taylor eine nicht geringe Rolle. Gewiss ist es nicht unwichtig, dass diese Publikationen aus USA bzw. aus England kommen, wo sich meiner Erfahrung nach christliche Erziehung im Wesentlichen auf moralisches Handeln stützt.

Unter der Überschrift »Was Kinder tun sollen« wird das Elternehrgebot aus Spr 3,1–4 bei Mary Hollingsworth den Kindern nahe gebracht[77]. Unter »Liebe deinen Nächsten« fällt 1 Kor 13.[78] Und wiederum »Gehorche deinen Eltern« Eph 6,1–3.[79] »Hilf anderen« wird mit Heb 13, 1–3 untermauert. Dazu kommen die Fragen: »Wie kannst du anderen helfen?«[80] oder »Warum sollst du deinen Eltern gehorchen?«[81]

Kenneth Taylor stellt in seinem Vorwort die biblischen Geschichten unter die Prämisse, dass »sie uns erzählen, wie wir ein Leben führen können, das Gott

73 *Taylor*, a.a.O., S. 127.
74 *Langen*, a.a.O., S. 46f, Hervorhebung: I.R.
75 *Hollingsworth*, a.a.O., S. 48, Hervorhebung: I.R.
76 *Toulmin*, a.a.O., S. 70f.
77 *Hollingsworth*, a.a.O., S. 42.
78 Ebd., S. 88.
79 Ebd., S. 90.
80 Ebd., S. 92.
81 Ebd., S. 90.

gefällt.«[82] Daher finden sich häufig Fragen nach moralischem Verhalten am Ende seiner »4-5-Satz-Geschichte«. Das Hauptanliegen ist bei ihm Hilfsbereitschaft. Es heisst:

> »Wie kannst du helfen« (als Mose zu Pharao gesandt wird)[83]; »Wem kannst du in deiner Familie eine Freude bereiten?« (als Rut bei Naomi blieb)[84]; »Wem hast du schon geholfen?« (Elischa hilft der Witwe)[85]; »Hast du auch schon Freunden geholfen?« (Paulus wird in einem Korb die Mauer herab gelassen)[86].

Solche Nutzanwendungen kommen recht aufdringlich daher und können die Freude an einer Geschichte verderben, wenn man immer am Ende auf eine Forderung gefasst sein muss. Das entlarvt eine pädagogisch verzweckte Einbeziehung der kindlichen Lebenswelt, die indes von Befürwortern dieser Kleinkinderbibel als positives Merkmal gesehen wird.

Auch die Glaubenswelt des Kindes bekommt bei dieser Bibel eine moralische Nuance und wird ausgeforscht mit Fragen wie:

> »Glaubst du dass Gott alles kann?«[87]; »Betest du auch gern?«[88]; »Redest du gern mit Jesus?«[89]; »Liebst du Jesus?«[90]

Ich überlege mir, was geschieht, wenn ein Kind alle diese Fragen verneint? Wird womöglich dann das religiöse ›Erziehungsziel‹ massiver angegangen?

Fazit

Es gibt ernstzunehmende Gründe, auch das Kleinkind nicht von der Teilhabe am Evangelium oder ›religionspädagogisch‹ formuliert, von der frühkindlichen religiösen Sozialisation auszuschliessen. Friedrich Schweitzer betont: »Kein Erziehungsangebot (kann) vollständig sein, wenn die religiöse Dimension keine Berücksichtigung erfährt«[91]. In der »Arbeitshilfe für die religiöse Erziehung im Vorschulalter«[92] wird »als Notwendigkeit der Anthropogenese« die »sensible Phase« im Kleinkindalter akzentuiert, die sich in besonderer Weise religiösen

---

82 *Taylor*, a.a.O., S. 5.
83 Ebd., S. 40.
84 Ebd., S. 80.
85 Ebd., S. 119.
86 Ebd., S. 241.
87 Ebd., S. 73.
88 Ebd., S.147.
89 Ebd., S. 202.
90 Ebd., S. 176.
91 *Friedrich Schweitzer*, Das Recht des Kindes auf Religion, Gütersloh 2000, S. 84.
92 *Magdalene Spiegel/Josef Spiegel*, München 2. Aufl. 1975.

Fragen gegenüber aufgeschlossen zeigt und daher sei es wichtig »auf den Geheimnischarakter des Lebens aufmerksam« zu machen.[93] Folglich sollten auch Medien bereitgestellt werden, die diesen Anspruch zu ermöglichen helfen. Kleinkinderbibeln können hier durchaus sinnvoll sein, wenn sie sorgfältig konzipiert werden. Ohne dem Anspruch auf Vollständigkeit genügen zu können, ergeben sich aus meinen Ausführungen folgende Qualitätsforderungen an »Bibeln für die Kleinsten«:

- Ein kurzes, für die Erwachsenen gedachtes Vor- oder Nachwort, welches das Konzept erläutert, sollte die Regel sein. Der Einbandtext ist häufig nicht ausreichend.
- Weder auf ein Inhaltsverzeichnis noch auf die Paginierung sollte verzichtet werden.
- Zur Auswahl: Mehr Klasse als Masse, d.h., eine überschaubare Anzahl von Geschichten, die Lust machen auf wiederholtes Erzählen und Anschauen der Bilder, sollte enthalten sein. Auch ein Hinweis auf die jeweilige Bibelstelle sollte nicht fehlen.
- Zur Erzählweise:
  - Eine anschauliche Erzählsprache sollte selbstverständlich sein, die dem Wortschatz eines Kleinkindes angemessen, ihn aber auch zu erweitern bestrebt ist.
  - Die Kunst der Elementarisierung ist unerlässlich. Die Texte müssen erweiterungsfähig sein, um ein jeweils altersgemässes und theologisch verantwortbares Gottesbild nahe zu bringen.
- Zur Bebilderung:
  - Illustrationen in klaren Farben, die den Text ergänzende Details bringen und zum eigenen Erzählen anregen, sind wichtig. Sie sollten aber dem theologischen Anspruch hinsichtlich der Hauptaussage des Textes gerecht werden und sich nicht in nebensächliche Niedlichkeiten verlieren. Hier und da ein versteckter Humor, etwa im Rahmen einer Geschichte angemessener Situationskomik, ist jedoch zu begrüssen und trägt zur Akzeptanz d.h. zur Freude an der Bibel bei.
  - Der emotionalen Reaktion eines Kleinkinds ist Rechnung zu tragen. Bilder, die Angst erzeugen sind ebenso zu vermeiden wie Bildchen mit kitschig-süssem Charakter.
  - Besondere Sorgfalt sollte der Physiognomie gelten, denn Kinder reagieren bekanntlich schon mit wenigen Monaten auf ein Gesichtsschema. Freundliche Ausstrahlung der dargestellten Personen erhöht die Akzeptanz. Schmerz und Trauer sollten nicht fehlen, jedoch sehr dezent gestaltet werden.

---

93 Ebd., S. 10.

– Das Gottesbild: Eines der wichtigsten Kennzeichen einer guten Kleinkinderbibel ist die Vermittlung eines positiven Gottesbildes: Ein Gott, der
  liebt, aber auch ernst genommen wird. Solche Eindrücke im frühen Kindesalter können prägend sein für das weitere Leben, bzw. können ein Leben
  begleiten.
– Ergänzungen: Fragen und Appelle am Ende einer Geschichte sind in den
  hier analysierten Kleinkinderbibeln nicht befriedigend. Sie verengen den
  Horizont der Geschichte auf eine praktische Nutzanwendung. Gut und Böse
  sollte einer gut gestalteten Geschichte implizit sein, dessen Beurteilung auch
  ein Kleinkind schon leisten kann. Auch ein Ausforschen der Glaubenshal-
  tung bzw. Gottesbeziehung ist höchst fragwürdig. Verletzt ein solches Vorgehen doch die religiöse Intimsphäre, auf die ein Kind bereits in jungem
  Alter ein Anrecht hat.

Abschliessend sei bei aller auch kritischen Analyse des Genres »Babybibel« an-
gemerkt, dass hier eine Kleinkinderbibel nicht alles leisten kann, was die Frage
nach frühkindlicher religiöser Sozialisation betrifft. Sie ist ein wichtiges aber
auch begrenztes Medium. Andere dem Alter angemessene Bibelbearbeitungen
müssen folgen.

Wesentlich jedoch ist nicht zuletzt auch die Haltung der Bezugspersonen.
Kinder spüren, ob die Bibel und ihre Texte für die sie umgebenden Erwachsenen bedeutsam ist, ob das ›Gottesgeheimnis‹ auch im Alltag Raum gewinnt und
so »die Sehnsucht nach einem grösseren – bergenden und behütenden –
Gegenüber, das bleibende Erbe frühkindlicher religiöser Erziehung wird«.[94]

Übersicht der Auswahl

Reinhard Abeln/Yvonne Hoppe-Engbring, Mein grosser Bibelschatz, Deutsche Bibelgesell-
  schaft, Stuttgart 2007.
Beate Brielmeier/Yorgos Sgouros, Meine erste bunte Bibel, *(The Toddler Bible),* Stuttgart 2009
  (Für die Kleinsten).
Miriam Cordes/Antonie Schneider, Meine ersten Geschichten aus der Bibel, Hamburg 2006
  (Altersangabe 2 ½ J).
Barbara Cratzius/Colin u. Moira Maclean, Die Baby-Bibel, München 1996 (für die Kleinsten).
Barbara Cratzius/Astrid Krömer Mein erstes Buch vom lieben Gott, Würzburg 2002 (für
  jüngste Kinder [...] für die Allerkleinsten).
Vera Hausmann/Tracy Moroney, Meine Bibel, München 2002 (ab 3 J.; Aufklappbilder).
Horst Heinemann/Gabriele Hafermaas, Hosentaschenbibel, Göttingen 2004 (nur Bilder, Text
  separat).

---

94 Nach *Friedrich Schweitzer,* a.a.O., S. 41f.

Mary Hollingsworth/Britt Mc Fetridge (Denzel, S./Naumann, S.), Die kleine Bibel für mich,
   Neuhausen 1993 (Kleine Kinder).
Mathias Jeschke/Rüdiger Pfeffer, Die Bibel für die Allerkleinsten, Deutsche Bibelgesellschaft,
   Stuttgart 2006.
Annette Langen/Frauke Weldin, Kinderbibel in 5-Minuten-Geschichten, Freiburg im Breisgau
   2009 (für die Kleinsten).
Birgit Meyer (Übersetzung)/Sarah Dillard, Meine ersten Bibelgeschichten, Reihe: ›Der kleine
   Himmelsbote, Münster 2002 (für die Kleinsten mit Fühlelementen).
Linda Parry, (Karin Jeromin)/Alan Parry, Mein kleines Bibelbuch, Deutsche Bibelgesellschaft,
   Stuttgart 1997 (Kleine Kinder).
Lois Rock/(C. Pfeiffer)Colin /Smithson, Entdecke die Bibel, Stuttgart 1997 (»Kleine Kin-
   der«/Aufklappbilder).
Kenneth N. Taylor/(M. Bühler)/Nadine Wickenden/Diana Catchpole, Meine bunte Kinderbi-
   bel, München 2001 (»schon für die Kleinsten« [...] ab 3 J.).
Sarah Toulmin (Übersetzung: Magret Sterneck)/Kristina Stephenson, Meine erste Bibel, (engl.
   Baby Bible), Nürnberg 2006 (ab 2 J.).

Literatur

Ruth Bottigheimer, »The character of God« in: *dies.,* The Bible for children from the Age of
   Gutenberg to the Present, Yale 1996.
Elisabeth Buck, Und wer hat Gott gemacht?, Göttingen 2008.
Jan Amos Comenius, Orbis sensualium pictus, Erstausgabe 1658, neu erschienen in: Die
   bibliophilen Taschenbücher, Dortmund 1978.
Horst Heinemann, Die Schulranzenbibel, Wort im Bild GmbH, Altenstadt 2008.
Christine Reents, Neuere Kinderbibeln unter der Lupe, in: *Gottfried Adam/Rainer Lach-
   mann/Regine Schindler* (Hg.), Das Alte Testament in Kinderbibeln. Eine didaktische
   Herausforderung in Vergangenheit und Gegenwart, Zürich 2003.
Irene Renz, Und was meinen die Kinder? Was Kinder zur Bebilderung von Kinderbibeln
   sagen. In: *Gottfried Adam/Rainer Lachmann/Regine Schindler* (Hg.), Illustrationen in Kin-
   derbibeln, Jena 2005.
Irene Renz, Kinderbibeln als theologisch-pädagogische Herausforderung. Unter Bezugnahme
   auf die Analytische Psychologie nach C.G. Jung, Göttingen 2006.
Regine Schindler/Frank Jehle/Rosmarie Tschirky, Die Bibel für Kinder einst und jetzt. Beiheft
   zur Ausstellung, Schweizerisches Jugendbuch-Institut 2000.
August Gottlieb Spangenberg, Leben des Herrn Nicolaus Ludwig Grafen und Herrn von Zin-
   zendorf und Pottendorf, 1.Theil, Barby 1775.
Magdalene Spiegel/Josef Spiegel, Arbeitshilfe für die religiöse Erziehung im Vorschulalter,
   München 2. Aufl. 1975.
Friedrich Schweitzer, Das Recht des Kindes auf Religion, Gütersloh 2000.
Elisabeth Würth, Die religiöse Erziehung des Kleinkindes, Freiburg im Breisgau 1961.

Daniel Schüttlöffel

Was sind multimediale Kinderbibeln?
Eine terminologische Klärung

1. Einleitung und Fragestellung

Begriffsverwirrungen und eine uneindeutige terminologische Systematisierung
sind typische Probleme, die wissenschaftliche Forschung erschweren. Die
Gründe dafür sind vielfältig:

- Populär gewordene Schlagworte erweisen sich im Nachhinein als zu unprä-
  zise für die wissenschaftliche Bezeichnung bestimmter Sachverhalte.
- Unterschiedliche Bezeichnungen für ein und denselben Sachverhalt werden
  parallel verwendet.
- Ein Begriff wird gleichzeitig als Ober- und Unterbegriff verwendet.

Auch das noch relativ junge[1] Begriffspaar »Multimediale Kinderbibel« scheint
anfällig für terminologische Verwirrungen zu sein[2] – was bei näherer Betrachtung nicht weiter verwunderlich ist, da sich bereits die Einzelbegriffe »Multimedia« und »Kinderbibel« diesbezüglich als problematisch erwiesen haben. In

---

1 Erste Erwähnungen datieren auf das Jahr 2007: *Reiner Andreas Neuschäfer*, Multimediale
Kinderbibeln. Einsichten und Einschätzungen, in: BiblioTheke 4 (2007), S. 8–10. *Daniel Schüttlöffel*, Multimediale Kinderbibeln. Einsatz in der religionspädagogischen Arbeit, in: TPS 6
(2007), S. 36–39. *Ders.*: Das Leben Jesu multimedial. Rezension bei rpi-virtuell, Mai 2007.
Quelle: http://www.rpi-virtuell.net/index.php?p=home_cms4&id=4433.

2 So verwendet *Neuschäfer* (2007, S.9) in seiner Systematik die Bezeichnung »multimediale
Kinderbibel« zugleich als Ober- und Unterbegriff: »Es gibt ein breites Spektrum *multimedialer
Kinderbibeln* […] Folgende Genres sind grob zu unterscheiden: Biblische Erzählbücher mit ele-
mentaren Steuerungsmöglichkeiten Living Books (z.B. »Kinder entdecken die Bibel«) Humorig-
unkonventionelle Bibelaufbereitungen (z.B. »Bibelblatt. Der Weltbestseller in Schlagzeilen«;
www.bibelblatt-digital.de) *Multimediale Kinderbibeln* (z.B. »Klick-Bibel«; www.kinderbibel.net) ·
Edutainment (z.B. »Interaktive Reise durch das Leben Jesu«) Biblisches Adventure (z.B. für
Jugendliche »Das Grab des Mose«) Infotainment (z.B. »Geheimakte Jesu«; »Abenteuer Bibel«)
(Hervorh. D.S.).

meinem Beitrag befasse ich mich daher mit der Klärung des Begriffs »Multimediale Kinderbibel«, insbesondere im Hinblick auf seine Verwendung als Genrebezeichnung im Bereich der elektronischen Medien. Dazu erläutere ich zunächst die Verwendung des Begriffs »Kinderbibel« als Gattungsbezeichnung einerseits und als Bezeichnung für die Kinderbibel »im engeren Sinn« andererseits. Sodann beschreibe ich die voneinander abweichenden Bedeutungen des Wortes »Multimedia« in der populären und wissenschaftlichen Verwendung des Begriffs. Indem ich zehn konzeptionell unterschiedliche Softwareangebote »rund um die Bibel« zu den zuvor gefundenen Bedeutungen der Worte »Kinderbibel« und »Multimedia« in Beziehung setze, arbeite ich praktikable und weniger praktikable Ansätze zur Definition des Begriffspaars »multimediale Kinderbibel« als Genrebezeichnung heraus.

2. Was sind Kinderbibeln?

Mit dem Begriff »Kinderbibel« wird einerseits eine Gattung bezeichnet, andererseits eine bestimmte Art von Büchern, die ihrerseits der Gattung »Kinderbibel« zugerechnet werden. Im Folgenden stelle ich diese beiden Verwendungen des Begriffs unter Rückgriff auf die einschlägig bekannten Beiträge von Christine Reents und Reinmar Tschirch dar.

2.1 Kinderbibel als Gattungsbegriff

In ihrem Beitrag zur Festschrift anlässlich des 65. Geburtstages von Gottfried Adam erläutert Christine Reents, dass der Begriff »Kinderbibel« um das Jahr 1530 herum noch nicht bekannt gewesen sei, obgleich »vielfältige Formen des Bibelgebrauchs für Kinder und Laien nachgewiesen« seien[3] und Martin Luthers »Passional« von 1529 gemeinhin als erste evangelische Kinderbibel gilt.[4] Verwendung findet der Begriff »Kinderbibel« nach Reents erstmals in der zweiten Hälfte des 16. Jahrhunderts, allerdings nicht auf Kinderbibeln im engeren Sinn, sondern auf Titelblättern von lutherischen Katechismen.[5] Reents

---

3   *Christine Reents*, Bibelgebrauch für Kinder und Laien. Ein Vergleich von Martin Luthers Passional (1529) und Georg Witzels Catechismus Ecclesiae (1535) und seiner Instructio Puerorum (1542), in: *Volker Elsenbast/Rainer* Lachmann/*Robert Schelander* (Hg.), Die Bibel als Buch der Bildung. Festschrift für Gottfried Adam zum 65. Geburtstag, Wien 2004, S. 307–329.

4   Vgl. *Gottfried Adam*, Luthers Passional – Die erste evangelische Kinderbibel, in: Amt und Gemeinde 2003 (54), H. 2/3, S. 75.

5   Vgl. *Christine Reents*, Bibelgebrauch für Kinder und Laien. Ein Vergleich von Martin Luthers Passional (1529) und Georg Witzels Catechismus Ecclesiae (1535) und seiner Instructio

erklärt diesen Befund so, dass Luther selbst in seiner Vorrede zum Großen Katechismus (1530, in BSLK, 552) den Kleinen Katechismus als »der ganzen heiligen Schrift kurzer Auszug und Abschrift« bezeichnete. Dies sei »vermutlich impulsgebend, um die Begriffe Bibelauszug, Kinderbibel, Laienbibel und Katechismus synonym zu benutzen«.[6] Seit dieser Zeit wurde der Begriff »Kinderbibel« über die Katechismen hinaus auf weitere literarische Formen angewandt, die sich an Kinder und Laien richten, so dass gegenwärtig von »Kinderbibel« als Gattungsbegriff gesprochen werden muss. Im Lexikon für Religionspädagogik zählt Reents folgende Unterformen zur Gattung »Kinderbibel«:[7]
– Biblische Spruchbücher;
– Bilderbibeln;
– Festbücher zu den Sonntagsperikopen bzw. zum Kirchenjahr;
– Katechetische Kinderbibeln;
– Frei gestaltete Erzählungen auf biblischer Basis;
– Jesusbücher für Kinder;
– Biblische Bilderbücher;
– Sachbücher zur Archäologie;
– Parodien;
– Bibelcomics.

Die Reentssche Subsumierung konkreter Erscheinungsformen unter dem Oberbegriff »Kinderbibel« ist freilich weniger eine systematische als eine pragmatische, auf Addition beruhende Zusammenstellung: In ihrer Anschaulichkeit ist sie den real existierenden Unterformen der Gattung »Kinderbibel« zwar angemessen, nimmt dabei aber die Durchmischung wesensmäßig unterschiedlicher Kriterien in Kauf: So weisen einige Unterformen auf die Inhalte bzw. die Textauswahl der Kinderbibeln hin (z.B. Biblische Spruchbücher, Jesusbücher für Kinder, Sachbücher zur Archäologie), andere auf Formalia (z.B. Bilderbibeln, Bibelcomics), wieder andere auf zu Grunde liegende didaktische Konzepte (z.B. Katechetische Kinderbibeln). Der große Vorteil der Verwendung von »Kinderbibel« als Gattungsbegriff besteht darin, dass die Gattung offen ist für »Neuzugänge« – z.B. multimediale Kinderbibeln.

Puerorum (1542), in: *Volker Elsenbast/Rainer Lachmann/Robert Schelander* (Hg.) Die Bibel als Buch der Bildung. Festschrift für Gottfried Adam zum 65. Geburtstag, Wien 2004, S. 309.
6 Ebd.
7 Vgl. *Christine Reents*, Schul- und Kinderbibeln, 1. Evangelisch, Artikel in: *Folkert Rickers/ Norbert Mette* (Hg.), Lexikon der Religionspädagogik 1, Neukirchen-Vluyn 2001, S. 1010.

2.2 Die Kinderbibel im engeren Sinn

Vom Gattungsbegriff »Kinderbibel« kann die Kinderbibel »im engeren Sinne«
unterschieden werden. Diese Verwendung des Begriffs hat Reinmar Tschirch
im Blick, wenn er im Rahmen seiner Dissertation in wenigen Worten definiert:
»Kinderbibeln bieten biblische Geschichten in Auswahl. Sie sind in einer kindgemäßen Erzählsprache abgefaßt und mit Bildern veranschaulicht«.[8] Fünf Jahre
später schreibt Tschirch im Lexikon der Kinder- und Jugendliteratur: Kinderbibeln »bieten in Auswahl mehr oder weniger frei nacherzählte biblische Texte,
die in eine kindgemäße Sprache gefasst und mit Bildern versehen sind«.[9] In
seiner zweiten Definition ändert er zwei Aussagen – möglicherweise unter dem
Eindruck der immer zahlreicheren jährlichen Neuerscheinungen auf diesem
Gebiet, die mit immer neuen Ideen und z.T. auch Konzeptionen aufwarten.
Zum einen verweist Tschirch auf die unterschiedlichen Qualitäten eher text-
treuer und eher phantasievoller Arten des Nacherzählens, zum anderen mag er
beobachtet haben, dass die Bilder in manchen Kinderbibeln offensichtlich nicht
der Veranschaulichung dienen, sondern andere Aufgaben wahrnehmen, z.B.
das Anbieten von Deutungen.

Tschirchs Definitionsansätze beziehen sich auf die »Kinderbibel im engeren
Sinn« innerhalb der von Reents vorgeschlagenen Gattung »Kinderbibel« und
lassen sich auf nahezu alle Bücher anwenden, die gegenwärtig den Begriff »Kinderbibel« im Titel führen. Die Definitionen sind insofern praktikabel, als sie
gleichzeitig die wesentlichen Arbeitsfelder bei der Konzipierung von Kinderbibeln und Ansatzpunkte für die (wissenschaftliche) Begutachtung gegenwärtiger
Kinderbibeln benennen.

3. Was ist Multimedia?

Der Begriff »Multimedia« ist aus zwei lateinischen Wörtern zusammengesetzt,
wobei das Adjektiv multi das Substantiv media näher erläutert. Media ist als
Substantivierung des Adjektivs medius zu verstehen und kann im Neutrum
Plural sowohl räumlich als auch zeitlich sowie im übertragenen Sinn mit »die
Mittleren« oder »die (Ver-)Mittler« übersetzt werden. Multus bezeichnet eine
quantitative und qualitative Ausweitung des Singulären (für das im Lateini-

---

8 *Reinmar Tschirch*, Bibel für Kinder. Die Kinderbibel in Kirche, Gemeinde, Schule und Familie,
   Stuttgart 1995, S. 28.
9 *Tschirch*, Kinderbibel, in: *Alfred C. Baumgärtner/Heinrich Pleticha* (Hg.), Kinder- und Jugendliteratur. Ein Lexikon, Meitingen (Coriolan) 1995, 9. Ergänzungslieferung Februar 2000, 23 Seiten, 1; Hervorh: D.S.

schen das Adjektiv unus steht). Die Bedeutungsvielfalt von multus wird vor allem durch den Komparativ plus deutlich, der als Wort auch im Deutschen in unterschiedlichen inhaltlichen Zusammenhängen Verwendung findet. Die Wortkombination multi media verweist also offensichtlich auf eine quantitative und qualitative Vielfalt von Mittlern.

Der Begriff »Medium« hat in der deutschen Sprache in zahlreichen Fachgebieten eine je spezifische Bedeutung, die jedoch stets von der lateinischen Grundbedeutung »Mittler« bzw. »Mittleres« ausgeht. Im Hinblick auf die angestrebte Definition des Begriffspaares »multimediale Kinderbibel« ist die kommunikationswissenschaftliche Bedeutung zentral. Danach befindet sich das Medium zwischen Sender und Empfänger einer Botschaft und ermöglicht deren Übertragung. Das Medium ist gewissermaßen ein Kommunikationsmittel. Dabei kommen drei Aspekte in den Blick: zum einen die Art und Weise der Codierung der Botschaft, z.B. in Form von gesprochener oder geschriebener Sprache, zum zweiten die analogen und digitalen Übertragungs- und ggf. Speichermedien als Träger der Botschaft, z.B. Luft, (Brief-)Papier oder CD-ROM, zum dritten die nichttechnischen und technischen realen und virtuellen Werkzeuge oder Geräte, mit deren Hilfe Botschaften ausgetauscht werden, z.B. Brief, Telefon, E-Mail, SMS.

Der Begriff »Multimedia« schließlich ist bzw. war im öffentlichen Diskurs vor allem ein werbewirksames Schlagwort. 1995 wurde »Multimedia« zum Wort des Jahres gewählt.[10] Es war die Zeit, als die CD-ROM als Datenträger die Diskette ablöste. Ihre Speicherkapazität von zunächst 650 und später 700 MB (im Unterschied zu 1,44 MB bei der Diskette) ermöglichte die massenhafte Verbreitung von Softwareanwendungen, die nicht mehr vorwiegend Schriftzeichen und nur vereinzelt grafische Elemente und Bilder enthielten, sondern gesprochene Sprache, Musik, hoch aufgelöste Fotos, Animationen und Videos. Zahlreiche Produkte erhielten in dieser Zeit den Zusatz »Multimedia-CD«, der werbewirksam den Unterschied zur Audio-CD hervorhob. »Multimedia« bezeichnet seitdem in der allgemeinen öffentlichen Wahrnehmung »Inhalte und Werke, die aus mehreren, meist digitalen Medien bestehen: Text, Fotografie, Grafik, Animation, Audio und Video.«[11] Mit der Popularität von »Multimedia« nahmen auch die wissenschaftlichen Forschungen in diesem Bereich zu.

---

10 Vgl. die Listen der »Gesellschaft für deutsche Sprache«:
   http://www.gfds.de/index.php?id=11, abgerufen am 1.04.2010. 1995 war das erste Jahr, in dem überhaupt Begriffe, die dem Wortfeld der Informations- und Kommunikationstechnologien entstammen, in die »Top 10« gelangten. Neben »Multimedia« standen zur Wahl: anklicken (mit der Computermaus); virtuelle Realität; Datenautobahn.
11 So bezeichnenderweise der Eintrag bei Wikipedia: http://de.wikipedia.org/wiki/Multimedia (1.04.2010).

Vor allem die Mediendidaktik, die sich vormals mit Medien auch unabhängig von den elektronischen Informations- und Kommunikationstechnologien befasste, fokussierte zunehmend auf das Lernen mit den »Neuen Medien« bzw. »Multimedia«.[12]

Der Medienpsychologe Bernd Weidenmann bemängelt, dass der Begriff »Multimedia« auf Grund seiner Popularität »für den wissenschaftlichen Diskurs ungeeignet« sei.[13] Er schlägt stattdessen für die Beschreibung multimedialer Angebote eine differenziertere Begrifflichkeit vor, die zwischen den vielfältigen Technologien zum Speichern und Kommunizieren von Botschaften, den Möglichkeiten zur Codierung von Informationen und der Vielfalt der Sinnesmodalitäten unterscheidet:[14]

– »Multimedial seien Angebote, die auf unterschiedliche Speicher- und Präsentationstechnologien verteilt sind, aber integriert präsentiert werden, z.B. auf einer einzigen Benutzerplattform. [...]
– Multicodal seien Angebote, die unterschiedliche Symbolsysteme bzw. Codierungen aufweisen.
– Multimodal seien Angebote, die unterschiedliche Sinnesmodalitäten bei den Nutzern ansprechen.«

Als Sinnesmodalitäten werden im Wesentlichen der visuelle und der auditive Sinn angesprochen. Verbreitete Formen der Codierung von Information sind die piktoriale Codierung (statische und bewegte Bilder) und die verbale Codierung (geschriebene und gesprochene Sprache). Von Multicodalität kann demnach dann gesprochen werden, wenn die auf einer gemeinsamen Plattform integrierten Inhalte in mindestens zwei Zeichensystemen codiert sind, von Multimodalität, wenn mindestens zwei Sinnesmodalitäten (vormals: Sinneskanäle) stimuliert werden. Benutzerplattformen, die z.B. statische Bilder und einen Audiokommentar integriert präsentieren, vermochten um die Jahrtausendwende vor allem Computer bereitzustellen. Dies änderte sich mit der Zunahme mobiler Internet-Technologien, z.B. Multimedia-Handys, PDAs, Tablet-PCs etc.

---

12 Ein Standardwerk der Mediendidaktik war zu dieser Zeit *Ludwig J. Issing/Paul Klimsa* (Hg.): Information und Lernen mit Multimedia, Weinheim (Psychologie Verlags Union), 1. Auflage 1995, 2. Auflage 1997, 3. Auflage 2002 mit verändertem Titel: Information und Lernen mit Multimedia *und Internet*.

13 *Bernd Weidenmann*, Multicodierung und Multimodalität im Lernprozess, in: *Ludwig J. Issing/Paul Klimsa* (Hg.), Information und Lernen mit Multimedia und Internet. Lehrbuch für Studium und Praxis, 3. vollständig überarbeitete Auflage, Weinheim 2002, S. 45.

14 Ebd., S. 47.

Ausgehend von den Merkmalen existierender Multimedia-CD-ROMs und (in der Nachfolge) multimedialer Webseiten etablierte sich im gesellschaftlichen Bewusstsein »Interaktivität«15 als wichtiges Merkmal von »Multimedia«, das – in meinen Augen vor allem im Nachhinein – Eingang in die Forschung fand. Die von der mediendidaktischen Forschung geforderte »Adaptivität«16 multimedialer Software etablierte sich in konkreten Produkten jedoch nur rudimentär.

Zusammenfassend – so meine Einschätzung – kann die mit der Popularität des Begriffs »Multimedia« einhergehende Unschärfe der Bedeutung dieses Wortes durch den Definitionsansatz Weidenmanns nicht aufgehoben werden. Zu schwammig bleibt seine oben zitierte Beschreibung der Speicherung und Präsentation von Informationen auf einer integrierten Plattform. Gleichwohl gibt Weidenmann wichtige Hinweise, über welche Eigenschaften landläufig als multimedial bezeichnete Produkte üblicherweise verfügen.

4. Was sind multimediale Kinderbibeln?

Die bisherigen Ausführungen lassen erahnen, dass der Begriff »multimediale Kinderbibel« nicht ohne weiteres definiert werden kann. Je nachdem, ob »Kinderbibel« als Gattungsbegriff oder im engeren Sinne begriffen wird, ob »Multimedia« populär verstanden oder im Zusammenspiel mit/in Abgrenzung zu den Begriffen »Multicodierung« und »Multimodalität« gesehen wird, ob Interaktivität und Adaptivität als notwendige Bestandteile multimedialer Anwendungen angenommen werden, sind unterschiedliche Definitionen zu erwarten bzw. können unterschiedliche konkrete Produkte mit diesem Begriff bezeichnet werden.

---

15 Interaktivität bezeichnet die Möglichkeit für die Nutzer, den Ablauf eines Programms durch eigene Aktivitäten mit einem Eingabegerät (gegenwärtig vor allem Maus und Tastatur) zu beeinflussen (vgl. *Reiner Fricke*, Evaluation von Multimedia, in: *Ludwig J. Issing/Paul Klimsa* (Hg.), Information und Lernen mit Multimedia und Internet. Lehrbuch für Studium und Praxis, 3., vollständig überarbeitete Auflage, Weinheim 2002, S. 447; *Robert Strzebkowski/Nicole Kleeberg*, Interaktivität und Präsentation als Komponenten multimedialer Lernanwendungen, in: *Ludwig J. Issing/Paul Klimsa* (Hg.), Information und Lernen mit Multimedia und Internet. Lehrbuch für Studium und Praxis, 3. Auflage, Weinheim 2002, S. 229–245.

16 Adaptivität ist die Fähigkeit einer multimedialen Anwendung, sich selbstständig an die formalen und inhaltlichen Bedürfnisse des Nutzers anzupassen (vgl. *Detlev Leutner*, Adaptivität und Adaptierbarkeit multimedialer Lehr- und Informationssysteme in: *Ludwig J. Issing/Paul Klimsa* (Hg.), Information und Lernen mit Multimedia und Internet. Lehrbuch für Studium und Praxis, 3., vollständig überarbeitete Auflage, Weinheim 2002, S. 115–126.)

Daher werde ich in einem nächsten Schritt die Fragestellung von der Praxis her angehen und konkrete Softwareprodukte »rund um die Bibel« anführen, um auf diesem Weg zu ergründen, ob sich Gruppen ähnlicher Produkte ermitteln lassen, die kompatibel zu einer der denkbaren Definitionen von »multime diale Kinderbibel« sind bzw. sich einem mit diesem Begriff zu bezeichnenden Genre zuordnen ließen.

4.1 Definitionsansätze

Anlehnung an die Kinderbibel als Gattungsbezeichnung

Analog zur Formenvielfalt innerhalb der Gattung Kinderbibel existieren im Bereich der elektronischen Medien zahlreiche Softwareprodukte »rund um die Bibel«, die die Zielgruppe der Heranwachsenden in den Blick nehmen. Im Rahmen meiner Dissertation beschreibe ich exemplarisch zehn Programme, die ich nach dem Kriterium der größtmöglichen Unterscheidbarkeit ausgewählt habe.[1718] Sie wurden über einen Zeitraum von 1990–2007 publiziert, unterscheiden sich in der Art und Weise ihrer Distribution, basieren auf unterschiedlichen Software-Technologien und können auf Grund ihrer je eigenen Konzeption unterschiedlichen Software-Genres zugeordnet werden. Im Einzelnen sind dies folgende Anwendungen:

Lfd. Nr.	Erscheinungs jahr	Titel	Art der Distribution	Genre
1	1990	Das Bibelschloß	Disketten	Lernsoftware
2	1993[19]	Exodus	Disketten	Jump-and-Run-Spiel
3	1995	Kinder entdecken die Bibel	CD-ROM	Living Book

---

17 Im englischsprachigen Bereich existieren auch Anwendungen für Spielekonsolen, z.B. »The Bible Game« (www.cravegames.com/games/biblegame/), deren wissenschaftliche Begutachtung im deutschsprachigen Bereich noch aussteht.

18 Vgl. *Daniel Schüttlöffel*, Bibeldidaktische Interaktionsangebote in multimedialen Kinderbibeln (Dissertation Leibniz Universität Hannover, 2009). Online verfügbar unter www.theoweb. deonline-reihe/schuettloeffel.pdf.

19 Bereits 1992 auf Englisch erschienen.

4	2000	Mini Mike's biblische Abenteuer. Neues Testament	CD-ROM	Edutainment
5	2002	Geheimakte Jesus	CD-ROM	Adventuregame
6	2005[20]	Kölner-Dom-Bibelquiz	Webseite	Bibelquiz
7	2005	Jakobs Weg	Webseite	Relitainment
8	2006	BasisBibel	Webseite, CD-ROM und Buch	Crossmediales Bibelangebot
9	2006	Gott spricht zu seinen Kindern	Webseite	Online-Kinderbibel
10	2007	Biblegamezone	Webseite	Entertainment

Außer dem biblischen Bezug weisen die genannten Programme folgende Gemeinsamkeiten auf:
- Sie sind (erwartungsgemäß) multimedial in dem Sinne, dass sie für die Verwendung mit Computern optimiert sind.
- Sie sind interaktiv dergestalt, dass sie Steuerungsinteraktionen[21] enthalten, die die Handhabung des Programms und die selbstständige Navigation durch das Angebot ermöglichen.
- Sie enthalten (was ich so nicht erwartet hatte) Elemente, die geeignet sind, den Nutzern der Anwendung das Verstehen der biblischen Inhalte zu erleichtern.

Orientiert man sich allein am von Reents erläuterten Gattungsbegriff »Kinderbibel«, der Schriften »rund um die Bibel« erfasst, die sich explizit an Heranwachsende richten, und an der von Weidenmann vorgeschlagenen Definition von »Multimedia«, die darauf zielt, dass Informationen auf technologisch vielfältige Art und Weise gespeichert, aber auf einer integrierenden Plattform präsentiert werden, erhält man eine sehr weite Definition des Begriffs »multimediale Kinderbibel«, die letztlich alle genannten Softwareangebote zur Bibel (und noch weitere ungenannte) umfasst. Ausgehend von den bei den zehn Programmen vorgefundenen Gemeinsamkeiten könnten als weitere Merkmale multimedialer Kinderbibeln (Steuerungs-)Interaktivität sowie das Vorhandensein wie auch immer gearteter didaktischer Elemente genannt werden.

---

20 Das Erscheinungjahr wird von der zuständigen Redakteurin auf 2005 geschätzt.
21 Zum Begriff vgl. *Peter Baumgartner/Sabine Payr*, Lernen mit Software, Innsbruck 1994, S. 149.

Folgende Spezifika sind feststellbar:

- Die Angebote 2, 3, 4, 5 und 10 sind multimodal in dem Sinn, dass sie zusätzlich zur visuellen Sinnesmodalität mit gesprochener Sprache und/oder
Musik und/oder akustischen Signaltönen die auditive Sinnesmodalität
ansprechen.
- Bis auf 8 sind alle Anwendungen multicodal in dem Sinne, dass sie wesentliche Inhalte ihres Angebots mindestens verbal und piktorial codieren.
- Die Angebote 1–8 enthalten didaktische Interaktionen[22], die in unterschiedlichen Ausprägungen den aktiven Umgang und die Auseinandersetzung mit den Inhalten der Angebote ermöglichen.
- Die Angebote 6, 8 und 9 verfügen zwar nicht über eine selbstständig arbei-
tende Adaptivität, können aber zumindest von den Nutzern in einigen
Punkten an die eigenen Gewohnheiten und Vorlieben angepasst werden. Die
Adaptierbarkeit zeigt sich konkret darin, dass der Schwierigkeitsgrad beim
Bibelquiz vorab eingestellt werden kann (6), dass Farbschemata der Bedien-
oberfläche sowie die Schriftgröße gewählt werden können (8), dass (stufen-
weise) die Größe der Abbildungen festgelegt werden kann (9).
- Die Angebote 1 und 2 werden auf Disketten, die Angebote 3, 4, 5 und 8 auf
CD-ROMs distribuiert. Die Angebote 6–10 können im Internet in Form von
Webseiten abgerufen werden.

Von den vorgefundenen Spezifika scheint auf den ersten Blick die Art der Distribution ungeeignet, zum Ausschlusskriterium für die Zugehörigkeit zu einer
als multimediale Kinderbibeln zu bezeichnenden Gruppe von Anwendungen zu
werden. Was die Multimodalität einiger und die Multicodalität der meisten
Angebote, die Existenz didaktischer Interaktionen in manchen Programmen
und die in keiner der untersuchten Anwendungen vorfindliche Adaptivität
betrifft, so tragen die folgenden Ausführungen zu einer Klärung bei, welchen
Stellenwert sie in einer Definition des zu begründenden Genres »multimediale
Kinderbibel« haben sollten.

Anlehnung an die Kinderbibel »im engeren Sinne«

Wenngleich alle Angebote einen biblischen Bezug aufweisen, so zeigen doch
nur einige von ihnen eine konzeptionelle Nähe zur Kinderbibel »im engeren
Sinn« (vgl. den Abschnitt »2.2 Die Kinderbibel im engeren Sinn«). Diese zeichnet sich dadurch aus, dass sie die biblischen Inhalte – zumeist erzählende

---

22 Ebd.

Geschichten, aber auch andere Textsorten – in den Mittelpunkt stellt und so aufbereitet, dass Heranwachsenden ihre Rezeption erleichtert wird (in der Regel durch Auswahl, sprachliche Überarbeitung und Bebilderung).

Betrachte ich die zehn Anwendungen unter der Fragestellung, ob sie ihrer Konzeption nach die Präsentation der biblischen Inhalte in den Mittelpunkt stellen, so kommen folgende Angebote nicht als multimediale Kinderbibeln in Frage:

- 1 und 5 präsentieren nicht die biblischen Geschichten, sondern Rahmenerzählungen, aus denen heraus sich Sachinformationen abrufen lassen.
- Im Vordergrund von 2 steht eindeutig das Jump-and-run-Prinzip.
- 4 enthält zwar großformatige »Wimmelbilder« zu ausgewählten biblischen Geschichten, stellt die Geschichten als solche aber nicht da.
- 6 besteht ausschließlich aus Quizfragen.
- 10 ist eine Sammlung kurzweiliger Online-Spiele zur Bibel, die stets auf bestimmte (spieltragende) Aspekte einer biblischen Geschichte fokussieren.
- In den verbleibenden Anwendungen 3, 7, 8 und 9 stehen die biblischen Inhalte zweifelsfrei im Mittelpunkt. Tschirchs Definitionsansatz folgend untersuche ich sie nun dahingehend, ob sie die Inhalte so aufbereiten, dass Heranwachsenden ihre Rezeption erleichtert wird.
- 3 präsentiert biblische Geschichten im Stil eines Living Book: Fast alle enthaltenen Geschichten werden über mehrere bebilderte Seiten hinweg von einer Stimme aus dem Off erzählend dargeboten. Zahlreiche Bilder enthalten sensitive Stellen, deren Anklicken dazu führt, dass sich die Bilder im Sinne der Geschichte verändern (z.B. füllen sich die vormals leeren Wasserkrüge mit Wasser, das sich sodann in Wein verwandelt).
- Auch 9 bietet zahlreiche biblische Geschichten in einer Erzählsprache dar, allerdings monomodal, d.h. ohne Audiospur – dafür mehrsprachig und bebildert.
- 7 präsentiert auf bebilderten Seiten in einer humorvollen Erzählsprache den biblischen Geschichtenzyklus zu Jakob. Zur Vertiefung einiger Sachverhalte (z.B. Segen) werden Erläuterungen angeboten, ferner Texte aus der Lutherübersetzung.
- 8 bietet eine Neuübersetzung der Bibel an (bislang Evangelien und Apostelgeschichte), die sich in medialer Hinsicht vor allem dadurch auszeichnet, dass sie lexikalische Links zu Sachinformationen anbietet, die das Verstehen des Textes erleichtern.

Die genannten Anwendungen bemühen sich – jede auf ihre Weise –, Heranwachsenden das Rezipieren der biblischen Inhalte zu erleichtern. Dabei fällt auf, dass 3, 7 und 9 sich der bekannten Maßnahmen der Bebilderung und der

Übertragung des biblischen Textes in eine erzählende Sprache bedienen, wohingegen 8 eine unbebilderte Übersetzung anbietet, die dafür – medienspezifisch – mit lexikalischen Links versehen ist.

Legt man die Definition der Kinderbibel im engeren Sinne zu Grunde, so fällt auch die Definition der multimedialen Kinderbibel eng aus. Von den zehn Anwendungen können nur die Angebote 3, 7 und 9 zu den multimedialen Kinderbibeln gezählt werden. Beschränkt man sich auf das Kriterium der Mittelpunktstellung der biblischen Inhalte und lässt deren Darbietung in jedweder Form zu, die geeignet erscheint, Heranwachsenden das verstehende Rezipieren zu erleichtern, so erweitert sich dieser Kreis um die 8.

Fazit

Es wäre wenig nutzbringend, den Begriff »multimedialen Kinderbibel« weit gefasst zu definieren, da die von ihm bezeichneten Softwareprodukte in jedem Fall Teil der Gattung »Kinderbibel« wären (vgl. Abb. 25). Ferner wäre der Absicht, wissenschaftliche Forschung über multimediale Kinderbibeln zu erleichtern, mit einer weit gefassten Definition nicht gedient, da jede Form von Software zur Bibel, die sich an Heranwachsende richtet, wegen der Komplexität der verwendeten Technologien als multimediale Kinderbibel bezeichnet werden könnte.

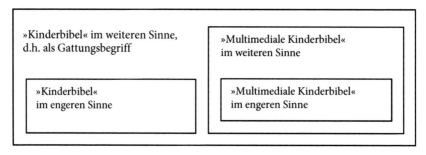

Abbildung 28

Angesichts der identifizierten »Prototypen« 3, 7 und 9 plädiere ich für eine Definition, die sich (a) an der Kinderbibel im engeren Sinne dahingehend orientiert, dass sie eine Übertragung des biblischen Textes in eine Erzählsprache vornimmt, und (b) nicht nur Weidenmanns Definition des Begriffs »multimedial« zu Grunde legt, sondern darüber hinaus auf Steuerungsinteraktionen und/oder didaktische Interaktionen besteht und eine multicodale Präsentation als verbindliche rezeptionserleichternde Maßnahme in multimedialen Kinderbibeln ansieht.

Die Sinnhaftigkeit dieses Vorschlags möchte ich unter Rückgriff auf 8, die BasisBibel, konkretisieren. Macht man sich bewusst, dass die beschriebenen zehn Anwendungen letztlich als Folie für die Auswahl weiterer, ähnlicher Angebote dienen sollen, so müssten im Gefolge der BasisBibel alle digitalen Bibeln auf Datenträgern und Internetseiten, die sich (auch) an Laien richten, die aber allesamt Übersetzungen und auf die verbale Codierung beschränkt sind, zur Gruppe der multimedialen Kinderbibeln gezählt werden, wenn sie nur irgendwelche Funktionen enthielten, die sich als rezeptionserleichternd definieren ließen.

Adaptivität schließlich scheidet als notwendiges Merkmal aus praktischen Gründen aus: Keine der untersuchten Anwendungen weist eine entsprechende Funktionalität auf.

4.2 Bibliografie multimedialer Kinderbibeln

Ausgehend von der engeren Definition multimedialer Kinderbibeln kann das Genre »multimediale Kinderbibel« begründet werden, zu dem einige konkrete Produkte gezählt werden können, die eine konzeptionelle Ähnlichkeit mit den o.g. Angeboten »Kinder entdecken die Bibel«, »Jakobs Weg« und »Gott spricht zu seinen Kindern« aufweisen. Im Folgenden liste ich die in Frage kommenden CD/DVD-ROMs und Webseiten in der Reihenfolge ihres Erscheinens auf. Der Übersichtlichkeit halber nenne ich innerhalb einer Softwarereihe alle zugehörigen Titel, auch wenn einige davon jünger sind als nachfolgende Einzeltitel.

Sunflowers Kids (Hg.), »Kinder entdecken die Bibel. Das Neue Testament« (1995).
Bibellesebund (Hg.), »Jesus. Eine interaktive Reise durch das Leben Jesu« (1995; Relaunch 2002).
Bibellesebund (Hg.), »Mose« (1998).
Bibellesebund (Hg.), »König David. Hirte, Krieger und Dichter« (1998).
Bremer Interaktive Medien B.I.M. (Hg.), »Die Geschichte der Arche Noah« (1996).
PC-Soft (Hg.), »David und Goliath. Ein interaktives Bibelabenteuer« (1996).
Hänssler-Verlag (Hg.), »Die Kinderbibel. Das Buch der Bücher auf 2 CD-ROMs« (1997).
Gütersloher Verlagshaus (Hg.), »Erlebnisreise Bibel. Interaktive Geschichten aus dem Alten Testament« (1998).
WG-Verlag und Lizenzen AG, »Moses. Der Prinz von Ägypten« (1999).
Simopt s.r.o (Hg.), »Die Bibel. Geschichten aus dem Alten Testament. Erzählt von Elmar Gunsch. Acht wunderschöne Spielgeschichten für Kinder von 4 bis 10 Jahren« (1999).
Bibellesebund (Hg.), »Bibelkids. Noah's Arche« (1999).
Bibellesebund (Hg.), »Bibelkids. Helden der Bibel« (1999).
Bibellesebund (Hg.), »Bibelkids. 22 Bibelgeschichten« (1999).
Rainer Holweger, »Salomo-Quiz«: www.ekd.de/salomo (2000).
Rainer Holweger, »Jakobs Weg«: www.ekd.de/jakobsweg (2005).

Rainer Holweger, »Jona – ein Prophet geht baden«: www.ekd.de/spiele/jona (2008). Auf CD-ROM erhältlich als: »Das große elektronische Bibelquiz. Siebenmal spannender Spielspaß am Computer« (2008).

Rahel Gebhardt, »Bibelcomics«: www.kids-web.org (2000).

Katholisches Bibelwerk (Hg.), »Multimedia Bibel für Kinder. Von Abel bis Babel« (2001).

Katholisches Bibelwerk (Hg.), »Multimedia Bibel für Kinder. Vom Beduinenzelt zur Pyramide« (2002).

Kirche in Not/Ostpriesterhilfe (Hg.), »Gott spricht zu seinen Kindern. Texte aus der Bibel« (2002; seit 2006 online: www.kirche-in-not.de/kinderbibel).

Katholisches Bibelwerk (Hg.), »Theos große Quiz-Bibel« (2002; Relaunch 2007).

Peter Baumann, »Die coolste KiBi. Online-Leseprobe zur gedruckten Ausgabe«: www.combib.de/kinderbibel1 (2003).

EKD (Hg.): »Kirche Entdecken«: www.kirche-entdecken.de (2005).[23] Auf CD-ROM erhältlich als: »Kirche entdecken. Kira und Benjamin führen auf einer spannenden Entdeckungsreise durch Kirchenraum und Bibel« (2007).

Stiftung Marburger Medien (Hg.), »JoeMax und das Psalm 23 Abenteuer!« (2005).

Deutsche Bibelgesellschaft (Hg.), »Klick-Bibel. Mit Wido die Feste des Jahres feiern« (2005).

Deutsche Bibelgesellschaft (Hg.), »Klick-Bibel. Widos Bibelgeschichten für jeden Tag« (2005).

Österreichisches Katholisches Bibelwerk (Hg.), »Kinderbibel. Die CD für die ganze Familie. Jesus wird geboren« (2005).

Österreichisches Katholisches Bibelwerk (Hg.), »Kinderbibel. Die CD für die ganze Familie. Jesus, unser Freund« (2006).

Österreichisches Katholisches Bibelwerk (Hg.), »Kinderbibel. Die CD für die ganze Familie. Jesus ist auferstanden« (2007).

Brockhaus Verlag Wuppertal und Christliche Verlagsgesellschaft Dillenburg (Hg.), »Elberfelder Kinderbibel. Von der Schöpfung bis zum Ende der Wüstenwanderung« (2007).

Brockhaus Verlag Wuppertal und Christliche Verlagsgesellschaft Dillenburg (Hg.), »Elberfelder Kinderbibel. Das Neue Testament« (2008).

4.3 Abschließende Definition

Ausgehend vom Bedeutungsgehalt der Begriffe »Kinderbibel« und »Multimedia« kann folgende Definition des Genres »multimediale Kinderbibeln« gegeben werden, die zumindest die unter dieser Bezeichnung subsumierten Softwareprodukte erfasst und möglicherweise auch zukünftige Entwicklungen integrieren kann:

Multimediale Kinderbibeln sind interaktive elektronische Medien für Heranwachsende, die ausgewählte biblische Inhalte unter Verwendung multipler Codierungen erzählend darbieten.

---

23 Nur das Zimmer von Benjamin der Maus sowie das Schreiberzimmer.

5. Literatur

Adam, Gottfried, Luthers Passional – Die erste evangelische Kinderbibel, in: Amt und Gemeinde 2003 (54), H. 2/3, S. 74–78.

Baumgartner, Peter/Payr, Sabine, Lernen mit Software, Innsbruck 1994.

Fricke, Reiner, Evaluation von Multimedia, in: *Issing, Ludwig/J.Klimsa, Paul* (Hg.), Information und Lernen mit Multimedia und Internet. Lehrbuch für Studium und Praxis, 3., vollständig überarbeitete Auflage Weinheim 2002, S. 445–466.

Leutner, Detlev, Adaptivität und Adaptierbarkeit multimedialer Lehr- und Informationssysteme in: *Issing, Ludwig J./Klimsa, Paul* (Hg.), Information und Lernen mit Multimedia und Internet. Lehrbuch für Studium und Praxis, 3., vollständig überarbeitete Auflage Weinheim 2002, S. 115–126.

Neuschäfer, Reiner Andreas, Multimediale Kinderbibeln. Einsichten und Einschätzungen, in: BiblioTheke 4 (2007), S. 8–10.

Reents, Christine, Schul- und Kinderbibeln, 1. Evangelisch, Artikel in: *Rickers, Folkert/Mette, Norbert* (Hg.): Lexikon der Religionspädagogik 1, Neukirchen-Vluyn 2001, S. 1010.

Reents, Christine, Bibelgebrauch für Kinder und Laien. Ein Vergleich von Martin Luthers Passional (1529) und Georg Witzels Catechismus Ecclesiae (1535) und seiner Instructio Puerorum (1542), in: *Elsenbast, Volker/Lachmann, Rainer/Schelander, Robert* (Hg.): Die Bibel als Buch der Bildung. Festschrift für Gottfried Adam zum 65. Geburtstag, Wien 2004, S. 307–329.

Schüttlöffel, Daniel,: Multimediale Kinderbibeln. Einsatz in der religionspädagogischen Arbeit, in: TPS 6 2007, S. 36–39.

Schüttlöffel, Daniel, Das Leben Jesu multimedial. Rezension bei rpi-virtuell, Mai 2007. Quelle: www.rpi-virtuell.net/index.php?p=home_cms4&id=4433.

Schüttlöffel, Daniel, Bibeldidaktische Interaktionsangebote in multimedialen Kinderbibeln (Dissertation Leibniz Universität Hannover, 2009), 2010. Online verfügbar unter www.theo-web.de/online-reihe/schuettloeffel.pdf.

Straß, Susanna, Die Bibel als Buch für Kinder?! Theologische und didaktische Analyse aktueller Kinderbibeln. Kriterien – Beispiele – Perspektiven, Nürnberg 2002 (Dissertation Friedrich-Alexander-Universität Erlangen-Nürnberg 1998).

Strzebkowski, Robert/Kleeberg, Nicole, Interaktivität und Präsentation als Komponenten multimedialer Lernanwendungen, in: *Issing, Ludwig J./Klimsa, Paul* (Hg.), Information und Lernen mit Multimedia und Internet. Lehrbuch für Studium und Praxis, 3. Auflage, Weinheim 2002, S. 229–245.

Tschirch, Reinmar, Bibel für Kinder. Die Kinderbibel in Kirche, Gemeinde, Schule und Familie, Stuttgart 1995.

Tschirch, Reinmar, Kinderbibel, in: *Baumgärtner, Alfred C./Pleticha, Heinrich* (Hg.), Kinder- und Jugendliteratur. Ein Lexikon, Meitingen (Coriolan) 1995, 9. Ergänzungslieferung Februar 2000, 23 Seiten.

Weidenmann, Bernd, Multicodierung und Multimodalität im Lernprozess, in: *Issing, Ludwig J./Klimsa, Paul* (Hg.), Information und Lernen mit Multimedia und Internet. Lehrbuch für Studium und Praxis, 3., vollständig überarbeitete Auflage Weinheim 2002, S. 45–64.

Christine Reents / Christoph Melchior

Die Geschichte der Kinder- und Schulbibel im Überblick[1]

Zum Projekt

Unser Interesse an Kinder- und Schulbibeln ist sowohl historisch als auch
didaktisch: Historisch gilt es, das reiche Erbe an Bibelbearbeitungen für Kinder
und Jugendliche aufzufinden, zu ordnen, in die erziehungs- und kirchengeschichtlichen Kontexte einzuordnen und kritisch zu sichten. Wegen der Fülle
von rund 950 Titeln aus sechs Jahrhunderten haben wir uns vor allem mit
Longsellern und Querdenkern in Deutschland befasst und die Fülle der Titel
vier Gattungen zugeordnet. Die Gattungen geben Auskunft über die Relation
der Bibelbearbeitung zum Original:

1. *Biblische Spruchbücher*, die unterschiedlichen Zwecken dienten, z.B. als
   Wochensprüche, als Fibeln, als Moralsprüche und vor allem als dicta pro-
   bantia zu Katechismen, schon in der lutherischen Orthodoxie bald nach
   dem Dreißigjährigen Krieg differenziert nach Alter und Fähigkeiten.
2. *Bibelnahe Paraphrasen* oder *Biblische Historien*, z.B. die ev. Longseller von
   Johann Hübner 1714 und Jörg Erb 1941, die kath. Longseller von Felbi-
   ger[/Strauch] 1767 und Ecker 1906.
3. Kindbezogene freie *Erzählungen*, z.B. die ev. Longseller von Feddersen 1775,
   Hebel 1824, Jörg Zink 1981, Regine Schindler 1996 und der kath. Longseller
   von Christoph von Schmid ab 1801.
4. *Bilderbibeln*, in denen dem Bild Priorität vor dem Text zukommt (z.B.
   Luthers Passional 1529, Schnorr von Carolsfeld 1860, Kees de Kort seit
   1966, Lisbeth Zwerger 2000).

Aus vier Gründen lassen sich die klassischen vier Gattungen heute kaum noch
klar unterscheiden: Spruchbücher sind nahezu unbekannt geworden, fast alle

---

1 Vgl. *Christine Reents/Christoph Melchior*, Die Geschichte der Kinder- und Schulbibel. Evangelisch – katholisch – jüdisch, Göttingen 2011.

Kinderbibeln sind illustriert, neue Gattungen sind auf dem Markt z.B. Kleinkinderbibeln, lexikonähnliche Kinderbibeln und Bibelcomics und schliesslich
ist die Unterscheidung zwischen freier Erzählung und bibelnaher Paraphrase
nicht in jedem Fall klar.

Didaktisch gilt es, aus der historischen und didaktischen Analyse Kriterien
für die Bibelgestaltungen als ökumenische Basis neuer Kinder- und Jugendbi-
beln im zeitgenössischen Pluralismus zu gewinnen. Hier gibt es Klärungsbedarf,
denn seit der Jahrtausendwende erschienen etwa 230 neue, teils fragwürdige
Kinderbibeln. Hinzu kommt der Wunsch nach Selbstklärung: wie steht es mit
den Kinder- und Schulbibeln der eigenen Kindheit? Wie steht es mit der
Behauptung mancher, diese und keine andere Kinderbibel sei »die« theologisch
richtige?

1. Volkssprachliche Bibelbearbeitungen im Spätmittelalter

Unser Projekt setzt mit dem Beginn des Buchdrucks ein. Heutige Vorstellungen
von Kinderbibeln dürfen nicht auf das Spätmittelalter zurückprojiziert werden.
Vielfach waren die Lebensverhältnisse schwierig bis katastrophal; deshalb soll
ein Kind mit etwa sieben Jahren imstande sein, seinen Lebensunterhalt selbst zu
verdienen. Kinder nehmen am Erwachsenenleben teil, erleben die religiöse Praxis im Haus und in der Nachbarschaft; lernen durch Imitatio z.B. das Kreuzzei-
chen und Tischgebete. In Kirchen schauen sie religiöse Bilder an und feiern die
Messe. Die christliche Erziehung berücksichtigt vor allem liturgische
Gebrauchstexte aus der Bibel. Nur eine Minderheit der Bevölkerung kann flüs-
sig lesen; Lehrbücher sind zumeist für Lehrer da, denn sie sind zu teuer, um von
Kindern zerlesen zu werden. Umstritten ist, ob ein Hauskatechumenat praktiziert wird. Anfänge eines vom Messgottesdienst unabhängigen muttersprachli-
chen Bibelgebrauchs sind vereinzelt nachweisbar, vor allem als Privatlektüre
von frei erzählten moralischen Exempeln.

In der katholischen Kirche ist in Deutschland kein generelles Bibelleseverbot
für Laien nachweisbar; schon vor Luthers Übersetzung wurden 18 deutschsprachige Bibeln als Übertragungen aus der Vulgata gedruckt, außerdem sind
unterschiedliche Gattungen muttersprachlicher Bibelbearbeitungen erhalten.
Zwei Auslegungstraditionen spielen eine Rolle: die wörtlich-moralisierende
und die typologische, die davon ausgeht, dass das Neue Testament im Alten
vorgebildet sei. Ein Beispiel aus der typologischen Biblia-pauperum-Tradition.
Wer die Szenenabfolge verstehen will, braucht biblisches Vorwissen.

Abbildung 29: Faksimile aus Biblia pauperum. Deutsche Ausgabe von 1471. Hg. Gesellschaft der Bibliophilen. Weimar 1906, o.S. Der Holzschneider und Buchdrucker Hans Sporer war im letzten Drittel des 15. Jh. in Bamberg, Erfurt und Nürnberg tätig.

»Die Illustration besteht aus drei Feldern. In der Mitte ist der Auferstandene mit seiner Siegesfahne vor einem Sarg zu sehen. Das linke Bild zeigt Simson, der um Mitternacht ›erstund‹ und die schweren Stadttore von Gaza wegtrug (Jdc 16). Genauso vermochte der Held Christus den schweren Stein, der das Grab verschloss, zu heben. Das rechte Bild zeigt, wie der Fisch Jona an Land speit (Jon 2). ›Jona bedeut Christum, der an dem dritten Tag erstund von dem Grab.‹ Die beiden alttestamentlichen Szenen gelten als Präfiguration der Auferstehung Christi. Oben und unten sind Bilder der vier Propheten – David, Jakob (nach Gen 49,9), Hosea und Zephania – zu sehen, die die Auferstehung Jesu geweissagt haben sollen.[2]

Zu bezweifeln ist, ob die typologische Biblia-pauperum-Tradition für Kinder und Laien gedacht war. Entgegen einer häufig vertretenen Ansicht ordnen wir die Biblia-pauperum-Tradition als Gesamtkonzept nicht als Vorläufer späterer Kinderbibeln ein. Wegen der komplizierten Bildkomposition und des zum Verstehen nötigen Vorwissens ist es fraglich, ob diese reichhaltige Tradition für Kinder und Laien konzipiert war; sicher ist, dass Einzelszenen wörtlich verstanden später in Kinderbibeln aufgenommen wurden, so z.B. Jona und Simson mit den Stadttoren von Gaza.

---

2 *Ph[ilipp] Schmidt*, Die Illustrationen der Lutherbibel 1522–1700, Basel 1962, S. 43.

Zu Beginn des Buchdrucks sind spätgotische Historienbibeln bekannt, z.B. die Tradition der »Historia scholastica« des Petrus Comestor (gest. 1178/79), ein biblisches Einleitungswerk für Theologiestudenten. Außerdem sind Passionsbüchlein und freie biblische Erzählungen aus der Exempelliteratur wie »Der Seele Trost« sowie aus einem Erziehungsbuch für adlige Fräulein und biblische Bildmotive in Kirchen bis heute erhalten. Es folgen zwei Beispiele für frei erzählte biblische Exempel:

(1) Die Tradition des großen und kleinen Seelenstrostes[3] entstand im letzten Drittel des 15. Jahrhunderts, vermutlich im Umkreis der Devotio moderna; es geht um Erbauung und Belehrung durch Exempel zum Dekalog. Der Prolog wendet sich direkt an heranwachsende Leser:

»Kynt leue, darumme schaltu geren lesen und horen de lere der hilgen scrift [...]«[4]

[= Liebes Kind, darum sollst du die Lehre der Heiligen Schrift gern lesen und hören.]

Abbildung 30: Bayerische Staatsbibliothek München, 2 Inc.c.a 783a

Die Texte sind als Wechselgespräch zwischen Vater und Sohn gestaltet und bieten 232 frei erzählte biblische und außerbiblische Exempel in Abfolge des Dekalogs mit Verwandtschaft zur sog. ersten niederländischen Historienbibel

---

3 Es sind 37 Handschriften bekannt, von denen 27 nachweisbar sind nach *Margarete Schmitt* (Hg.), Der grosse Seelentrost. Ein niederdeutsches Erbauungsbuch des vierzehnten Jahrhunderts, Graz etc 1959; Der cleyn selen troist. Collen, Ludewich von Renchen, 1484; *Ingrid Hruby*: Der selen troist. Köln 1484, in: HKJL Bd. I, Sp. 25, 158–180 und Sp. 1188–1190 = Bibliographie Nr. 388 und 389.

4 *Margarete Schmitt*, a.a.O., S. 1.

(1358). Ingrid Hruby ordnet die Tradition des Seelentrostes den »erbaulichen Katechismen«[5] zu.

Das Göttinger Exemplar des Kleinen Seelentrostes (1484) enthält elf kolorierte Holzschnitte, die die Zehn Gebote in den Kontext des spätmittelalterlichen Alltags stellen. Auffällig ist, dass die Adressaten jugendliche Hofknappen und nicht kleine Kinder sind, welche die Gebote zu lernen haben

Abbildung 31: Vater oder Lehrer mit drei Edelknaben. Der Seele Trost, 1478 SUB Göttingen (Blatt 18 v)

(2) Ein Erziehungsbuch für adlige Fräulein

Der französische Ritter vom Turn ließ 1371 ein Buch »als Spiegel der Tugend und Ersamkeit« für seine beiden heiratsfähigen Töchter gestalten. Die Kunst des Lesens werden im Rittertum mehr Frauen als Männer beherrscht haben wegen der Erziehung in Nonnenklöstern. In Basel erschien 1493 eine deutsche Übersetzung für bürgerliche Leser und Leserinnen wahrscheinlich mit Buchholzschnitten des jungen Albrecht Dürer.[6]

---

5 In: HKJL Bd. I, Sp. 175f.
6 Vgl. *Otto Brunken* in: HKJL Bd. I, Sp. 739–778 und Bibliographie Sp.1095–1098.

Abbildung 32: Titelblatt von Albrecht Dürer: Der Ritter beauftragt zwei Priester und zwei Schreiber mit der Sammlung von Exempeln der Gottesfurcht und Ehrbarkeit,
(HAB Wolfenbüttel 140 Quodl. 2°)

Es geht um das rechte Verhalten von Frauen vor allem in Fragen der Liebe aus
der Perspektive der höfisch-patriarchalen Gesellschaft. Hier finden sich viele
frei erzählte weltliche und biblische Exempel, die sich nur mit guter Bibelkenntnis in der Bibel finden lassen. Die biblischen Geschichten zielen auf
affektive Identifikation und Nachahmung bzw. Warnung.

Abbildung 33: Der König David sieht die verführerische Bathseba im Bade nach 2 Sam 11,1–5,
(HAB Wolfenbüttel 140 Quodl. 2°)

Das Buch ist als »Zuchtmaister der Weiber und Junckfrawen« konzipiert. Schon in der Erziehungsliteratur des ausgehenden Mittelalters werden biblische Beispiele zur Moralerziehung frei erzählt.

Im Spätmittelalter können Laien und Kinder Bibelkenntnisse durch Bilder und Skulpturen vor allem in Kirchen, durch liturgische Stücke aus der Bibel, durch freie Erzählungen und durch deutschsprachige Bibeln erwerben. Offen ist die Frage, wie und wo Erzähler und Künstler wie Dürer, Holbein u.a. ihre erstaunlichen Bibelkenntnisse erworben haben könnten.

2. Die Vielfalt des Bibelgebrauchs für Kinder und Laien bis 1580

Zwischen Kindern und Laien wurde im 16. Jahrhundert noch nicht unterschieden, wie der Begriff »Pfarrkind« belegt, doch nahm das Interesse für Kinder zu, wie einige Bilder von Kindern und Jugendlichen in der Kunst bezeugen. Noch fehlt eine Differenzierung nach Altersstufen. Die lutherische Reformation forderte das Hauskatechumenat, d.h. jeder Hausvater sollte Bischof in seinem Hause sein. Ein einheitlicher Terminus für Kinderbibeln fehlt; in der Regel wird Luthers Kleiner Katechismus (1529) als »Kinderbibel« bezeichnet. Den flächendeckenden Bibelunterricht gibt es noch nicht. Im Gottesdienst kommen biblische Elemente vor: Psalmen werden gesungen und die Perikopen in deutscher Sprache vorgelesen, leider kaum in der Muttersprache niederdeutscher oder dialektsprachiger Kinder. Die Bibelauslegung des Humanismus bevorzugt den wortgetreuen Schriftsinn, deshalb tritt die typologische Biblia-pauperum-Tradition zurück. Bibelbearbeitungen für Kinder und Laien sind in sechs Hauptgattungen erhalten:
- Zwei kleine Bilderbibeln von Luther mit wörtlichen Bibelsprüchen und von dem Straßburger Verleger Wendel Rihel (1540) mit Knittelversen im Stil von Hans Sachs,
- zwei illustrierte bibelnahe Paraphrasen: »Die kleyne Bibel« des schwäbischen Lutheraners Widmann (1549) und die umfangreichen Biblischen Historien des Frankfurter Pfarrers Hartmann Beyer (1555),
- freie Erzählungen bzw. Bibelkatechismen des Konvertiten Georg Witzel (1535/42),
- Perikopenbearbeitungen,
- Biblische Namenslisten z.B. der Guten und Bösen der Bibel (Brunfels Catalogi 1527)

– und schließlich als evangelisches Spezificum sieben Biblische Spruchbücher,
die dem Memorieren von Wochensprüchen oder dem Beweis von Luthers
Kleinem Katechismus dienen. Das Spruchbuch des lutherischen Pfarrers
Josua Opitz trägt den Titel »Kinder Bibel« (1583).

Außerdem finden sich weitere Mischformen: im AT eine gereimte Historienbibel, im NT als Evangeliar geordnet (Freydang 1569). Insgesamt ist es eine Zeit
des Experimentierens. Die meisten Bücher waren wohl kaum für Kinder konzipiert, sondern für Hausväter, Pfarrer und Lehrer.

Drei inhaltliche Auswahlgesichtspunkte sind wichtig: (a) die reine Lehre, d.h.
es geht um einen dogmatischen Bibelgebrauch, (b) das Kirchenjahr, d.h. es geht
um einen gottesdienstbezogenen Bibelgebrauch und (c) ein Geschichtsver-
ständnis im Dienste der Moralerziehung in Anlehnung an Cicero (»historia
magistra vitae«).

Obwohl das Konzil von Trient (1545–1563) Bilder empfiehlt, fehlt eine
katholische Bilder-, Kinder- und Laienbibel. Das mag an der Priorität der Vulgata als maßgeblicher Bibelausgabe und an der Priorität der konfessionsverschiedenen Katechismen (Luther 1529, die Katechismen des Jesuiten Canisius
in dreifacher Gestalt 1555, 1556, 1558/59[7] und der Heidelberger Katechismus
1563) liegen. Gelegentlich lassen sich Wechselwirkungen zwischen evangelischen und katholischen Werken nachweisen; das gilt für die Bibelkatechismen
des Konvertiten Witzel und für biblische HolzschnittIllustrationen, die für alle
»Religionsparteien« bzw. christlichen Konfessionen brauchbar waren. Beispiel:
»Leien Bibel« (1540)[8].

Da vermutlich Luthers Passional[9] bekannt ist, zeigen wir Ausschnitte aus der
beim Straßburger Drucker Wendel Rihel im Jahre 1540 erschienenen Bilderbibel. Der Drucker Wendel Rihel pflegte Kontakte zu führenden Männern der
Reformation, vor allem zu Martin Bucer. Das Büchlein im Oktavformat hat 181
Holzschnitte, durch Knittelverse erläutert. Künstlernamen sind nicht in der
»Leien Bibel« genannt; vielleicht stammen die Holzschnitte von Hans Baldung
und Heinrich Vogtherr d.Ä.[10] Das piktoral-verbale Erzählen auf Holzschnitten

7 *Hubert Filser/Stephan Leimgruber*, Petrus Canisius. Der große Katechismus. Summa doctrinae
   christianae, Regensburg 2003.

8 Vgl. *Richard W. Gassen*, Die Leien Bibel des Straßburger Druckers Wendelin Rihel. Kunst, Religion, Pädagogik und Buchdruck in der Reformation (Sonderdruck Memminger Geschichtsblät-
   ter Jahresheft 1983/84), Memmingen 1984.

9 Vgl. *Christine Reents*, Bibelgebrauch für Kinder und Laien. Ein Vergleich von Martin Luthers
   Passional (1529) und Georg Witzels Catechismus Ecclesiae (1535) und seiner Instructio Puero-
   rum (1542), in: Die Bibel als Buch der Bildung. FS für Gottfried Adam zum 65. Geburtstag. Hg.
   Volker *Elsenbast/Rainer Lachmann/Robert Schelander*, Wien 2004, S. 307–329.

10 *Richard W. Gassen*, a.a.O., S. 73f.

vermittelt eine grobe Übersicht über die Bibel. Die Herkunft der Reimverse ist nicht bekannt.

Abbildung 34: Titelblatt.
Renaissancedekor mit portalartigem Aufbau: im oberen Rundbogen sitzt der Auferstandene auf dem offenen Grabe; er tritt auf die Schlange (Gen 3,15) und den Tod. Auf dem Schriftband steht: »Confidite Ego vici mundum. Jo 16« [= Glaubt, denn ich habe die Welt überwunden.]. Als Pendant ist im unteren Feld der Gekreuzigte mit den beiden Schächern zu sehen. Vor der rechten Säule steht Petrus mit dem Schlüssel, vor der linken ein anderer Apostel, vielleicht Paulus mit dem Schwert. Obwohl die »Leien Bibel« Geschichten aus dem Alten und Neuen Testament enthält, bezieht sich das Titelblatt vorrangig auf das Neue Testament. © Stadtarchiv Memmingen

Nach Rihels Vorwort hat die Laienbibel drei Funktionen: die Bilder sollen das Gedächtnis unterstützen, das Verständnis der Bibel verbessern und anderen Künstlern als Anregung dienen. Gegen die Bilderstürmer betont er die Freiheit des Bildgebrauchs, indem er sich sinngemäß auf Luther beruft:

> »Und Christen leut/sind Herren allerding/also das sie frei mögen aller creaturen Gottes sich gebrauche[n] zur auffbauwung an Gott/und des nehisten besserung/one was an jm selbs böse oder von Gott verbotte[n] ist. Wer weisse aber nicht/dass malen und bilder machen an jhm selbs nicht böse/sondern ein edle gabe Gottes/[…]«.

Das Büchlein ist für Käufer gedacht, die sich keine teure Gesamtausgabe einer deutschen illustrierten Bibelübersetzung leisten können. Drei Elemente – Überschrift, Holzschnitt und Reimvers – interpretieren sich wechselseitig. Rihel richtet sich an »einfaltige Leien und besonders die Juget« (Vorrede NT) und will die Heilsgeschichte von der Schöpfung bis zur Vision des neuen Himmels und der neuen Erde (Apk 21) nach dem wörtlichen Schriftsinn vermitteln. Der Schwerpunkt liegt auf dem Leben Jesu, während das Alte Testament – wie in Luthers Passional – nicht in dem Maße berücksichtigt ist wie es seinem Umfang entspräche. Da die Evangelien in der Lutherbibel (1534) nicht illustriert sind, fallen die Illustrationen zum Leben Jesu besonders ins Auge. Wollte Rihel vielleicht auch eine Ergänzung zu den fehlenden Illustrationen der Lutherbibel bieten?

Die biblischen Geschichten sind in ein weltoffenes Milieu des Ackerbürgertums der Renaissance versetzt. Die Freude am Erzählen diesseitiger Geschichten herrscht vor, oft als wortgetreues Nachzeichnen ohne pädagogischen Bezug. Auf den meisten Bildern ist die Jesusfigur ohne Nimbus barfuss zu sehen, denn Jesus gehört zu den Armen; er trägt kein Gewand und keine Schuhe wie die Reichen und Mächtigen.

Abbildung 35: Jesus beruft seine ersten Jünger vor den Toren der Stadt Straßburg (Blatt 73)

Abbildung 36: Die als Tiere dargestellten falschen Gelehrten tragen eine Tiara und ein Gelehrtenbarett als Kopfbedeckungen. Damit wird die Metapher von den falschen Propheten zur antirömischen Polemik umgestaltet (Mt 7,15). (Blatt 77)

Abbildung 37: Jesus ist als Prediger barfuss ohne Nimbus sichtbar, ein Vorbild für evangelische Prediger. (Blatt 93 = 51 zu Ex 20,8–11)

Die »Leien Bibel« bietet eine weltoffene protestantische Laienexegese, die die Bibel in ihrer Gegenwartsrelevanz versteht.

3. Bibeltreue als Leitmotiv im konfessionellen Zeitalter

Vom 16. bis 19. Jahrhundert fehlt ein einheitlicher Begriff für gekürzte Bibelausgaben für Kinder und Laien, vielmehr finden sich auf Titelblättern unter
schiedliche Bezeichnungen, die oft auf die Gattung und Verwendungssituation
des Buches hinweisen. Zumeist handelt es sich um Handbücher für Pfarrer und
Lehrer. So unterschiedlich wie die Titel, so unterschiedlich sind die Formulierungen und Gattungen. Dazu einige Beispiele: Schon Josua Opitz benutzt den
Begriff »Kinderbibel« (1583) für sein Spruchbuch. Noch im Jahre 1642 nennt
Sigismund Bergius Luthers Kleinen Katechismus eine »Layen-Bibel«. Ehrnreich
Weißmann benutzt den Begriff »Kinderbibel« (1685) für ein Buch mit Fragen
und Antworten zur Biblischen Geschichte von der Schöpfung bis zur Offenbarung Johannes. Ähnlich steht es mit der »Kinder-Bibel« (1688) des reformierten
Herborner Professors Johannes Melchior, die katechetische Fragen zu Historien
und Sprüchen enthält. Beide Kinderbibeln sind zur Repetition durch Abfragen
konzipiert und setzen die Lektüre der Vollbibel voraus.

In der Zeit der Konfessionskämpfe kommt der Rechtgläubigkeit Priorität zu,
weniger der Kindgemäßheit. Deshalb nimmt die Zahl der biblischen Spruchbücher mit wörtlichen Zitaten zu; 21 evangelische sind auffindbar. Diese haben
mindestens fünf Funktionen:

1. Sie können dem Lernen des Alphabets dienen, d.h. sie sind Fibeln.
2. Sie können den Sonntagen des Kirchenjahres zugeordnet sein.
3. Sie belegen vor allem Luthers Kleinen Katechismus. Speners Spruchbuch
   enthält z.B. 1238 Fragen mit den entsprechenden Sprüchen als Antworten.
4. Sie sind ein Rätselbuch für Bibelsprüche.
5. Schließlich dienen sie der ethischen Erziehung.

Das wörtliche Zitieren und Memorieren mehr oder minder umfangreicher
Sprüche entspricht dem Schriftprinzip. Da das Barockzeitalter nach Vollständigkeit strebt, werden die Spruchbücher immer voluminöser. Erstmals finden
sich auch Spruchbücher, die vom Leichten zum Schweren geordnet sind (z.B.
Bothe, Lüneburg 1649 und Gottfried Hoffmann: »Aerarium biblicum« 1706).

Nach August Herrmann Francke[11] sollen Kinder die Vollbibel studieren;
dem dienen die preiswerten Ausgaben der Lutherbibel, die in der von Canstein-
schen Bibelanstalt seit 1710 gedruckt werden. Diese Regelung gilt in Preußen
bis weit in das 19. Jahrhundert (Stiehlsche Regulative). Außerdem wurden in

---

11 *August Hermann Francke*, Glauchisches Gedenck-Büchlein/Oder/Einfältiger Unterricht/Für die
   Christliche Gemeinde zu/Glaucha an Halle [...] Leipzig und Halle 1693, S. 176.

den Franckeschen Anstalten biblische Spruchbücher, z.B. seit 1700 das von Töllner benutzt und im Waisenhaus von Züllichau das von Steinbarth (1729).

Abbildung 38: Justin Töllner aus: SUB Göttingen.
Auf dem zweigeteilten Titelkupfer ist oben der kleine Timotheus mit Mutter und Großmutter bei der Bibellektüre zu sehen (2 Tim 1,5 u. 3,15), unten vermutlich Paulus am Schreibtisch, der seinem Schüler Timotheus ein Schriftstück mahnend übergibt (1 Tim 6,20).

Noch sind freie Erzählungen rar. Im Luthertum entstehen etwa 14 neue bibelnahe Paraphrasen der Lutherbibel, häufig mit Anhängen wie die Biblischen Historien von Justus Gesenius (1656) und vor allem der Longseller von Johann Hübner (1714),[12] dieser zuerst für Lateinschulen. Entgegen einer vielfach verbreiteten Meinung ist Hübner nicht dem Pietismus, sondern der lutherischen Orthodoxie im Übergang zur Frühaufklärung zuzuordnen. Seit den 1730er Jahren werden Hübners Biblische Historien im Pietismus gebraucht.

---

12 Vgl. *Christine Reents*, Die Bibel als Schul- und Hausbuch für Kinder. Johann Hübner, Zweymal zwey und funffzig Auserlesene Biblische Historien, der Jugend zum Besten abgefasset [...] Leipzig 1714 bis Leipzig 1874 und Schwelm 1902, Göttingen 1984.

Abbildung 39: Titelblatt mit Titelkupfer der Erstauflage 1714 aus: SUB Dresden

Gelegentlich werden passende Bilder angeboten, die – je nach Geldbeutel – vom Buchbinder beigeheftet werden können. Deshalb gibt es z.B. Hübner-Ausgaben mit Bildern der Monath-Tradition (seit 1731) und in Süddeutschland und der Schweiz seit 1763 Hübner-Ausgaben mit Nachstichen aus Weigels Biblia ectypa.[13]

Abbildung 40: Merian Bild 2. Der betende Adam

Abbildung 41: Monath Nr. 1, Das Werk der Schöpfung (als Kombination aus Merian 1 und 2), (© GNM Nürnberg)

---

13 Vgl. *Johann Hübner*, Zweynahl zwey und funffzig Auslerlesene Biblische Historien Aus dem Alten und Neuen Testamente, Der Jugend zum Besten abgefasset. Mit einer Einleitung und einem theologie- und illustrationsgeschichtlichen Anhang, hg. von *Rainer Lachmann* und *Christine Reents*, Hildesheim 1986.

Teure Bilderbibeln gehören zur Privatsphäre wohlhabender Familien; viele
Motive aus den reichhaltigen Bilderbibeln des Barock, z.B. aus Merians Icones
Biblicae (1625–1627) und Weigels Biblia ectypa (1695) finden sich grob und oft
entstellt in Kinderbibel-Illustrationen für evangelische und manchmal auch für
katholische Kinder wieder. Eine für Kinder konzipierte Ikonographie fehlt.

4. Vom heiligen Buch zu kindbezogenen freien Erzählungen der Aufklärung

Als Folge der Aufklärung beginnt in der zweiten Hälfte des 18. Jahrhunderts
eine deutliche Verbesserung der Volksbildung; die Schulpflicht wird schrittweise eingeführt; die seminaristische Ausbildung von Volksschullehrern folgt.
Zwischen 1750 und 1800 verdoppelt sich die Zahl derer, die lesen können. In
der Aufklärung ging die Produktion religiöser Bücher von 40% im Jahre 1760
auf 6% im Jahre 1805 zurück.

Im Religionsunterricht tritt der Katechismus mit seiner »dogmatischen
Lehrart« in den Hintergrund; erste Polemik gegen Luthers Kleinen Katechismus als »Kinderbibel« ist belegt. Die sog. »historische Lehrart« durch Biblische
Historien in heilsgeschichtlicher Abfolge wird bevorzugt. Johann Hübners
»Biblische Historien« (1714) und Christoph von Schmids freie Erzählungen für
katholische Kinder »Biblische Geschichte für Kinder« (1801–1807) treten einen
beispiellosen Siegeszug in Volksschulen an, der bis ins frühe 20. Jahrhundert
anhält. Die evangelischen Bibelbearbeitungen für Kinder wirken sich auf den
katholischen Raum aus, z.B. auf Felbiger/Strauch in Schlesien und auf Overberg
in Münster/Westfalen. Beide erschließen die Bibel für Kinder; allerdings gibt
Overberg als Priester der katholischen Lehrautorität Priorität vor dem Bibel-
wort, in dem er kaum zu bemerkende katholische Spezifika in den Text einfügt.
Später werden diese durch Bilder unterstützt.

Wie Moyses die Schlange in der Wüste
erhöhet hat, so muß des Menschen Sohn
auch erhöhet werden. Joh: III V: 14

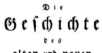

Die
Geſchichte
des
alten und neuen
Teſtaments.
Zur Belehrung und Erbauung
besonders für
Lehrer, größere Schüler
und
Hausväter.

Aus der h. Schrift gezogen und mit einigen
Anmerkungen begleitet
von
Bernard Overberg,
Lehrer der Normalschule.

Erſter Theil,
welcher die Geschichte des alten Testaments enthält.

Münſter,
bei Anton Wilhelm Aſchendorff.
1 7 9 9.

Er iſt aufgeopfert worden, weil Er
Selbſt gewollt hat. Jsai Lii v: 7

Die
Geſchichte
des
alten und neuen
Teſtaments.
Zur Belehrung und Erbauung
besonders für
Lehrer, größere Schüler
und
Hausväter.

Aus der h. Schrift gezogen und mit einigen
Anmerkungen begleitet
von
Bernard Overberg,
Lehrer der Normalschule.

Zweyter Theil,
welcher die Geschichte des neuen Testaments nebst
einem Anhange enthält.

Münſter,
bey Anton Wilhelm Aſchendorff.

Abbildung 42, Abbildung 43, Abbildung 44, Abbildung 45: Aus der Bibliothek für
Bildungsgeschichtliche Forschung Berlin

Frei gestaltete biblische Erzählungen werden nicht mehr wie bei den spätmittelalterlichen Exempeln aus ihrem biblischen Kontext gelöst, sondern in histori-
sierender und moralpädagogischer Absicht breit erzählt. Biblische Gestalten, die
den moralischen Normen nicht genügen, werden wie schon im Mittelalter und in
der Renaissance als Negativbeispiele dargestellt. So tritt die befreiende Botschaft
des Evangeliums in den Hintergrund. Für die Aufklärung sind vielfältige
Experimente mit der Bibel charakteristisch, z.B. das erste Leben Jesu von
Feddersen, das Erzählen der Schöpfungsgeschichte bei Spaziergängen in der Natur
und das sokratische Gespräch als Vorform des fragend-entwickelnden Unterrichts.

Beide, Pietisten und Aufklärer, bezweifeln die Sachgerechtheit von Bibelillustrationen. Die Bilderbibeln des Barock werden unmodern, wirken jedoch
vor allem in Figurspruchbüchern noch nach.

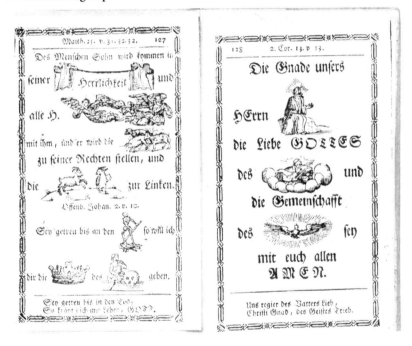

Abbildung 46: zu Figurspruchbüchern (© GNM Nürnberg)

Neue enzyklopädische Sachbilderbücher entstehen ohne biblische Bezüge wie
Basedows Elementarwerk und vor allem Stoys Bilderakademie: hier steht ein
biblischer Kupferstich im herkömmlichen Stil im Zentrum des didaktischen
Arrangements; ihm sind mehr oder minder passende Themen assoziativ zugeordnet. Diese Bilderakademie soll viele Schulbücher ersetzen; sie lässt sich als

einer der Vorläufer des thematischen Religionsunterrichts einordnen, allerdings für den Privatunterricht der besseren Stände. Hier ist das Denken der
Aufklärung ablesbar: auf der mittleren Reihe die beiden Weltbilder, auf der
oberen Reihe Bilder von Tieren in der Luft, auf dem Land und im Wasser, auf
der unteren Reihe bäuerliche Arbeiten in den vier Jahreszeiten, bewirtschaftetes
Land mit Bäumen und die vier Jahreszeiten. Auf einem DIN A4-Blatt sind 19
kleine Bildchen »zusammengequetscht«.

Abbildung 47: »Die Erschaffung der Welt« Tafel I mit Erklärung

(2) Vögel in der Luft	(3) Säugetiere auf dem Land	(4) Fische im Wasser
(5) Kopernikanischheliozentrisches Weltbild mit Sonne, Erde, Planeten; dazu 12 Tierkreiszeichen	(1) Gen 2,10–14: geozentrisches Weltbild mit 4 Paradiesesströmen, umrahmt von 6 Bildchen zur Schöpfungswoche nach Gen 1	(6) Modelle der Erdkugel mit nur vier Erdteilen,[14] Himmelsrichtungen, Mondphasen
(7) Arbeiten in den vier Jahreszeiten	(8) Natur: Acker mit Bäumen	(9) Die vier Elemente

---

14 Der fünfte Erdteil Australien wird schon seit 1606 schrittweise entdeckt; *Stoy* und *Chodowiecki*
   nehmen es hier nicht so genau.

5. Rückkehr zum heiligen Buch im 19. Jahrhundert

Um das Jahr 1830 setzt sich in der Erziehung der deutschen Feudalstaaten die Frömmigkeit der Erweckung durch. Außerdem beginnt die Schulpflicht langsam zu greifen. In der Volksschule werden Biblische Geschichten zumeist als gekürzte Bibelparaphrasen gelesen sowie Bibelsprüche und die konfessionsverschiedenen Katechismen memoriert. »Kürze und Billigkeit« sind die Kriterien für ein brauchbares Biblisches Historienbuch; diese sind in der Regel wenig ansprechend gestaltet. Schulbibeln für evangelische Kinder sollen sich nah an den Luthertext anlehnen, für katholische Kinder wird die Bibel nicht selten durch Zusätze, Überschriften und Illustrationen römisch-katholisch eingefärbt. In den Oberklassen preußischer Schulen ist die Vollbibel nach Luthers Übersetzung zu benutzen; in Preußen sind Bibelauszüge nur in der Grundschule erlaubt, werden jedoch in der Schulpraxis trotzdem benutzt. Nur wenige freie Erzählungen können sich durchsetzen: von Schmid, der mehr und mehr durch Illustrationen konfessionalisiert wird, seit 1824 Hebel in Baden und um 1850 Wiedemann in Sachsen. Typisch ist die Desexualisierung und Dejudaisierung der Bibelauswahl und Textgestaltung.

Neue Bilderbibeln entstehen im Stil der Nazarener, im Gefolge von Pestalozzis Anschauungspädagogik und im Geiste der Erweckung: Olivier (1836), im Umkreis der Düsseldorfer Malerschule die von Theodor Fliedner verantwortete »Schul-Bilder-Bibel« (1843) und schließlich in fast 50jähriger Entstehungszeit Julius Schnorr von Carolsfeld »Bibel in Bildern« (1860)[15]. Die Erziehungskonzeption lässt sich an dem Holzstich Nr. 149 »Lob guter Kinderzucht« ablesen: ein Weisheitslehrer mit mahnendem Zeigefinger und Rute unterrichtet Alt und Jung nach der Sentenz: »Wer sein Kind lieb hat, der hält es stets unter der Rute, dass er hernach Freude an ihm erlebe« (Jes Sir 30,1f).

---

15 Vgl. zuletzt das Werkprofil zu Schnorr von Carolsfeld: Die Bibel in Bildern von *Christine Reents/Christoph Melchior*, in: HKJL V (1850 bis 1900), Stuttgart 2008, Sp. 768–770.

Abbildung 48: Schnorr von Carolsfeld: Lob guter Kinderzucht, Nr. 149

Die historisierenden Bilder der Nazarener (z.B. Führich) werden auch wegen des leicht reproduzierbaren Linearstils der Nazarener in evangelischen und katholischen Kinderbibeln etwa ein Jahrhundert lang abgedruckt.

6. Der Trend zu illustrierten Bibelparaphrasen für deutsche Kinder etwa von 1900 bis 1965

In dieser von zwei verheerenden Weltkriegen gezeichneten Epoche sind Stabilität, Sicherheit, Sparsamkeit und Kontinuität gefragt; vielleicht sind deshalb Experimente auf dem Kinder- und Schulbibelmarkt kaum zu verzeichnen. Im Mainstream liegen die Bibelillustrationen der Nazarener. Die beiden Hauptgattungen der bibelnahen Paraphrase in der Schule und der freien Erzählung im bürgerlichen und adligen Haus beherrschen das Feld; beide verzichten auf Bibelkritik. Wegen massiver pädagogischer Kritik sind Biblische Spruchbücher mit Ausnahme von Württemberg fast verschwunden.

Auf Titelblättern oder in Texten werden gern deutsche Kinder zur Identifikation gezeigt. Bis etwa 1970 vermitteln viele Kinderbibeln das Bild des naivgläubigen Kindes in der sog. magisch-mythischen Phase, dem biblische

Geschichten leicht zu erzählen sind. Der zwölfjährige Jesus (Lk 2, 41–52) ist zumeist als Identifikationsfigur für Sechs- bis Achtjährige gezeichnet, nicht als jugendlicher Ausreißer.

Abbildung 49: Titelcover J. Baß/J. Reinhard/O. Spohn: Biblische Geschichten (Württ. LB Stuttgart)

Neu ist die katholische Schulbibel von Ecker im Jugendstil in dreifacher Gestalt: eine größere Ausgabe für Gymnasien, eine mittlere für Volksschulen und eine kleine, die in überarbeiteter Form seit 1920 in Grundschulen gebraucht wird. Dieses Werk orientiert sich an einer historisch-heilsgeschichtlichen Linie und wird wegen der bibeltreuen Textgestalt »eine Bibel im Kleinen« genannt. Die Sonn- und Feiertagsevangelien sind in neutestamentliche Lektionen integriert. Biblische Kernsprüche dienen der Vertiefung. David gilt kritiklos als »der fromme, erleuchtete König«. Am Ende des Neuen Testaments erfolgt der Übergang von der Heilsgeschichte zur römisch-katholischen Kirche; der Petersdom in Rom steht für das neue Gottesvolk.

Die kleinen szenischen Darstellungen in den Bildinitialen sind nach Schwarz-Weiß-Zeichnungen sehr fein ausgeführt. Die folgenden Beispiele zeigen typologische Auslegungen und katholische Interpretamente:

Abbildung 50: Jakob Ecker: Schulbibel 1906: Protevangelium (Gen 3,15) – Maria als Himmelskönigin mit dem künftigen Weltenherrscher zertritt der Schlange den Kopf, S. 4, Dom- und Diözesanbibliothek Köln

Abbildung 51: Das Passalamm wird im Initialbuchstaben als Hinweis auf das Opferlamm des neuen Bundes gedeutet, Jakob Ecker: Schulbibel 1906, S. 65

Abbildung 52: Verheißung des Himmelbrotes: Zwei Engel beten den Erlöser in Gestalt einer Hostie an. Jakob Ecker: Schulbibel 1906, S. 231

Abbildung 53: Verheißung des Oberhirtenamtes: Jesus gibt Petrus die im Wappen angedeuteten Schlüssel des Himmelreichs (Mt 16,13–18), Ecker: S. 235

Im evangelischen Raum lassen sich in zwei Longsellern Verquickungen von Bibel und völkischer Ideologie finden, z.B. in dem bayerischen Bibelkatechismus »Gottbüchlein« (1933) und in der Erstauflage vom »Schild des Glaubens« (1941); letztere wurden nach 1945 getilgt.

Abbildung 54: Tempelreinigung, 109. Paula Jordan stellt jüdische Krämer dar

Abbildung 55: Jesus und die Kinder

Vermutlich wirkt die rassistische Indoktrination dieser Generation – Paula Jordan ist 1896 geboren und Ursula Kükenthal 1899 – in der Physiognomie des Teufels unbewusst nach, und das ausgerechnet in einer Biblischen Geschichte aus dem Jahre 1960 in der DDR. Zum Vergleich bietet sich das Titelbild eines im Stürmer-Verlag Nürnberg edierten Bilderbuches an: »Trau keinem Fuchs auf grüner Heid [...]«

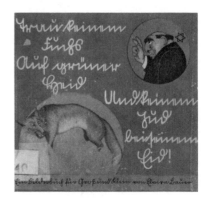

Abbildung 56: Versuchung Jesu. Aus: Daniela
Zabel und Ursula Kükenthal. Gott, laß dein Heil
uns schauen. Altenburg: EVA 1960, S. 74

Abbildung 57: Elvira Bauer: Trau keinem Fuchs auf
grüner Heid [...], Nürnberg: Stürmer 1936

Abbildung 58: Kükenthal: Verkündigung an
Maria, S. 62

Abbildung 59: Kükenthal: Judas, S. 95

Seit Mitte der 1950er Jahre nehmen ausländische Lizenzausgaben zu, beginnend mit der stark moralisierenden freien Erzählung des niederländischen Lehrers Anne de Vries (deutsch 1955). Später kommen englische und US-amerikanische Lizenzausgaben hinzu.

7. Die Bibel als Kinder- und Jugendbuch im zeitgenössischen Pluralismus seit 1965

Seit dem Ende der kerygmatischen Konzeption, d.h. seit der Humanorientierung ist eine Vielzahl von Experimenten zu verzeichnen. Wir kennen sechs von Kindern illustrierte Kinderbibeln, elf Bibelcomics, ca. 30 Kleinkinder und Babybibeln, vier Mal- und Bastelbibeln und schließlich zwei Persiflagen. Zahlreiche Titel sind evangelikaler Herkunft, oft sind es Lizenzausgaben aus den USA oder aus England, darunter auch sog. Jahresbibeln, welche Kinder zur fortlaufenden täglichen Bibellektüre führen sollen. Wenn Kinder darin dann am Ende des Jahres und eines Durchgangs durch die ganze biblische Heilsgeschichte aufgefordert werden, sich zu Jesus zu bekehren, so verstärkt dies den Eindruck, dass einige theologische Richtungen ihre Position in Kinderbibeln eintragen. Während es offiziell an ökumenischer Kooperation fehlt, hat der Pluralismus zugenommen mit Kinderbibeln für Adventisten, für Zeugen Jehovas und Neuapostolische, für Anthroposophen und vor allem für evangelikale Gruppen.

Abbildung 60: Mein Buch mit biblischen Geschichten. Hg. Watchtower Bible and Tractat Society of New York. Deutsch 1978, S. 115

Die je eigene Auslegung der Bibel und Lehre wird bereits in die meist freie
Nacherzählung eingetragen; folglich beginnt die konfessionsspezifische Sozialisation schon im Kindergartenalter.

Dem sollen auch die inzwischen mehr als 40 Kleinkinderbibeln mit Titeln
wie »Baby-Bibel« (1996), »Teddys erste Bibel« (2003), »Die Bibel für kleine
Hände« (2008) dienen, welche biblische Erzählungen zu harmlosen Geschichten vom lieben Gott verkürzen und mit naiv-bunten Bildern illustrieren. Sie
zeigen einen Mix von artigen Kindern mit Tieren, Kuscheltieren, Guidefiguren
und biblischen Gestalten als Identifikationsfiguren der Betrachtenden. Der
moralische Zeigefinger ist unübersehbar. Jesus ist der Menschenfreund ohne
Gegner, z.B. in der Geschichte von Jesus und den Kindern (Mk 10,13–16 par).

Abbildung 61: Jeromin, Karin/Pfeffer, Rüdiger [Ill.]/Baur, Wolfgang [Red.]: Komm, freu dich mit
mir. Stuttgart: Deutsche Bibelgesellschaft 1999, Titel

Probleme wie Bosheit, Grausamkeit oder Tod sind zumeist ausgeklammert. Es
ist die Frage, ob es sinnvoll ist, die Bibel in Bilderbücher für Kleinkinder umzu-
gestalten. Denn kleine Kinder erfassen die Bilder und Geschichten in Analogie
zur eigenen Erfahrung – ohne historische Distanz und noch ohne die sich erst
später entwickelnde Möglichkeit eines symbolischen Verständnisses. Didaktisch halten wir die wiederholte, vertiefende Beschäftigung mit einer Geschichte
in guten Einzelbilderbüchern z.B. der Reihe »Was die Bibel erzählt« (seit 1967)

von Kees de Kort für angemessener; für Kindergärten bietet die Vorlesebibel von Irmgard Weth[16] ein didaktisch sinnvolles Konzept.

Positiv ist zu vermerken, dass die neuen katholischen Schulbibeln, die seit Ende der 1970er Jahre erscheinen, auf katholisierende Tendenzen verzichten und auf der Basis der Einheitsübersetzung an den Lehrplänen orientierte Auswahlbibeln darstellen.

Abbildung 62: Bibel für die Grundschule, hg. v. Dt. Bischofskonferenz 1979

Abbildung 63: Schulbibel, hg. v. Deutsche Bischofskonferenz 1979

Abbildung 64: Renate Günzel-Horatz/Silke Rehberg (Ill.): Meine Schulbibel. Ein Buch für Sieben- bis Zwölfjährige 2003

Erst seit ca. 30 Jahren werden Kinderbibeln zunehmend zum Gegenstand religionspädagogischer Forschung; Kriterien für in pädagogisch und theologischer Hinsicht »empfehlenswerte« Bibelbearbeitungen für Kinder werden erarbeitet; und es erscheinen Bibelparaphrasen und freie Erzählungen, die im Blick auf Auswahl, Textgestaltung, Illustrierung in vieler Hinsicht gelungen erscheinen, darunter echte Longseller und wegweisende Querdenker. Dennoch wird der Kinderbibelmarkt immer unübersichtlicher. Englische und US-amerikanische Lizenzausgaben mitberücksichtigt, zählt man die hohe Zahl von ca. 150 neuen Kinderbibeln seit der Jahrtausendwende; leider fehlt auf evangelischer Seite ein Biblisches Lesebuch für Kinder und Jugendliche vom 5. Schuljahr an.

---

16 *Irmgard Weth/Kees de Kort/Michiel de Kort*, Neukirchener Vorlesebibel, Neukirchen-Vluyn 2008.

8. Jüdische Kinder- und Schulbibeln in deutscher Sprache von der Haskala bis heute

1. Jüdischer Religionsunterricht im Kontext von Emanzipation und Gleichstellung

Mit der Haskala, der jüdischen Aufklärungsbewegung, beginnen jüdische Gemeinden im deutschen Sprachraum sich zur bürgerlichen Gesellschaft hin zu öffnen. Die Verbindung jüdischer und europäischer Kultur auf der Grundlage einer aufgeklärt-philosophischen Weltsicht bei bleibender Bindung an die Tora wird für Moses Mendelsohn (1729/Dessau – 1786/Berlin) zum Ideal für die Neuausrichtung jüdischer Existenz. Seine deutsche Übersetzung des Pentateuchs und der Psalmen wird zum Wegbereiter eigenständiger jüdischer deutscher Bibelübersetzungen und für die Verwendung der deutschen Sprache im jüdischen Religionsunterricht. Die deutschen Staaten bereiten der sog. Emanzipation, der Hinwendung von Juden zum wirtschaftlichen, kulturellen und geistigen Leben der christlich geprägten Gesellschaft, mit gesetzlichen Regelungen zur rechtlichen Gleichstellung schrittweise den Weg. Die Einführung der allgemeinen Schulpflicht zieht die Einrichtung jüdischer Schulen, aber auch die Aufnahme jüdischer Kinder in die christlich-konfessionellen Schulen nach sich. In kritischer Auseinandersetzung mit der traditionellen jüdischen Kultur und Bildung werden die Erziehungsziele mit unterschiedlichen Akzenten in reformorientierten, orthodoxen und neo-orthodoxen Gemeinden neu bestimmt. Der traditionelle, in jiddischer Sprache gehaltene Hebräisch- und Talmudunterricht in der jüdischen Gemeinde oder bei einem Rabbi wird abgelöst durch einen deutschsprachigen Hebräisch-, Bibel- und Religionsunterricht in der jüdischen Volksschule wie den konfessionell geprägten Musterschulen philanthropisch-reformorientierter oder neo-orthodoxer Ausrichtung. Liberale Juden schicken ihre Kinder auf christlich-konfessionelle Schulen, an denen außerhalb des Stundenplans jüdischer RU erteilt wird. Im Reformjudentum wird die traditionelle Bar Mizwa zur »Konfirmation« nach protestantischem Vorbild. Mit der Wende vom 19. zum 20. Jh. beginnt auch die Herausbildung einer besonderen jüdischen Kinder- und Jugendliteratur. Jüdische Lehrer besuchen überwiegend christlich-konfessionelle Seminare und werden von Rabbinern in Religion unterrichtet, andere absolvieren jüdische Lehrerbildungsseminare. Mit der Weimarer Reichsverfassung wird der jüdische Religionsunterricht ordentliches Lehrfach auf gleicher Basis wie der christlich-konfessionelle RU. Die nun geforderte akademische Ausbildung der Lehrkräfte erfolgt an Universitäten und Pädagogischen Hochschulen. Der NS-Staat schränkt die Bildungsmöglichkeiten für jüdische Kinder bis zum vollständigen Verbot jüdischer Schulen ein und beendet gewaltsam das im 19. Jh. mühsam errungene Miteinander von Juden und Christen in Deutschland. Seit 1966 entstehen neue jüdische Grundschulen und Gymnasien in der BRD.

2. Die Bibel als Grundlage für jüdische Religion und Sitte

Jüdische Kinder lernen im jüdischen Religionsunterricht soweit Hebräisch, dass sie die Tora im Original lesen und verstehen können. Anhand von biblischen Geschichten lernen sie die Geschichte ihres Volkes und die Grundlagen der religiösen und sittlichen Gebote des Judentums kennen, welche der systematische Unterricht in jüdischer Religionslehre mithilfe von Bibel- und Talmudtexten vertieft. Für den Unterricht entstehen nach dem Vorbild protestantischer Bibelbearbeitungen katechismusartige Religionsbücher und Spruchbücher, Auswahlbibeln und freie Erzählungen, die allerdings erst seit dem Anfang des 20. Jahrhunderts auch illustriert werden. Die ca. 30 Werke werden als »Schul- und Hausbibel«, »Biblische Geschichte«, »Kleine Bibel«, »Erzählungen aus der Heiligen Schrift« oder als »Spruchbuch« bezeichnet. Am Beginn der Entwicklung steht 1828 Joseph Maiers »Lehrbuch der Biblischen Geschichte als Einleitung zum Religionsunterricht in israelitischen Schulen«. Die auf christlicher Seite zu beobachtende Polarität zwischen einer zwar kindgemäßen, aber möglichst bibelnahen Wiedergabe der heiligen Schrift und der freien Nacherzählung biblischer Geschichten kennzeichnet auch das Spektrum jüdischer Bibelbearbeitungen. Der Dekalog und das Gebot der Nächstenliebe bilden die Grundlage für die religiös-moralische Prägung der beigefügten Erklärungen oder erzählerischen Ausschmückungen in beiden Gattungen und auch in den Spruchbüchern. Letztere dienen der Einprägung von Bibelsprüchen und Weisheitslehren aus rabbinischer Zeit und als hebräisch-deutsche Ausgaben dem Sprachunterricht. Didaktisch und methodisch folgen RU und die Gestaltung der Unterrichtswerke ebenfalls bis zum Beginn des 20. Jh. den christlichen Vorbildern. Unterschiede zeigen sich, wo es um Bezüge zu religiösen Festen und Traditionen und zur eigenen Geschichte wie der Zerstörung des 2. Tempels geht, um die Bedeutung der Gebote und das Ziel, sich in der Gesellschaft zu emanzipieren. Gott, Religion und Vaterland können zu Leitworten jüdischer Existenz werden. Die Übersetzung des Tetragramms mit »Gott«, »der Herr« oder »der Ewige« hingegen ist kein verlässliches Kennzeichen zur Unterscheidung christlicher und jüdischer Bibelübersetzungen.

3. Die Freude am Erzählen

Mit der Verknüpfung von Bibel und Midrasch in freien Erzählungen – parallel
zur Sammlung jüdischer Sagen durch Bin Gorion – gewinnen jüdische Kinderbibeln am Beginn des 20. Jahrhunderts ein eigenständigeres Profil. Die biblischen Erzählungen von Schalom Asch, Joachim Prinz und Abrascha Stutschinsky zeichnen sich durch Erzählfreude und eine in der Hagada wurzelnde
Auslegung aus. Erst ihre Werke sind mit s/w-Bildern illustriert. Den Anfang
bilden die Holzschnitte von Hans Holbein d.J. (1497/98/Augsburg –
1543/London) und Hans Sebald Beham (1500/Nürnberg – 1550/Frankfurt
a.M.) zu den aus dem jiddischen übersetzten Geschichten von Schalom Asch,
die in der »Jüdischen Bücherei« auch als Bilderbibel erscheinen.

Abbildung 65: Hans Sebald Beham: Jakobs Traum von der Himmelsleiter, in: Kleine Geschichten
aus der Bibel, S. 63

Aschs Erzählung knüpft an die Quadersteine im Mittelpunkt des Holzschnittes
an. Als Jakob sich auf der Flucht einen Stein für sein Lager auswählt, fangen
»die Steine einen Streit miteinander an, denn jeder von ihnen wollte unter
Jakobs Kopf liegen.« (65)[17] Jakob merkt, dass es dieselben Steine sind, mit
denen Abraham den Altar baute, als er seinen Sohn Isaak Gott opfern wollte. In
der Wolke hält Gott selbst die Leiter, auf der die Engel zu dem riesenhaften
Jakob ab- und wieder aufsteigen. Schalom Asch erzählt wie Jakobs Traum in
Erfüllung ging und berichtet von David, dem »Tempelbau in Beth-El«, der

---

17 Vgl. *Micha Josef Bin Gorion*, Die Sagen der Juden. Jüdische Sagen und Mythen. Die Erzväter,
     Frankfurt a.M. 1919, S. 402–405, 409f.

babylonischen Gefangenschaft und dem Wiederaufbau des Tempels und der erneuten Zerstörung durch die Römer. Dann kommt er wieder auf die Steine zu sprechen:

»[…] und nur die heiligen Steine sind übrig geblieben und liegen auf derselben Stelle, wo Gott Jakob im Traume erschienen war. Sie bilden eine große Mauer, die wird Klagemauer genannt. Die frommen Juden der ganzen Welt kommen dort zusammen. Sie zünden in den Spalten der Mauer Lichter an, beten zu Gott und klagen ihm ihr Leid und ihre Not. Auch ich bin dort gewesen und sah die Steine mit meinen eigenen Augen: große, vierkantige Steine. Ich habe in den Spalten der Mauer ein Licht angezündet und dort mit vielen anderen Juden zusammen gebetet.« (S. 66f)

Hano und Heinz Wallenberg unterstützen mit ihren Bildern zu den »Geschichten der Bibel« die von Joachim Prinz gesetzten Akzente. Die Geschichte Rehabeams warnt indirekt vor der NS-Diktatur:

Abbildung 66: Heinz Wallenberg: Rehabeam droht dem Volk mit der Peitsche, in: Die Reiche Israel und Juda, S. 14

»›Euer Gehorsam muss blind sein, euer Arm bereit zu allem, euer Geld ist das Geld des Königs. Euer Gut ist das Gut des Königs‹ […] – dann wurde seine Stimme immer stärker und fast schrill schrie er dem entsetzten Volke entgegen: ›Hat mein Vater mit Peitschen geschlagen, so will ich euch mit Skorpionen züchtigen!‹, und dabei zog er eine lange Peitsche heraus.«18

---

18 *Joachim Prinz/Heinz Wallenberg* (Ill.), Die Reiche Israel und Juda. Geschichten der Bibel. Der jüdischen Jugend neu erzählt. Mit sechs Tafeln und vielen Bildern, Berlin 1936, S. 13f, vgl. 1 Könige 12,11–14.

Die jüdischen Bibelbearbeitungen für Kinder und Jugendliche lösen sich aus dem Kontext des schulischen oder gemeindlichen Religionsunterrichts und damit aus ihrem Bezug zu den katechismusartigen Religionsbüchern. Vielleicht kann man sogar sagen, dass sich hier früher als auf evangelischer und katholischer Seite selbstständige Kinderbibeln entwickeln.

4. Konzentration auf die Tora

In den letzten Jahren sind nur wenige neue jüdische Kinderbibeln im deutschen Sprachraum erschienen, überwiegend in der Schweiz. Mit ihrer Hilfe sollen Kinder die Tora kennenlernen. Die Grundlage des jüdischen Glaubens und Lebens wird ihnen in Bildergeschichten zu jedem Wochenabschnitt oder in freier Nacherzählung nahe gebracht, z.B. unter dem Leitmotiv »Gott ist polyglott«. Die Autorin Marta Rubinstein erzählt von den vielfältigen Bemühungen Gottes, die Menschen seine Sprache zu lehren.

Der Rahmen »Deutschland« für die Geschichte der Kinder- und Schulbibel muss hier überschritten werden, um diese neuen jüdischen Werke in den Blick zu bekommen. Die schwierige Quellenlage – jüdische Kinderbibeln aus dem 19. Jh. sind echte rara – lassen auch in Zukunft noch manche Entdeckung erwarten. Es ist auch eine offene Frage, ob mit den wachsenden jüdischen Gemeinden in Deutschland, neue jüdische Kinder- und Schulbibeln entstehen; soweit wir beobachten konnten, scheint die Tradition deutschsprachiger jüdischer Kinder- und Schulbibeln mit Joachim Prinz und den midrasch-ähnlichen Erzählungen von Abrascha Stutschinsky (1964)[19] abgebrochen zu sein.

---

19 *Abrascha Stutschinsky*, Die Bibel für Kinder erzählt, Köln 1964. ²1993. ⁵2002.

Stefan Huber

Das Bild des Kindes in der Catechetischen Kinder-Bibel oder heilige Kirchen- und Bibel-Historien von Abraham Kyburz (1774 und 1745). Eine Analyse seiner Wahrnehmung des Kindes anhand verschiedener Kupferstiche

1. Allgemeines zur Einführung

Anhand einer vergleichenden Bildanalyse verschiedener Illustrationen aus der Catechetischen Kinderbibel von Abraham Kyburz aus den Jahren 1744 und 1745 soll des Autors Kinderbild herausgelöst, beschrieben und interpretiert werden.[1] Es geht hierbei vor allem um die Frage nach der Manifestation einer allfälligen Wahrnehmung des Kindes durch den Berner Geistlichen sowie die Funktion derselben in religionspädagogischer Hinsicht. Das heisst zum einen, dass in einem ersten Schritt geklärt werden muss, wo und in welcher Form ein Kinderbild innerhalb der Abbildungen überhaupt fassbar ist.[2] Zum anderen folgen daran anschliessend eine Analyse sowie eine Interpretation dieser Vorstellungen oder Wahrnehmungen von Kindern und Jugendlichen. Dabei sind im hohen Masse auch externe Einflüsse der verschiedenen kulturellen, gesellschaftlichen und religiösen Strömungen dieser Zeit zu berücksichtigen, durch

---

1 Bei diesem Aufsatz handelt es sich um die Zusammenfassung eines Kapitels meiner Dissertation über das Bild des Kindes in Kinderbibeln als Medien der religiösen Bildung zwischen 1750 und 1800 in der Schweiz. Dieses durch den Schweizerischen Nationalfonds zur Förderung der wissenschaftlichen Forschung finanzierte Projekt dauert insgesamt drei Jahre und soll 2011 abgeschlossen werden. Insofern handelt es sich bei dem hier vorliegenden Aufsatz um eine Momentaufnahme einer laufenden Forschungsarbeit. Nichtsdestotrotz aber können bereits heute interessante Aussagen und Beobachtungen zur Konzeption des Kinderbildes in der hier behandelten Kinderbibel gemacht werden.

2 Damit sind weniger bildhafte Darstellungen von Kinder und Jugendlichen gemeint, sondern vielmehr ein ›Bild‹ in metaphorischem Sinne. Anders formuliert kann man in diesem Zusammenhang auch von Vorstellung des Kindes oder der Wahrnehmung desselben sprechen.

welche sowohl des Autors Kinderbild als auch die daraus resultierende
Beschaffenheit des Bildkörpers geprägt sind. Von daher ist es unerlässlich, diese
Bezüge in Hinblick auf den Autor wie auf dessen Werk in die Analyse miteinzubeziehen und im jeweiligen historischen Kontext zu verorten. Vor diesem
Hintergrund betrachtet ist es unumgänglich, auch einige Worte und Erklärungen zu Kyburz selbst, seinen theologischen Ansichten und dessen gesellschaftlichem Umfeld anzufügen sowie darüber hinaus kurz über die Entstehung, den
Inhalt und die Konzeption der Catechetischen Kinderbibel zu sprechen.

Der Hauptteil dieses Essays bildet demnach die Auseinandersetzung mit verschiedenen Kupferstichen – den oben beschriebenen Gesichtspunkten folgend.
Dabei werden jeweils in exemplarischer Weise zwei Illustrationen berücksichtigt. Es handelt sich hierbei um das Kupfer zur 60. Historie aus dem Alten
Testament über die beiden Propheten Elija und Elischa sowie dasjenige zur 23.
Historie aus dem Neuen Testament über den Martertod des Johannes.[3] Auch
wenn eine Herleitung der Urheberschaft dieser hier behandelten Kupferstiche
nicht unmittelbar zum Verständnis der Wahrnehmung des Kindes beiträgt, so
sollen dennoch die wichtigsten Gedanken hierzu formuliert werden.[4] Ein
umfangreiches Fazit zur Wahrnehmung des Kindes anhand der analysierten
Kupferstiche bildet den Schluss dieses Essays.

2. Hinführung zum Thema

Abraham Kyburz, vermutlich 1704 in Heimberg bei Thun geboren, war in verschiedenen Landgemeinden des Bernbiets als Vikar und anschliessend als Pfar-

---

3 Vgl. hierzu die Illustration zur 60. Historie ›Kurtze Lebens-Beschreibung Elie und Elise‹, in:
   Abraham Kyburz, Catechetische Kinder-Bibel, Oder heilige Kirchen- und Bibel-Historien, In
   einem ordentlichen Zusammenhang, nebst einfaltigen Rand-Fragen, reichlichen Lehren und
   Gottseligen Betrachtungen sonderlich zum Dienst und Nutzen der lieben Jugend heraus gegeben
   von Abraham Kyburz, Evangelischer Pfarrern zu Buemplitz, Erster Theil Bestehend in LXXXII.
   Historien Alten Testaments, Bern 1744, S. 286–294. Sowie diejenige zur 23. Historie ›Marter-
   Tod Johannis des Taeufers, Wiederkunfft der Apostlen, Retirade in die Wueste Bethsaida, jam-
   merig Hertz Jesu‹, in: *Abraham Kyburz*, Catechetische Kinder-Bibel, Oder heilige Kirchen- und
   Bibel-Historien, In einem ordentlichen Zusammenhang, nebst einfaltigen Rand-Fragen, reichlichen Lehren, und Gottseligen Betrachtungen, sonderlich zum Dienst und Nutzen der lieben
   Jugend heraus gegeben, Von Abraham Kyburz, Evangelischer Pfarrern zu Buemplitz, Zweyter
   Theil, Bestehend in LXXXI. Historien Neuen Testaments, Zuerich 1745, S. 118–123.
4 Dasselbe gilt in Bezug auf die äusseren Merkmale der Kupfer sowie deren Vorlagen. Da aber in
   der hier vorliegenden Schrift die Illustrationen im Vordergrund stehen, erscheint eine Beschäftigung mit diesen Inhalten als legitim.

rer tätig.[5] Sein unstetes Leben war geprägt durch eine Vielzahl von Stellen- und Ortswechsel, für welche häufig dessen Temperament sowie seine Glaubensansichten verantwortlich waren. Der Berner Geistliche zeigte zeitlebens eine deutliche Affinität für pietistisch-mystische Glaubensrichtungen der damaligen Zeit. So gilt er gemeinhin unter seinen Biographen als von einer »[...] schwärmerischen Religiosität [...]«[6] durchdrungen, als »[...] gelehrter aber schwärmerischer Mann [...]«[7] oder als »[...] gelehrter aber wunderlicher Mann [...]«.[8] Dieser Eindruck täuscht nicht, war der »[...] pietistisch angehauchte Abraham Kyburz [...]«[9] doch zeitlebens mit verschiedenen Vertretern nicht reformiert-orthodoxer Glaubensrichtungen eng verbunden.[10] Dabei beachtenswert ist vor allem die hohe gesellschaftliche Stellung dieser Persönlichkeiten, mit denen Kyburz Beziehungen pflegte. Der Berner Geistliche unterhielt unter anderem Kontakte zu Hieronymus Annoni (1697–1770), dem Begründer des Basler Pietismus

---

5 Kyburz' exaktes Geburtsdatum sowie -ort lässt sich nicht feststellen. Übereinstimmend wird aber von den meisten Biographen eine Geburt um das Jahr 1704 angenommen. Umstrittener ist hingegen sein Geburts- und Bürgerort. Vgl. hierzu die verschiedenen Ansätze bei *Rudolf Ischer*, Abraham Kyburz (1704–1765), in: Historischer Verein des Kantons Bern (Hg.), Sammlung Bernischer Biographien, 3, Bern 1902, S. 58. Sowie *Karl Huber*, Kyburz, in: Allgemeine Geschichtforschende Gesellschaft der Schweiz (Hg.), Historisch-Biographisches Lexikon der Schweiz (HBLS), 4, Neuenburg 1927, S. 573. Und *Ludwig Lauterburg, (Mitglied der allgemeinen geschichtforschenden Gesellschaft der Schweiz und des historischen Vereins des Kantons Bern)*, (Hg.), Berner Taschenbuch auf das Jahr 1853, Bern 1853, S. 251. Die meisten Biographen verzichten hingegen auf die Angabe eines Geburtsortes. Vgl. hierzu *Markus Lutz*, Nekrolog denkwürdiger Schweizer aus dem achtzehnten Jahrhundert, nach alphabetischer Ordnung bearbeitet für Freunde vaterländischer Kultur und Geschichte von Markus Lutz, Aarau 1812, S. 276. Sowie *Franz Xaver Bronner*, Der Kanton Aargau, historisch, geographisch, statistisch geschildert, Ein Hand- und Hausbuch für Kantonsbürger und Reisende, von Franz Xaver Bronner, Kantonsbibliothekar, St. Gallen und Bern 1844, S. 47. Und *Bernhard Ryter*, Kyburz, Abraham, in: Stiftung Historisches Lexikon der Schweiz (Hg.), Historisches Lexikon der Schweiz (HLS), 7, Basel 2008, S. 535. Sowie auch *Hans Jacob Leu*, Supplement zu dem allgemeinen helvetisch-eidgenoessischen oder schweizerischen Lexicon, so von weiland Herrn Hans Jakob Leu, Buergermeister Loebl. Freystaats Zuerich, in alphabetischer Ordnung behandelt worden; zusammen getragen von Hans Jakob Holzhalb, Zug 1788, S. 424. Paul Wernle verortet hingegen eine Geburt Kyburz' in Bern. Vgl. hierzu *Paul Wernle*, Der schweizerische Protestantismus im XVIII. Jahrhundert, Tübingen 1923, S. 291.

6 *Anton von Tillier*, Geschichte des eidgenössischen Freistaates Bern von seinem Ursprunge bis zu seinem Untergange im Jahre 1798. Aus den Urquellen, vorzüglich aus den Staatsarchiven, dargestellt von Anton von Tillier, Landammann., Bern 1839, S. 460. Ein ähnlicher Wortlaut findet sich bei *Lutz*, Nekrolog, 1812, S. 276.

7 *Lauterburg* (Hg.), Berner Taschenbuch, 1853, S. 251.

8 *Leu*, Supplement zu dem helvetisch-eidgenoessischen Lexicon, 3, 1788, S. 424. Mit ähnlichem Wortlaut auch zu finden bei *Bronner*, Der Kanton Aargau, 1844, S. 47.

9 *Kurt Guggisberg*, Bernische Kirchengeschichte, Bern 1958, S. 438.

10 Vgl. zur religiösen Verortung in Anlehnung an von Tillier, Lauterburg sowie Leu oder Bronner auch *Theodor Brüggemann/Otto Brunken* (Hg.), Handbuch zur Kinder- und Jugendliteratur, Von 1570 bis 1750, (HKJL), Stuttgart 1991, S. 1491f.

sowie zu Samuel Lutz (1674–1750), dem theologischen Vater der Heimberger oder Oberländer Brüder sowie bedeutenden Repräsentanten des älteren Pietismus in Bern.[11] Friedrich Braun zufolge reichten seine Kontakte zudem über die Landesgrenzen hinaus, nachweislich zu Herrnhut, vielleicht sogar auch zu Samuel Urlsberger (1685–1772) oder gar August Hermann Francke (1663–1727).[12] Zudem stand er während seiner Zeit in Bern mit Albrecht von Haller, einem der meistgelesensten Dichter der damaligen Zeit, in schriftlicher Korrespondenz.[13] Doch nicht nur mit von Haller pflegte Kyburz Beziehungen. Seines Pfarramtes enthoben und mehr schlecht als recht von der Schriftstellerei lebend, anerbot sich Frau Maria von Willading, Tochter des Hieronymus von Erlach (1667–1748), ehemaliger Feldmarschall-Leutnant in österreichischen

---

11 Vgl. hierzu den Brief von Kyburz an Annoni vom 12. November 1728 in der Universitätsbibliothek Basel (UBBs) unter der Sign. NL 2 F II 487. Zu Annoni allgemein siehe *Ulrich Gäbler*, Annoni, Hieronymus, in: *Hans Dieter Betz/Don S. Browning et al.* (Hg.), Religion in Geschichte und Gegenwart, Handwörterbuch für Theologie und Religionswissenschaften (RGG⁴), 1, Tübingen 1998, S. 509f. Und ausführlicher *[s.n.]*, Annoni (d'Annone), Hieronymus, in: *Friedrich Wilhelm Bautz* (Hg.), Biographisch-Bibliographisches Kirchenlexikon (BBKl), 1, Hamm [s.a.], S. 180f. Zu Lutz siehe *Jürgen J. Seidel*, Lutz (Lucius; Pseudonym: Christophilus Gratianus), Samuel, in: *Friedrich Wilhelm Bautz* (Hg.), Biographisch-Bibliographisches Kirchenlexikon (BBKl), 5, Herzberg 1993, S. 488–490. Zur Beziehung Kyburz zu den Heimberger oder Oberländer Brüdern vgl. *Kurt Guggisberg*, Bernische Kirchengeschichte, 1958, S. 425f.

12 Braun zufolge entstand im Umfeld eines nach Francke'schem Vorbild eingerichteten Armenkinderhaus in Augsburg die Idee einer neuen Kinderbibel, welche die Historienbibel von Hübner ablösen sollte. Der Leiter dieser Anstalt, Johann Christian Rende, stand Urlsberger sehr nahe und unterhielt ausserdem Verbindungen zu Francke in Halle. Durch die Bekanntschaft mit diesem, vielleicht aber auch über Beziehungen zu ehemaligen Studienfreunden, dürfte sich Braun zufolge der Kontakt zu Kyburz als Verfasser dieser neuen Kinderbibel ergeben haben. Tatsächlich erschienen dann auch die ersten vier Teile der Historien- Kinder- und Bet-Bibel von 1737 bis 1746 bei Johann Andreas Pfeffel in Augsburg. Vgl. hierzu *Friedrich Braun*, Zur Geschichte des Pietismus in Augsburg. 2. Ein Augsburger Bibelwerk. Auf dem Boden des Pietismus, in: *Karl Schornbaum* (Hg.), Zeitschrift für bayerische Kirchengeschichte, XV. Jahrgang, Erlangen 1940, S. 86–89. Zum Kontakt zu Herrnhut vgl. den Brief von Kyburz an David Nitschmann vom 01. Januar 1732 im Unitätsarchiv in Herrnhut unter der Sign. R. 19.C.5.1.3. Zu Urlsberger und seiner Freundschaft zu Francke vgl. *Paul Gerhard Aring*, Urlsberger, Samuel (1685–1772), in: *Friedrich Wilhelm Bautz* (Hg.), Biographisch-Bibliographisches Kirchenlexikon (BBKl), 12, Herzberg 1997, S. 943–945. Zu Francke selbst vgl. *Friedrich de Boor*, Francke, August Hermann (1663–1727), in: *Gerhard Krause/Gerhard Müller* (Hg.), Theologische Realenzyklopädie (TRE), 11, Berlin/New York 1983. Oder der Eintrag in *[s.n.]*, Francke, August Hermann, in: *Friedrich Wilhelm Bautz* (Hg.), Biographisch-Bibliographisches Kirchenlexikon (BBKl), 2, Hamm 1990.

13 Vgl. hierzu *Martin Stuber/Stefan Hächler et al.* (Hg.), Hallers Netz, Ein europäischer Gelehrtenbriefwechsel zur Zeit der Aufklärung, IX, Basel 2005, S. 136f. Und zur schriftlichen Korrespondenz *Urs Boschung/Barbara Braun-Bucher et al.* (Hg.), Repertorium zu Albrecht von Hallers Korrespondenz 1724–1777, VII/1, Basel 2002, S. 290. Zudem die vier handschriftlichen Briefe in der Burgerbibliothek in Bern (BBBe) unter der Sign. N Albrecht von Haller 105.32 (Vermerk Abraham Kyburz). Zwei davon finden sich transliteriert in: *Rudolf Ischer*, Abraham Kyburz. (1704–1765), 1902, S. 64–67.

Diensten und alternierender Schultheiss der Stadt Bern in den Jahren 1721 bis 1746 sowie Ehefrau von Sigmund von Willading (1702–1774), Herr zu Moos-Seedorf und Weil und designierter Schultheiss zu Büren, die Patenschaft für eines seiner Kinder zu übernehmen.[14] Ihr widmete Kyburz auch seine Schrift »Vier Gottselige Gespräche zwischen einer frommen Mutter und ihrem Kind«, erstmals im Jahre 1753 erschienen.[15] Alle diese Namen zeugen von einem sozialen Netzwerk höchster Qualität, in welchem sich Kyburz zeitlebens bewegte, durch welches er massgeblich beeinflusst wurde und dessen er sich bei Bedarf auch bediente.[16] Vieles davon ist in sein eigenes Denken mit eingeflossen und lässt sich noch heute in seinen Schriften nachweisen. Trotz dieser mannigfaltigen Einflüsse und Bekanntschaften über die Grenzen der reformierten Orthodoxie hinaus, scheint sich Kyburz aber grundsätzlich als reformiert verstanden zu haben. Auch wenn ihm von Seiten der Berner Obrigkeit immer wieder verschiedene Probleme erwuchsen, so kam es dennoch nie zu einem endgültigen und unüberwindbaren Bruch zwischen dem streitbaren Geistlichen und seiner übergeordneten Landeskirche.

Zu Kyburz' wichtigsten Werken dürften ohne Zweifel seine beiden Kinderbibeln zählen. Während die sechsbändige »Historien- Kinder- und Bet-Bibel« über einen Zeitraum von mehr als 25 Jahren erschienen ist, verfasste der Berner Geistliche die kürzere »Catechetische Kinderbibel« während seiner pfarramtli-

---

14 Sowohl das Geschlecht von Erlach als auch das Geschlecht von Willading gehören zu den vornehmsten Berner Familien. Erstere ist seit dem Ende des 13. Jahrhunderts, letztere seit dem 15. Jahrhundert in der Stadt verbürgt. Adelige Vertreter beider Geschlechter bekleideten immer wieder die höchsten Ämter in der Patrizierstadt. Leider finden sich aber in den üblichen Handbüchern keine Angaben über Maria selbst. Vgl. zur der Familie von Erlach allgemein: *Hans Morgenthaler*, Erlach, von, in: Allgemeine Geschichtforschende Gesellschaft der Schweiz (Hg.), Historisch-Biographisches Lexikon der Schweiz (HBLS), 3, Neuenburg 1926, S. 59–62. Und zu Hieronymus speziell *Barbara Braun-Bucher*, Erlach, Hieronymus von, in: Stiftung Historisches Lexikon der Schweiz (Hg.), Historisches Lexikon der Schweiz (HLS), 4, Basel 2005, S. 255f. Und zu der Familie von Willading vgl. *Bruno Schmid*, Willading (von Willading), in: Allgemeine Geschichtforschende Gesellschaft der Schweiz (Hg.), Historisch-Biographisches Lexikon der Schweiz (HBLS), 7, Neuenburg 1934, S. 541f.

15 Vgl. hierzu *Abraham Kyburz*, Abraham Kyburzens Prediger goettlichen Worts Vier Gespraeche von der Gottseligkeit, zwischen einer frommen Mutter und ihrem Kind, so wohl bey Hauss, als beym Kirchgehen und auf dem Feld gehalten, nach dem Vorbild vier in Heil. Schrifft beruehmter Muetteren. Bey dieser viel verbesserten Auflage mit Rambachs hundert Lebens-Regeln, und eben so viel Sitten-Reglen, auch Desselben Gesang- und Gebaett-Buechlein fuer die Jugend, vermehrt., Zuerich, getruckt in Buergklischer Truckerey 1760.

16 Ischer zufolge ist es wohl von Hallers Fürsprache zu verdanken, dass Kyburz 1755, fünf Jahre nach seiner formellen Amtsabsetzung, vom Rat begnadigt und zum Landhelfer von Saanen im Berner Oberland gewählt wurde. Vgl. hierzu *Rudolf Ischer*, Abraham Kyburz. (1704–1765), 1902, S. 61.

chen Tätigkeit in Bümpliz.[17] Mit seinen Kinderbibeln versuchte der Pfarrer die
»Biblischen Historien« von Johann Hübner (1668–1731) sowie die »Auserlesene biblischen Historien« von Johann Matthäus Wagner[18] zu verbessern, an
welcher man Kyburz zufolge »[...] verschiedenes [...] desiderirt oder mangel-
hafft gefunden [...]« hat.[19] Hübners Geschichten gleichen Nüssen, deren Kern
allerdings noch in der Schale verschlossen ist. Kyburz selbst möchte mit seinem
Werk die Schalen dieser Nüsse aufbrechen, auf dass »[...] deren schoener Kern
hier und da hervor scheint, [...]«.[20] Der Berner Pfarrer verfolgt dabei die
Absicht, dass die Kinder durch diesen von der Schale befreiten Kern »[...] zum
tieferen Nachgrueblen gelocket werden, den Kern heraus nehmen, [...]«[21] und
diesen »[...] zu sich nehmen, [...]«.[22] Um diese Zielsetzung zu erreichen bedient
er sich derselben Methoden wie sein Vorgänger vor über 30 Jahren und bleibt
damit dem Hübner'schen Vorbild in Punkto Katechese weitestgehend treu. Vor
allem der vom Hamburger Rektor eingeführte katechetische Dreischritt in
»deutliche Fragen«, »nützliche Lehren« sowie »gottselige oder heilige Gedanken«, welche jeder der 104 Biblischen Historien der Hübnerbibel beigefügt sind,
übernimmt Kyburz in der Catechetischen Kinderbibel praktisch unverändert.[23]
Während Hübner seine »deutlichen Fragen« zwischen verschiedenen Abschnitten der jeweiligen Geschichte einfügt, platziert Kyburz diese Fragen
jeweils am Rande des Fliesstextes. Anschliessend an diesen finden sich analog

---

17 Vgl. hierzu *Abraham Kyburz*, Historien- Kinder- und Bet-Bibel, Oder: Das Geheimnis der Gottseeligkeit und der Bosheit, In Loeblichen und straeflichen Geschichten, In einem ordentlichen
   Zusammenhang nebst einfaeltigen Rand-Fragen, vorgestellt von Abraham Kyburz, Verkuendiger Evangelischer Bottschaft zu Kilchberg, e.a. Augspurg 1737–1763. Nachfolgend ›Historienbi-
   bel‹ genannt. Und *Kyburz*, Catechetische Kinder-Bibel, Altes Testament, 1744. Sowie *Kyburz*,
   Catechetische Kinder-Bibel, Neues Testament, 1745. Nachfolgend ›Kinderbibel‹ genannt.
18 Für einen Überblick über Hübner und seine Kinderbibel vgl. den Eintrag 451 in: *Theodor
   Brüggemann/Otto Brunken* (Hg.), HKJL, (1570–1750), 1991, S. 1429f. Zu Wagner (geb. um 1680,
   Zeitpunkt des Todes unbekannt) vgl. den Eintrag 941 in: *Theodor Brüggemann/Otto Brunken*
   (Hg.), HKJL, (1570–1750), 1991, S. 1894.
19 *Abraham Kyburz*, Historien- Kinder- und Bet-Bibel, Oder: Das Geheimnis der Gottseeligkeit und
   der Bosheit, In Loeblichen und straeflichen Geschichten, In einem ordentlichen Zusammenhang
   nebst einfaeltigen Rand-Fragen, vorgestellt von Abraham Kyburz, Verkuendiger Evangelischer
   Bottschaft zu Kilchberg., Augspurg 1737, ohne Seiten.
20 Ebd.
21 Ebd.
22 Ebd.
23 Vgl. zu diesem katechetischen Dreischritt die Werkanalyse zu Hübner in: *Christine Reents*, Die
   Bibel als Schul- u. Hausbuch für Kinder, Werkanalyse und Wirkungsgeschichte einer frühen
   Schul- und Kinderbibel im evangelischen Raum, Johann Hübner, Zweymal zwey und funffzig
   Auserlesene biblische Historien, der Jugend zum Besten abgefasset..., Leipzig 1714 bis Leipzig
   1874 und Schwelm 1902, Göttingen 1984, S. 42–67.

zu Hübner des Berners eigene »Lehren« oder »gottselige Gedanken«, welche teilweise zusätzlich mit Lehrsätzen in Reimform ergänzt sind.[24]

Beinahe alle Geschichten sind mit Kupferstichen zu den jeweiligen biblischen Erzählungen illustriert. Dabei gilt es, zwei Arten von Kupfer zu unterscheiden. Es finden sich zum einen kleinformatige, im Duodezformat gehaltene Stiche und zum anderen solche im Oktavformat, welche dementsprechend grösser und zudem qualitativ hochwertiger ausgefallen sind. Bei den Duodezstichen handelt es sich um zusätzlich zu erwerbende Kupfer, welche nachträglich vom Buchbinder ins Alte Testament eingesetzt werden konnten. Die Oktavkupfer hingegen sind nach älteren Vorlagen bekannter Künstler gestochen und lassen sich im Gegensatz zu denjenigen im Duodezformat in allen untersuchten Ausgaben der Kinderbibel nachweisen.[25] Diesen soll des Weiteren die Aufmerksamkeit gelten.

3. Die Kupferstiche der Catechetischen Kinderbibel

Wie man aus der Vorrede des ersten Bands der Historienbibel von 1737 entnehmen kann, wurde der Qualität und der Ausführung der Illustrationen in diesem Werk besonders hohe Beachtung beigemessen. Diese Aussage dürfte uneingeschränkt auch für die Kinderbibel ihre Gültigkeit haben, wie Kyburz in der Vorrede zu letzterer und in Bezug auf Inhalt und Konzeption beider Werke festhält: »Eint und anders [...]«[26] aus der Historienbibel «[...] passet auch auf gegenwaertiges Wercklein.«[27] So ging es auch in der Kinderbibel von 1744 und 1745 vorzugsweise darum, ausschliesslich Kupfer ins Werk aufzunehmen, die bibelgetreu waren und den kontemporären Vorstellungen der historischen und kulturellen Bedingungen des biblischen Milieus entsprachen und nicht solche, welche »[...] von Mahlern und Kupferstechern untauglich entworffen worden, nemlich dem Inhalt der Bibel und der Gewohnheit damaliger Voelcker entgegen, [...]«[28] standen. Dieser Umstand war Kyburz zufolge dafür verantwortlich, dass viele seiner Zeitgenossen »[...] fast ein natuerliches Missbelieben an Kup-

---

24 Vgl. hierzu z. B. die 15. Historie in: *Kyburz*, Catechetische Kinder-Bibel, Altes Testament, 1744, S. 66–71.

25 Aus diesem Grund sollen die Duodezstiche in diesem Essay nicht weiter berücksichtigt werden. Vgl. zu den Kupfern im Duodezformat z.B. das Exemplar in der Kinderbibelsammlung Regine Schindler unter der Sign. RK KYB 1/1. Anders hingegen dasjenige aus der Zentralbibliothek Zürich (ZBZ) unter der Sign. Z VIII 259, in welchem diese Stiche fehlen.

26 *Kyburz*, Catechetische Kinder-Bibel, Altes Testament, 1744, S. 14.

27 Ebd.

28 *Kyburz*, Historien-Kinder und Bet-Bibel, 1, 1737, ohne Seite.

fern und Bildern, [...]«[29] entwickelt hätten. Dementsprechend war es auch in der Mitte der 1740er Jahre das erklärte Ziel, diesem Missbelieben entgegen zu wirken, indem man auf Bildmaterial verzichten wollte, welches »[...] unbehoerige Eindruecke und Einbildungen bey Alten und Jungen [...]«[30] hervorrufen könnte. Hierzu gehörte auch die Eliminierung von bildlichen Darstellungen Gottes, durch welche »[...] grobe, materialische und Seelen-schaedliche Begriffe in den Gemuethern erwachsen«.[31] Sowohl diese hohen Anforderungen an die inhaltliche Qualität der Abbildungen als auch deren mehrheitlich gelungene handwerkliche Umsetzung kann als Ausdruck für »[...] die künstlerische Stufe, die hier erreicht ist« verstanden werden.[32] Auch wenn Kyburz selbst die Qualität der Stiche der Historienbibel höher einschätzt, so kann dennoch diese Aussage Brauns zur Qualität der Kupfer in derselben uneingeschränkt auch für die Illustrationen der Kinderbibel übernommen werden.[33] Mögen die Radierungen der Kinderbibel zwar »[...] nicht so zierlich, als die im grossen Werck, [...]«[34] ausgefallen sein, so stammen sie dennoch aus Feder und Stichel namhafter Künstler und brauchen einen Vergleich mit denjenigen der Historienbibel nicht zu scheuen.

3.1 Zur Urheberschaft der Kupferstiche

Leider lassen sich im Gegensatz zu den ersten vier Volumen der Historienbibel, deren Kupfer in Augsburg von der Miniaturenmalerin Catharina Sperling (1699–1741) gezeichnet und vom Kupferstecher Philipp Gottfried Harder (1710–1749) graviert wurden, in Bezug auf die Urheberschaft der Abbildungen der Kinderbibel nur begrenzt Aussagen formulieren.[35] Weder auf dem Titel-

---

29 Ebd.
30 Ebd.
31 Ebd.
32 *Friedrich Braun*, Zur Geschichte des Pietismus, 1940, S. 91.
33 Angelika Bochem spricht in diesem Zusammenhang von bemerkenswerten Illustrationen. Vgl. hierzu *Angelika Bochem*, Illustrationen und Illustratoren der Kinderliteratur, in: *Elmar Mittler/Wolfgang Wangerin* (Hg.), Nützliches Vergnügen, Kinder- und Jugendbücher der Aufklärungszeit aus dem Bestand der Niedersächsischen Staats- und Universitätsbibliothek Göttingen und der Vordermann-Sammlung, 29, Göttingen 2004, S. 216.
34 Kyburz, Catechetische Kinder-Bibel, Altes Testament, 1744, S. 16.
35 Sowohl Sperling, geborene Heckel, als auch Harder werden jeweils auf dem Frontispiz der ersten vier Teile der Historienbibel namentlich erwähnt. Solche Angaben fehlen sowohl im Alten als auch im Neuen Testament der Kinderbibel. Vgl. hierzu das Frontispiz in: *Kyburz*, Historien-Kinder und Bet-Bibel, 1, 1737. Zu Sperling und ihrer Arbeit vgl. *Angelika Bochem*, Illustrationen und Illustratoren der Kinderliteratur, S. 216. Zu ihrem Leben vgl. *[s.n.], Michael Heckel*, in: *Hans Vollmer* (Hg.), Allgemeines Lexikon der Bildenden Künstler, Von der Antike bis zur Gegenwart,

blatt noch im Vorwort ist zu erfahren, wer die zahlreichen Illustrationen erschaffen hat. Nun hat aber bereits in den 1980er Jahren Rainer Lachmann auf die Abhängigkeit dieser Stiche von den Illustrationen der Biblia Ectypa aus dem Jahr 1695 hingewiesen.[36] Ausserdem gibt es in der Kinderbibel selbst gewisse Angaben, welche zur Beantwortung dieser schwierigen Frage nach der Urheberschaft der Kupfer beitragen können. Eine Illustration im Alten und sechs Illustrationen im Neuen Testament verfügen nämlich über eine Signatur, durch welche sich der Urheber dieser Stiche identifizieren lässt: »Joh. Amman scul. [oder sc.] Scaphus.«.[37] Diese Signatur lässt sich zweifelsfrei dem in Schaffhausen wohnhaften Kupferstecher Johann Ammann dem Jüngeren (1695–1751) zuordnen.[38] Dieser gilt allgemein als »[...] unbedeutender Porträt-Stecher [...]«,[39] von welchem nur wenig bekannt ist und dessen Werken häufig der Ruf der Mittelmässigkeit anhängt.[40] Dennoch sind seine Arbeiten in der Kinderbibel als gelungen zu betrachten und gehen in künstlerischer Hinsicht beispielsweise weit über die Monathkupfer in der ersten bebilderten Ausgabe von Hübners Biblischen Historien von 1731 hinaus.[41] Ammann war, wohl auch aufgrund der

---

Begründet von Ulrich Thieme und Felix Becker (ThiBe), 16, Leipzig 1923, S. 209. Harder arbeitete meist im Verlag seines Lehrmeisters Johann Andreas Pfeffel, welcher bis 1746 die ersten vier Teile der Historienbibel herausgab. Vgl. hierzu *Paul Markthaler*, Harder, Philipp Gottfried, in: *Hans Vollmer* (Hg.), Allgemeines Lexikon der Bildenden Künstler von der Antike bis zur Gegenwart, Begründet von Ulrich Thieme und Felix Becker (ThiBe), 16, Leipzig 1923.

36 Vgl. hierzu *Rainer Lachmann*, Bebilderungen und Bebilderungstraditionen zu Johann Hübners Biblischen Historien, in: *Rainer Lachmann/Christine Reents* (Hg.), Johann Hübner, Zweymahl zwey und funffzig Auserlesene Biblische Historien Aus dem Alten und Neuen Testament, Der Jugend zum Besten abgefasset, mit einer Einleitung und einem theologie- und illustrationsgeschichtlichen Anhang, Hildesheim, Zürich 1986, S. 42–50.

37 Anmerkung des Autors in Klammern.

38 Vgl. hierzu *Johann Heinrich Fuessli*, Amann oder Amman (Johann) der Juengere, in: *Hans Heinrich Fuessli* (Hg.), Neue Zusaetze zu dem Allgemeinen Kuenstlerlexikon und den Supplementen desselben, oder: Kurze Nachricht von dem Leben und den Werken der Maler, Bildhauer, Baumeister, Kupferstecher, Kunstgiesser, Stahlschneider, u. s. f., Erstes Heft. A., Zürich 1824, S. 115. Zu Leben und Werk von Ammann vgl. *Hans Vollmer*, Ammann, Johannes, in: *Ulrich Thieme/Felix Becker* (Hg.), Allgemeines Lexikon der Bildenden Künstler von der Antike bis zur Gegenwart (ThiBe), 1, Leipzig 1907, S. 416.

39 *Hans Vollmer*, Amman, Johannes, in: ThiBe, 1, 1907, S. 416.

40 Vgl. hierzu *Johann Heinrich Fuessli*, Amann, (Johann der juengere), in: *Johann Heinrich Fuessli* (Hg.), Allgemeines Kuenstlerlexikon, oder: kurze Nachricht von dem Leben und den Werken der Maler, Bildhauer, Baumeister, Kupferstecher, Kunstgiesser, Stahlschneider nebst angehaengten Verzeichnissen der Lehrmeister und Schueler, auch der Bildnisse, der in diesem Lexikon enthaltenen Kuenstler, Zweyter Theil, Erster Abschnitt, Zürich 1806, S. 12, sowie *Carl Heinrich Vogler*, Ammann, Johannes, in: Schweizerischer Kunstverein (Hg.), Schweizerisches Künstler-Lexikon (SchwKL), 1, Frauenfeld 1905, S. 32.

41 Vgl. zur Monathtradition *Rainer Lachmann*, Bebilderungen und Bebilderungstraditionen, 1986, S. 24–36.

geographischen Nähe Schaffhausens zu Zürich, häufig als Illustrator für verschiedene Druckereien der Limmatstadt tätig. Seine Stiche finden sich unter anderem in zwei Foliobibeln, welche 1745 bei Gessner und Heidegger & Rahn erschienen sind.[42] Auch Buergkli – welcher im selben Jahr den zweiten Teil der Kinderbibel in Zürich verlegte – griff gerne auf die Stiche des Schaffhausers zurück, so dass sich in verschiedenen Bibelausgaben dieses Verlags von Ammann gestochene Titelkupfer finden.[43] Der Schaffhauser war jedoch weder Zeichner noch Maler, sondern verstand sich vornehmlich auf die Kunst des Radierens. Davon zeugt auch dessen Signatur mit dem Hinweis »sculpsit«, mit welchem sich der Künstler lediglich als Graveur zu erkennen gibt. Der Begriff »invenit« zur Kennzeichnung des Künstlers, welcher die Vorlage für den Kupferstich geschaffen hat, fehlt.[44] Ob die übrigen Stiche ohne spezifische Signatur ebenfalls von Ammann in Kupfer übertragen worden sind, lässt sich nicht mit absoluter Sicherheit sagen.[45] Genau darauf plädiert aber der Zürcher Bibliothekar und Bibliophile Paul Leemann-van Elck. Ihm zufolge handelt es sich bei allen Stichen der Kinderbibel – sowohl signierte als auch unsignierte – um Arbeiten des Schaffhausers, welcher dieser im Rahmen einer Bilderfolge zum Neuen Testament bereits 1743 zusammen mit Benedikt Hurter in Schaffhausen herausgegeben haben soll.[46] Leider unterlässt es Leeman-van Elck, dieser Aussage eindeutige Quellennachweise folgen zu lassen. Genau so wenig finden sich in der Arbeit des Zürcher Bibliothekars irgendwelche Literaturangaben hierzu.

---

42 Einige Exemplare dieser Bibeln enthalten die Kupfer von Ammann in 34 foliogrossen Blättern mit je vier Abbildungen. Vgl. hierzu *Paul Leemann-van Elck*, Der Buchschmuck der Zürcher-Bibeln bis 1800, nebst Bibliographie der in Zürich bis 1800 gedruckten Bibeln, Alten und Neuen Testamente, Bern 1938, S. 96f.

43 Leemann-van Elck geht dabei nicht genauer auf die einzelnen Ausgaben und deren Erscheinungsjahr ein. Später sollen dann die Kupfer des Schaffhausers auch in anderen Bibelexemplaren dieses Verlags vorgekommen sein. Vgl. hierzu ebd., S. 97.

44 Die Signatur »Joh. Amman scul. Scaphus.« bedeutet Johann Amman sculpsit Scaphusia, was so viel heisst wie Johann Amman aus (oder in) Schaffhausen hat es geschnitzt (gestochen).

45 In Anbetracht dessen, dass in der zweiten Auflage des Alten Testaments der Kinderbibel aus dem Jahre 1763 das Kupfer zur 18. Geschichte über Jacobs Kampf am Jabbok nach Gen 32,23–33, im Gegensatz zu demjenigen in der ersten Auflage von 1744, mit Ammanns Signatur versehen ist, erscheint die Arbeit Ammanns an sämtlichen Stichen als durchaus möglich. Dies vor allem auch deshalb, weil eine neuerliche Mitarbeit an einzelnen Stichen der zweiten Auflage aufgrund der Lebensdaten Ammanns (Tod 1751) im vornherein ausgeschlossen ist. Das bedeutet, dass Ammann diesen Stich der zweiten Auflage vor 1751 radiert haben muss. Dieser Umstand sowie die Tatsache, dass beide Stiche in ihrer Ausführung identisch sind, lässt es doch wahrscheinlich werden, dass auch die übrigen Stiche der Erstauflage sowohl des Alten- als auch des Neuen Testaments von Ammann radiert wurden, auch wenn diesbezüglich eindeutige Signaturen fehlen.

46 Leemann-van Elck spricht in diesem Zusammenhang von insgesamt 128 Illustrationen. Vgl. *Paul Leemann-van Elck*, Der Buchschmuck der Zürcher-Bibel, 1938, S. 93.

Somit ist nicht vollständig klar, auf welchen Titel sich Leemann-van Elck bezieht.[47] Übereinstimmend mit dem Bamberger Professor Rainer Lachmann,

---

[47] Dieser Umstand macht es schwierig, Leemann-van Elcks Aussagen zu verifizieren. Es findet sich nämlich sowohl in der Stadtbibliothek Schaffhausen (StadtB SH) als auch in der ZBZ lediglich ein Werk, welches bezüglich der Verlegerschaft und dem Erscheinungsjahr mit den Angaben von Leemann-van Elck übereinstimmt. (StadtB SH Erstauflage unter der Sign. Z Bib 125 und Zweitauflage unter der Sign. Z Bib 126; ZBZ Erstauflage unter der Sign. Z XVI 1068 und Zweitauflage unter der Sign. Z XVI 950). Es handelt sich hierbei um eine Ausgabe der Bibel in einer Übersetzung nach Martin Luther aus dem Jahre 1743, von Franz Ludwig Sprüngli verfasst, welche zwei Jahre später, 1745, in einer zweiten Auflage wiederum in Schaffhausen erschienen ist. Vgl. hierzu *Frantz Ludwig Spruenglin*, Biblia, Das ist: Die gantze Heilige Schrifft Alten und Neuen Testaments, Nach der deutschen Übersetzung und mit den Vorreden D. Martin Luthers, Auf das fleissigste Nach denen besten Exemplarien durchgangen, mit gar deutlichen Summarien, gewoehnlicher Ein- und Abtheilung der Capiteln und Versiculn versehen, wie auch mit sehr schoenen und lebhafften neu in Kupffer gestochenen Historien gezieret, Und Vermehret durch Zugabe des dritten und vierten Buchs Esrae, und dritten Buchs der Maccabaer, auch einer neuen Vorrede, wie die Bibel mit Nutzen zu lesen, von Herrn Frantz Ludwig Spruenglin, Pfarrherrn in Zoffingen., Schaffhausen 1743. Und für die zweite Auflage von 1745 *Frantz Ludwig Spruenglin*, Biblia, Das ist: Die gantze Heilige Schrifft Alten und Neuen Testaments, Nach der teutschen Übersetzung und mit den Vorreden D. Martin Luthers, Auf das fleissigste Nach denen besten Exemplarien durchgangen, mit gar deutlichen Summarien, gewoehnlicher Ein- und Abtheilung der Capiteln und Versiculn versehen, wie auch mit sehr schoenen und lebhafften neu in Kupffer gestochenen Historien gezieret, Und Vermehret durch Zugabe des dritten und vierten Buchs Esrae, und dritten Buchs der Maccabaer, Auch einer neuen Vorrede, wie die Bibel mit Nutzen zu lesen, von Herrn Frantz Ludwig Spruenglin, Pfarrherrn in Zoffingen. Zweyte Auflag/mit Hoch-Oberkeitl. Allergnaedigst ertheiltem Privilegio, Schaffhausen 1745. Sprüngli, zu dieser Zeit Pfarrer in Zofingen, scheint Kyburz gekannt zu haben, wie aus dessen Briefen an den Zeitgenossen Annoni in Basel zu entnehmen ist. Vgl. hierzu die beiden Briefe von Sprüngli an Annoni unter der Sign. NL 2 F II 824 und insbesondere unter der Sign. NL 2 F II 825 in der UBBs. Auch finden sich in diesem Titel aus dem Jahre 1743 tatsächlich Stiche des Schaffhauser Künstlers. Ob allerdings in diesem Zusammenhang von einer Bildfolge zum neuen Testament gesprochen werden kann, ist mehr als fraglich. Es handelt sich hierbei vielmehr um eine Bilderbibel, deren Kupfer sich aber sowohl im Aussehen als auch im Format von denjenigen in der Kinderbibel unterscheiden und somit nicht mit denen identisch sind. Vgl. zur Bezeichnung dieser Sprüngli-Bibel als Bilderbibel *Vogler*, Ammann, Johannes, in: SchwKL, 1, 1905, S. 32. Es ist somit nicht abschliessend eruierbar, auf welchen Titel der Zürcher Bibliophile Bezug nimmt. Die vielen Unstimmigkeiten diesbezüglich liessen auch vermuten, dass der vom Zürcher genannte Titel heute nicht mehr greifbar ist. Diese Möglichkeit dürfte aber nach eingängiger Recherche in Schaffhausen auszuschliessen sein. Auch Dr. René Specht, Bereichsleiter Bibliotheken in Schaffhausen, ist davon überzeugt, dass sich Leemann-van Elck entweder auf die »Sprüngli-Bibel« oder aber auf den »Seelen-Schatz« von Christian Scriver aus dem Jahr 1738 bezieht. Letztgenannter Titel kann jedoch aufgrund des falschen Erscheinungsjahres und der Tatsache, dass Ammann lediglich das Frontispiz gestochen hat, das Werk aber im übrigen unbebildert ist, nicht gemeint sein. Vgl. hierzu die Sign. Z 655 in der StadtB SH. Im Übrigen sind keine anderen Werke, welche von Hurter und Ammann gemeinsam in dieser Zeit herausgegeben wurden, bekannt. Vgl. persönliche Email von Dr. *René Specht* an den Verfasser vom 15. Oktober 2009. Es ist also mit hoher Wahrscheinlichkeit davon auszugehen, dass sich Leemann-van Elck auf diese »Sprüngli-Bibel« von 1743 bezieht, auch wenn die darin enthaltenen Stiche nicht mit denjenigen der Catechetischen Kinderbibel übereinstimmen.

welcher seinerzeit versuchte, die Urheberschaft der Kupfer in den Zürcher Hübnerausgaben nachzuweisen, ist an dieser Stelle festzustellen: »[...] da passt vieles nicht zusammen«.[48] Allen Unstimmigkeiten zum Trotz aber dürfte dennoch Ammann als Stecher aller Kinderbibelkupfer angesehen werden. Hierfür sprechen, abgesehen von den nicht gänzlich zu verifizierenden Aussagen Leemann-van Elcks, vor allem drei Gründe: Die Verbindung zwischen Kyburz und Ammann über den Verleger Buergkli in Zürich, die Homogenität bezüglich der künstlerischen Ausführung der Stiche, welche eine Fertigung aller Kupferstiche durch dieselbe Hand voraussetzt sowie das Fehlen jeglicher Hinweise auf eine allfällige dritte Urheberschaft. Somit dürfte den heutigen Erkenntnissen zufolge der Schaffhauser Künstler als Radierer dieser Stiche gelten.

3.2 Die Stiche im Oktavformat

Wie bereits erwähnt wurde, resultieren die Zeichnungen für die Kupfer der Kinderbibel nicht aus der Zusammenarbeit von Sperling und Harder.[49] Für diese Illustrationen ist ein anderer Künstlerkreis verantwortlich, welcher zu einer anderen Zeit wirkte. So finden sich die Vorlagen, nach welchen die Kupfer der Kinderbibel graviert wurden, beinahe 50 Jahre früher in einer erstmals im Jahre 1695 in Nürnberg erschienenen Bilderbibel.[50] Die Rede ist von der sog.

---

48 *Rainer Lachmann*, Bebilderungen und Bebilderungstraditionen, 1986, S. 45.

49 Vgl. zu Sperling zusätzlich *Maria Lanckoronska/Richard Oehler*, Die Buchillustration des XVIII. Jahrhunderts in Deutschland, Österreich und der Schweiz, Erster Teil: Die deutsche Buchillustration des Spätbarock und Rokoko, Leipzig 1932, S. 24ff.

50 Lachmann zufolge erschien die Biblia Ectypa erstmals 1695. Anderes Erscheinungsdatum (1693) bei *Doris Gerstl*, Eimmart, Georg Christoph, in: *Günter Meissner* (Hg.), Saur Allemeines Künstler-Lexikon, Die Bildenden Künstler aller Zeiten und Völker (AKL), S. 33, München, Leipzig 2002, S. 2. Das für diese Arbeit herbeigezogene Exemplar aus der Stiftsbibliothek St. Gallen (Stibi), mit der Sign. A links III 4, verfügt jedoch nicht über eine Angabe des Erscheinungsjahres. (Laut Bibliothekskatalog ca. 1700 erschienen). Auch findet sich der Titel »Biblia Ectypa« bei dieser Ausgabe nicht. Erst später scheint sich diese Bezeichnung für Weigels Bilderbibel durchgesetzt zu haben. So findet sich dann auch der Name »Biblia Ectypa« auf dem Titelblatt zu einer Quart-Ausgabe des Neuen Testaments aus dem Jahre 1697 in der Stibi (Sign. A mitte IV 13a). Michael Bauer verweist darauf, dass zwei Jahre nach dem Erscheinen der Folio-Ausgabe von Weigel eine Ausgabe in Quart-Format lanciert wurde. Insofern darf – in Übereinstimmung mit Lachmann – für die in dieser Arbeit herbeigezogene Ausgabe in Folio das Erscheinungsjahr 1695 angenommen werden. Vgl. hierzu *Christoph Weigel*, Biblia Ectypa Bildnussen aus heilige Schrifft des Neuen Testaments Erster Theil. in welchen Alle Geschichten: Erscheinungen deutlich und schrifftmässig zu Gottes Ehre und Andächtiger Seelen erbaulicher Beschauung vorgestellet worden. Mit Röm: Kayserl: Mayest. aller gnädigst ertheilten Privilegio. neu hervor gebracht von Christoph Weigel in Regenspurg., Regensburg 1697. Sowie *Lachmann*, Bebilderungen und Bebilderungstraditionen, 1986, S. 42–50. Ausserdem zu den Erscheinungsjahren der Ausgaben in verschiedenen Formaten *Michael Bauer*, Christoph Weigel (1654–1725), Kupferstecher und

»Biblia Ectypa« des Christoph Weigel (1654–1725).[51] Zwei bedeutende Künstler, von Weigel extra für dieses Werk herbeigezogen, schufen die Motive zu dieser Bibelausgabe: Johann Jacob von Sandrart (1655–1698) lieferte die Zeichnungen für die Passion sowie die Apostelgeschichte und Georg Christoph Eimmart (1638–1705) diejenigen für das Alte Testament und den Rest des Neuen Testaments.[52] Beide Künstler trugen massgeblich zur »[...] durchgehend hohen Qualität der einzelnen Stiche«[53] bei, welche auch beinahe über ein halbes Jahrhundert später in der Kinderbibel zu überzeugen vermögen. In Kupfer gestochen wurden Eimmarts und von Sandrarts Vorlagen schliesslich von verschiedenen Stechern, von welchen drei aufgrund ihrer Signaturen namentlich benannt werden können. Neben Weigel selbst sind dies Johann Ulrich Kraus (1655–1719) und Leonhard Heckenauer (etwa 1650/60 bis 1704).[54] Vor allem dem hochbegabten Kraus, welchem Weigel die Radierung der feiner und detaillierter ausgeführten Zeichnungen von von Sandrart auftrug, zählte zu den

---

Kunsthändler in Augsburg und Nürnberg, in: Historische Kommission des Börsenvereins des Deutschen Buchhandels e. V. (Hg.), Archiv für Geschichte des Buchwesens, 23, Frankfurt a. M. 1982, S. 893.

51 Vgl. hierzu *Christoph Weigel*, Sacra scriptura loquens in imaginibus. Die Durch Bildnussen redende Heilige Schrifft/Alt- und Neuen Testament/In welcher Alle Geschichte und Erscheinungen auch sonst vieles deutlich und der Offenbarung Gottes gemaess Zur Ehre des Allerhoechsten und andaechtiger Seelen erbaulicher Beschauung fuergestellet/Und mit Summarischen Andachten redend gemacht werden/Mit Roemis. Kayserlicher Majestaet allergnaedigst ertheilten Privilegio neu hervorgebracht Von Christoph Weigel/Kunsthaendlern in Nuernberg., Nürnberg [s.a.].Zu Weigel allgemein vgl. *Michael Bauer*, Christoph Weigel (1654–1725), in: Archiv für Geschichte des Buchwesens, 1982, S. 23. Als Kommentar zur Biblia Ectypa allgemein vgl. *Lachmann*, Bebilderungen und Bebilderungstraditionen, 1986, S. 42–50.

52 Vgl. die wenigen Informationen zu von Sandrart in *[s.n.]*, Sandrart, Johann Jakob, in: *Hans Vollmer* (Hg.), Allgemeines Lexikon der Bildenden Künstler, Von der Antike bis zur Gegenwart, Begründet von Ulrich Thieme und Felix Becker (ThiBe), 29, Leipzig 1935. Sowie zur Künstlerfamilie der von Sandrart *Wilhelm Stricker*, Sandrart, Künstlerfamilie, in: Historische Commission bei der Königl. Akademie der Wissenschaften (Hg.), Allgemeine Deutsche Biographie (ADB), 30, Berlin 1970, 358f. Und zu Eimmart *Doris Gerstl*, Eimmart, Georg Christoph, in: AKL, 33, 2002, S. 2.

53 *Bauer*, Christoph Weigel (1654–1725), in: Archiv für Geschichte des Buchwesens, 23, 1982, S. 890.

54 Vgl. zu Kraus *Albert Hämmerle*, Kraus, Johann Ulrich, in: *Hans Vollmer* (Hg.), Allgemeines Lexikon der Bildenden Künstler von der Antike bis zur Gegenwart, Begründet von Ulrich Thieme und Felix Becker (ThiBe), 21, Leipzig 1927. Die exakten Lebensdaten von Heckenauer lasse sich nicht feststellen. Auch gibt es von ihm bei Thieme Becker kein eigener Artikel. Vgl. hierzu *[s.n.]*, Heckenauer (Heggenauer), in: *Hans Vollmer* (Hg.), Allgemeines Lexikon der Bildenden Künstler von der Antike bis zur Gegenwart, Begründet von Ulrich Thieme und Felix Becker (ThiBe), 16, Leipzig 1923.

angesehensten und bedeutendsten Augsburger Stechern dieser Zeit.[55] Zusammen schufen sie einen Fundus von 840 alt- und neutestamentlichen Kupfern, welcher in vielfältiger Weise auch für andere Werke immer wieder zur Illustration herbeigezogen werden sollte. So auch im Falle der Kinderbibel, deren Kupfer, abgesehen von einer Ausnahme, Nachstiche der Zeichnungen von Eimmart und von Sandrart darstellen.[56] Die Gründe, weshalb Kyburz auf die Illustrationen der Biblia Ectypa zurückgriff, sind nicht eindeutig. Allerdings dürften dabei Überlegungen zur Qualität der Kupfer und deren Herstellungskosten eine massgebliche Rolle gespielt haben. Die Inanspruchnahme dieser Vorlagen garantierte der neuen Kinderbibel Illustrationen von durchgehend hoher Qualität. Darüber hinaus boten Kupfer aus bereits bekannten Werken einen hohen Wiedererkennungswert für das lesende Publikum. Diese Illustrationen mussten sich folglich nicht erst in der Leserschaft durchsetzen, um anerkannt zu werden: Ihr Ruf und die Bekanntheit ihrer Urheberschaft sprachen für sich selbst genauso wie für das sie enthaltende Werk. Hübsche und bekannte Kupfer aus der Werkstatt prominenter Künstler förderten somit das Interesse der potentiellen Kundschaft an einem bestimmten Werk. Und dies wiederum dürfte für dessen Absatzzahlen höchst förderlich gewesen sein. Folgt man diesen Überlegungen und bedenkt man dabei gleichzeitig, dass die Wiederverwendung von bereits vorhandenem Bildmaterial wesentlich kostengünstiger war, als eigenes selbst zu gestalten und dieses anschliessend stechen zu lassen, so eröffnen sich einem die Vorteile des Rückgriffs auf vorhandene Illustrationen in doppelter Weise: Die Kosten konnten gesenkt werden, und das bei gleichzeitiger Aussicht auf gesteigerten Absatz des Werks. Schliesslich handelte es sich hierbei um ein nicht unübliches Vorgehen der Verlagshäuser im 18. Jahrhundert, wenn es darum ging, Abbildungen zu beschaffen: »Pirating was a commercially prudent, if dishonest, publishing practice [...]«.[57] Selbst viele Künstler schreckten nicht davor zurück, Motive und Zeichnungen von ihren Kollegen zu übernehmen, denn »Artists themselves borrowed liberally from existing designs, [...]«[58] und sorgten damit für eine Vielzahl günstiger und leicht verfügbarer Kopien, deren Qualität allerdings –

---

55 Vgl. hierzu *Albert Hämmerle*, Kraus, Johann Ulrich, in: ThiBe, 21, 1927, S. 440. Sowie *Michael Bauer*, Christoph Weigel (1654–1725), in: Archiv für Geschichte des Buchwesens, 23, 1982, S. 891.

56 Die Ausnahme bildet die Illustration zur 44. Geschichte vom Herrenmahl vor Jesus' Gefangennahme Vgl. *Kyburz*, Catechetische Kinder-Bibel, Neues Testament, 1745, S. 233. Zu diesem Stich konnte in der vom Autor konsultierten Biblia Ectypa-Ausgabe der Stibi St. Gallen keine Entsprechung nachgewiesen werden.

57 *Ruth B. Bottigheimer*, The Bible for Children, From the Age of Gutenberg to the Present, [s.l.] 1996, S. 125.

58 Ebd.

im Gegensatz zu den kopierten Stichen in der Kinderbibel – selten mit dem Original Schritt halten konnte.[59]

3.3 Bildkompilationen aus verschiedenen (Biblia Ectypa-)Vorlagen

Nicht alle Oktavkupfer der Kinderbibel sind mit ihrer Vorlage aus der Biblia Ectypa identisch. Teilweise wurden auch die Inhalte von zwei Vorlagen zusammengelegt, so dass ein neues Motiv entstand. Man kann in diesem Zusammenhang von einer neuen Bildkompilation sprechen. Dieser Umstand lässt sich unter anderem bei einer Abbildung zum Leben der beiden Propheten Elija und Elischa sowie bei derjenigen zu der Geschichte über die Enthauptung des Johannes nachweisen. Diese beiden Illustrationen sollen nun exemplarisch genauer betrachtet werden.

Gleich zwei Stiche zur 60. Historie der Kinderbibel zeigen Szenen aus Elijas und Elischas Leben und Wirken und beide sind aus verschiedenen Abbildungen der Biblia Ectypa zusammengesetzt.[60] Interessant an dieser Stelle ist vor allem die erste Abbildung über das Gottesurteil am Karmel nach 1 Kön 18. Betrachtet man nämlich diese kompilierte Illustration, so sind darin zwei Inhalte augenfällig: Zum einen – im Hintergrund dargestellt – der vergebliche Versuch der Baal-Priester ihren Gott anzurufen und zum anderen – im Vordergrund –Elijas Brandopfer für den Herrn mitsamt des vom Himmel herabfallenden Feuers. Dieses Opfer stellt dann auch das zentrale Motiv dieses Kupfers dar.

---

59 Vgl. als Beispiel von häufig abgeänderten und auf verschiedenen Vorlagen beruhenden Illustrationen einer Kinderbibel des 18. Jahrhunderts den illustrationsgeschichtlichen Aufsatz über die Kupfer der Hübnerbibel in: *Rainer Lachmann,* Bebilderungen und Bebilderungstraditionen, 1986, S. 23–82.

60 Vgl. die beiden Stiche zur 60. Historie in: *Kyburz,* Catechetische Kinder-Bibel, Altes Testament, 1744, S. 286 und 288.

Abbildung 67: Elias illudit Prophetis Baal.   Abbildung 68: Ignis de coelo consumit
(Aus: Biblia Ectypa, 1695, Stiftsbibliothek St.   holocaustum Eliae. (Aus: Biblia Ectypa, 1695,
Gallen, A links III 4)   Stiftsbibliothek St. Gallen, A links III 4)

Die Grundlagen für diese zusammengesetzte Szene bilden zwei Zeichnungen von Eimmart, welche sich in der Biblia Ectypa nachweisen lassen und deren zentrale Inhalte auf dieser Abbildung geschickt miteinander kombiniert sind.[61] Dabei ist an der Stelle vor allem der Umstand bemerkenswert, dass auf dem kompilierten Kupfer der Kinderbibel nun beide Ereignisse gleichzeitig stattfinden.[62] Der biblische Text zu 1 Kön 18 gibt keine Auskunft darüber, ob die 450 Baal-Priester zum Zeitpunkt der Anrufung JHWHs durch Elija von ihrem Unterfangen abgelassen haben oder nicht. Die Annahme einer Gleichzeitigkeit beider Handlungen ist dementsprechend durchaus legitim und nach genauerer Betrachtung religionspädagogisch nachvollziehbar: Kyburz' zeitliche und örtliche Zusammenführung beider Handlungen verdeutlicht in eindrücklicher Art und Weise die überragende Macht JHWHs gegenüber der Nichtigkeit und Hilflosigkeit der ungläubigen Propheten des Baals im Angesicht dieser Kräftedemonstration auf dem Karmel.

---

61 Vgl. die Abb. zu 1 Kön 18,27–29 sowie zu 1 Kön 18,38 in *Weigel*, Biblia Ectypa, [s.a.], ohne Seite.

62 Das Problem einer nicht chronologischen Abfolge der einzelnen Handlungen, wie es beispielsweise bei der Illustration zum Gleichnis über den barmherzigen Samariter zu beobachten ist,
stellt sich hierbei nicht. Vgl. hierzu die Abb. zur 31. Historie zum Neuen Testament in: *Kyburz*,
Catechetische Kinder-Bibel, Neues Testament, 1745, S. 160.

Abbildung 69: Ignis de coelo consumit holocaustum Eliae. (Aus: Catechetische Kinderbibel, AT1744, Kinderbibelsammlung Regine Schindler, RK KYB 1/1)

Der göttlich-christliche Primat im Streit mit anderen Glaubensrichtungen wird dadurch unverkennbar aufgezeigt. Dieser Sachverhalt wird auch von dem zu dieser Illustration gehörigen Text unterstrichen: Bei der kompilierten Illustration von 1744 wurde nicht wie sonst üblich der Wortlaut einer der Vorlagen übernommen, sondern der Text präsentiert sich, genau wie die Abbildung selbst, als Konglomerat der Bildbeschreibungen zu den beiden Vorlagen von 1695. So gibt der erste Satz des Stiches in der Kinderbibel beinahe den exakten Wortlaut des Eimmart-Stichs zu 1 Kön 18,38 wieder.[63] Während nun aber bei Eimmart des Weiteren zu lesen ist, was das Feuer alles verzehrt, wendet sich der Text bei Kyburz notwendigerweise dem Parallelgeschehen im Hintergrund zu und beschreibt dieses folgendermassen: »Die Baals Pfaffen aber schreye vergeblich zu Baal.«[64] Hierzu gibt es keine wörtliche Entsprechung, weder in der Eimmart'schen Zeichnung zu 1 Kön 18,38 noch zu derjenigen zu 1 Kön 18,27–29, so dass dieser Wortlaut wohl Kyburz, vielleicht aber auch Ammann selbst zugeordnet werden kann.

---

63 Vgl. die beiden Sätze zu den Abbildungen bei Kyburz: »Elias ruffet den Herren an da fiel das Feuer vom Himmel und verzehret das Brandopfer.« Und in der Biblia Ectypa: »Elias ruffet den Herrn an da fiel das Feuer herab u. frass Brandopfer, Holtz, Stein und Erden und lecket das Wasser auf in der grubern.« Siehe hierzu *Kyburz*, Catechetische Kinder-Bibel, Altes Testament, 1744, S. 287. Sowie die Abb. zu 1 Kön 18,38 in: *Weigel*, Biblia Ectypa, [s.a.].

64 *Kyburz*, Catechetische Kinder-Bibel, Altes Testament, 1744, S. 286.

Mit dieser zusammengesetzten Illustration wird den Kindern und Jugendlichen die Allmacht des Herrn in einer einzigen Darstellung auf eindrückliche
und unmissverständliche Art und Weise aufgezeigt und es können gleichzeitig
die Kosten für einen zweiten Stich eingespart werden. Durch diese Zusammenführung zweier Einzelhandlungen, ursprünglich auf zwei separaten Zeichnungen illustriert, ist nun ein Bild entstanden, welches durch seine atmosphärische Dichte sowie aufgrund der Dramatik des dargestellten christlich-
heidnischen Gegensatzes in weit höherem Masse zur Betrachtung und
Auseinandersetzung mit der biblischen Botschaft einlädt, als dies bei den
beiden ursprünglichen Vorlagen der Fall ist. Es scheint so, als ob hier das
pietistische Motiv der Standhaftigkeit im Glauben durch die Gegenüberstellung
mit einer falschen – in diesem Fall heidnischen – Frömmigkeit als Wegweiser
und Gradmesser für die kindliche Leserschaft in fruchtbarer und nachhaltiger
Weise vor Augen geführt wird. Für die Möglichkeit einer dahinter steckenden
Absicht einer Manifestation von Frömmigkeit und Pietas spricht nicht zuletzt
auch die individuelle Anpassung des Bildtextes, welche ihrerseits dazu beiträgt,
in Symbiose mit den beiden auf der Illustration dargestellten Handlungen, die
Überlegenheit des christlichen Gottes sowie den Nutzen eines gottesfürchtigen
Lebens den Kindern und Jugendlichen in eindrücklicher Weise aufzuzeigen.

Derartige Bildkompilationen aus zwei oder mehreren Biblia Ectypa-Vor-
lagen finden sich auch im Neuen Testament der Kinderbibel. So handelt es sich
bei der Kyburz'schen Abbildung zur 23. Geschichte über die Enthauptung des
Johannes nach Mt 14 erneut um eine Kompilation aus zwei verschiedenen und
wiederum von Eimmart entworfenen Zeichnungen aus Weigels Bilderbibel.[65]
Während der Nürnberger Verleger sowohl zu Mt 14,10 über die eigentliche
Enthauptung Johannes, als auch zu Mt 14,11 über die Darbringung des Hauptes
vor die Tochter Herodias ein Kupfer liefert, verbindet der Stich in Kyburz'
Kinderbibel einmal mehr auf raffinierte Art und Weise die zentralen Inhalte
beider Vorlagen. Das Resultat ist ein Kupfer, welches in der linken Bildhälfte
die Szene aus Weigels Abbildung zu Mt 14,11 – mit der Tochter der Königin
und dem abgeschlagenen Haupt des Täufers – und auf der rechten Seite den
Scharfrichter sowie den leblosen Torso nach Mt 14,10 zeigt. Als Bildtrenner
zwischen den beiden Szenen dient eine Säule mit korinthischem Kapitell,
welche ebenfalls aus der Weigel-Vorlage zu Mt 14,11 übernommen wurde. Für
die Handlung unwichtige Personen werden ausgeblendet: Die Dienstboten,
welche das Haupt Johannes zu überbringen haben, fehlen bei Kyburz gänzlich.
So gelingt es, analog zu obigem Beispiel, in einer einzigen Darstellung die zwei

---

65 Vgl. *Kyburz*, Catechetische Kinder-Bibel, Neues Testament, 1745, S. 119. Sowie die Abb. zu
   Mt 14 in: *Weigel*, Biblia Ectypa, [s.a.], ohne Seite.

wesentlichen Aspekte der Erzählung – nämlich die Enthauptung und die darauf folgende Darbringung des Hauptes vor die Tochter und deren Mutter Herodia – zu verdeutlichen. Wiederum werden bei dieser Bildcollage keine für den Betrachter relevanten Informationen unterschlagen: Denn obwohl der entsprechende Text bei Kyburz lediglich von der Hinrichtung des Johannes und der Darreichung seines Hauptes in einer Schüssel spricht, ist es für Kinder und Jugendliche aufgrund der dargestellten Szene zum einen und den Erläuterungen im Lauftext zum anderen ein Leichtes, Herodia sowie ihre Tochter auch ohne deren explizite Erwähnung im Illustrationstext zu erkennen.[66]

Abbildung 70: Ioannes decollatus in carcere. (Aus: Biblia Ectypa, 1695, Stiftsbibliothek St. Gallen, A links III 4)

Abbildung 71: Attulit puella caput Ioannis, matri sua. (Aus: Biblia Ectypa, 1695, Stiftsbibliothek St. Gallen, A links III 4)

Auch dieses Mal wird durch die Zusammenlegung der wichtigen Inhalte zweier Bilder in einer neuen Abbildung ökonomisches Geschick bewiesen, gelingt es doch dadurch einmal mehr, einen Kupferstich einzusparen, ohne die Geschichte missverständlich werden zu lassen. Darüber hinaus gilt es aber auch, den dieser Bildkompilation immanenten religionspädagogischen Absichten Rechnung zu tragen. Im Gegensatz zur Illustration zum Gottesurteil am Karmel besticht diese Abbildung weniger durch die Gegenüberstellung christ-

---

66 In der Weigel'schen Vorlage zur Übergabe des Hauptes werden die beiden Frauen auf dem Bild – zwar nicht mit Namen – aber dennoch ihrem Status zufolge beschrieben: »Johannis Haupt ward hergetragen in einer Schüssel, und dem Mägdlein gegeben, und sie bracht es ihrer Mutter.« Vgl. die Abb. zu Mt 14,11 in: *Weigel*, Biblia Ectypa, [s.a.], ohne Seite.

lich-guter und heidnisch-schlechter Attribute und Verhaltensweisen, sondern
vielmehr durch die ergreifende Direktheit ihres Motivs. War beim obigen
Beispiel vor allem die zeitliche Zusammenlegung beider Handlungen entscheidend, so scheint bei dieser neutestamentlichen Darstellung vor allem die neu
entstandene räumliche Zusammenlegung von Bedeutung zu sein. Für den Bild-
betrachter scheinen beide Handlungen am selben Ort stattzufinden, wodurch
einmal mehr eine eindrückliche Gegensätzlichkeit präsentiert wird. Waren bei
Weigel die beiden Bereiche Kerker und Palast noch separat auf zwei
verschiedenen Kupfern dargestellt, so kommen diese nun bei Kyburz direkt
neben einander zu liegen. Das Gefängnis als Ort der Hinrichtung geht damit
direkt in den Palast über, in dessen Hintergrund man eine höfische, sich in
regem Austausch befindliche Gesellschaft entdecken kann.

Abbildung 72: Ioannes decollatus in carcere.
(Aus: Catechetische Kinderbibel, NT 1745,
Kinderbibelsammlung Regine Schindler, RK
KYB 1/2)

Dieser Eindruck eines nahtlosen Übergangs wird zusätzlich dadurch verstärkt,
dass sich die als Raumtrenner fungierende Säule in der unteren Hälfte des
Stichs in der Dunkelheit des Kerkers aufzulösen scheint, wodurch eine
Separierung beider Hälften hinfällig und der Eindruck erweckt wird, dass sich
alle Figuren in ein und demselben Raum befinden. Die wichtigen Personen sind

allesamt im Vordergrund platziert: Herodia und ihre Tochter auf der hellen sowie der Henker und der leblose Körper auf der dunklen Seite. Durch diese Gegenüberstellung von Hell und Dunkel, von lebhaftem Palasttreiben und morbider Kerkeratmosphäre sowie der Verbindung beider Attribute entsteht vor dem Auge des Betrachters beinahe eine Art Memento Mori. Die Üppigkeit der höfischen Figuren zur Linken, in Kombination mit dem abgeschlagenen Haupt und dem ausblutenden Torso des Johannes, wirken wie ein Motiv der Vanitas sowie der Vergänglichkeit, welches sich hinter dieser Illustration verbirgt. Damit ist es auch bei diesem Stich gelungen, zwei Einzelhandlungen derart miteinander zu verknüpfen, dass dadurch die Aussagekraft der Abbildung erheblich gesteigert wird.

Mag nun diese Darstellung durch den blutenden Torso sowie des Täufers Haupt auf einem Teller als für Kinder und Jugendliche inadäquat erachtet werden, so spiegelt sich darin lediglich Kyburz' Bestreben, möglichst Illustrationen zu verwenden, welche dem biblischen Urtext entsprechen.[67] Der Berner Geistliche übernimmt somit über weite Strecken eine religionspädagogische Konzeption, wie sie Francke bereits in seiner Schrift »Kurtzer und einfaeltiger Unterricht«, erstmals im Jahre 1702 erschienen, beschrieben hat.[68] Francke selbst erachtet Illustrationen als wichtiges pädagogisches Instrument, um Kindern und Jugendlichen biblische Inhalte zu vermitteln. Dabei muss aber unbedingt darauf geachtet werden, dass lediglich Methoden zur Vermittlung dieser Inhalte herbeigezogen werden, welche den kindlichen Lernmöglichkeiten und Vorlieben förderlich sind und durch welche diese gleichzeitig »[...] aufs deutlichste und wie es die Kinder am besten begreifen können, erklärt werden.«.[69] Ob nun das hier besprochene Beispiel den kindlichen Vorlieben im Sinne Franckes gerecht wird, bleibt dahingestellt. Den kindlichen Lernmöglichkeiten dürfte sie allerdings vollumfänglich entsprochen haben: In der brutalen Eindrücklichkeit dieser bibelgetreuen Darstellung der Hinrichtung eines christlichen Heiligen bleibt kein Platz für ein allfälliges Missverständnis einer biblischen Geschichte über die Standhaftigkeit eines christlichen Märtyrers, welcher für seinen Glauben an Christi sterben musste. Diesen Umstand zu begreifen, dürfte vielen Kindern – allen religionspädagogischen Einwendungen zum Trotz – nach Betrachtung dieses Kupfers keine Schwierigkeiten bereitet haben.

---

67 Vgl. hierzu *Kyburz*, Historien-Kinder und Bet-Bibel, 1, 1737, ohne Seite.

68 Vgl. hierzu *August Hermann Francke*, Kurtzer und Einfältiger Unterricht Wie Die Kinder zur Wahren Gottseligkeit und Christlichen Klugheit anzufuehren sind, Zum Behulf Christlicher Informatorum entworffen. Halle In Verlegung des Waysenhauses 1748, in: *Hermann Lorenzen* (Hg.), August Hermann Francke, Pädagogische Schriften, Paderborn 1964.

69 Ebd., S. 17f.

4. Fazit: Das Bild des Kindes in den Illustrationen

Da sich die Vorlagen für die Illustrationen der Kinderbibel in einem Werk nachweisen lassen, welches nicht direkt auf eine Rezeption durch Kinder und Jugendliche abzielt, stellt sich die berechtigte Frage, ob somit überhaupt geeignete Abbildungen für Kyburz' primäre Zielgruppe in der Kinderbibel zu finden sind. Vor allem in Hinblick auf die Darstellung der Enthauptung des Johannes scheint eine solche Überlegung durchaus angebracht zu sein. Weshalb wurde aber dennoch auf Vorlagen zurückgegriffen, welche nicht genuin für Kinder und Jugendliche konzipiert waren? Eine willkürliche Auswahl dieser Abbildungen scheint in Anbetracht der ausführlichen Kriterien, welche Kyburz an die von ihm verwendeten Kupfer stellte, unwahrscheinlich.[70] Schliesslich ist bei der Formulierung dieser Kriterien zur Bildauswahl erstens nicht nur von Kindern, sondern ebenfalls von Jungen und Alten die Rede und zweitens zeugt dieser Katalog von einer bewussten Vorstellung darüber, was die Kinder bei der Betrachtung dieser Illustrationen lernen sollen. Ausserdem gibt der Berner Pfarrer klar darüber Auskunft, was er für seine Schützlinge sowie für deren religiöse Erziehung als förderlich oder als hinderlich erachtet. Diese hohen Anforderungen an die ausgewählten Stiche zeugen von dem Versuch, eine Religionspädagogik zu etablieren, welche sich einer »[...] konsequenten Ausrichtung des Lehrens und Erziehens an der subjektiven Aneignung der religiösen Überlieferung durch das Kinde.«[71] bedient. Des Berners Auswahl-kriterien stehen damit in der bereits oben angedeuteten Tradition von Francke und dessen pietistischer Religionspädagogik, deren Verdienst es war, diesen Schritt vollzogen zu haben.[72] Mit diesem Wandel einher ging auch eine veränderte Wahrnehmung der Religion einerseits sowie des Kindes andererseits und dementsprechend auch der Unterrichtsmethoden. So plädierte der deutsche Pietist bereits zu Beginn des 18. Jahrhunderts darauf, mit der Vermittlung der christlichen Lehre nicht zu warten, bis die Kinder selbständig Lesen können, sondern diese mit der Muttermilch zu verabreichen.[73] Hierfür

---

70 Siehe zu Kyburz' Anforderungen Abschnitt 3 in diesem Essay oder *Kyburz*, Historien-Kinder und Bet-Bibel, 1, 1737, ohne Seite.

71 *Friedrich Schweitzer*, Die Entdeckung der Religion des Kindes zwischen Pietismus, Aufklärung und Romantik, in: *Josef N. Neumann/Udo Sträter* (Hg.), Das Kind in Pietismus und Aufklärung, Beiträge des Internationalen Symposions vom 12.–15. November 1997 in den Franckeschen Stiftungen zu Halle, 5, Tübingen 2000, S. 351.

72 Vgl. hierzu ebd.

73 Dabei bezieht sich Francke auf Timotheus, welcher bereits von Kindsbeinen an die Heilige Schrift kannte. Vgl. hierzu 2 Tim 3,15. Sowie *Francke*, Kurtzer und Einfältiger Unterricht, 1964, S. 17.

erachtet er dann auch die sog. »[...] Kupferstücke und Figuren [...]«⁷⁴ als für die Lehre der heiligen Schrift durchaus zu gebrauchen, solange diese »[...] den Kindern anmutig zu sein pflegen, [...]«.⁷⁵ Diesem Grundsatz möchte auch Kyburz über 40 Jahre später Folge leisten, um damit in seiner Kinderbibel Abbildungen zu verhindern, welche »[...] von Mahlern und Kupferstechern untauglich entworffen [...]«⁷⁶ wurden. Denn auch Francke beklagt sich darüber, dass viele Stiche »[...] selten mit Verstand [...]«⁷⁷ angefertigt werden. Hiervon geht für ihn dann auch die grösste Gefahr für die Kinder aus, weil gerade diese Abbildungen ihnen mehr schaden als nützen. Aus diesem Grund ist bei dem Gebrauch von Illustrationen allgemein grosse Vorsicht geboten. Genau diese Achtsamkeit versucht auch Kyburz bei seiner Auswahl der Stiche walten zu lassen. Dennoch erfüllen nicht alle Stiche der Kinderbibel diese Kriterien. So gibt es auch solche, die diesbezüglich Ungereimtheiten aufzeigen, wie das Beispiel der neunten Historie im Neuen Testament zu Mt 4,1–11 eindrücklich beweist.⁷⁸ Eine derartige Darstellung widerspricht auch den Ideen Franckes, dessen Bestrebung, die Kinder vor falschen Vorstellungen und Missverständnissen zu schützen, im Vordergrund steht.⁷⁹ Dementsprechend fordert er mit klaren Worten, Kinder nicht mit »[...] erdichteten Dingen oder Umständen [...]«⁸⁰ aufzuhalten oder zu betrügen. Für Francke ist klar, dass ein solches Handeln der kindlichen Vorstellungskraft nicht förderlich ist. Da dem deutschen Pietisten zufolge Kinder von Natur aus eine ausschweifende Phantasie besitzen, ist es unbedingt notwendig, diesen »[...] keine phantastische Conceptus [...]«⁸¹ zu präsentieren. Daraus dürfte zu schliessen sein, dass Franke lediglich Illustrationen für Kinder gutheisst, welche den biblischen Vorlagen genau entsprechen und nicht durch erfundene Zusätze ergänzt oder verfälscht

---

74 Ebd., S. 18.
75 Ebd.
76 *Kyburz*, Historien-Kinder und Bet-Bibel, 1, 1737, ohne Seite.
77 *Francke*, Kurtzer und Einfältiger Unterricht, 1964, S. 18.
78 Diese Historie berichtet über Jesus' 40-tägigen Aufenthalt in der Wüste und dessen Versuchung durch den Teufel. Dieser wird der biblischen Vorlage nach Mt 4,1–11 zufolge mit keinem Attribut beschrieben. Der kirchengeschichtlichen Vorstellung folgend, zeichnet er sich aber auf der Abbildung zu dieser Historie durch Flügel aus. Zudem trägt er interessanterweise eine Schlange um die Hüfte, deren Erwähnung im Evangelium ebenfalls fehlt. Als Synonym für den Teufel entspricht diese aber durchaus der biblischen Vorstellung. Weitere Einzelheiten wie Hörner – bemerkenswerterweise an Stelle der Ohren – sowie ein Spitzbart identifizieren diese Figur unmissverständlich als Teufel. Diese Illustration entspricht somit nicht unbedingt dem Postulat nach einer textgetreuen bildnerischen Umsetzung dieser Perikope. Vgl. hierzu die Abb. in *Kyburz*, Catechetische Kinder-Bibel, Neues Testament, 1745, S. 42.
79 Vgl. hierzu *Schweitzer*, Die Entdeckung der Religion des Kindes, 2000, S. 353.
80 *Francke*, Kurtzer und Einfältiger Unterricht, 1964, S. 25.
81 Ebd.

sind. Denn dadurch würde »[...] aus der göttlichen Wahrheit ein Märlein [...]«,[82] was es unbedingt zu verhindern gilt. Somit steht also die Tilgung von Missverständnissen und falschen Vorstellungen durch irreführende Illustrationen im Zentrum des Francke'schen Interesses.[83] Kyburz folgt nun in seiner Kinderbibel den Vorstellungen des deutschen Theologen, indem er sinngemäss versucht, »[...] unbehoerige Eindruecke und Einbildungen [...]«[84] bei Alt und Jung zu vermeiden. In Anlehnung an den Pietisten weiss Kyburz über die durch grosse Phantasie geprägte Vorstellungskraft der kindlichen Leser Bescheid, welcher es durch entsprechend wahrheitsgetreue Darstellungen biblischer Inhalte entgegenzuwirken gilt. Aus diesem Grund warnt der Berner auch vor den Gefahren einer Lektüre von Fabeln oder »[...] Spinrockens-Maehrlein [...]«[85] und lobt im Gegensatz dazu die Vorzüge der Biblischen Geschichten.

Doch was verstehen Francke und Kyburz unter den Begriffen ›phantastische Conceptus‹ sowie ›unbehörige Eindruecke und Einbildungen‹ eigentlich genau? Erklärungen hierzu finden sich zumindest beim Berner Geistlichen keine. Betrachtet man jedoch die Auswahl der Geschichten in der Kinderbibel und die dazugehörigen Illustrationen, so dürften mit diesen Begriffen nicht in erster Linie Eindrücke und Auswirkungen gemeint sein, welche durch moralisch anstössige oder Gewaltakte darstellende Abbildungen beim Kind ausgelöst werden können. Vielmehr verstehen die beiden Geistlichen unter diesen Begriffen jegliche Formen von Abweichungen von der biblischen Botschaft. Franckes Bedenken hierbei liegen in der Angst begründet, dass die Kinder durch erdichtete und von der biblischen Wahrheit abweichende Darstellungen und Inhalte auf eine subtile Art zum Lügen erzogen werden.[86] Dies muss unbedingt verhindert werden, handelt es sich doch bei der Lüge um eine grausame Sünde und um des Teufels vornehmste Eigenschaft. Indem man aber nun den Kindern zeigt, dass Gott ein Gott der Wahrheit ist, entwickelt sich in diesen die Abscheu vor dem Laster der Lüge und die Liebe zur Wahrheit erwacht. Diese Liebe zur Wahrheit stellt für den deutschen Pietisten die herausragendste von insgesamt drei Tugenden dar, zu welchen zusätzlich auch der Gehorsam und der Fleiss zählen. Alle drei Eigenschaften gilt es den Kindern schon in frühen Jahren einzupflanzen.[87] Solange also Darstellungen von Tod und Gewalt dem Wort Gottes und somit der Wahrheit nicht widersprechen,

---

82 Ebd., S. 25f.
83 Vgl. *Schweitzer*, Die Entdeckung der Religion des Kindes, 2000, S. 353.
84 *Kyburz*, Historien-Kinder und Bet-Bibel, 1, 1737, ohne Seite.
85 *Kyburz*, Catechetische Kinder-Bibel, Altes Testament, 1744, S. 12.
86 Vgl. hierzu *Francke*, Kurtzer und Einfältiger Unterricht, 1964, S. 25f.
87 Vgl. zu den drei Tugenden, welche zur Erlangung einer gründlichen und beständigen Gottselig-keit führen ebd., S. 28f.

scheinen solche weder für Francke noch für Kyburz bedenklich zu sein. Insofern handelt es sich bei der oben besprochenen Illustration zu Mt 14 weder um eine ungehörige noch um eine phantastische Abbildung, sondern um ein eindrückliches Beispiel einer zweifachen tugendhaften Wahrheitsliebe. Zum einen gibt dieses Kupfer die göttliche Wahrheit unverklärt und der Bibel entsprechend wieder und entspricht demnach den oben beschriebenen Forderungen beider Geistlicher. Zum anderen aber stellt diese Abbildung ein hervorragendes Exempel für die Standfestigkeit im Glauben und zur Wahrheit dar. Für diese Tugendhaftigkeit bezahlte Johannes mit seinem Leben und genau diese Tugendhaftigkeit fordert Francke auch von den Kindern, denn man darf von der Wahrheit nicht abweichen, »[...] und wenn es einem gleich das Leben kosten sollte etc. [...]«.[88] Somit dient diese Illustration nicht nur zur Vermittlung von christlichen Wahrheiten, sondern auch dazu, »[...] den Kindern die Tugenden und Laster mit lebendigen Farben, [...]«[89] näher zu bringen. Von dieser Notwendigkeit einer solchen Gegenüberstellung von Tugenden und Laster war auch Kyburz überzeugt. Der Berner Geistliche verzichtete demzufolge nicht auf die bildliche Umsetzung zahlreicher Geschichten, welche über tugendhafte Handlungen von gottesfürchtigen Menschen oder eben im Gegenteil über deren Antipoden, lasterhaft und von Gott abgefallen, erzählen. Die schonungslose Offenlegung von Gewalt – oder auch von Sexualität – in den Illustrationen kann somit einerseits als Produkt der angestrebten Bibeltreue ausgelegt werden, durch welche Kinder und Jugendliche zur christlichen Wahrheit hingeführt werden sollen. Andererseits dienen solche Abbildungen als Exempel für eine pietistische Frömmigkeit, in welcher Tugend belohnt, Laster hingegen bestraft werden. Sowohl die gezielte Hinführung zur Wahrheit und dementsprechend zu einer christlichen Lebensführung als auch die beispielhaften Gegenüberstellungen von Tugend und Laster, oftmals in Form eines Tun-Ergehen-Zusammenhangs, sind Teil der diesen Kupferstichen zugrunde liegenden religionspädagogischen Konzeption. Deshalb findet sich auch die Darstellung eines kopflosen und blutenden Torsos wie in oben diskutierter Illustration in der Kinderbibel oder aber diejenige über die Steinigung des Stephanus.[90] Christliche Märtyrer starben aus ihrer Liebe und ihrer Hinwendung zu Gott und gaben demzufolge gute Beispiele für einen bedingungslosen Glauben ab. Darüber hinaus zeigen diese Abbildungen in

---

88 Ebd., S. 29.
89 Gleichzeitig betont Francke aber, dass dies »[...] ohne Anstoss [...]« zu erfolgen habe. Vgl. ebd., S. 24.
90 Vgl. hierzu die 58. Historie über den Martertod des Stephanus mit der dazugehörigen Illustration. In: *Kyburz*, Catechetische Kinder-Bibel, Neues Testament, 1745, S. 324.

ihrer Rohheit neben gottesfürchtiger Lebensführung auch gleichzeitig einen Aspekt der damaligen antiken und orientalen Lebenswelt, ganz so, wie es »[...] die Juedischen und heydnischen Alterthuemer erfordern, [...]«[91] und wie es sich der Berner Geistliche vorgenommen hat. Dasselbe gilt für die zahlreichen Kupfer des Alten Testaments, wie die Darstellung der ertrinkenden Menschen in der neunten Historie über die Sintflut eindrücklich zeigt.[92] Oder aber die Opferung Isaaks durch dessen eigenen Vater nach Gen 22, eine Geschichte, deren kindgerechte Umsetzung die Religionspädagogik noch heute beschäftigt.[93] Derartige Überlegungen waren den sich mit der religiösen Erziehung von Kindern befassenden Theologen in der ersten Hälfte des 18. Jahrhunderts mehrheitlich fremd. Vielmehr vertraute man auf die abschreckende Wirkung derartiger Geschichten und deren Illustrationen einerseits sowie deren Förderlichkeit in Bezug auf das kindliche Erkennen gottgefälliger Figuren und deren Handlungsweisen andererseits. Vor allem für den aus Halle stammenden Pietisten stand sowohl die Legitimität als auch der Erfolg einer solchen Illustrationskonzeption ausser Zweifel. Schliesslich ist es diesem zufolge möglich, »[...] durch solche lebendige und exemplarische Vorstellung einen solchen Abscheu gegen die Laster und eine solche Liebe zur Tugend [...]«[94] zu erwecken, dass sich die Kinder »[...] nichts mehr wünschen, als jenen gar nicht, dieser aber in allen Stücken gleich zu sein, [...]«.[95]

In Anbetracht dieser Feststellungen scheint Kyburz ein religionspädagogisches Illustrationskonzept zu verfolgen, welches den Schutz des kindlichen Naturells nur wenig berücksichtigt. Denn sowohl für Kyburz als auch für Francke gelten in Bezug auf den Unterrichtsinhalt und die Methode der Wissensvermittlung die Grundsätze des Realismus. Die Zöglinge sollen, wenn

---

91 *Kyburz*, Historien-Kinder und Bet-Bibel, 1, 1737, ohne Seite.

92 Auch heute noch findet eine kontroverse Beschäftigung hinsichtlich der religionspädagogischen Umsetzung dieser Perikope statt. Vgl. hierzu *Josef Braun*, Die Arche Noach-Geschichte als Erzählung für Kinder? Eine kritische Sichtung von Kinderbibeln und biblischen Kinderbüchern, in: *Gottfried Adam/Rainer Lachmann et al.* (Hg.), Das Alte Testament in Kinderbibeln, Eine didaktische Herausforderung in Vergangenheit und Gegenwart, Zürich 2003, S. 111–127.

93 Vgl. hierzu *Rainer Lachmann*, »Und Gott versuchte Abraham«, Gen 22, eine Geschichte für Grundschulkinder?, in: *Ulrich Körtner/Robert Schelander* (Hg.), GottesVorstellungen, Die Frage nach Gott in religiösen Bildungsprozessen, Gottfried Adam zum 60. Geburtstag, Wien 1999, 249–264. Sowie *Irmgard Weth*, Die dunklen Seiten des Alten Testaments, Zumutung nicht nur für Kinder, in: *Gottfried Adam/Rainer Lachmann et al.* (Hg.), Das Alte Testament in Kinderbibeln, Eine didaktische Herausforderung in Vergangenheit und Gegenwart, Zürich 2003, S. 153–171.

94 *Francke*, Kurtzer und Einfältiger Unterricht, 1964, S. 24.

95 Ebd.

immer möglich, für das praktische Leben brauchbar gemacht werden.[96] Dieser Ansatz der pietistischen Erziehung widerspiegelt sich auch in der schonungslosen Offenlegung biblischer Inhalte in verschiedenen Illustrationen der Kinderbibel. Kyburz' Bestrebungen, alles so darzustellen, wie es der jüdischen und heidnischen Tradition und den damaligen historischen Umständen entspricht, bezeugt diese Hinwendung zu realistischen Lerninhalten deutlich. Dadurch bestätigt sich auf den ersten Blick oben angesprochenes Problem einer Überforderung des Kindes durch Inhalte, die es entweder gar nicht oder nur mit Schwierigkeiten verstehen oder verarbeiten kann. Diesem Vorwurf einer gewissen Unkindlichkeit in Bezug auf bestimmte Kupfer sehen sich auch Kyburz und seine Kinderbibel ausgesetzt.[97] Einer solchen Kritik ist aber entgegen zu halten, dass der Berner Geistliche sein Bibelwerk nicht bloss für Kinder verfasst hat, sondern für die »[...] Jungen und Alten [...]«[98], ohne dabei allerdings genaue Altersangaben zu formulieren. Es sollte damit also »[...] nicht nur Kindern, sondern auch Erwachsenen [...]«[99] gedient sein. Dadurch war es Kyburz zufolge unerlässlich, neben der »[...] Milch-Speiss [...]«[100] für die Kinder eben auch »[...] staercke Speise [...]«[101] aufzutischen. Kommen nun die Kinder mit dieser ›Speise‹ nicht klar, so können solche Inhalte einstweilen übergangen oder durch »[...] getreue Fuehrer der Seelen [...]«[102] begreiflich gemacht werden. Zu diesen zählt Kyburz alle Personen, welche für die Erziehung der Kinder verantwortlich sind. Während Francke selbst dabei die Praeceptori sowie die Eltern als primäre Erziehungsinstanzen für die Kinder im Blick hat, so ergänzt Kyburz diese nun zusätzlich um die Schulmeister sowie die Lehrgotten.[103] Alle diese Personen sind angehalten, den Text und die Abbildungen mit den Kindern gemeinsam zu betrachten sowie, wo nötig, zu erklären und dabei gleichzeitig durch ihr eigenes Tun und Handeln ihren Schützlingen als gutes Beispiel für christliche Lebensführung zu dienen. Damit fordert der Berner Geistliche von den mit der Erziehung der Kinder beauftragten Personen die Übernahme eines Rollenmodells. Oberste Instanz und zugleich Massstab hierfür ist Jesus Christus. Durch dessen Lebenswandel

---

96 Vgl. hierzu *Johannes von den Driesch/Josef Esterhues*, Geschichte der Erziehung und Bildung, Von den Griechen bis zum Ausgang des Zeitalters der Aufklärung, Paderborn 1960, S. 306.

97 *Von den Driesch* sieht in solchen realitätsnahen und unkindlichen Darstellungen eine Schwäche der pietistischen Pädagogik sowie einen Beweis dafür, dass es Francke am rechten Verständnis für die Kindesnatur gebricht. Vgl. hierzu die Ausführungen in ebd.

98 *Kyburz*, Historien-Kinder und Bet-Bibel, 1, 1737, ohne Seite.

99 Ebd.

100 Ebd.

101 Ebd.

102 Ebd., ohne Seite.

103 *Kyburz*, Catechetische Kinder-Bibel, Altes Testament, 1744, S. 14.

einerseits sowie demjenigen ihrer Bezugs- und Erziehungspersonen andererseits, erfahren die Kinder in einer Art des Lernens am Modell christliche Lebensführung über die Lektüre mit der Kinderbibel hinaus. Diese Ausrichtung einer christlich-moralischen Lebensweise anhand des Vorbildes des Menschensohnes ist nicht nur in Kyburz' Augen ein zentraler Aspekt jeglicher religiöser Erziehung, sondern wurde wiederum bereits von Francke dementsprechend formuliert: »Das einige vollkommene Exempel ist Christus, welcher uns ein Fürbild gelassen, dass wir nachfolgen sollen seinen Fussstapffen.«[104] Kinder und Jugendliche werden somit einerseits mit den Schwierigkeiten dieses Werks vorerst nicht alleine gelassen, sondern sollten in ihren ersten Schritten in der Kinderbibel von den für sie zuständigen Erziehungspersonen begleitet werden.[105] Andererseits sollen die Erwachsenen über die Lektüre dieses Bibelwerks hinaus Verantwortung für die ihnen anvertrauten jungen Christenmenschen übernehmen, welchen sie durch ihre Vorbildfunktion im Sinne Christi gerecht werden müssen.

Aus all dem spricht eine differenzierte Wahrnehmung des Berner Pfarrers für das Kind als schutzbedürftiges Wesen und ebenso ein Bewusstsein für die Schwierigkeit einer Vermittlung biblischer Inhalte in pädagogischer Verantwortung. Mit der Unterscheidung des Inhalts seiner Kinderbibel als für Erwachsene oder für Kinder geeignet sowie der Forderung an die Lehrpersonen, diesen bei der Lektüre erklärend beizustehen, beweist der Berner Geistliche eine Sensibilität und eine Wahrnehmung des Kindes für dessen Individualität sowie dessen Eigenart gegenüber Erwachsenen, wie sie sich erst in der zweiten Hälfte des 18. Jahrhunderts durchsetzen sollte. Hierbei offenbart der sich bisweilen auch ›Tecknophilo Christiano‹[106] nennende Pfarrer ein hohes Mass an Fürsorge und Zuneigung den Kindern gegenüber. Durch diese geforderte Hilfestellung bei der Lektüre und der Betrachtung der Kupferstiche läuft Kyburz nicht Gefahr, seine kindliche Leserschaft unvorbereitet und alleine

---

104 Sowohl für Francke als auch für Kyburz ist Jesus Christus das Beispiel schlechthin. Diesem gilt es nachzueifern und nachzuahmen. Zit. nach *Peter Menck*, Die Erziehung der Jugend zur Ehre Gottes und zum Nutzen des Nächsten, Die Pädagogik August Hermann Franckes, Tübingen 2001, S. 44.

105 Hierin offenbart sich auch eine Nähe zu Zinzendorf und wiederum zu Francke. Vgl. hierzu: Friedrich Schweitzer, Die Entdeckung der Religion des Kindes, 2000, S. 354.

106 Vgl. hierzu das Titelblatt von *Abraham Kyburz*, Das wichtigste und vor das gemeine Wesen noehtigste und nutzlichste Werck. Nehmlich: Die kluge/Vernunft-und Schriftmaessige Kinder-Zucht, In acht erbaulichen Unterredungen/zwischen einem Praelaten und Kindervatter abgefasset; Allwo klar und deutlich gezeiget wird, wie man die Kinder also auferziehen konne, dass sie ein gesundes und vergnügtes Alter erlangen, und in der Welt hoeflich, klug, gelehrt und gottseelig leben, nach diesem Leben aber ewig glueckseelig werden koennen. Herausgegeben von Tecknophilo Christiano. Bern 1735.

mit unverständlichen und schädlichen Darstellungen zu konfrontieren. Gleichzeitig erfüllt er dadurch auch im übertragenen Sinne seine eingangs gemachten Versprechen bezüglich der Qualität und Ausführungen der Stiche. Nicht alle Abbildungen der Kinderbibel stehen für eine altersadäquate Umsetzung biblischer Inhalte, doch dort, wo eine solche nicht gegeben ist, zeigt er sich darum besorgt, Kindern diejenige Hilfe zukommen zu lassen, derer sie in diesen Fällen aufgrund ihres kognitiven Defizits gegenüber Erwachsenen bedürfen. Eine Überforderung oder ein Missverstehen bei der Bildbetrachtung ist damit nur noch bei einer Vernachlässigung der erzieherischen Begleitungspflicht während der Kinderbibellektüre möglich. Kyburz betrachtet Kinder also als eigenständige Individuen, deren kognitiven Fähigkeiten im Gegensatz zu denjenigen Erwachsener noch wenig ausgeprägt sind. Aus dieser Unfähigkeit, biblische Inhalte richtig zu verstehen, resultiert für ihn eine Schutzbedürftigkeit des Kindes, welcher Erwachsene Rechnung tragen müssen. Kyburz lässt also die Vorstellung des Kindes als ›kleiner Erwachsener‹ weit hinter sich und attestiert diesem im Rahmen seiner verstandesmässigen Fähigkeiten eine Eigenständigkeit in Denken und Handeln. Diesen Verstand möchte der Berner Geistliche fördern, indem er neben einer schriftgemässen Erziehung auch eine verstandesmässige proklamiert. Sein Ziel ist nicht bloss, Kinder zu gottselig lebenden, sondern darüber hinaus auch zu klugen und gelehrten Erwachsenen zu machen.[107]

Allerdings wird dem Pfarrherrn zufolge das vernunftmässige Verstehen erst durch den Glauben ermöglicht. Ohne diese Bedingung des rechten Glaubens gibt es für den Menschen keine vernünftige Erkenntnis. Diesen Schritt der Trennung zwischen Vernunft und Offenbarungsglauben vermag der Berner Geistliche 1744 noch nicht zu vollziehen. Kyburz' in Ansätzen aufgeklärtes Kinderbild gebricht es an seiner Verhaftung in der alten reformierten Orthodoxie. So erachtet er es als abträglich, sich seines Verstandes in Glaubensangelegenheiten zu bedienen, weil einem dadurch der Weg zu Gott verwehrt bleibt. Kinder sind zwar anerkanntermassen und im Rahmen ihrer Möglichkeiten intelligent und vernünftig, der Gebrauch dieser kognitiven Fähigkeiten verhindert aber gleichzeitig die Begehung des Heilwegs.

Dies heisst nun aber nicht, dass Kyburz der Vernunft und damit auch den aufkommenden Wissenschaften eine endgültige und umfassende Absage erteilt. Vielmehr geht es ihm erneut in Anlehnung an Francke darum, diese in das rechte Verhältnis zur Gottseligkeit zu rücken.[108] Und das Verhältnis zwischen

---

107 Vgl. Titelblatt von ebd.
108 Vgl. zur Vereinbarung von Wissenschaft und Glaube bei Francke die Ausführungen bei *Peter Menck*, Die Erziehung der Jugend zur Ehre Gottes, 2001, S. 32.

ebendiesen beiden nicht miteinander zu vereinbarenden Grössen ist in seinen
Augen dann richtig, wenn der Glaube der Vernunft übergeordnet ist. Insofern
gilt für ihn immer noch der Grundsatz: ›Credo ut intelligam‹. Der Verstand
führt das Kind nicht zum Glauben, sondern durch den Glauben erschliesst sich
die kindliche Vernunft. Infolgedessen könnte man Kyburz' Wahrnehmung des
Kindes oder dessen Kinderbild unter gewissen Vorbehalten als aufklärerisch
bezeichnen. Zeigt sich in seinem Denken und in seiner Kinderbibel durchaus
eine differenzierte und moderne Vorstellung des Kindes in Bezug auf dessen
Eigenart, Bedürfnisse sowie Fähigkeiten, so gelingt es ihm nicht, sich in
religionspädagogischer Hinsicht vom alten Offenbarungsglauben abzulösen.
Trotzdem ist seine Wahrnehmung des Kindes für das Jahrzehnt der 1740er
Jahre bemerkenswert, nimmt sie doch in Gründzügen wesentliche Inhalte
vorweg, welche 40 Jahre später durch Kant in seiner Schrift »Was ist
Aufklärung?«[109] definiert wurden und welche fortan einen festen Bestandteil im
kollektiven Bewusstsein der Menschen und somit auch in der Religionspädagogik bilden sollten.[110] Auch wenn Kyburz derartige Überlegungen nicht zu
Ende geführt hat, so ist die Vorwegnahme dieser Gedanken einer der Haupt-
verdienste des Berner Pfarrers und seiner Catechetischen Kinderbibel und
unterstreicht die Bedeutung sowohl der von der Forschung als auch von der
Geschichtsschreibung nur wenig berücksichtigten Persönlichkeit und dessen
Kinderbibelwerk.

---

109 Vgl. hierzu *Horst D. Brandt* (Hg.), Was ist Aufklärung? Ausgewählte kleine Schrif-
ten/Immanuel Kant, Hamburg 1999, S. 512.

110 Es geht hierbei um die Überwindung der selbstverschuldeten Unmündigkeit des Menschen
durch die Aufklärung. Solange der Mensch nicht in der Lage ist, ohne die Anleitung eines
anderen sich seines Verstandes zu bedienen verharrt er in dieser Unmündigkeit. Diese ist
selbstverschuldet, da der Mensch seine Unmündigkeit nicht aus Mangel an Verstand über-
windet, sondern weil ihm der Mut fehlt, den eigenen Kopf zu benutzen. Vgl. hierzu ebd., S.1.

Marion Keuchen

»Das Ganze ist mehr als die Summe seiner Teile«. Pluriszenität als Bild-Konzeption in Bilderbibeln und Kinderbibeln[1]

Bibelgeschichten sind häufig komplex. Wenn man die Geschichte auf nur *einem* Bild – und nicht in einer Bilderfolge – darstellen will oder kann, gibt es die Möglichkeit, mehrere Szenen auf einem Blatt abzubilden. Die Szenen können den Verlauf oder das Umfeld der Erzählung oder auch einen Erzählinhalt verbildlichen.[2] Der Begriff der Pluriszenität fasst verschiedene Bild-Konzeptionen, die seit Jahrhunderten in Bibelillustrationen zu finden sind,

---

1 Für Anregungen, kritische Kommentare und verschiedene Gespräche danke ich herzlich Martin Leutzsch, Paderborn. Unterstützung bei der Bildbearbeitung gaben freundlicherweise Adelheid Rutenburges, IMT Paderborn und Matthias Lenz, Bruchsal.
2 Der Begriff der »Szene« bezeichnet in der Literaturwissenschaft Teilabschnitte des Dramas. Die Personen und der Schauplatz bleiben in dem kurzen Handlungsabschnitt gleich. (Vgl. *Bernhard Amuth*, Art. Szene, in: RLW (2007), S. 566–567.) Eine mit der Szene vergleichbare Einheit in Erzähltexten ist die »Episode«, die eine relativ selbstständige, in einen grösseren narrativen Zusammenhang gehörende Neben- oder Teilhandlung umfasst. (Vgl. *Mathias Martinez*, Art. Episode, in: RLW (2007), S. 471–473.) Im Blick auf Bilder und Illustrationen existiert keine scharf abgegrenzte Definition dafür, was eine Szene ist, auch wenn der Begriff immer wieder verwendet wird. Da sich grundsätzlich theatralische und literarische Darstellungen von bildnerischen Abbildungen unterscheiden und unterschiedliche Mittel zum Einsatz kommen, muss der Begriff »Szene« hier anders gefasst werden als in der Literatur- und Theaterwissenschaft. In diesem Aufsatz, der Szenen in Illustrationen in den Blick nimmt, meint der Begriff »Szene« die Darstellung in irgendeiner Weise von einander abgrenzbaren Ereignissen und Handlungen verschiedener oder auch identischer Personen. Dies kann ein kleinerer Teil einer narrativ beschriebenen Gesamthandlung sein, in einer Rede entfaltete Handlungen, die in dieser Rede unverbunden nebeneinander stehen, es können aber auch in sich abgeschlossene Handlungen auf einem gemeinsamen Handlungsschauplatz sein. Letztlich ist eine Szene in einem Bild ein relativ selbstständiger Teilausschnitt des Gesamtbildes. Vordergrunds- bzw. Hintergrundsszenen eines Bildes sind funktionalisiert als handlungtragend, ausschmückend oder unterstützend. Die Anordnung von Szenen in einem Bild erfolgt hierarchisch oder gleichrangig auf einer Bildebene.

zusammen.[3] Intention und Funktion dieser Pluriszenität können dabei sehr unterschiedlich sein, wie wir im Folgenden sehen werden.

Unter der Perspektive der Pluriszenität ist die einfachste Bild-Konzeption zunächst die Darstellung einer einzelnen Szene.[4] Diese Konzeption hat sich für viele verschiedene Geschichten und Werke seit Jahrhunderten bewährt. Durch einen solchen monoszenischen Bildaufbau kann die Imagination der Betrachtenden geweckt werden. Synchrone Bildkonzepte, die also gleichzeitig, das heisst simultan ablaufende Szenen auf einem Bild darstellen[5], verhindern mit ihrer gedrängten Fülle teilweise, »dass die einzelnen Szenen umfangreichere Assoziationen freisetzen«[6] können. Mehrere Szenen haben aber gegenüber der Einzelszene oftmals den Vorteil, den lebensweltlichen Kontext der Geschichte durch verschiedene Szenen besser veranschaulichen zu können. Ausserdem lassen sich durch die vielfältigen Szenen auf einem Bild auch Gegensätze zwischen Menschen bzw. Menschengruppen, Handlungen oder Haltungen verbildlichen. Der Gegensatz an sich basiert wie auch der synchrone Bildaufbau immer auf mindestens einer Dualität.

Um die Handlung einer Geschichte abzubilden, kann eine diachrone Bild-Konzeption gewählt werden.[7] Verschiedene Stadien können so ins Bild geraten und Beginn und Schluss einer Geschichte sind gleichzeitig einsehbar. Die Personen, die im Verlauf der Geschichte handeln, können dabei auch wiederholt auftauchen. So können Konsequenzen einer Handlung ins Bild geraten. Pluriszenität kann folglich sowohl einen zeitlichen Verlauf, als auch simultan ablaufende Handlungen verbildlichen.

---

3 Nach Aron Kibédi Varga gliedert sich bildliche Narration nach der Anzahl der Szenen auf einem Bild und der Anzahl der Bilder, deren eine Erzählung bedarf. Eine Möglichkeit des Bildaufbaus ist das pluriszenische Einzelbild mit mehreren Szenen auf einem Bild. Vgl. *Aron Kibédi Varga*, Visuelle Argumentation und visuelle Narrativität, in: *Wolfgang Harms* (Hg.), Text und Bild, Bild und Text, Stuttgart 1990, S. 356–361, hier: S. 360ff.

4 Zum am häufigsten in Bilderbüchern auftretenden sog. »monoszenischen Einzelbild« vgl. *Jens Thiele*, Das Bilderbuch. Ästhetik-Theorie-Analyse-Didaktik-Rezeption, Oldenburg 2000, S. 46 und S. 56ff.

5 Zum Begriff »Simultanbild« vgl. *Varga Kibédi* 1990, 360ff. und vgl. *Dietrich Grünewald*, Kongruenz von Wort und Bild. Rafik Schami und Peter Knorr: »Der Wunderkasten«, in: *Jens Thiele* (Hg.), Neue Erzählformen im Bilderbuch. Untersuchungen zu einer veränderten Bild-Text-Sprache, Oldenburg 1991, S. 17–49, hier: S. 31ff.

6 *Thiele* 2000, S. 60.

7 Durch die Einschreibung der Zeitdifferenz in Szenen wird die lessingsche Theorie des »Laokoon« vom »fruchtbaren Augenblick« auf einem Bild durchbrochen. (Vgl. *Hilmar Frank/Tanja Frank*, Zur Erzählforschung in der Kunstwissenschaft, in: *Eberhard Lämmert* (Hg.), Die erzählerische Dimension, Eine Gemeinsamkeit der Künste, Berlin 1999, S. 35–51.) Zeit und Raum treten bei Lessing völlig auseinander und sind verschiedenen Bereichen zugeordnet: »die Zeitfolge ist das Gebiet des Dichters, so wie der Raum das Gebiet des Malers«. *Gotthold Ephraim Lessing*, Laokoon, in: *Ders.*: Gesammelte Werke, Bd. 5, Berlin 1955, S. 5–346, hier: S. 130.

Synchrone und diachrone Bild-Konzeptionen veranschaulichen meist Erzähltexte. Aber auch andere wie z.B. lehrhafte Perikopen können mittels Pluriszenität verständlich gemacht werden, etwa in der Darstellung von Erzählort[8] und Erzählinhalt. Dabei treten diese verschiedenen pluriszenischen Konzeptionen in den Bibelwerken nicht immer in klar abgegrenzten Formen auf.

Dieser Beitrag stellt verschiedene Bild-Konzeptionen in ihrer Komplexität vor, erarbeitet ihre unterschiedlichen Funktionen und Intentionen und zeigt auf, wie die historisch wahrgenommenen Bild-Konzeptionen in gegenwärtigen Illustrationen auftreten.

1. Synchrone Pluriszenität

Das didaktische Moment der synchronen Pluriszenität wird eingesetzt, um den Schwerpunkt der Geschichte durch einen Kontrastaufbau zu betonen. Durch die Wahl eines Vorder- und Hintergrundes wird der Vordergrund als Kontrast zum Hintergrund betont. Im Hintergrund spielen sich oft unerwünschte Szenen ab.

Abbildung 73

---

8 Unter »Erzählort« verstehe ich den Ort, an dem erzählt wird. Wenn innerhalb der Geschichte wiederum erzählt wird, gibt es einen weiteren Erzählort.

So wird in der Kinderbibel des Theologen, Pädagogen und Schriftstellers Johann Ludwig Ewald[9] (1748/Dreieichenhain bei Offenbach/Main– 1822/Karlsruhe) »Biblische Erzählungen des Alten und Neuen Testaments«[10] (1816) vom Illustrator Carl Ludwig Schuler und seinen Mitarbeitern die nächtliche Szene im »Garten Gethsemane (Lukas 22,41–44)«[11] in synchronen Szenen aufgebaut. Im Vordergrund ist ein verzweifelter Jesus auf dem Boden zu sehen, der über einem vor ihm stehenden Kelch mit sich und seinem Schicksal ringt. »Vater, möchtest du ihn nehmen, diesen Kelch von mir«. Über ihm steht ein Engel, um ihn zu stärken. Im Hintergrund sind schlafende Jünger zu erkennen. Der Fokus ist aber auf Jesus im Vordergrund gerichtet.

Abbildung 74

Ebenso ist auf den Bildern der Kinderbibel des Schriftstellers, Pfarrers und Verlegers Christian Gottlob Barth (1799/Stuttgart–1862/Calw) und des Pfarrers

---

9   Zur Person Ewalds vgl. *Hans-Martin Kirn*, Deutsche Spätaufklärung und Pietismus. Ihr Verhält-
    nis im Rahmen kirchlich-bürgerlicher Reform bei Johann Ludwig Ewald (1748–1822), Göttin-
    gen 1998 und vgl. *Johann Anselm Steiger*, Johann Ludwig Ewald (1748–1822), Göttingen 1996.
10 Biblische Erzählungen des Alten und Neuen Testaments. Altes Testament. Erstes – Zwölftes
    Heft. Mit 100 Kupfern, Freiburg o.J. und als zweiter Band dazu: Biblische Erzählungen des alten
    und neuen Testaments. Neues Testament. Erstes – Zwölftes Heft. Mit 100 Kupfern, Freiburg o.J.
    Unter dem Titel erschienen auch: Erklärung der Hundert Kupfer der heiligen Schriften des
    Alten (bzw. Neuen) Testaments. Freiburg o.J. Und: Die heiligen Schriften des Alten und Neuen
    Testaments, in je 100 biblischen Kupfern dargestellt. Gestochen unter der Leitung von Carl
    Ludwig Schuler, Freiburg o.J.
11 Biblische Erzählungen o.J. Text mit Bibelstellenangabe: S. 257ff. Illustration: S. 256.

Gottlob Ludwig Hochstetter (1790–1863)[12] »Zweymal zwey und fünfzig biblischen Geschichten für Schulen und Familien. Mit Abbildungen.«[13] (1832) bei einem pluriszenischen synchronen Aufbau der Fokus der Erzählung im Vordergrund dargestellt. Das zweite Bild zu »24. Gesetzgebung«[14] (Ex 32,15–29) zeigt dies: Moses zertrümmert die beiden von Gott erhaltenen Steintafeln im Vordergrund, während synchron im Hintergrund das Volk um das goldene Kalb herum tanzt.

Diese einfach gestaltete Bildkonzeption unterstützt Barths und Hochstetters Anliegen eines »christlichen Volksbildungsprogramme[s]«[15]. Das ganze Volk sollte sich durch ihre Bibel angesprochen fühlen. Ihr Werk vertrat auch nicht explizit eine bestimmte theologische Position, sondern war insgesamt sehr textnah angelegt und daher international und ökumenisch einsetzbar. Barths internationale Verbindungen vor allem nach England zur englischen Traktatgesellschaft (Religious Tract Society) unterstützten sein Missionsanliegen und seine Bücherproduktion sehr. Barth erhielt 60 Holzschnitte aus England und einen Zuschuss der Londoner Traktatgesellschaft.[16] Die aus London zur Verfügung gestellten Bilder zeigen auch keine komplexen Bildkom-

---

12 Vgl. *Michael Kannenberg*, Verschleierte Uhrtafeln. Endzeiterwartungen im württembergischen Pietismus zwischen 1818 und 1848, Göttingen 2007, S. 359.
Das Buch wird ausschliesslich unter dem Namen von Christian Gottlob Barth geführt. Vgl. *Gottfried Adam*, Die Biblischen Geschichten von Christian Gottlob Barth. Eine Annäherung an einen »Weltbestseller«, in: *Ders./Rainer Lachmann/Regine Schindler* (Hg.), Die Inhalte von Kinderbibeln. Kriterien ihrer Auswahl, Göttingen 2008, S. 117–144, hier: S. 117. Besonders bekannt wurde die Ausgabe »Dr. Barth's Bible Stories« im englischsprachigen Bereich (a.a.O., Anm. 1). Erarbeitet wurde das Werk aber von Barth und seinem Pfarrerkollegen Hochstetter gemeinsam, wobei Hochstetter den alttestamentlichen und Barth den neutestamentlichen Teil verantwortete. Wegen des hohen Bekanntheitsgrads Barths verschwand die Beteiligung Hochstetters an dem Werk ungerechtfertigterweise. Um aber zu verdeutlichen, von welcher Kinderbibel ich rede, gebe ich Hochstetter als Mitverfasser nur in Klammern an.
13 Einen Überblick über die Auflagen und die Auflagenstärke bietet: *Martin Brecht*, Christian Gottlob Barths »Zweimal zweiundfünfzig biblische Geschichten« – ein weltweiter Bestseller unter den Schulbüchern der Erweckungsbewegung, in: Pietismus und Neuzeit. Bd. 11, Göttingen 1985, S. 127–138, hier: S. 136ff. Einige Daten zur Druckgeschichte, zunächst der deutschsprachigen Auflagen im Inland und Ausland verdeutlicht: *Adam* 2008, S. 118f. Das Werk wurde insgesamt in mehr als 6 Millionen Exemplaren zwischen 1832 und 1945 verbreitet. (Vgl. Werner Raupp/Christian Gottlob Barth, Stuttgart 1998, S. 148.) Es wurde in mehr als 87 Sprachen übersetzt. Zuletzt erschien 1945 die 483. deutsche Auflage. Zu weiteren internationalen Ausgaben und zu Ausgaben in Blindenschrift vgl. *Werner Raupp*, Art. Christian Gottlob Barth, in: BBKL XVIII (2001), S. 125–152.
14 Zweymal zwey und fünfzig biblische Geschichten für Schulen und Familien. Mit Abbildungen, Güns um 1840, S. 51. Im Inhaltsverzeichnis auf S. 215 findet sich nur der Titel der Geschichte ohne Angabe der Bibelstelle.
15 *Werner Raupp* 1998, S. 148f.
16 Vgl. *Martin Brecht* 1985, S. 134.

positionen. Aber Kinder und Eltern können ein Werk oftmals mit mehr
Gewinn gebrauchen, »wenn ein anschauliches Bild dabei mithilft.«17 Auch
Ewald engagierte sich auf dem Feld der elementaren Volksbildung, die den
Zugang zu Bildung auch für niedrigere Schichten und für Mädchen und ebenso
eine von pietistischen Momenten bereicherte Volksreligion im Auge hatte. Auf
Schulers Bildern in Ewalds Werk überwiegen einfache synchron-pluriszenische
Bildkompositionen, die den Schwerpunkt deutlich in den Vordergrund rücken
und nur eine Zeitebene darstellen.

Abbildung 75

Ein Gegenbeispiel zu diesem Aufbau bietet die Darstellung von »Lucæ X«
»Pietas ad omnia utilis. Eines ist vonnoethen.«18 Merians. 1630 erschien die sog.
›Merianbibel‹19 des Kupferstechers und Verlegers Matthäus Merian (1593/Basel
–1650/Bad Schwalbach). Sie wurde zu der bekanntesten Bilderbibel des 17.

---

17 *Klaus Werner*, Christian Gottlob Barth. Doctor der Theologie, nach einem Leben und Wirken
  gezeichnet. Bd. 2, Calw/Stuttgart 1866, S. 215.
18 *Matthaeus Merian*, Bilderbibel. Icones Biblicae. Neues Testament. Originalgetreuer Faksimile-
  druck der Erstausgabe mit einem Nachwort herausgegeben von Lucas Heinrich Wüthrich, Kas-
  sel/Basel 1965, XXVII. Text: S. 58. Illustration mit Bibelstellenangabe: S. 59. (Nachdruck der
  Ausgabe von 1627).
19 Die Illustrationen der sog. »Merian-Bibel« sind nacheinander in mehreren Lieferungen über
  einige Jahre hinweg erschienen. Dabei war der Name »Merian-Bibel« nicht der zunächst
  gewählte Titel, er wird erst der 1630 herausgegeben mit den Illustrationen Merians versehenen
  Lutherbibel zugeschrieben. Oft wird er auch zu Unrecht für die Bibelausgaben mit Kopiestichen
  verwendet. Vgl. *Lucas Heinrich Wüthrich*, Einleitung zur Merianbibel, in: Das druckgraphische
  Werk von Matthaeus Merian d. Ae. Bd. 3, Hamburg 1993, S. 3–4, hier: S. 3 und ebenso vgl. *Falk
  Wiesemann*, Das »Volk des Buches« und die Bilder zur Bibel vom 16. bis zum 19. Jahrhundert,
  in: *Ders.*, »kommt heraus und schaut«. Jüdische und christliche Illustrationen zur Bibel in alter
  Zeit, Essen 2002, S. 9–34, hier: S. 19.

Jahrhunderts[20] und war bis ins 20. Jahrhundert wirksam.[21] Merian entwarf seine Bibel überkonfessionell[22] und generationsübergreifend, so dass seine Bibel von einer breiten Bevölkerungsgruppe ebenso wie die Werke von Barth/ (Hochstetter) und von Ewald/Schuler gelesen und angeschaut wurde. Auf dem Kupfer zu Lukas 10 ist der Bildaufbau ebenfalls synchron pluriszenisch, aber das Hauptgeschehen liegt im Hintergrund. Auf der Abbildung zur Geschichte von Maria und Martha spielen sich im Vordergrund mehrere Szenen innerhalb der Küche der beiden Schwestern ab. Bedienstete rupfen Geflügel, spülen und braten am Feuer. Jesus ist hier im Hintergrund zu sehen. Martha beklagt sich bei ihm über das Verhalten von Maria, die Jesus zu Füssen sitzt, ihm zuhört und ihn nicht bewirtet. Die abgebildete Küche steht im Vordergrund. Zu Merians Zeit waren Abbildungen von Kücheninterieurs modern. Durch seinen gewählten Bildaufbau konnte er eine Küche zeichnen und somit auch einer Modeerscheinung seiner Zeit entsprechen.

Die Bild-Konzeption der synchronen Pluriszenität kann neben der Unterstützung von Kontrasten unterschiedliche Funktionen verstärken, wie moralisch zu belehren oder zu informieren.

Merian wollte mit seinen Bildern in seiner ›Merianbibel‹ eine moralische Wirkung erzielen:

> »Dann [ist] es ausser zweiffel [...], dass auss unpassionierter beschawung dieser figuren das Gemüthe viel anderst affectionirt befinden werde, als in ansehung der leichtfertigen Venus gemälde, Petri Aretini Schandpossen, und dergleichen Ergerlichen invention«.[23]

---

20 Über die genaue Verbreitung der Merian-Kupfer kann keine Auskunft gegeben werden, da jeder Druckverlag im 17. und 18. Jahrhundert Zugang zu Merians Bildern hatte – »mit Quellenangabe wie in den Bänden von Dackerts oder ohne namentliche Nennung Merians wie in der Ammonschen Edition. Wer eine Kinderbibel herausbringen wollte, hatte jedoch die einfachste Quelle für die Merianbilder in Nicolas Fontaines ›L'Histoire du Vieux et Nouveau Testament‹«. *Ruth Bottigheimer*, Der geschichtliche Primat, in: *Gottfried Adam/Rainer Lachmann/Regine Schindler* (Hg.), Illustrationen in Kinderbibeln. Jena 2005, S. 43–54, hier: S. 46.

21 »Die Bilder der Merian-Bibel sind zeitlos und überkonfessionell, was die Unzahl der Neudrucke, Nachdrucke, Kopien und Reprintausgaben bis ins 20. Jahrhundert beweist.« *Ulrike Fuss*, Merians Icones Biblicae, in: Catalog zu Ausstellungen. Frankfurt/Main 1993, S. 256–261, hier: S. 261.

22 Zur Zeit des Dreissigjährigen Krieges war Deutschland in verschiedene Gebiete mit wechselnder Konfession zersplittert. Die einzelnen Gebiete konnten aufgrund der Zersplitterung ihrer Konfession nicht sicher sein und so hätte eine reine Lutherbibel selbst in Frankfurt von der Behörde verboten werden können. Da Merian anfangs nur Bibelbilder produzieren wollte, benötigte er dazu keinen Bibeltext und die Frage nach einer möglichen konfessionellen Übersetzung stellte sich ihm nicht. Vgl. dazu Wüthrich 1993, XIII.

23 Icones Biblicae, 1625, S. 7. Zitiert nach: *Karl Adolf Knappe*, Art. Bibelillustrationen, in: TRE 6 (1980), S. 154.

Abbildung 76

Auf Merians Illustration »Sunt bona mixta malis. Hie boese und gute unter
einander.« »(Matthæi XIII)«24 werden zwei Gleichnisse miteinander verbunden
und beide auf einem Stich illustriert. Im Vordergrund sät ein Sämann auf
verschiedenen Untergrund (Steine, Dornen, guter Acker, Weg), wie es in
Matthäus 13,3b–9 erzählt wird. Im Mittelgrund sät der Teufel mit
Ziegenschädel und Bocksbeinen Unkraut, während die Knechte am Feldrand
schlafen. Diese Erzählung steht in Matthäus 13,24–30 (Deutung: Mt 13,36–43).
Im Hintergrund pflügt ein Mensch ein Feld und im rechten Bildmittelgrund
eggt ein anderer ein weiteres Feld. Hier dient der synchrone Bildaufbau zur
Verdeutlichung des Kontrastes zwischen Gut und Böse. Der Sämann sät Gutes
aus, das auf möglichst fruchtbaren Boden fallen soll. Der Teufel dagegen sät
Böses aus. Dies führt auch Merian in seinem Vierzeiler zu dem Bild aus, der
zeittypisch auf die bis ins 18. Jahrhundert vorherrschende Pädagogik hinweist,
durch negatives Verhalten, wie hier die schlafenden Jünger, Abschreckung zu
bieten. »Da nun das Volck entschläfft/helt sich der Teuffel wacker«.25

---

24 *Merian* 1965/1627, XIX. Text: S. 42. Illustration mit Bibelstellenangabe: S. 43.
25 A.a.O., S. 42.

Abbildung 77

In der »Physica Sacra oder Geheiligte Naturwissenschaft«[26], zwischen 1728 und 1739 vom Schweizer Naturkundler Johann Jacob Scheuchzer (1672/Zürich–1733/Zürich) konzipiert, wurde zur Darstellung von »Röm. Cap. XI. V.17.18, Die Wurzel träget dich«[27] von den ausführenden Künstlern und Mitarbeitenden[28] eine synchrone Pluriszenität gewählt. Diese Bild-Konzeption hat hier eine

---

26 Deutsche Ausgabe: *Johann Scheuchzer,* Kupfer=Bibel/In welcher Die PHYSICA SACRA, Oder Geheiligte Natur=Wissenschafft Derer In Heil. Schrifft vorkommenden natürlichen Sachen/ Deutlich erklärt und bewährt von JOH. JACOB SCHEVCHZER, Med. D. in Lyceo Tigurino, Academiae Imper. Naturae Curiosor. LEOPOLDING-CAROLINAE Adjuncto, & Socc. Regg. Anglicae & Prussicae Membro. Anbey zur Erläuterung und Zierde des Wercks In Künstlichen Kupfer=Tafeln Ausgegeben und verlegt Durch Johann Andreas Pfeffel, Kayserlichen Hof-Kupferstecher in Augsburg, Augsburg und Ulm/Gedruckt bey Christian Ulrich Wagner, 4 Bde., 1731–1735.

27 Scheuchzer, Johann: Kupfer=Bibel, 4 Bde, Augsburg und Ulm 1731–1735, hier: Bd. IV, Tafel DCCXI mit Bibelstellenangabe.

28 An den Kupfern des Werks haben verschiedene Künstler, Kupferstecher und eine ganze Werkstatt mitgearbeitet. Die Tafeln sind signiert und gestochen (»sculp«) z.B. von I.G. Pintz, G.D. Heumann, P.A. Kilian, I.A. Corvinus, I.A. Fridrich, P.G. Harder, M. Tyroff, I.A. Pfeffel jun. Der Nachweis, wer genau an welchem Kupfer was gearbeitet hat, ist nicht immer zu erbringen. Die angegebene Tafel hat Jakob Gottlieb Thelot unten rechts signiert. Die Entwürfe der Tafeln lagen oft in anderer Hand. Einer der entwerfenden Künstler war der Zeichner und Kupferstecher Johann Melchior Füssli (1677–1736), der das visuelle Erscheinungsbild der Kupferbibel insgesamt wesentlich mitprägte. Als weiterer Kupferstecher war auch Johann Daniel Preissler (1660–1737) an Entwürfen beteiligt, die vor allem Zierrat und Rahmen der Kupferbibel betrafen. Vgl.

verstärkt informierende Funktion. Auf einem Feld vor den Toren einer Stadt spielen sich verschiedene synchrone Szenen ab. Ein Mann ganz im Vordergrund pfropft einen Zweig in einen dünnen Baumstumpf hinein. Im Hintergrund sind weitere schon in der Weise behandelte Stämme zu sehen. Ein anderer Mann in der Mitte pfropft ebenfalls einen Zweig in einen dicken Baumstumpf hinein. Im Hintergrund sind weitere Personen ins Gespräch vertieft. Scheuchzer betont hier den naturkundlichen Vorgang des Pfropfens.

Scheuchzer wollte mit seinem Bibelkommentar die Ergebnisse und Methoden der damals neuen Naturwissenschaft popularisieren. »Wahr ists, je mehr wir wissen, je näher kommen wir zu Gott.«[29] Seine »Kupferbibel« sollte von allen christlichen Konfessionen und selbst denjenigen, »welche sich ausser der Gemeinschafft Christlicher Kirchen befinden«[30] gelesen werden und richtete sich an das Bürgertum, an Graphiksammler/-innen und Menschen, die an einem Selbststudium der Bibel interessiert waren. Scheuchzers Anliegen, die Lesenden zu informieren und dadurch zu erbauen und nicht z.B. moralisch zu belehren, verdeutlicht dieses Bild.

Unterschiedliche Schwerpunkte der naturkundlichen bei Scheuchzer oder der individuellen moralischen Belehrung bei Merian sind folglich nicht an eine bestimmte Bild-Konzeption gebunden.

Die gezeigten Beispiele verdeutlichen, dass synchrone Pluriszenität eine Bildkonzeption ist, die sehr breit eingesetzt wird und auf unterschiedliche Funktionen zielt.

2. Diachrone Pluriszenität

Diachron ablaufende pluriszenische Bild-Konzeptionen sind seltener als synchrone zu finden, da durch Diachronie der Verlauf einer Handlung dargestellt werden kann. Dies wird nicht immer gewünscht, da oft eine Momentdarstellung – wie oben gezeigt – bevorzugt wird. Diachronie kann eine höhere und daher manchmal unerwünschte Komplexität aufweisen, da verschiedene Zeitebenen verbildlicht werden.

---

das Kapitel bei: *Irmgard Müsch*, Geheiligte Naturwissenschaft. Die Kupfer-Bibel des Johann Jakob Scheuchzer. Göttingen 2000, S. 48–55.

29 *Scheuchzer* 1731–1735, hier: Bd. IV, S. 809.

30 *Scheuchzer* 1731, Bd. 1, Vorbericht, unpaginiert.

Abbildung 78

Komplexität in einem diachronen Ansatz wird besonders deutlich in der »Bilder-Biebel«[31] des Schullehrers und Theologen Johannes Buno (1617/Frankenberg, Hessen–1697/Lüneburg) aus dem Jahr 1680.[32] In dem Werk wird jedes einzelne biblische Buch illustriert und alle Kapitel eines biblischen Buches werden dargestellt. So werden auf der Seite zur Genesis alle 50 Kapitel in einer festen Struktur angeordnet. Die Seite besteht aus 50 einzelnen Bildabschnitten, die zusammen auch ein Gesamtbild konstituieren. Das Konzept beruht auf der antiken Gedächtniskunst und soll zu einer besseren Memorierbarkeit der biblischen Inhalte führen. Alle Kapitel sind gleichwertig und alle sollen erinnert werden können.

---

31 »Bilder=Biebel/darinn die Buecher Altes und Neuen Testaments durch Alle Capitel Jn annemliche Bilder kürtzlich gebracht/und also fürgestellet sind/dass zugleich mit dem Jnnhalt/auch der Numerus, und das wievielste ein jeder Capitel in seiner Ordnung sey/leichtlich und mit luste gefasset/und fest behalten werden kan./welche zur Ehre Gottes/und nuetzlichem Gebrauch aller derjenigen/welche Gott und sein Wort lieb haben/und dasselbe zu lernenbegierig sind; und also zu Befoerderung der Gottesfurcht hat aussgefertigt JOHANNES BUNO zu S. Michael in Lüneburg Pr. und Hist. Prof. Gedruckt zu Hamburg bey Arnold Lichenstein im Jahre Christi 1680.«
32 1674 gab Buno im Verlag seines Bruders Conrad eine »Bilder=Biebel« heraus, die nur das Neue Testament enthielt. Die Gesamtausgabe beider Testamente erschien 1680, wobei das Neue Testament darin unverändert aufgenommen wurde. Die dritte Ausgabe wurde 1705 in Ratzeburg gedruckt.
Vgl. Bibliographie Buno, Johannes, in: *Theodor Brüggemann/Otto Brunken* (Hg.), Handbuch zur Kinder- und Jugendliteratur. Von 1570 bis 1750, Stuttgart 1991, S. 1148.

Abbildung 79

Das ist anders in der »Christliche[n]/Gottselige[n] Bilder Schule«[33] (1636)[34] des
Theologen und Schullehrers Sigismund Evenius (1585/89[35]/Nauen–1639/Wie-
mar). Das Werk hat neun Tafeln mit jeweils sechs Spezialbildern, die nur
bestimmte Ereignisse des Alten und Neuen Testaments erinnern und erzählen.
Ein Novum auf den Bildern ist die Verwendung eines Ziffernsystems, das auf
Texterklärungen der bezifferten Dinge verweist. Einige Bilder sind auch hier
pluriszenisch aufgebaut. Exemplarisch zeigt das 25. Kupfer: »Die Stieftshütten,

---

33 Christliche/Gottselige Bilder Schule/Das ist/Anfuehrung der ersten Jugend zur Gottseligkeit in
und durch Biblische Bilder. Auss und nach den Historien/Spruechen der Schrifft/Einstimmung
dess Catechismi und nuetzlichen Gebrauch erkläret. Foerdert zu GOTTES Ehren/und dann zu
der Christlichen Jugend fruezeitiger Erbauung in der Gottesfurcht: Nach Ordnung und
Weise/wie es bisshero in offentlicher Ubung der zarten Jugend gut/heilsam und nuetzlich
befunden./Auff Gutachten fuernemer Theologen Allen Christlichen Schulen und haeusslichen
Unterweisungen zum besten im Druck ausgefertigt. Zu Jehna bey Ernst Steimann/In Verlegung
Johan Reiffenberger/Buchhaendlers daselbsten/Im Jahr 1636.

34 Der Ausgabe von 1636 (Landesbibliothek Stuttgart) folgte eine Ausgabe 1637 bei Endter, dem
Hauptverlag der Reformorthodoxie. Zugleich hatte Endter das Schulbuchprivileg für Sachsen
inne. (»Mit Fürstl. Sächsisch. Weimarischen Privilegio, Nürnberg 1637« (UB Jena)) Bei beiden
Ausgaben sind die Kupferstiche identisch. Auch in der ersten Ausgabe wird schon auf die
grossen Holzschnitte aus Nürnberg verwiesen. Beide Ausgaben sind anonym erschienen. In der
Nürnberger Fassung ist allerdings ein neu zugefügtes Gedicht enthalten: »Scopus et fructus
Scholae Iconicae« mit der Abkürzung »M.S.E.« als »Magister Sigismund Evenius«. Ein
Manuskript dieses Werks legte Evenius schon im Jahre 1634 einer Theologenkommission vor.
Vgl. *Woldemar Boehne*: Die Pädagogischen Bestrebungen Ernst des Frommen von Gotha, Gotha
1888, S. 11. Den Hinweis auf Boehne verdanke ich *Gerhard Ringshausen*, Von der Buchillustra-
tion zum Unterrichtsmedium, Weinheim/Basel 1976, S. 439 Anm. 4.

35 Nach *Ludolf Bremer* lässt sich Evenius' genaues Geburtsdatum nicht feststellen, da die
Kirchenbücher und fast alle anderen Akten aus seiner Heimatstadt Nauen verbrannt sind. Er
wurde zwischen 1585 und 1589 geboren, vgl. *Ludolf Bremer*, Sigismund Evenius (1585/89–1639),
Köln/Weimar/Wien 2001, S. 1.

Tempel, Opffer altes Testament als Fürbilde des Opffers Christi«. Dabei steht das erste biblische Opfer von Abel und Cain (Ziffer 1–2) neben der Stiftshütte (3) und einem Altar (4), der wiederum neben dem Jerusalemer Tempel (5) gezeichnet ist. Ein Priester opfert auf einem ehernen Altar (6–7). Die dargestellten Opferszenen finden sich in unterschiedlichen biblischen Büchern. Durch die gewählte Pluriszenität wird die Entwicklung von Opfern innerhalb der biblischen Chronologie dargestellt. Diese mündet, nicht im Bild, nur durch die Bildunterschrift ersichtlich, im Opfer Christi. Hier werden durch das didaktische Moment der diachronen Pluriszenität innerkanonische Bezüge und Entwicklungslinien zwischen dem Alten und Neuen Testament hergestellt.

Einzelne Szenen sind nicht immer eindeutigen Zeitebenen zuzuordnen. In diachronen Bild-Konzeptionen treten daher auch komplexere Abbildungen von Zeitabläufen mit Unschärfen auf.

Abbildung 80

Auf Merians Bild zu »Matthæi XX«[36] (›Die Arbeiter im Weinberg‹) sind verschiedene Szenen abgebildet, die nicht gleichzeitig ablaufen können. Im rechten Vordergrund verhandelt der Weinbergbesitzer mit drei Arbeitenden, die Hacken tragen, über ihre Arbeit und ihren Lohn. Auf einem Weg, der von den Häusern weg zum Weinberg führt, sind im Bildmittelgrund in einiger Entfernung zwei Arbeiter mit Hacken zu sehen. Sie haben schon mit dem Besitzer verhandelt und sind nun auf dem Weg zu ihrem Arbeitseinsatz. Zwischen dieser Szene und der Verhandlungsszene müssen nach biblischem Text einige Stunden liegen und die früher geworbenen Arbeiter sollten während der neuen Verhandlungen längst beim Weinberg angekommen sein. Merian stellt hier zwei Szenen dar, die diachron ablaufen, wobei er den Abstand zwischen beiden

---

36 *Merian* 1965/1627, XXVIII, Text: S. 60. Illustration mit Bibelstellenangabe: S. 61.

zeitlich und räumlich rafft, damit er beide im Bild darstellen kann. Im linken Bildhintergrund ist der Weinberg zu sehen, auf dem schon Arbeiter am Werk sind. Diese Szene kann synchron zu den beiden anderen ablaufen, da im Weinberg schon gearbeitet wird, während noch weitere Arbeiter zu dem Ort geschickt werden und auch später noch weitere angeworben werden. Merian muss einen diachronen Bildaufbau mit Zeitraffer wählen, um den Verlauf der biblischen Geschichte abzubilden. Die verschiedenen Stadien der Arbeit, des Wegs zur Arbeit und der Anwerbung, die mehrmals nacheinander ablaufen, müssen abgebildet werden, um die Perikope mit ihrer Pointe darzustellen: Die nacheinander angeworbenen Arbeiter bekommen alle das gleiche Geld für ihre unterschiedlich lang dauernde Arbeit.

3. Diachrone Pluriszenität und Wiederholung von Personen

Bei der Darstellung eines Erzählverlaufs ist es oftmals nötig, dass die gleichen Personen in verschiedenen Szenen wiederholt auftreten. Daher wird der diachrone Bildaufbau oft mit einer Wiederholung einzelner Personen verbunden.

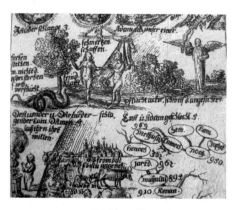

Abbildung 81

In der schon kurz vorgestellten »Bilder-Biebel« Bunos ist dieses Moment zu erkennen. Die gleichen Personen wie z.B. Jesus, Gott, Abraham oder David treten in verschiedenen Kapiteln eines Buches auf. An einigen Stellen werden Personen aber auch innerhalb einer Perikope mehrfach dargestellt. So werden Adam und Eva im Kleinbild zu Genesis 3 wiederholt abgebildet. Eva reicht Adam die Frucht vom Baum der Erkenntnis und rechts davon verstecken sich dann beide hinter einem Busch vor Gott. Die Bildkonzeption der wieder aufgegriffenen Figuren unterstützt Bunos Anliegen, die Geschichten in ihrem Verlauf abzubilden. Dabei geht es Buno um eine reine Wiedergabe aller biblischen Perikopen.

Abbildung 82

Auch dem nachfolgenden Werk ist die Vermittlung und Kenntnis biblischer Geschichten ein zentrales Anliegen. 1737/38 kommt die »Kinder- und Bilderbibel«[37] des Schullehrers Christoph Heinrich Kratzenstein heraus.[38] Das Werk ist eine didaktisch ausgerichtete Historienbibel[39] für Kinder mit »auserlesenen und schönen Bildern, darbey aber geringen Preis und Werth«[40]. Das Werk orientiert sich im Neuen Testament an der gottesdienstlichen Perikopenordnung. Auf dem Bild zur Auferstehung Christi, von der »Am ersten Oster-

---

37 Kinder- und Bilder-Bibel oder Auszug derer Biblischen Historien, welche in auserlesenen Figuren vorgestellt. Nach einem kurtzen Unterricht von denen Biblischen Büchern in Frage und Antwort abgefasset. Mit angefügten erbaulichen Lehren, aus schönen Sprüchen der heiligen Schrift wie auch deren geistreichen Gesängen erläutert werden. Nebst einer Vorrede Ihro Hochwürden Herrn D. Joh. Laur. Pfeiffers. Der lieben Jugend und denen Einfältigen zum heilsamen Nutzen. Mit einem Register angefertiget von M. Christoph Heinrich Kratzenstein. 4. Auflage Erfurt Elias Sauerländer 1752.

38 Vgl. Robinson und Struwelpeter. Ausstellung der Staatsbibliothek zu Berlin. Staatsbibliothek zu Berlin ²1992, S. 26 (Katalognummer 17).
Im »Handbuch zur Kinder- und Jugendliteratur« wird für die vierte Auflage als Erscheinungsjahr 1751 angegeben. Vgl. *Christoph Heinrich Kratzenstein,* 456, in: *Theodor Brüggemann/Hans-Heino Ewers,* (Hg.), Handbuch zur Kinder- und Jugendliteratur. Von 1750 bis 1800, Stuttgart 1982, S. 1407–1408, hier: S. 1407.

39 »Das Werk stellt eine Mischform aus Historienbibel, biblischem Lehrwerk und Erbauungsbuch dar, wobei der lehrhafte Charakter überwiegt.« *Ingrid Hruby,* 1737/38. *Christoph Heinrich Kratzenstein* (17./18. Jahrhundert), Kinder= und Bilder= Bibel Oder Auszug derer biblischen Historien. Zwei Teile, Erfurt 1737/38, in: *Theodor Brüggemann/Otto Brunken* (Hg.) 1991, S. 290.

40 *Christoph Heinrich Kratzenstein,* Kinder- und Bilder-Bibel, Erfurt 1752, o.S., Vorrede.

Feyertage« mit »Evangel. Marc. 16,1–8«[41] gepredigt wird, wird ein diachroner
Bildaufbau ganz deutlich. Im Vordergrund sind links Maria Magdalena, Maria
Jacobi und Salome mit Salbgefässen in ihren Händen zu sehen, die zum Grab
gekommen waren, um den Leichnam Christi zu salben,[42] Auf der rechten Seite
ist das offene Grab zu sehen. Im Bildmittelgrund erscheint der Auferstandene
Maria Magdalena (Mk 16,9). Maria Magdalena wird auf der Illustration
zweimal dargestellt. Im Hintergrund auf der linken Seite ist eine Stadt zu sehen,
die von zwei Personen gerade verlassen wird (Mk 16,12). Dass Jesus auch ihnen
erscheint, wie es im Vers 12 erzählt wird, wird nicht verbildlicht. Diese
Geschehnisse laufen nacheinander ab und auf dem Bild werden so verschiedene
Personen gezeigt, die den Auferstandenen gesehen bzw. von seiner Auferstehung gehört haben. Dieses Bildkonzept passt zu Kratzensteins Werkintention.
Die Kinder sollen eine gründliche Bibelkenntnis erhalten und daher auch verschiedene Erzählungen um die Auferstehung kennen lernen.

Abbildung 83

Eine andere Intention vertritt Merian auf dem Bild seiner Bilderbibel zu Lukas
10,25–37 »Quis proximus noster. Wer unser Naechster sey.« »(Lucæ X)«.[43] Hier
ist im Vordergrund die Szene abgebildet, in der der Samariter dem Verletzten
hilft. Links im Hintergrund hebt er diesen von seinem Reittier und bringt ihn in
ein Gasthaus. Diese Szenen folgen unmittelbar nacheinander, sind diachron und
der Erzählkontext bleibt gleich. Auf dem Weg zum Gasthaus hin sind noch die
beiden Männer zu sehen, die an dem Verletzten vorbeigegangen sind. Diese

---

41 *Kratzenstein* 1752, Text: S. 52. Illustration: S. 53.
42 Vgl. *Kratzenstein* 1752, S. 52.
43 *Merian* 1965/1627, XXIV. Text: S. 52. Illustration mit Bibelstellenangabe: S. 53.
   Zur Bildtradition vgl. von *Friedrich August Metzsch*, Menschen helfen Menschen. Der barmherzige Samariter als Leitbild und in der Kunst, Neuhausen/Stuttgart 1998. Und: *Ayako Hosoda*,
   Darstellungen der Parabel vom barmherzigen Samariter, Petersberg 2002. Auf diese Literatur
   machte mich freundlicherweise Martin Leutzsch aufmerksam.

Szene liegt vor oder während des Verarztens des Verwundeten und changiert daher zwischen diachronem und synchronem Verhältnis zur Vordergrundszene. Der zeitliche Abstand zu beiden Geschehnissen ist aber grösser, als er auf dem Bild dargestellt ist. Die beiden Männer müssten schon mehr Weg zurückgelegt haben als die wenigen gezeichneten Meter. Hier muss Merian wieder die Zeit und den Weg raffen, da die Darstellung aller beteiligten Personen sonst nicht möglich wäre. Daher sind auch noch die Räuber in der rechten Bildmitte sichtbar, die den Überfall begangen haben. Ihre Flucht muss sich vor dem Verarzten des Verwundeten ereignet haben. Hier rafft Merian wieder Zeit und stellt Entfernungen kürzer dar, als sie nach der biblischen Geschichte her logisch sein müssten. Alle unterschiedlichen Zeitebenen sind hier bildlich in verschiedenen Ebenen im Vordergrund oder Hintergrund dargestellt. Der Samariter und der Verletzte treten wiederholt auf. Die Konsequenzen des gezeigten Verhaltens werden so bildlich dargestellt und dienen als moralischer Appell für die Lesenden.

Alle bisher gezeigten Beispiele illustrierten Erzählungen. Es gibt aber in der Bibel neben Erzählungen auch andere Textgattungen zu beobachten, z.B. Reden. Gibt es in diesen Textgattungen andere Bildkonzeptionen?

4. Erzählort verbunden mit Erzählinhalt

Die Feldrede (Lk 6,17–49) wird in verschiedenen Kinderbibeln und Bilderbibeln pluriszenisch dargestellt. Dabei kommt eine weitere Bild-Konzeption zum Vorschein. Sowohl Erzählort als auch Erzählinhalt werden visualisiert.

Abbildung 84

Auf der Illustration bei Merian »In proprijs vitiis talpæ, in alienis Lyncei. Sihe vor auff dich/darnach auff andere.« »(Lucæ VI)«44 sitzt Jesus im linken Bildvordergrund umgeben von Menschen, die ihm zuhören. Auf der rechten Seite ist im Bildmittelgrund die Szene zu sehen, in der ein Mann mit einem Balken im Auge einem anderen einen Splitter aus dem Auge zieht (Lk 6,41f). Im Hintergrund fallen zwei Blinde in eine Grube (Lk 6,39f) Hier werden der Erzählort mit Jesus als Erzähler und der Erzählinhalt gemeinsam dargestellt. Merian integriert hier den Inhalt und den Ort in ein Bild und lässt alles in einer Landschaft im Vorder- bzw. Hintergrund spielen. Durch diese Bildkonzeption wird Merians Appell an die Lesenden »Sihe vor auff dich/darnach auf andere«45 verbildlicht. Dadurch dass die damaligen Adressaten Jesu abgebildet werden, kommt der Adressatenbezug ins Blickfeld und unterstützt so noch einmal Merians moralischen Appell.

Ähnlich wird die Feldrede auch in der ein Jahrhundert jüngeren »Kinder- und Bilderbibel« Kratzensteins illustriert.46

Abbildung 85

In Kratzensteins Werk kommen noch weitere Bilder vor, in denen sowohl der Erzählort mit Erzähler als auch der Inhalt abgebildet werden. So wird »Am Fest der Heiligen Dreieinigkeit« die Perikope »Evangel. Joh. 3,1–15«47, das Gespräch

---

44 *Merian* 1965/1627, XIV, Text: S. 32. Illustration mit Bibelstellenangabe: S. 33.
45 Ebd., S. 32.
46 *Kratzenstein* 1752, Text: S. 84. Illustration: S. 85.
47 *Ders.* 1752, Text: S. 74. Illustration: S. 75.

mit Nikodemus über die Wiedergeburt aus Wasser und Geist, ausgeführt. In seinen katechetischen Fragen und Antworten verweist Kratzenstein auf die geistliche Wiedergeburt durch die Taufe. Und eben dies wird auch illustriert.

Nikodemus wird auf der rechten Seite im Gespräch mit Jesus abgebildet. Im Hintergrund schlafen zwei Menschen, dies, um zu zeigen, dass es Nacht ist. Die ganze Szene spielt in der offenen Halle eines Gebäudes.[48] Durch einen Torbogen hindurch ist im Hintergrund im Freien ein Mann zu sehen, der einen anderen tauft. Über dieser Szene schwebt eine Taube, die von Lichtstrahlen umgeben ist. Der Inhalt von Jesu Erläuterungen gegenüber Nikodemus kommt so ins Bild. Der schwer zu erklärende Zusammenhang zwischen neuer Geburt aus Wasser und Geist und dem Reich Gottes wird so für Kinder in der Abbildung der Taufe verständlich bebildert.

Eine der bekanntesten Bilderbibeln des 19. Jahrhunderts[49] ist »Die Bibel in Bildern« des Künstlers Julius Schnorr von Carolsfeld (1794/Leipzig–1872/Dresden), die endgültig 1860 veröffentlicht wurde.[50] Schnorrs Bilder sollen keine ›Bilder zur Bibel‹ sein, sondern er möchte eine ›Bibel in Bildern‹ (statt in Texten) für das ganze Volk[51] schaffen. Sein Schwerpunkt liegt deutlich auf der visuellen Vermittlung ohne erzählenden Text. Daher müssen seine Illustrationen auch komplexere Zusammenhänge darstellen. Das Konzept der Verbildlichung eines Lehrinhalts wird so bei Schnorr von Carolsfeld mit den bisher erläuterten anderen pluriszenischen Bild-Konzeptionen kombiniert.

---

48 Die Perspektive dieses Raumes weist Fehler auf. Auf die Schwächen der Perspektivendarstellung weist hin: *Hruby* 1991, S. 303.

49 Zum Bekanntheitsgrad vgl. *Reinhard Mühlen,*: Die Bibel und ihr Titelblatt, Würzburg 2001, S. 138.

50 Die Veröffentlichung der Bibel in Bildern geschieht in 30 Lieferungen zu je 8 Blatt von 1852 bis 1860. Im Jahr 1860 bietet der Leipziger Verleger Wigand die Bibel in drei Ausführungen an: eine Volksausgabe, eine Prachtausgabe auf gewöhnlichem Papier mit Randverzierungen und eine Prachtausgabe auf chinesischem Papier. Vgl. *Christine Reents,* »Die Bibel in Bildern« von Julius Schnorr von Carolsfeld, in: *Gottfried Adam/Rainer Lachmann* (Hg.), Kinder- und Schulbibeln, Göttingen 1999, S. 13–41, hier: S. 20f. Vgl. ebenso Grund, Michelle: »Die neuen Evangelisten.« Bilderbibeln und andere christlich-religiöse Graphikfolgen des späten 19. Jahrhunderts, Berlin 2006, S. 21.

51 Zu Volksbibeln vgl. *Martin Leutzsch,* Völkische Übersetzungen der Bibel, in: *Marion Keuchen/Stephan Müller/Annegret Thiem* (Hg.), Inszenierungen der Heiligen Schrift. Jüdische und christliche Bibeltransformationen vom Mittelalter bis in die Moderne, Paderborn 2009, S. 129–157, hier: S. 149ff.

5. Erzählort verbunden mit Erzählinhalt, diachrone und synchrone Pluriszenität und Wiederholung von Personen

Abbildung 86

»Nathans Busspredigt«, »2 Samuel 12,1–15«[52], illustriert Schnorr von Carolsfeld durch eine Hauptszene und zwei Nebenszenen. Über der Hauptszene finden sich abgesetzt zwei Bildmedaillons. Hier werden alle bisher genannten pluriszenischen Bild-Konzeptionen miteinander verwoben: der Erzählort, der verbunden wird mit dem Erzählinhalt, diachron und synchron verlaufende Szenen und die Wiederholung von Personen. Als Erzählort wird Nathan vor David dargestellt. David beugt sich über einen Tisch und vergräbt seinen Kopf in seinem Arm. Nathan zeigt mit ausgestrecktem Arm auf das rechte Medaillon über Davids Kopf. Darin abgebildet ist ein Mann, der versucht eine Frau zu umarmen, was diese aber abwehrt. Im Hintergrund steht eine weitere Person. Die erste Überlegung wäre, hier die Verführungs-/Vergewaltigungsszene zwischen David und Bathseba zu erkennen. Die männliche (bartlose) Gestalt unterscheidet sich aber deutlich davon, wie der ältere David auf diesem Bild und auch auf anderen Bildern von Schnorr gezeichnet wird. Daher könnte hier die Unheilsverkündung aus Vers 11 verbildlicht sein, dass vor Davids Augen seine Frauen genommen und seinem Nächsten gegeben werden.[53] Im linken Kreis ist eine Schlachtszene dargestellt, auf der zwei Krieger einen weiteren

---

52 *Julius Schnorr von Carolsfeld*, Die Bibel in Bildern. 240 Darstellungen erfunden und auf Holz gezeichnet. Mit Bibeltexten nach Martin Luthers deutscher Übersetzung, Neuhausen/Stuttgart 1990, S. 112 mit Bibelstellenangabe.

53 *Tschirch* deutet diese ›Gedankenblase‹ wiederum anders als Vorausschau auf den Tod des gemeinsamen Sohnes von Bathseba und David. Vgl. Tschirch, Reinmar: Illustrationen in Kinderbibeln, in: *Gottfried Adam/Rainer Lachmann/Regine* Schindler (Hg.), 2005, S. 119–151, hier: S. 150.

gerade erstechen, Uria. Die linke Darstellung bezieht sich auf Vergangenes, die rechte auf Zukünftiges und beide stehen damit zur Hauptszene in einem diachronen Verhältnis. An beiden Rändern ist zur Hauptszene einmal eine diachron und einmal eine synchron ablaufende Szene abgebildet. Auf der linken Seite wird eine Bahre von Soldaten mit dem toten Uria gebracht – dies läuft diachron zur Hauptszene. Auf der rechten Seite ist hinter einem Vorhang Bathseba mit ihrem gemeinsamen Kind zu sehen.[54] Sie hört Nathan zu – dies geschieht synchron zur Hauptszene. Uria wird zweimal abgebildet: einmal an der Seite im Vordergrund und einmal in einem der beiden Medaillons mit den vergangenen Geschehnissen.

Abbildung 87

Auch »Das Gleichnis von dem reichen Manne und dem armen Lazarus«, »Lukas 16,19–31«[55], ist bei Schnorr von Carolsfeld komplex aufgebaut und enthält die angeführten Gestaltungselemente.[56] Auf der linken Seite sitzt im Vordergrund Lazarus, nur mit einem Lendentuch bekleidet, an dessen Beinwunden zwei Hunde lecken. Er liegt halb auf der Seite und wendet seinen Kopf einem Diener über ihm zu, der ihm ein Tablett mit Krümeln hinunterkippt. Der Diener gehört zu der Szene im linken Hintergrund, die auf einer offenen Terrasse spielt. Der reiche Mann sitzt auf einem gepolsterten Stuhl, bekommt von Dienenden Früchte dargereicht und wird von einer halbnackten Frau musikalisch unterhalten. Diese Frau ist in der Bildmitte nur von hinten zu sehen. Sie steht dabei auf einer Ebene mit Lazarus und reicht mit ihrem Ober-

---

54 *Schnorr von Carolsfeld* nimmt hier ein biblisches Motiv aus Gen 18,10 auf, als Sarah hinter einem Zeltvorhang dem Gespräch der drei Männer mit Abraham lauscht.

55 *Schnorr von Carolsfeld* 1990, S. 213 mit Bibelstellenangabe.

56 Auch in der entsprechenden Abbildung von *Merian* gibt es die gleichen Gestaltungselemente wie bei Schnorr (synchrone und diachrone Pluriszenität, Wiederholung der Personen Lazarus und reicher Mann und Illustration des Erzählinhaltes). Vgl. *Merian* 1965/1627, XVI, S. 69.

körper bis zu dem reichen Mann hinauf. Im rechten Vordergrund ist der reiche
Mann zu sehen, der in einem lodernden Feuer gefangen ist und verzweifelt die
Hände nach oben streckt.[57] Über ihm im linken Bildhintergrund ist Lazarus in
Abrahams Schoss zu sehen. Diese Szene wird durch eine Wolkenwand abge-
grenzt. Die rechte wie auch die linke Szene laufen jeweils synchron ab. Das
diesseitige Leben und das jenseitige Leben werden dargestellt. Durch die
Nebeneinanderschau der beiden synchronen Szenen wird der Kontrast in den
beiden Leben deutlich gezeigt. Die rechte Seite steht zur linken Seite in einem
diachronen Verhältnis, da sie das Leben nach dem Tod abbildet, sich also nach
dem diesseitigen Leben abspielt. Lazarus und der reiche Mann kommen jeweils
zweimal vor. Das ganze Bild illustriert einen Erzählinhalt. Jesus erzählt ein
Gleichnis. Der Erzählort und auch der Redner werden aber nicht abgebildet
und somit weist dieses Bild weniger Komplexität auf als Nathans Busspredigt.

Schnorr von Carolsfeld bildet Erzählinhalt, Erzählort, Vergangenes, Gegen-
wärtiges, Zukünftiges und Deutungen dieser Lebensstadien ab. Aufgrund der
verschachtelten Erzählebenen, die bei Schnorr ja eben nicht im Text erzählt
werden, muss die Bild-Konzeption entsprechend verschiedene Ebenen aufweisen.

Meine angeführten pluriszenischen Bild-Konzeptionen treten sowohl in Bilderbibeln als auch in Kinderbibeln in ähnlicher Weise auf. Unterschiedliche
Adressatinnen und Adressaten scheinen keinen Einfluss auf diese Bild-Konzeptionen zu besitzen. Ich komme zu der Frage:

*Finden sich diese pluriszenischen Bild-Kompositionen auch in gegenwärtigen
Kinderbibelbildern?*

---

57 Das Lukasevangelium kennt nur die Auferstehung der Gerechten, nicht die allgemeine Auferstehung. Daher kommen nur Gerechte in »Abrahams Schoss«. Vgl. *Martin Leutzsch*, Transfor-
mationen des Paradieses. Wandlungen eines biblischen Topos, in: *Richard Faber/Christine
Holste* (Hg.), Gärten in Geschichte und Gegenwart, Würzburg 2010. (Projekt noch in Vorbereitung).

6. Erzählort verbunden mit Erzählinhalt

Abbildung 88

»Die Bibel für Kinder« (1995), mit Text von Klaus Knoke und Illustrationen von Esben Hanefelt Kristensen, hat zum Lehrtext in »Matthäus 25« »So wird es sein beim letzten Gericht«[58] einen pluriszenischen Aufbau. In mehreren Kreisen wird der Erzählinhalt abgebildet. Kristensen zeichnet auf der linken Hälfte einer Doppelseite sechs kleine Einzelszenen. Darin sind die Handlungen dargestellt, nach denen der Menschensohn fragt: Einem Armen ein Brot schenken, einem Durstenden etwas zu trinken geben, einem Fremden Gastfreundschaft gewähren, ein Hemd verschenken, einen Kranken pflegen und einen Gefängnisinsassen besuchen. Hier werden Redeinhalte in mehreren Szenen dargestellt, wie dies auch z.B. Merian bei seiner Illustration der Feldrede gemacht hat. Anders als bei Merian werden die Einzelszenen klar voneinander getrennt und nicht in ein grosses Bild integriert. Die Orte der verschiedenen Erzählebenen (Jesus am Ölberg, Mt 24,3 und die Rede des wiedergekommenen Menschensohns, Mt 25,31) und somit auch Redner und die Adressatinnen und Adressaten der Botschaft bleiben hier wie auch schon in der Überschrift ausgespart.

---

58 Die Bibel für Kinder. Ausgewählt und neu übersetzt von Klaus Knoke. Mit Bildern von Esben Hanefelt Kristensen, Stuttgart 1995. Erzählung S. 271 und 273. Illustration S. 272. Bibelstellenangabe: S. 273.

Abbildung 89   Abbildung 90

In ähnlicher Weise konzipiert Reinhard Herrmann in der »Elementar Bibel«
(1973–93) mit Text und Konzeption von Anneliese Pokrandt ein Bild zu
»Mt 25,31–46« »Jesus sagt, was am Ende der Welt zählt«[59]. Hier wird der
Erzählinhalt auch in sechs rechteckigen Bildern, mit demselben Inhalt wie bei
Hanefelt Kristensen, vorgestellt (auf einer Doppelseite rechts unten). Der
Erzählort bleibt auch hier ausgespart, während der Erzähler wenigstens in der
Überschrift angedeutet wird. Allerdings findet sich auf der Doppelseite links
oben eine Szene, in der Jesus mit Stigmata auf einem Thron sitzt und von rot
gekleideten Engeln umgeben ist. Unter ihm schauen viele Menschen nach oben
zu ihm und hören zu, was er sagt. Hier sieht man den Menschensohn, der mit
seinen Engeln kommen und alle Völker der Erde voneinander scheiden wird.[60]
Erzählinhalt und Erzählort werden zwar auf derselben Doppelseite gezeichnet,
aber in zwei voneinander getrennten Bildern wiedergegeben.

---

59 Elementar Bibel, ausgewählt, in acht Teile gegliedert und in einfache Sprache gefasst von *Anneliese Pokrandt*, gestaltet und illustriert von Reinhard Herrmann, Lahr 1998, S. 502ff. Illustrationen: S. 502f. Bibelstellenangabe: S. 502. (1. Auflage der überarbeiteten Gesamtausgabe; Einzel-
bände zwischen 1973 und 1993 erschienen.)
60 Paraphrasierung der Nacherzählung Pokrandts.

Abbildung 91

Auf dem fünften Bild zur Erzählung »Gott hilft Gideon siegen« »(Richter 7,1–25; 8,28)«[61] sind Gideon und sein »Knecht Pura«[62] zu sehen, die zwei Männer im Lager der Midianiter belauschen. Die beiden Männer sitzen am Feuer, der eine berichtet dem anderen seinen Traum und weist mit der Hand auf ein rechteckiges Medaillon über ihnen beiden. In diesem ist der Trauminhalt abgebildet: Ein riesiges Brot überrollt Zelte. Hier sind Trauminhalt, Erzählort mit Redner und Zuhörer in einem Bild illustriert. Das Besondere an diesem Bild ist, dass zwei Ebenen von Adressaten dargestellt werden. Der erste und direkte Adressat ist der Midianiter, der seinem Kameraden zuhört. Auf der zweiten Ebene belauschen Gideon und Pura als von den beiden Männern unentdeckte Adressaten die Szene am nächtlichen Feuer.

---

61 Elementar Bibel 4. Geschichten von den Anfängen, Lahr/München 1978, S. 21–27, fünfte
   Illustration: S. 24. Bibelstellenangabe: S. 21. Die Erzählung fehlt in der Gesamtausgabe von 1998.
62 Ebd., S. 23.

Abbildung 92

In »Die Kinder Bibel« (2001), von Louis Rock erzählt und Christina Balit illustriert, werden auf einem Bild der Erzählort und der Erzählinhalt dargestellt, zugleich wird eine Person verdoppelt und dadurch wird Diachronie im Erzählinhalt erzeugt. Jesus erzählt »Vom verlorenen Schaf« »(Lukas 15)«[63] und sitzt im linken Bildvordergrund. Um ihn herum hören Menschen zu. Auf der rechten Seite ist ein Schäfer mit seiner Herde zu sehen. Diese Szene kann verschieden interpretiert werden: Zum einen ist hier der Erzählinhalt abgebildet. Am rechten Bildrand ist als Ganzkörperfigur der Schäfer abgebildet, der den wieder gefundenen Widder glücklich über seinen Schultern trägt. So wird der Erzählinhalt auf verschiedenen Zeitebenen diachron abgebildet. Die Szene der Schafherde kann aber auch als lebensweltlicher Kontext des Erzählortes interpretiert werden. Im Text wird erzählt, dass Jesus inmitten einer Menge von wenig angesehenen Leuten gesessen habe und zwei weitere zu ihm stossen wollten. »Sie kamen, mussten dann aber warten, weil ein Hirte seine Schafe auf dem Weg zwischen ihnen und der Gruppe entlang trieb.«[64] Durch die vorbeiziehende Herde wird den Zuhörenden noch einmal vor Augen geführt, dass Jesus die Bilder seiner Geschichten aus ihrer Lebenswelt nimmt. So gesehen ist die Schafherde kein verbildlichter Erzählinhalt, verdeutlicht diesen aber.

---

[63] Die Kinder Bibel. Erzählt von *Lois Rock*. Illustriert von Christina Balit, Stuttgart 2001, S. 186f. Bibelstellenangabe: S. 219. (Englische Originalausgabe Oxford, England 2001).
[64] Ebd., S. 186.

7. Kontrastreiche Szenen

Biblische Erzählungen besitzen oft Momente der Gegensätzlichkeit und des Kontrastes. Hier bieten sich synchron ablaufende Szenen auf einem Bild zur Darstellung an, um den Kontrast zwischen zwei Szenen hervorzuheben. Auffällig ist, dass seit fast zweihundert Jahren immer wieder die gleichen Bibelgeschichten synchron pluriszenisch illustriert werden, obwohl sich Sehgewohnheiten grundlegend geändert haben und von daher auch Wechsel von Bild-Konzeptionen bei biblischen Geschichten zu erwarten wären.

Abbildung 93

»Die grosse Ravensburger Kinderbibel«, die von Ulises Wensell illustriert und von Thomas Erne 1995 nach der französischen Originalausgabe erzählt worden ist, stellt die Szene »In Getsemani« »(Matthäus 26, 36–56)«[65] wie auch schon Schuler 1816 durch zwei synchron ablaufende Szenen auf einem Bild dar. Anders als bei Schuler sind hier der betende Jesus im Hintergrund und die schlafenden Jünger im Vordergrund zu sehen. Obschon sowohl Schuler als auch Wensell den gleichen Bildaufbau zweier synchron ablaufender Szenen, die

---

65 Die grosse Ravensburger Kinderbibel. Geschichten aus dem Alten und Neuen Testament. Erzählt von *Thomas Erne*. Mit vielen Bildern von Ulises Wensell, Ravensburg 1995, S. 140f. Bibelstellenangabe: S. 159. (Französische Originalausgabe: LA BIBLE, Paris 1995; hier Text: Marie-Hélène Delval.)

einen Kontrast verdeutlichen sollen, gewählt haben, ändert sich durch die Vertauschung des Vorder- bzw. Hintergrundes die Bildintention grundlegend: Einmal wird das vorbildhafte, übermenschliche Verhalten Christi (Schuler) und einmal das Fehlverhalten der Jünger (Wensell) den Betrachtenden näher vor Augen gestellt.

Auch »Der goldene Stiergott« »(Exodus 32,1–24;30–31; 34,10.29)«[66] ist bei Wensell in synchron ablaufenden Szenen dargestellt. Wie schon gesehen, wurde in Barths/(Hochstetters) Kinderbibel von 1832 die gleiche Bildkonzeption gewählt. Bei Wensell ist im rechten Bildvordergrund Mose auf einem Berg zu sehen, der mit seinen Armen ausholt, um die beiden Gebotstafeln in seinen Händen zu zerschmettern. Grund für seinen »Zorn«[67] ist der Anblick im linken Bildvordergrund am Fusse des Berges. Menschen tanzen um einen goldenen Stier herum. Die Abbildung Wensells ist viel grösser als bei Barth/(Hochstetter) und daher detailreicher. Der grundlegende Unterschied besteht aber darin, dass bei Wensells synchronem Bildaufbau beide Szenen gleich gewichtet werden. Die Stierszene spielt sich nicht wie bei Barth/(Hochstetter) klein im Hintergrund ab, sondern nimmt den gleichen Raum wie Moses auf dem Berg ein. Ausserdem deutet Wensell eine kausale Verbindung zwischen den beiden Szenen an, indem einige Menschen am Bergfuss ängstlich und entsetzt auf den zornigen Moses auf dem Berg blicken. Durch diese Blickrichtung wird der Kausalzusammenhang der beiden Szenen auch bildlich hervorgehoben.

Wenn zwei Szenen nicht im Vorder- bzw. Hintergrund ablaufen, sondern nebeneinander auf der gleichen Bildebene wie bei Wensells Stierszene illustriert werden, werden zwar Gegensätze und Kontraste sichtbar, es herrscht aber nicht sofort eine Gewichtung vor.

---

66 Die grosse Ravensburger Kinderbibel 1995, S. 68f.
67 Ebd., S. 69.

Abbildung 94

In »Die grosse Kinderbibel«, die Barbara Bartos-Höppner 2005 erzählt und Renate Seelig bebildert hat, treten synchron ablaufende Szenen in einer Bildebene auf. Auf der Illustration zu »Der Auszug aus Ägypten« »(Exodus 13)«[68] ist der Text in das doppelseitige Bild auf der linken Seite eingefügt. Im linken Bildvordergrund und am linken Bildrand sind ertrinkende Ägypter mit Pferden und Streitwagen zu sehen. Auf der ganzen rechten Bildhälfte zieht das Volk Israel von der Mitte links oben nach vorne rechts unten durch das Meer. Links und rechts bäumen sich Wellen auf. Die beiden synchron ablaufenden Szenen zeigen das jeweilige Schicksal von Israel und dem ägyptischen Heer im deutlichen Kontrast, durch die Vermeidung eines Vorder- bzw. Hintergrundes, aber nicht in einer deutlichen Hervorhebung einer Partei.

---

68 *Barbara Bartos-Höppner/Renate Seelig*, Die grosse Kinderbibel, München 2005, S. 46f. Bibelstellenangabe: Inhaltsverzeichnis nach Nachwort [S. 156]. Die Kinderbibel gibt Exodus 13 an, worauf sich nur einige Textteile beziehen. Das Bild und der grösste Textumfang bezieht sich auf das folgende Geschehen von Exodus 14,1–23.

8. Verbundene und aufgehobene Szenen

Abbildung 95

Auch auf dem Bild von Renate Seelig »Der Barmherzige Samariter« »(Lukas 10,30–(sic!)36)«[69] wird durch den pluriszenischen Bildaufbau ein Kontrast hergestellt. Zudem werden Szenen miteinander verbunden: Im rechten Bildvordergrund sind der Samariter und der Verletzte zu sehen und auf der linken Seite im Vordergrund der Priester und der »Tempeldiener«, die an dem Verletzten vorbeigegangen sind. Es wird ein Zusammenhang zwischen den Seiten und Szenen dadurch hergestellt, dass sich der Tempeldiener, der eine Schriftrolle unter dem Arm trägt, zu dem Samariter und dem Verletzten umdreht.

Zusammenhänge zwischen Einzelszenen werden in der Gegenwart auch spielerisch hergestellt.

---

69 *Bartos-Höppner/Seelig* 2005, S. 120f. Bibelstellenangabe: Inhaltsverzeichnis nach Nachwort [S. 157].

Abbildung 96

Auf dem Bild »Die Heilung des Gelähmten« »(Lukas 5)«[70] in »Meine Bibel« –
von Tracey Moroney 1999 im englischen Original entworfen – ist ein
pluriszenisches Bildkonzept erkennbar. Eine Szene spielt sich auf dem Dach ab.
Vier Männer binden ein Brett an Seilen fest, um auf das Brett einen Gelähmten
zu legen und ihn so durch das Dach in den Innenraum des Hauses hinunter zu
lassen. Im Haus sind viele Menschen um Jesus versammelt und drängen sich
sogar an den Fenstern, um Jesus wenigstens zu sehen. Die beiden Szenen im
Haus und auf dem Dach spielen sich synchron und voneinander getrennt ab.
Diese Kinderbibel hat auf jeder Seite Elemente, die man klappen kann. Hier ist
die Dachszene klappbar. Klappt man dann dieses Feld hinunter, verbinden sich
beide synchronen Szenen zu einer einzigen und heben dadurch die Pluriszenität
auf. Die Verbindung zweier Einzelszenen und damit die Aufhebung der
Pluriszenität werden nicht nur spielerisch bewirkt, sondern auch illustratorisch
angedeutet:

---

70 Meine Bibel. Mit über 45 überraschenden Einblicken. Illustrator: Tracey Moroney. Text: Vera
   Hausmann. München 2002, o.S., Bibelstellenangabe auf der Bildseite. Originalausgabe: Lift the
   flap bible, Reader's Digest Children's Publishing 1999.

Abbildung 97

Auf der Illustration zu »Batseba« »(2 Samuel 11–13)«[71] in »Mit Gott unterwegs«
(1996) von Regine Schindler und Štěpán Zavřel (Illustrationen) ist eine
orientalisch anmutende Stadtlandschaft zu sehen. Das Bild ist in dunklen
Blautönen gehalten, bis auf zwei Spots, die zum einen rechts David mit Harfe
inmitten seines Harems und zum anderen links Bathseba im Bad beleuchten.
Durch den pluriszenischen Bildaufbau wird das synchrone Ablaufen der beiden
bisher noch getrennten Szenen betont. Es ist aber schon eine baldige Verbindung zwischen den beiden Szenen zu erahnen.

---

71 *Regine Schindler*, Mit Gott unterwegs. Die Bibel für Kinder und Erwachsene neu erzählt. Bilder
   von Štěpán Zavřel, Zürich 1996, Text: S. 101 und 104ff. Illustration: S. 102f. Bibelstellenangabe:
   S. 107. Tschirch bewertet die Detailfülle des Bildes ambivalent, vgl. *Tschirch* 2005, S. 129.

9. Darstellung von Lebenswelten

Durch Pluriszenität kann auch ein Einblick in gegenwärtige und vergangene Lebenswelten unterstützt werden.

Abbildung 98

In der Kinderbibel zum Neuen Testament »Wie Brot und Wein« (2005) von Martina Steinkühler sind Fotos zwischen den Text gesetzt. Das Foto zum Kapitel über Jesu Leben zeigt verschiedene Szenen auf einer Strasse im gegenwärtigen Israel-Palästina.[72] Die Betrachtenden nehmen die Blickrichtung einer Person mit einem Pferdekarren ein. Auf der Strasse sind zwei Frauen ins Gespräch vertieft und eine weitere hält ein Fahrrad. Im Hintergrund fahren Menschen auf einem Karren in Richtung einer mit Autos befahrenen Strasse. Hier verdeutlichen die einzelnen Szenen den heutigen Alltag der Menschen in der Region, in der auch Jesus gelebt hat.

---

[72] *Martina Steinkühler*, Wie Brot und Wein. Das Neue Testament Kindern erzählt, Göttingen 2005, S. 46f. Zu der Wahl von Fotos anstelle von Zeichnungen vgl. *Martina Steinkühler*, Das Alte Testament – das Neue Testament – Kindern erzählt. Stellungnahme einer Autorin zu den Fragen ‚Was?' und ‚Wie?', in: *Gottfried Adam/Rainer Lachmann/Regine Schindler* (Hg.), 2008, S. 239–250, hier: S. 250.

Abbildung 99

Ein sozialgeschichtlicher Ansatz wird in Piero Venturas 1993 aus dem Italienischen ins Deutsche übersetzten »Die Bibel« aufgenommen. Ventura hebt dabei den historischen Blick hervor. Er konzipiert pluriszenische sog. ›Wimmelbilder‹, die u.a. durch Ali Mitgutsch bekannt sind.[73] In einem wohlhabenden Haus in Kana wird eine Hochzeit gefeiert[74], wie es in Johannes 2,1–12 erzählt wird. Jesus und seine Mutter, die ihn drängt, in die Vorratskammer zu gehen, um das Weinproblem zu beheben, müssen erst auf dem sehr detailreichen Bild mit vielen synchronen Szenen gesucht werden. Ventura liegt es daran, die Alltagswelt Jesu darzustellen. Dieser sozialgeschichtliche Ansatz wird durch die pluriszenischen Bilder unterstützt.

---

73 Zu Mitgutschs pluriszenischem Bildaufbau vgl. Thiele 2000, S. 59f. Zu Mitgutsch als Person vgl. *Ulrich Hann*, Art. Mitgutsch, Ali, in: Lexikon der Kinder- und Jugendliteratur. Zweiter Band. Weinheim/Basel 1984, S. 486–488.

74 *Piero Ventura*, Die Bibel. Die schönsten Bildergeschichten aus dem Alten und Neuen Testament. Deutsche Übertragung von Dagmar Türck-Wagner, München 1993, Text: S. 111. Illustration: S. 112f. Ohne Bibelstellenangaben. (Originalausgabe: Mailand 1993).

Abbildung 100

Auch in der Kinderbibel »Auf dem Weg« (1996) von Baukje Offringa und Lika Tov (Illustrationen) wird zu »Jakob im Land Babylon« »(Genesis 29,30)«[75] der Lebenskontext von Jakob dargestellt. Auf einem synchron pluriszenisch aufgebauten Bild spielen sich mehrere Szenen um und in einem Haus ab. Im rechten Vordergrund sitzt Rahel mit ihrem kleinen Kind Josef auf dem Arm. Auf der linken Seite spielt im Vordergrund die Tochter Leas und Jakobs Dina mit einer Puppe. Im Mittelgrund reitet ein weiterer Sohn von Jakob auf einem Schaf, wobei ihn sein älterer Bruder hält. Im offenen Türeingang des Hauses sind zwei Frauen zu sehen, die sich mit einem weiteren Kind beschäftigen. Es sind auf dem Bild alle vier Frauen Jakobs abgebildet und auch alle elf Söhne und eine Tochter. Durch die synchrone Pluriszenität werden die Grösse der Kinderschar Jakobs mit den verschiedenen Müttern Lea, Rahel, Bilha, und Silpa und sein Haus voller Leben sichtbar. Dabei setzt sich das Bild aus synchronen Einzelszenen zu einem Gesamtbild zusammen und entspricht dadurch auch der Struktur von Jakobs Grossfamilie.

Synchron und diachron ablaufende Szenen können auch auf einem Bild dargestellt werden.

---

75 *Baukje Offringa*, Auf dem Weg. Bibel für Kinder. Mit Bildern von Lika Tov, Donauwörth 1996, S. 37ff. Illustration: S. 39. Bibelstellenangabe: S. 3. Originalausgabe: »Op weg: verhalen uit de bijbel voor kinderen« met illustaties van Lika Tov, Zoetermeer 1994.

Abbildung 101

In »Meine grosse bunte Bilder-Bibel« (2009) gestaltet Jochen Tiemann als Maler Bafuss sog. ›Wimmelbilder‹. Diese dienen aber vor allem zur Unterhaltung und zum Spielen ›Ich sehe was, was du nicht siehst‹. Auf dem Bild »Die Arche Noah« »(Genesis 6–9)«[76] laufen der Bau der Arche, der Einzug der Tiere, das beginnende Unwetter, die Taube mit dem Zweig im Schnabel und der Regenbogen gleichzeitig auf einem Bild nebeneinander und ineinander verschachtelt ab. Synchrone Szenen werden ohne Unterscheidung oder Trennung neben diachronen Szenen dargestellt. Ausserdem gibt es anachronistische oder Phantasieszenen, die rein der Unterhaltung dienen. So fahren zwei Schnee-Hasen auf Skiern den Hals einer Giraffe hinunter, Wander-Ratten kommen mit Wanderstock und Trekkingrucksäcken ins Bild und der Wettlauf von Hase und Igel wird zitiert[77]. Wenn die Geschichte in ihrem Ablauf erfasst werden soll, müssen die Betrachtenden diesen erzählt bekommen.

---

76 *Jochen Tiemann* (Bafuss), Meine grosse bunte Bilder-Bibel. München 2009, o. S. Bibelstellenangabe auf dem hinteren Buchrücken.
77 Hier gewinnt allerdings der Hase.

10. Resümee

Meine Bildbeispiele zeigen, dass Pluriszenität in Bebilderungen biblischer Geschichten vom 17. Jahrhundert bis ins 21. Jahrhundert sowohl in Kinderbibeln als auch in Bilderbibeln zu finden ist. Pluriszenität bedient auch die veränderten Sehgewohnheiten im 20. und 21. Jahrhundert, die deutlich in der Bilderfolge des Comics erkennbar werden[78]. Die Bild-Konzeption Pluriszenität illustriert dabei oft Lehrtexte oder Geschichten, die auf verschiedenen Zeitebenen spielen oder Gegensätze in sich vereinen. Durch diese Konzeption können leicht Deutungen oder Verbindungslinien zwischen Geschichten oder auch der weitere Verlauf der Erzählung gezeigt werden. Auch grössere Einblicke in Lebenswelten können durch Pluriszenität erreicht werden. Das Ganze ist dabei mehr als die Summe seiner Teile. Der Einsatzbereich von Pluriszenität ist weit, ihre Variationen sind vielfältig ebenso wie die intendierten Funktionen. Vielleicht ist gerade wegen dieser Weite diese Bild-Konzeption über Jahrhunderte immer wieder in Bilderbibeln und Kinderbibeln zu finden.

---

78 *Reinmar Tschirch* verweist bei Schnorr von Carolsfelds Illustration zu Nathans Busspredigt auf schon verwendete Stilmittel, die der Comic später aufgegriffen hat. Vgl. *Tschirch* 2005, S. 149f.
Zu Comics mit religiösen Inhalten vgl. *Gabriele Dressing*, Zwischen Bibel und Bilderbuch. Religiöse Kinder- und Jugendliteratur im Spiegel des Katholischen Kinder- und Jugendbuchpreises, St. Ingbert 2004, S. 146, Anm. 18. 1995 stand der Bibelcomic von *Rüdiger Pfeffer* »Jesus der Galiläer« auf der Empfehlungsliste des Katholischen Kinder- und Jugendbuchpreises.

Thomas Nauerth

Fabelnd gedacht. Kinderbibeln als Ort narrativer Ethik

Die Frage, wie Kinderbibeln zu definieren sind, liesse sich pragmatisch auch so beantworten: Kinderbibeln sind ein Ort, der Erwachsene zwingt, sich auf Erzählungen einzulassen und selbst zum Erzähler zu werden. Dieser von Kinderbibeln unweigerlich ausgehende Zwang zum Erzählen wirft in Bezug auf das Thema »Moral und Ethik in Kinderbibeln« die Frage auf, ob Kinderbibeln als Ort fabelnden Denkens[1] auch ein Ort narrativer Ethik sind oder es zumindest werden könnten.[2] Karen Joisten hat in Bezug auf die »missverständliche Wendung ›narrative Ethik‹« »drei prinzipielle Lesarten dieser Wendung« voneinander unterschieden.[3] »In einer *ersten* Lesart kann das Adjektiv ›narrativ‹ dazu dienen, die Art und Weise in der die Ethik [...] den Vollzug der Reflexion auf moralische Phänomene und Normen oder auch den der Klärung der sprachlichen Bedeutung wertender Begriffe« betreibt[4] zu beschreiben; in »einer *zweiten* Lesart kann die Aufgabe der ›narrativen Ethik‹ darin bestehen, moralische Phänomene und Zusammenhänge, die in narrativer Weise vermittelt sind, kritisch zu untersuchen« und in »einer *dritten* Lesart wird sichtbar, dass die Ethik eine narrative Dimension beinhaltet, da diese Dimension die primäre Zugangsweise zum handelnden Menschen darstellt.«[5]

---

1 Die Wendung »fabelnd Denken« wurde ursprünglich von *Ernst Bloch* geprägt, dann übernommen von *Wolfdietrich Schnurre* (»Der Schattenfotograf«). Zu ihrer Bedeutung für Bibeldidaktik wie Kinderbibel vgl. *Thomas Nauerth*, Fabelnd denken lernen. Konturen biblischer Didaktik am Beispiel Kinderbibel (ARP 42), Göttingen 2009, S. 27ff. Der vorliegende Aufsatz versteht sich als eine Ergänzung der dort in Bezug auf die kinderbiblische Aufgabe einer Hinführung zum Phänomen fabelnden Denkens durchgeführten drei Stichproben (Gleichnisse lesen lernen, Wunder sehen lernen, Gott kennen und verstehen lernen).
2 Zu den Zielvorstellungen, die mit Kinderbibeln verbunden werden können vgl. Überblick und Diskussion bei *Thomas Nauerth*, ebd. S. 102ff.
3 *Karen Joisten*, Möglichkeiten und Grenzen einer narrativen Ethik. Grundlagen, Grundpositionen, Anwendungen., in: *Dies.* (Hg.), Narrative Ethik. Das Gute und das Böse erzählen, Berlin 2007, S. 9–24.
4 Ebd., S.10
5 Ebd., S.10f.

Nur die zweite und dritte Lesart ist für Joisten für eine wissenschaftlich betriebene Ethik denkbar, die erste Lesart führt »zwangsläufig in die Irre einer ›Contradictio in adjecto‹, der der in ihr zugrunde gelegte, gleichsam ›gesetzte‹ Wissenschaftscharakter einer Ethik im Widerspruch zu einem narrativen Vollzug steht.«⁶ Die Frage des Wissenschaftscharakters ihrer Ethik hat die biblischen Erzähler bekanntlich wenig belastet, insofern sie wie selbstverständlich erzählen und erzählend denken, auch ethisch denken. Exemplarisch sichtbar wird diese Art und Weise ethisches Nachdenken mit den Mitteln der Erzählung zu betreiben in Lk 10,25–37. Dort erzählt der Evangelist von einem ethischen Diskurs, der mit einer Erzählung aufgelöst wird.

Hier ist also in der Tat »die Art und Weise in der die Ethik [...] den Vollzug der Reflexion auf moralische Phänomene und Normen betreibt« (Joisten) eine erzählerische Art und Weise, wobei der erzählende Evangelist selbst nicht belehrend, erklärend in Erscheinung tritt, sondern alles der von ihm erzählten Welt und den in dieser handelnden Figuren überlässt. Die zentrale Figur dieser erzählten Welt ist dabei selbst ein fabelnd denkender narrativer Ethiker, der in einem moralischen Diskurs zur Klärung einer wichtigen Detailfrage eine Geschichte erzählt und – rhetorisch geschickt – sein Gegenüber selbst zur (richtigen) Deutung provoziert. Auf diese von Lukas erzählte Szene trifft zu, dass »die Kunst des Erzählens in ihrer ursprünglichen Funktion [...] eine Kunst des Erfahrungsaustauschs und der Vermittlung praktischer Weisheit« ist.⁷ Erreicht wird diese Vermittlung nicht zuletzt dadurch, dass in einer Erzählung »alle Moral stets zwei Beine und einen tönenden Mund« hat. »Es gibt da kein Gesetz, das nicht Fleisch geworden wäre in einer lebendigen Gestalt. Und so wie die literarische Figur im Text langsam aufgebaut werden muss, bis wir sie erkennen und, wenn sie spricht, ihr glauben, so geschieht es auch mit dem je geltenden Gesetz.«⁸

Weil die biblischen Texte auf solche Art und Weise Ethik und Moral fabelnd denken, ist auch ein Kinderbibelerzähler als seiner Vorlage verpflichteter Nacherzähler immer wieder herausgefordert, sich in dieser ersten Lesart einer narrativen Ethik zu versuchen, zumal er für ein Publikum erzählt, das nicht wissenschaftlich betriebene Ethik erwartet, sondern zum einen spannende Geschichten (Kinder) und zum anderen sittliche Orientierung (Eltern): »Es ist zu vermuten, dass die erstaunliche Zahl der Kinderbibeln, die Jahr für Jahr

---

6 *Karen Joisten*, ebd.
7 *Klaus Dieter Eichler*, Über den Umgang mit *Erzählungen* bei Platon und Aristoteles, in, *Karen Joisten*, Narrative Ethik, S. 117–134, hier: S. 117.
8 *Peter von Matt*, Verkommene Söhne, missratene Töchter. Familiendesaster in der Literatur, München ³2001, S. 65.

verkauft werden, nicht zuletzt in der Hoffnung gekauft und verschenkt werden, mit der Bibel auch etwas von der Moral weitergeben zu können, von der man sonst nicht mehr genau weiss, wie man sie an's Kind bringen soll.«[9]

Unter der Fragestellung, welche Angebote Kinderbibeln Kindern zum ethischen Lernen machen, hat schon vor längerer Zeit Christoph DohmenFunke in hilfreicher Weise drei verschiedene Grundmuster herausgestellt. Zum einen gäbe es »die Vorgehensweise, die Moral aus einer biblischen Geschichte mehr oder weniger explizit abzuleiten«[10], zum anderen wird mit Hilfe einer Rahmenerzählung versucht, dem Leser zu sagen »wie er den Text verstehen soll«[11] und schliesslich gäbe es Kinderbibeln, die sich »bewusst oder unbewusst – auf das ethische Lernen, das der biblische Text selbst anbietet«[12] beschränken.

Die Problematik und Gefahr der ersten beiden Muster ist offenkundig. Selbst ein Erzähler vom Rang eines Johann Peter Hebel hat zuweilen, wie der Literaturwissenschaftler Peter von Matt eindringlich am Beispiel der Absalomgeschichte gezeigt hat, aus der »Lapidarität« der biblischen Erzählung, »dem in geheimnisvoller Weise Gericht und Urteil inhärent sind« eine Geschichte »zur Propagierung vorhandener Normen« verfertigt, wo der »Erzählbericht förmlich in den Krallen des urteilenden Kommentators hängt.«[13] Diese Krallen sind auch in modernen Kinderbibeln vielfältig zu beobachten, wobei der Unterschied zwischen kommentierender Rahmung und kommentierendem Erzählerkommentar nicht sehr gross erscheint. Die Moral von der Geschichte wird hier im Grunde nicht erzählt, sie wird dem Leser (an)gesagt durch den Erzähler: »Wer Vater verstört und Mutter verjagt, der ist ein schändliches und verfluchtes Kind. Ehre Vater und Mutter, dass es dir wohl gehe.«[14]

Man ist demnach versucht zu sagen, wirklich narrative Ethik liegt in Kinderbibeln nur da vor, wo der Erzähler auf seine erzählte Welt vertraut und dem Kind auch im moralisch-ethischen Bereich ein entdeckendes Lernen zutraut; es also nicht belehrend mit Moral bedrängt.[15] »Wer die Faszination des Erzählens

---

9 *Christoph Dohmen-Funke*, Ethisch handeln lernen mit Kinderbibeln. Welche Möglichkeiten eröffnen Texte aus Kinderbibeln?, in: *Franz W. Niehl/Hans-Gerd Wirtz*, (Hg.), Moral in Kinderbibeln. Vorträge und Berichte von der 3. Trierer Kinderbibeltagung 1997, Trier 1998, S. 63–70, S.63.

10 Ebd., S. 65.

11 Ebd., S. 66.

12 Ebd., S. 67.

13 *Peter von Matt*, Verkommene Söhne, missratende Töchter, S. 33–35.

14 So die Moral der Absalomgeschichte bei Johann Peter Hebel, zitiert nach *Peter von Matt*, ebd., S. 34.

15 Vgl. *Dietmar Mieth*, Literarische Texte als Quelle ethischer Verunsicherung oder ethischer Modellbildung, in: *Susanne Krepold/Christian Krepold* (Hg.), Schön und gut? Studien zu Ethik

[...] kennt, der weiss, dass es sich lohnt, auf die Kraft der Erzählung zu vertrauen ohne gleich kluge Worte des Deutens und Erklärens anfügen zu müssen.«[16] Doch die Sache ist komplexer. Biblische Erzählungen gehen in der Tat so vor, sie verzichten durchgehend auf belehrende Erzählerkommentare, auf den ›unablässigen Autorkommentar zum Geschehen‹, den von Matt bei Hebel beobachtet. Biblische Erzählungen beachten in der Regel, dass »Geschichtenerzählen [...] Sinn« enthält, »ohne den Fehler zu begehen, ihn zu benennen.«[17] Biblische Erzählungen setzen sehr verhalten, sehr indirekt Akzente, die der Leser, der für diese Erzähler natürlich ein Wiederholungsleser war, selbst entdecken muss; das Ethische biblischer Erzählungen ist in der Regel »erzählerisch bestimmte (nicht etwa unbestimmte) Implikation des Erzählens«[18]. Kinderbiblische Nacherzähler, die, wie Dohmen-Funke schreibt, »weder moralisierende Deutungen noch erzählende oder erklärende Ergänzungen vornehmen, sondern sich eng an den biblischen Text halten, indem sie ihn elementarisieren«[19] präsentieren genau aus diesem Grund aber im Ergebnis oft nur das erzählte *Geschehen*, aber nicht mehr die *Geschichte*[20], die der biblische Erzähler daraus geformt hat. Anders ausgedrückt, die in der biblischen Geschichte indirekt, durch einzelne Wörter, Wendungen, Leitwörter enthaltene Deutung des erzählten Geschehens fällt weg und damit die Botschaft der biblischen Geschichte. Aus Erzählung wird Bericht. Der kinderbiblische Nacherzähler muss aber »aus pädagogischen, didaktischen wie aus theologischen, biblischen Gründen jede Anstrengung unternehmen, um zu vermeiden, dass aus einer lebendigen Erzählung ein toter Bericht wird, der [...] die Zielgruppe nicht erreichen kann.«[21] Dies ist die besondere Herausforderung biblischer Nacherzählung, ihr besonderes Dilemma angesichts der Eigenart biblischer Erzählungen und der Eigenart der anvisierten Zielgruppe. Nicht jeder Erzählerkommentar in Kinderbibeln ist daher zu verurteilen, wie es Peter von Matt nahe legt und wie es bei

---

und Ästhetik in der Literatur, Würzburg 2008, S. 19–40 (»Ethisch relevantes Reden versucht nicht, zu überreden [...] oder eine ideologische Indoktrination zu betreiben.«, ebd. , S. 28).

16 *Christoph Dohmen-Funke*, Ethisch handeln lernen mit Kinderbibeln, S. 67.

17 *Hannah Arendt*, Isak Dinesen 1885–1962, in: *Dies.*, Menschen in finsteren Zeiten (hg. v. *Ursula Ludz*) München 1989, S. 113–130, hier: S. 125.

18 *Dietmar Mieth*, Literarische Texte als Quelle ethischer Verunsicherung, S.39. Vgl. zu dieser Eigenart biblischer Erzählungen ansonsten *Thomas Nauerth*, Fabelnd Denken Lernen, S. 76f.

19 *Christoph Dohmen-Funke*, Ethisch handeln lernen mit Kinderbibeln, S. 67.

20 »In der Literaturwissenschaft pflegt man zwischen ›Geschichte‹ (im Sinne von ›Erzählung‹; ›story‹ also, nicht ›history‹) und ›Geschehen‹ zu unterscheiden. ›Geschichte‹ ist die erzählerische Vermittlung eines ›Geschehens‹.« (*Peter von Matt*, Verkommene Söhne, missratene Töchter, S. 33.)

21 *Thomas Nauerth*, Fabelnd Denken Lernen, S. 178. Vgl. zum Problem insgesamt Teil 4.5 dieser Studie.

Dohmen-Funke ebenfalls durchklingt; abzulehnen sind Kommentare, die das in der Art und Weise des biblisch Erzählten thematisch Angelegte grob missachten oder verfälschen und die in ihrer Penetranz den Erzählfluss stören.

Vor diesem Hintergrund nun ein neugieriger Blick in aktuelle Kinderbibeln. Es liegt nahe, unter der Fragestellung Kinderbibeln und narrative Ethik zunächst einen Blick auf Nacherzählungen jener Erzählung zu werfen, in der innerbiblisch in geradezu paradigmatischer Weise, wie gezeigt, narrative Ethik im engeren Sinn betrieben worden ist, auf Nacherzählungen von Lk 10,25–37.[22]

1. Wer ist mein Nächster?

Die erzählerische Meisterschaft der lukanischen Erzählung hat dazu geführt, dass dieser Text zum »Standardprogramm« zumindest der neueren Kinderbibeln gehört und fast durchgehend in enger Anlehnung an die biblische Vorlage erzählt wird.[23] Bereits Johann Peter Hebel hat offensichtlich die Meisterschaft des biblischen Textes anerkannt, er hält sich in seiner Nacherzählung ganz eng an den biblischen Text. Deswegen »haben wir eine Hebelsche Geschichte vor uns, die auf den ersten Blick eine wörtliche Übernahme der Lutherübersetzung [...] zu sein scheint.«[24]

Allerdings hat diese meisterliche Erzählweise des Lukas wohl auch dazu beigetragen, dass wenige Erzähler bei diesem Text erzählerisch kreativ werden. Dabei gäbe es dafür durchaus handfeste Gründe. Lk 10,25–37 ist nämlich nur

---

22 Die übliche Benennung »Das Gleichnis vom barmherzigen Samariter« (s. EÜ) verdeckt die eigentliche Stossrichtung der *lukanischen* Erzählung; sie wäre als Überschrift höchstens für die in der Erzählung erzählte Geschichte passend.

23 Bei der neuen Kinderbibel von *Vreni Merz* (Grosse Bibel für kleine Leute, München 2009) wird das Gleichnis vom barmherzigen Samariter allerdings aus seinem narrativen Kontext gelöst und isoliert in einem Grosskapitel »Er spricht« präsentiert (S. 265–279). Der so packende rhetorische Rahmen, der ethische Diskurs, in dem das Gleichnis seinen Sitz hat (und seinen Sinn entfaltet) wird zugunsten einer (formgeschichtlich motivierten) Aneinanderreihung von Gleichnissen, eingeleitet durch eine allgemeine Hinführung zum Phänomen Gleichnis (S. 265) geopfert (ähnlich bereits *Eleonore Beck*, Mein grosses Bilderbuch. Ein Buch von Gott und den Menschen, Konstanz 1990, S. 219f. die Lk 10,25–37 in einem Kapitel unter der Überschrift »Jesus erzählt« bringt).

24 *Reinhard Wunderlich, Johann Peter Hebels* »Biblische Geschichten«. Eine Bibeldichtung zwischen Spätaufklärung und Biedermeier, Göttingen 1990, S. 312, der auf Richard Faber verweist: »weicht Hebel nur dreimal vom Lukas-Text ab, schaltet er sich nur dreimal – in Hausfreund-Manier – in den Text ein: dort, wo es heisst: ›Die Frage wäre gut‹ – ›Die Antwort war wieder gut.‹ Und dort, wo Hebel das schriftgelehrte Rechtfertigungssuchen im Hinblick auf seine kindliche Leserschaft so erklärt: »Er schämte sich, dass er eine Frage getan haben sollte, die er und jedes Kind sich selbst beantworten konnten.« (*Richard Faber*, »Sagen lassen sich die Menschen nichts, aber erzählen lassen sie sich alles«. Über Grimm-Hebelsche Erzählung, Moral und Utopie in Benjaminscher Perspektive, Würzburg 2002, S. 50).

vordergründig eine Erzählung, »die jeder versteht, der sie hört«[25]. Die Hintergründigkeit wird erst deutlich, wenn bestimmte Worte in ihrer Bedeutung richtig verstanden werden: weder »das Wort ›Gesetz‹ noch die Wendung ›Mann aus Samarien‹ können heutige Leser in ihrer Bedeutung unmittelbar erschliessen.«[26] Auch das Wort ›Levit‹ in Lk 10,32 ist heute zunächst unverständlich. Wenn der kinderbiblische Nacherzähler diese Dimension der Geschichte nicht völlig vernachlässigen will, muss er kreativ werden. Wer für Kinder erzählt, sollte allerdings auch die Spannung dieser Erzählung in seiner Nacherzählung noch farbiger herausstellen, als es Lukas getan hat (bzw. tun konnte). Und warum sollte man Kindern nicht auch etwas Landeskunde zumuten, sodass sie eine Vorstellung gewinnen, von welchem Weg in der Geschichte Jesu eigentlich die Rede ist? Beispielhaft gut gelöst finden sich diese erzählerischen Herausforderungen in der recht unbekannten (und längst vom Markt verschwundenen) Kinderbibel der niederländischen Theologin Johanna L. Klink (»Das grosse Versprechen«).[27] Hier heisst Lk 10,25–37 nicht »Der barmherzige Samariter«, sondern hier wird die Geschichte überschrieben mit »Einer, der seinem Feind half«. Klink beginnt ihre Nacherzählung in freier Erfindung mit einer Wegnotiz »Jesus ging mit seinen Jüngern nach Peräa jenseits des Jordan«. Diese Wegnotiz bekommt Sinn, wenn beachtet wird, dass Jesus in der vorhergehenden Erzählung in Jerusalem gewesen war. Denn dadurch führt dieser Weg »zunächst nach Jericho hinunter, durch eine einsame Wüste voller Steine. Es war der gefährliche Räuberweg [...].«[28] Gleich am Anfang wird so zum einen Spannung erzeugt, zum anderen die nachfolgend von Jesus selbst erzählte Geschichte vorbereitet. Unten am Jordan angekommen, trifft Jesus dann auf »viele Menschen« und eben auch auf einen »Schriftgelehrten«. Klink hält sich einerseits eng an die lukanische Erzählung, da wo sie für Kinder klar und verständlich ist (»Du hast gut geantwortet. Tue das, und du wirst leben!« vgl. Lk 10,28) und löst sich andererseits dort geschickt

---

25 So *Rainer Oberthür*, Die Bibel für Kinder und alle im Haus, München 2004, S. 226.

26 *Thomas Nauerth*, Fabelnd Denken Lernen, S. 175. Als eher unglückliche Lösung der Schwierigkeiten mit dem Wort »Gesetz« in Lk 10,26 ist die radikale Verkürzung der lukanischen Erzähleröffnung anzusehen, so *Barbara Bartos-Höppner*, Die grosse Kinderbibel, München 2005, S. 120; *Rainer Oberthür*, Die Bibel für Kinder und alle im Haus, S. 226. Der einleitende Dialog Lk 10,25–29 in seiner relativen Ausführlichkeit ist wichtig, damit die Erzählung vom Samariter in ihrer Funktion als Argument überhaupt verständlich wird.

27 *Johanna L. Klink*, Das grosse Versprechen. Die Bibel für junge Leute mit Liedern und Spielen, Stuttgart 1969, S. 358–360.

28 Ganz ähnlich erzählt *Jörg Zink*, Der Morgen weiss mehr als der Abend, S. 134, der allerdings Jesus und die Jünger von Jericho nach Jerusalem hinaufsteigen lässt (»Auf diesem Weg kommt man durch eine tiefe Schlucht, in der viele Höhlen sind. In den Höhlen hausten damals Räuber«). Das Gespräch findet dann bei einer Rast auf diesem Weg statt.

vom lukanischen Text, wo sie Erklärungsbedarf spürt. Aus Lk 10,29a (»Der Gesetzeslehrer wollte seine Frage rechtfertigen«) wird bei Klink ein kleines Selbstgespräch (»Wie war dieses Gebot gemeint? Nicht jedermann kann einem am Herzen liegen – es gibt doch viele Leute, mit denen man nichts zu schaffen hat, wie die Heiden oder die Leichtfertigen, die das Gesetz nicht halten«) aus dem dann die Frage erwächst: »Aber wer ist denn mein Nächster?« Die Geschichte, die Jesus daraufhin erzählt, ist durch dieses Selbstgespräch schon gut vorbereitet, sie wird farbig, spannend erzählt (»Plötzlich wurde er von Räubern überfallen«; »immer noch lag der Verwundete hilflos in der weiten, einsamen Wüste [...] Da hörte er Schritte«) und aus dem »Leviten« (Lk 10,32) wird ein Tempeldiener. Besonders raffiniert angelegt ist die Erklärung in Bezug auf das Wort »Samariter«. Zunächst heisst es nur: »Kurz darauf kam ein Samariter. Würde der einem Juden helfen?« Dies zeigt eine Spannung an, die noch nicht richtig verständlich ist. Verständlich wird sie durch ein weiteres Selbstgespräch des Schriftgelehrten. Auf die eng an Lk 10,36 angelehnte Frage »Wer von diesen drei Menschen hat gewusst, wer sein Nächster ist« antwortet der Schriftgelehrte – gegen Lukas – nicht sofort, sondern der »Schriftgelehrte schwieg und biss sich auf die Lippen.[29] Sollte er nun sagen: Der Samariter? Einer von unseren Erzfeinden[30], so einer mit einem ganz falschen Glauben! Aber die Erzählung liess keine andere Antwort zu. Leise, als schäme er sich, sagte er: ›Der, der dem Mann geholfen hat.‹« ›Die Erzählung liess keine andere Antwort zu‹: damit ist die Leistung narrativer Elemente im ethischen Diskurs präzise auf den Punkt gebracht.

Der kinderbiblische Nacherzähler aber kann noch einen Schritt weiter gehen und eine Erzählung, die keine andere Antwort zuliess, noch zusätzlich durch eine weitere Erzählung stützen. Die Anordnung von Erzählungen[31] bietet vielfältige und sehr interessante Möglichkeiten für einen Nacherzähler, sich selbst zu üben in der Kunst, fabelnd ethisch zu lehren. So findet sich bei Emma Wittmann nach der Erzählung vom barmherzigen Samariter als nächste

29 Ganz anders *Irmgard Weth*, Neukirchener Kinder-Bibel, Neukirchen-Vlyun ²1989, S. 207, wo es heisst: »Das war keine schwere Frage für den Gelehrten.« Hier wird die Provokation und Zumutung der von Jesus erzählten Geschichte nicht deutlich, obwohl in der Erzählung selbst das Fremdsein zwischen Jude und Samariter gut erläutert wurde.

30 Mit diesem Wort wird in geschickter Weise die Überschrift »Einer, der seinem Feind half« wieder aufgenommen und durch diese Rahmung zugleich der Abschluss der Geschichte angezeigt. Mit dem Wort »Feind« hatte bereits Anne de Vries versucht, die Bezeichnung Samariter zu erläutern und so die Bedeutung der Erzählung zu klären (*Anne de Vries*, Die Kinderbibel, Konstanz 1955, S. 190).

31 Zur Problematik der Anordnung der nacherzählten biblischen Erzählungen in einer Kinderbibel insgesamt vgl. *Thomas Nauerth*, Fabelnd Denken Lernen, S. 143ff.

Erzählung »Die Heilung des Blinden vor Jericho«.[32] Dieser Wechsel von Lukas nach Markus macht durchaus Sinn. Denn Wittmann schliesst ihre Nacherzählung von Lk 10,25–37 mit den über Lukas hinausgehenden Worten Jesu: »Merk dir: Immer, wenn du an einem Menschen vorbeikommst, der in Not ist und sich nicht selbst helfen kann, sollst du ihm helfen, denn er ist dein Nächster.« Die unmittelbar folgende Erzählung vom blinden Bettler Bartimäus wird so zur direkten Illustration und Bestätigung dieser ethischen Maxime, sie erhöht so die Glaubwürdigkeit der Jesusfigur. Ähnlich verfährt Jörg Zink in seiner Kinderbibel, der in kühner Weise Lk 10 mit Mt 25 verbindet, indem er das Motiv des Gleichniserklärens im engeren Jüngerkreis aufnimmt: »Als sie wieder allein waren, sagte Jesus: ›Wenn ihr einem armen Kerl helft, den sie zusammengeschlagen haben, dann bedenkt immer: [...] Ihr könnt nicht zu mir gehören wollen und die Kranken, Gefangenen, Armen, Frierenden von euch stossen. Ich bin, wo Gott ist. Und Gott ist in allen Menschen, die euch brauchen.‹«[33] Der narrativ geklärte ethische Diskurs wird hier noch theologisch vertieft, oder anders ausgedrückt, die narrativ erzwungene Zustimmung zur ethischen Maxime wird theologisch abgestützt.

2. Gesetz als Konzentrat narrativer Ethik?

Wie erzählt man von Gesetz und Weisung, eine die biblischen Texte in vielen Bereichen stark bestimmende Textgattung und eine der Textgattungen, in denen biblische Ethik oft in besonders prägnanter Weise zusammengefasst wird? Wie verschafft man knappen Gesetzesbestimmungen erzählerische Plausibilität? In vielen Kinderbibeln wird zumindest der Dekalog als unverzichtbarer Gesetzestext angesehen.[34] Für die Frage, wie Kinder Zugang zu diesem Stück biblischer Überlieferung finden können, hat Lothar Kuld vor einiger Zeit bereits einen wenig aufgenommenen Vorschlag unterbreitet:
»Erfahrung und Moral hängen auch beim Dekalog eng zusammen. Die Geschichten in den Mosebüchern mussten und müssen erzählt werden. Sie

---

32 *Emma Wittmann*, Kommt und seht. Biblische Geschichten für Kinder. Gütersloh 21957, S. 197f.
33 *Jörg Zink*, Der Morgen weiss mehr als der Abend, S. 137.
34 Sehr wenig beachtet wird kinderbiblisch die Tatsache, dass der Dekalog keinesfalls als Kurzfassung biblischer Ethik angesehen werden kann, eine Präsentation des Dekalogs sozusagen als Konzentrat der gesamten Tora daher ein völlig verzerrtes Bild ergibt, denn im »Gespräch mit Gott auf dem Berg begriff Mose noch viel mehr« (*Peter Spangenberg*, Das Geheimnis von Himmel und Erde. Die Bibel zum Lesen und Vorlesen, Hamburg 2001, S. 70, Spangenberg behilft sich dann bezüglich des »viel mehr« mit einer recht abstrakten Themenauflistung). Zum biblischen Befund vgl. ansonsten *Jürgen Ebach*, Gebote sind keine kurze Fassung der biblischen Ethik, in: ru intern 24 (1995), S. 5–8.

bieten die Begründung für die Gebote, sind narrative Ethik par excellence und gerade daran müsste ein Religionsunterricht, dem Reflexion wichtig ist, lebhaft interessiert sein.«[35]

Narrative Ethik wird hier von Kuld im Sinne einer Illustration, einer Veranschaulichung ethischer Weisungen durch Geschichten verstanden. Gerade für Kinder dürfte in der Tat manchmal erst durch Geschichten erkennbar werden, welche Bedeutung bestimmte Gebote und Verbote für das (zwischen-) menschliche Leben haben können. Auch weil als typischer »Lesemodus in der Kindheit [...] das intensive, identifikatorische Leseerlebnis«[36] gilt, ist die Bedeutung narrativer Illustration und Erprobung abstrakter Normen nicht zu überschätzen.

Mit seiner These hat Kuld nicht nur dem Religionsunterricht eine Aufgabe gestellt. Von Relevanz erscheint dieser Vorschlag gerade auch für eine Kinderbibelkonzeption. Der Dekalog ist in vielen Kinderbibeln oft das einzige Gesetzesstück, das aus dem Pentateuch aufgenommen wird. Wenn man nun »Alleinverehrungsgebot, Bilderverbot und Tabu des Gottesnamens [...] nur verstehen« kann, »wenn man weiss, was diesen Geboten vorausging«[37], dann stellt sich eine erzählerisch anspruchsvolle Aufgabe und die Entscheidung zur Präsentation des Dekalogs hat unmittelbare Folgen für die weitere Textauswahl. Bereits im biblischen Text der Dekaloge sind deutliche Rückbezüge zu erkennen; Gebot bzw. Verbot wird mit erzählter Erfahrung verknüpft (Ex 20,2//Dtn 5,6.16 -> Herausführung aus Ägypten; Ex 20,6 -> das Ruhen Gottes nach der Schöpfung; Ex 20,12//Dtn 5,16 -> Landverheissung). Unschwer lassen sich weitere Erzählungen des Pentateuch nennen, die für andere Gebote einen plausiblen Hintergrund abgeben (z.B. Ex 20,13//Dtn 5,17 [»morden«] -> Ex 2,11–15 und Ex 20,14//Dtn 5,18 [»ehebrechen«] -> Gen 39). In Kinderbibeln allerdings scheint die Präsentation des Dekalogs eher durch die kontextlose Tradition des Katechismus inspiriert, als durch Sensibilität für literarische Zusammenhänge. Selbst die im biblischen Text explizit enthaltenen Rückbezüge beim Sabbatgebot, die doch als Begründung gedacht sind, werden im kinderbiblischen Text gerne weggelassen.[38]

---

35 *Lothar Kuld*, Dekalog für Kinder?, in: Katechetische Blätter 131 (2006) S. 394–398, hier: S. 396. Bei *Regine Schindler*, Die zehn Gebote. Wege zum Leben, Düsseldorf 2006 findet sich eine solche Verbindung von Gebot und biblischer Erzählung als durchlaufendes Konzept; das Buch zeigt insofern die praktische Relevanz der theoretischen Forderung von Lothar Kuld.

36 *Werner Graf*, Literarische Sozialisation, in: *Klaus Michael Bogdal/Hermann Korte* (Hg.), Grundzüge der Literaturdidaktik, München ⁴2006, S. 49–60, hier: S. 52.

37 *Lothar Kuld*, Dekalog für Kinder, S. 396.

38 Vgl. nur *Eleonore Beck*, Meine Bilderbibel, S. 60; *Thomas Erne*, Die grosse Ravensburger Kinderbibel. Geschichten aus dem Alten und Neuen Testament. Ravensburg ⁹2000, S. 66; *Regine Schindler*, Mit Gott unterwegs. Die Bibel für Kinder und Erwachsene neu erzählt. Zürich 1996,

In Kinderbibeln »klassisch« ist dagegen die Verknüpfung zwischen Dekalog und der Erzählung vom goldenen Kalb. Denn fast durchgängig wird in Kinderbibeln der Dekalog zu Beginn der Wanderung durch die Wüste erzählt, in Anlehnung an Ex 20. Da in der Regel die Passagen zwischen Ex 20 und Ex 32 nicht nacherzählt werden, führt dies dazu, dass direkt im Anschluss an den Dekalog vom goldenen Kalb erzählt wird.[39] Ex 32 ist nun eine Erzählung, die narrativ sehr gut zu illustrieren vermag, was mit Ex 20,3–5 gemeint war. Allerdings sind es nicht all zu viele Erzähler, die sich die Freiheit nehmen, diesen Bezug auch explizit zu machen:

»Gross und glänzend stand das Kalb in der Sonne, als Mose mit den beiden Tafeln vom Berg herabkam. Das erste Gebot, die erste Spielregel sagt, dass du keine Götter haben darfst. Und auch, dass du kein Bild von Gott machen darfst. Was dort geschah konnte niemals gut sein.«[40]

Die dramatische Erzählung vom »Goldenen Kalb« könnte dann bei Kindern in Bezug auf das Gebot Ex 20,3–5 durchaus das bewirken, was Dietmar Mieth generell als Leistung des Erzählens herausgestellt hat: »Evokation von Sinnwerten im Gemüt des Menschen, ohne welche die normativen Abwägungen in der Luft hängen.«[41]

Eine solche nachträgliche narrative Verdeutlichung eines zunächst schwer verständlichen Gebotes kann also sehr sinnvoll sein, die Frage, warum die Reihenfolge der Erzählungen nicht verändert wird, stellt sich aber dennoch. Da der Dekalog sich bekanntlich zweimal im Pentateuch findet, einmal in Ex 20,2–17 und einmal in Dtn 5,6–21, wäre es biblisch durchaus legitim, mit dem Dekalog sozusagen die Wüstenzeit Israels abzuschliessen. Dann wäre der Dekalog wirklich die Conclusio der Erfahrungen Israels aus allen fünf Büchern des Mose.

S. 70; *Rainer Oberthür*, Die Bibel für Kinder und alle im Haus, S. 70. Anders *Peter Spangenberg*, Das Geheimnis von Himmel und Erde, S. 66f, der sehr ausführlich verschiedene Versuche eines kinderverständlichen Dekalogs präsentiert und formuliert: »Vergesst den Ruhetag nicht [...] Denn ich, euer Gott, habe nach der anstrengenden Schöpfungsarbeit auch geruht.« Im Kapitel »Wie die Welt begann« (ebd. S. 12–16; gemeint ist »Die anstrengende Schöpfungsarbeit«) heisst es allerdings nur: »Am siebenten Tag machte Gott Pause.«

39 Vgl. nur *Irmgard Weth*, Neukirchener Kinder-Bibel; *Werner Laubi*, Kinderbibel, Lahr 1992; *Johanna L. Klink*, Das grosse Versprechen; *Rainer Oberthür*, Die Bibel für Kinder und alle im Haus; *Regine Schindler*, Mit Gott unterwegs und *Thomas Erne*, Die grosse Ravensburger Kinderbibel.

40 *Eleonore Beck*, Meine Bilderbibel, S. 62; ähnlich *Regine Schindler*, Mit Gott unterwegs, S. 70 (»Aaron hat das zweite Gebot Gottes nicht vergessen, auch Mirjam denkt daran, auch andere Männer und Frauen [...] Aber sie sagen nichts«).

41 *Dietmar Mieth*, Moral und Erfahrung II. Entfaltung einer theologisch-ethischen Hermeneutik, Freiburg 1998, S. 207.

3. Ruth – ein Büchlein von Recht und Moral

Wenn es um die Frage einer Veranschaulichung oder auch Erprobung bestimmter Gebote des Pentateuch bzw. bestimmter Weisungen der Tora geht, wird man am Buch Ruth nicht vorbeigehen können.[42] Dieses Büchlein ist eine kleine Erzählung, gerne auch als Novelle bezeichnet, die in vielfältiger Weise ethische Aspekte narrativ illustriert.[43] Es wird der Wert der Gastfreundschaft deutlich (erst in Moab, später in Bethlehem), es wird von einer ungewöhnlichen unbedingten Solidarität zwischen zwei Frauen erzählt, es wird erzählerisch entschieden die Gleichwertigkeit der Frau als handlungstragende Figur demonstriert[44] und nicht zuletzt wird erzählt von einer Fremden, die in Bethlehem Heimat findet, einer Frau aus jenem Volk und Land Moab, von dem es in Dtn 23,4 heisst, dass ein Ammoniter oder Moabiter niemals in die Gemeinde des Gottes Israel aufgenommen werden soll. Vor dem Hintergrund solch drastischer, fremdenfeindlicher »Weisungen« wirkt die Rutherzählung als innerbiblische Kontrasterzählung, als narratives Korrektiv bestimmter Gesetzesbestimmungen (aber auch bestimmter Erzählungen, vgl. nur Neh 13,23ff).[45]

Eine Nacherzählung des Buches Ruth muss angesichts dieser Themen(über-)fülle Schwerpunkte setzen. Am besten geschieht dies wohl gleich durch die Überschrift. So trägt die Nacherzählung bei Eleonore Beck die Überschrift »Die Geschichte einer fremden Frau«[46] und sie beginnt mit der Szene des Ährensammelns der Ruth (vgl. Ruth 2,2ff):

---

42 Auch wenn es möglicherweise doch zu eng gedacht ist, das Buch Ruth insgesamt als Torapredigt zu verstehen (*Michael D. Goulder*, Ruth. A Homily on Deuteronomy 22–25?, in: *Heather A. Mc Kay/David J.A. Clines* (Hg.), Of Prophet's Visions and the Wisdom of Sages (FS N. Whybray) JSOT 162, Sheffield 1993, S. 307–319), die Prägung durch Bestimmungen der Tora ist unbestritten.

43 Vgl. nur *Reinhold Bohlen*, Die Rutrolle. Ein aktuelles Beispiel narrativer Ethik des Alten Testaments: TThZ 101, 1992, S. 1–19.

44 Vgl. zu diesem Aspekt nur *Irmtraud Fischer*, Rut – Das Frauenbuch der Hebräischen Bibel, in rhs 1/1996, S. 1–6.

45 Vgl. zu dieser Dimension der Erzählung *Renate Jost*, Das Buch Rut – ein Meisterwerk der Weltliteratur um den Überlebenskampf ausländischer Frauen, in: Bibel und Kirche 54 (3/1999) S. 102–106. S. 106 unter Bezug auf *Jürgen Ebach*, Fremde in Moab – Fremde aus Moab. Das Buch Ruth als politische Literatur, in: *Ders.* (Hg.) Bibel und Literatur, München ²1988.

46 *Eleonore Beck*, Meine Bilderbibel, S. 88. Ähnlich die Überschrift bei *Johanna L. Klink*, Das grosse Versprechen, S. 141 (»Die Fremde, die doch dazugehörte«). Mit solchen Überschriften wird ein ganz anderer Akzent gesetzt als z.B. mit der Überschrift »Die treue Rut« (so *Vreni Merz*, Grosse Bibel für kleine Leute, S. 131).

»Die Leute wollten auf die Felder, um zu ernten. Hinter ihnen her ging eine junge Frau. Sie grüsste freundlich, aber niemand kannte sie. Das war eine von den Fremden, die auf die Felder ging, um liegengebliebene Ähren zu sammeln. Das durfte sie. Alle Armen [...] hatten das Recht [...] Ähren zu sammeln. Das war ein Armengesetz.«

Hier wird gleich im ersten Abschnitt eine Gesellschaft geschildert, die in ihren Gesetzen den Armen Rechte zuspricht und ihnen zu Brot und Überleben verhilft.[47] Leider hört der Leser hier nur vom »Armengesetz«, nicht vom »Gesetz des Mose«[48]. Zudem kann er das ›Armengesetz‹ in dieser Kinderbibel nicht nachlesen, dem Leser bleibt so verborgen, dass dieses fremden- und armenfreundliche Gesetz ein Gesetz der Bibel – und nicht nur ein Gesetz Israels oder gar nur eine Vorschrift Bethlehems ist.[49]

Die Konnotationen, die innerbiblisch mit dem Wort (und Land und Volk) Moab ausgelöst werden, hat Johanna Klink geschickt als Reaktion der Nachbarn in Worte gefasst: »Die Menschen von Bethlehem schauten ihnen kopfschüttelnd nach: ›Einfach sein Haus und Land verlassen! Und dann in ein Land ziehen [...] wo die Leute an andere Götter glauben!‹«[50] Entsprechend sagt Naemi bei der Rückkehr zu ihren Schwiegertöchtern: »Kein Mann in Israel wird eine Moabiterin heiraten wollen.« Die komplizierten rechtlichen Erwägungen in Ruth vier werden von Klink ebenfalls konsequent in diese Linie eingetragen:

---

47 Ganz anders *Werner Laubi*, Kinderbibel, S. 93, wo Ruth den Vorarbeiter der Schnitter um Erlaubnis fragt und der »Mann erlaubte es ihr«. Der Leser erfährt hier nichts vom Recht der Armen, sondern er hört von der Grosszügigkeit der Reichen.

48 So die Formulierung bei *Johanna L. Klink*, Das grosse Versprechen, S. 141.

49 Gleiches gilt in Bezug auf die Szene zwischen Boas und Ruth, wo es einleitend heisst: »Da gab es doch eine Vorschrift zum Schutz für Witwen« (ebd., S. 89). Anders die Lösung bei *Diana Klöpper/Kerstin Schiffner*, Gütersloher Erzählbibel, Gütersloh 2004, S. 230, wo bei der Aussage »Das ist schliesslich unser gutes Recht« mit einer Fussnote auf Dtn 24,19–22 hingewiesen wird. (Besser wäre allerdings, man hätte diese Fussnote in die Erzählung eingearbeitet, ob Kinder mit Fussnoten sachgerecht umgehen können, erscheint dann doch fraglich; auch das Wort »Samaritaner« in Lk 10,33 wird durch eine Fussnote erklärt, vgl. S. 293!). Allerdings kann in dieser Kinderbibel dieses »Recht« auch nachgelesen werden (vgl. S. 116, aber man muss leider diese Seite erst suchen, denn in den Fussnoten werden bedauerlicherweise nur die Bibelstellen, nicht aber die Kinderbibelseiten angegeben). Eingeleitet werden die in dieser Kinderbibel in einmaliger Ausführlichkeit präsentierten Rechtsbestimmungen wie folgt: »Viele Probleme würden erst auftreten, wenn das Volk im Land wäre – deshalb war es wichtig, heute über sie nachzudenken, kurz vor dem Erreichen des Landes [...] Wie sollten sie miteinander umgehen? Was sollte mit den Armen geschehen?« (ebd. S. 113). Die Rutherzählung bekommt in dieser Kinderbibel so explizit die Funktion zugewiesen, die Bedeutung der Rechtsbestimmungen narrativ zu entfalten.

50 Es wäre vielleicht zu kühn, diese »Nachbarn« dabei auch noch Dtn 23,4 oder ähnliche Passagen zitieren zu lassen. Andererseits würde erst dann deutlich, wie sehr an diesem Punkt innerbiblisch die Wahrheit einer Erzählung gegen die Geltung eines Gesetzes streitet.

»›Willst Du nicht Ruth heiraten? Du bist der nächste nach dem Gesetz. Du bekommst nicht leicht eine bessere Frau.‹« Aber der andere war empört: ›Eine Fremde heiraten? Das ist ausgeschlossen!‹«. Boas aber heiratet »die Moabiterin, eine Fremde in Israel«, er heiratet »Ruth, die Fremde, die doch dazugehörte.«[51] Wer so erzählt setzt deutlich andere ethische und moralische Akzente, als wer erzählt, dass jeder »in der Stadt weiss, dass Du eine tüchtige Frau bist. Ich habe dich gern und will dich heiraten.«[52]

Diese kurzen Stichproben haben die Möglichkeiten wie auch die Schwierigkeiten einer narrativen Ethik in Kinderbibeln deutlich gezeigt. Insofern jedes Erzählen »eine Kunst des Erfahrungsaustauschs und der Vermittlung praktischer Weisheit« ist[53], setzt jede Nacherzählung in bestimmter Hinsicht immer auch narrativ vermittelte ethische Akzente. Manchmal allerdings sind es eher die Akzente unserer Gesellschaft (›tüchtige Frau‹), als wirklich biblische Akzente. Es ist daher immer zunächst eine sorgfältige Analyse der biblischen Erzählungen in Bezug auf die in ihnen oft eben sehr indirekt gesetzten ethischen Akzente, auf die in ihnen implizit enthaltene Moral nötig. Damit diese Akzente dann in der Nacherzählung auch narrativ vermittelt werden können, bedarf es – wie die Beispiele gezeigt haben – darüber hinaus einer Grundentscheidung in Bezug auf die Art der Nacherzählung. »Nur von Kinderbibeln, die wirklich spannend, entfaltend und literarisch zu erzählen versuchen, wird man lernen können«[54] im Hinblick auf eine Annäherung an die Kunst narrativer Ethik. Nur Erzähler, die sich von der Textoberfläche der deutschen Übersetzungen zu lösen wagen und versuchen, die von ihnen verstandene Botschaft mit eigenen literarischen und erzählerischen Mitteln wiederzugeben, können das biblische Potential an narrativer Ethik wirklich nutzen und Kindern eine Ahnung davon vermitteln, »wie Moral entsteht und begründet wird«[55]. Nur von solchen Erzählern kann begründet behauptet werden, dass sie »moralische Urteilskraft und moralische Autonomie«[56] der Kinder stärken.

Eine hierfür sensible Kinderbibel könnte dann auch eine wichtige Rolle für eine dieser Aufgabe sich verpflichtend wissende Katechese sowie für den Religionsunterricht spielen. Kinderbibeln als Ort narrativer Ethik wären auf diese Weise ein Ort des Lernens nicht nur für Kinder, ein Ort, an dem sowohl die Kunst fabelnden Denkens wie auch die Kunst narrativer Vermittlung von Ethik und Moral gelernt werden können.

---

51 Vgl. *Johanna L. Klink*, Das grosse Versprechen, S. 141–146.
52 *Werner Laubi*, Kinderbibel S. 95.
53 *Klaus Dieter Eichler*, Über den Umgang mit *Erzählungen* bei Platon und Aristoteles, in: *Karen Joisten*, Narrative Ethik, S. 117–134, hier: S. 117.
54 *Thomas Nauerth*, Fabelnd denken lernen, S. 221.
55 *Lothar Kuld*, Dekalog für Kinder S. 396.
56 Ebd., S. 396.

Martina Steinkühler

Wachsam von Gut und Böse reden.
Zehn Gebote zur inhaltlichen Gestaltung von biblischen Erzählungen

1. Vorbemerkungen

1.1 Das Thema weit fassen

Das Thema des 6. Internationalen Forschungskolloquiums »Kinderbibel« – Moral und Ethik in Kinderbibeln – und das, was ich aus Sicht einer Verlagslektorin mit dem Schwerpunkt Religionspädagogik an neuen Perspektiven zur Frage der angemessenen Vermittlung biblischer Geschichten und Inhalte an Kinder beitragen wollte – dieses beides schien zunächst nicht unmittelbar miteinander zu korrespondieren.

Nur eines der »Zehn Gebote zur inhaltlichen Gestaltung von biblischen Geschichten«, die vorzustellen ich nach Zürich gekommen war, bezieht sich direkt auf die ethische Fragestellung von »Gut und Böse«. Die neun anderen fokussieren weitere Aspekte. Und doch wurde mir im Lauf der Beiträge und Diskussionen deutlich: Nicht nur das eine Gebot, mit dem ich den Vortrag überschrieben hatte, sondern auch alle anderen, die Ingo Baldermann und ich anhand seiner neu erzählten Bibelgeschichten entwickelt hatten, haben existenziell mit der Frage nach Moral und Ethik zu tun – Erwachsene wie Kinder betreffend.

Ich werde daher mein ursprüngliches Redeskript modifizieren und im Folgenden nicht nur drei neue Ansätze der Bibeldidaktik vorstellen, sondern auch die Fragen nach Gut und Böse in biblischer Kinderliteratur, die das Kolloquium aufgeworfen hat, aus meiner Sicht zu beantworten versuchen.

1.2 Die Zielgruppe ernst nehmen

Von den drei neuen religionspädagogischen Ansätzen, die ich hier vorstellen möchte, ist nur der eine auf die Zielgruppe Kinder fokussiert. Es handelt sich dabei um ein Unterrichtsmaterial zum Gleichnis-Verstehen. Die beiden anderen, ein Arbeitsbuch zur Friedensarbeit sowie die erwähnten Bibelgeschichten mit Erzählgeboten, sind zielgruppenoffen bzw. müssen dann in einem zweiten Schritt auf eine Zielgruppe zugeschnitten werden, seien es Erwachsene, Jugendliche oder Kinder. Dies scheint mir ein guter und angemessener Weg: Wie können Kinder als Zielgruppe ernst genommen werden, insofern als dass man ihnen die gleichen theologischen und didaktischen Erkenntnisse zugänglich macht wie den Erwachsenen, nur eben dann in zielgruppenangepasster Form?

1.3 Wachsam von Gut und Böse reden

Ich trage, nachdem ich dem Kolloquium gefolgt bin, die Frage nach Ethik und Moral bzw. nach Gut und Böse, direkt an die Bibel und an die drei vorzustellenden Ansätze heran und es wird deutlich werden, dass sie jeweils sehr dezidiert beantwortet wird und die Antworten gemeinsam münden in dem, was Ingo Baldermann und ich genannt haben: »Wachsam von Gut und Böse reden«.

2. Von Gut und Böse reden

2.1 Von Gut und Böse reden heisst: erzählen

In den Forschungsbeiträgen zum Thema wurde u.a. untersucht, wo und wie biblische Gesetzestexte in Kinderbibeln bzw. biblischem Erzählmaterial für Kinder zur Sprache kommen und es wurden Wünsche geäussert, wie solche Texte häufiger, besser und verständlicher eingebracht werden könnten. Vor allem sollten die Gesetzestexte, die im Judentum eine wichtige Rolle spielen, prominent berücksichtigt werden.

Ein Gegenmodell zu solchen Metatexten über Gesetz und Moral, die mit Recht daraufhin hinterfragt wurden, wie spannend denn solche Ausführungen für die jungen Rezipienten seien, stellt das Erzählen dar. Ein Erzählen von Geschichten oder Liedern, die implizit Werte vermittelnd wirken. Interessanterweise wählte Regine Schindler als Beispiel hierfür nicht die einschlägig bekannten Geschichten über den Guten und den Bösen und die böse Tat aus

(Adam und Eva, Kain und Abel, Judas u.ä.), sondern entfaltete Psalmentexte, in denen Gottes Fürsorge für den Menschen und die Geborgenheit, die Menschen bei Gott finden, im Mittelpunkt stehen: Gott ist wie eine Burg...

Dieser Ansatz geht davon aus, dass Kinder in der Bibel zuallererst Zutrauen zu Gott »lernen« können – und alles Weitere daraus folgen werde, entsprechend dem Gebot, »dass, wer Gott liebt, dass der auch seinen Bruder liebe« (1 Joh 4,24). Seelsorge vor Ethik – das ist plausibel.

Auch in der Bibel selbst kommen Ethik und Gesetz am eindrücklichsten in Erzählungen bzw. in Verbindung mit Erzählungen zum Zuge. Da ist es bemerkenswert, wie Gott den Menschen, nachdem sich der entschieden hat, selbst »um Gut und um Böse« Bescheid wissen zu wollen, in seiner Freiheit, richtige und falsche Entscheidungen treffen zu können, bestärkt. Wie er zu Kain sagt: »Wenn du unfromm bist« (d.h. in innerem Unfrieden, hadernd mit Gott und dem Nächsten), »so lauert die Sünde vor der Tür, und nach dir hat sie Verlangen. Du aber herrsche über sie« (Gen 4,7).

Gott betrachtet den Menschen, den er vorgängig immer schon liebt, losgelöst von seinen Taten, Gedanken und Entscheidungen, seien sie gut oder böse, richtig oder falsch und selbst, wer für das Miteinander der Menschen schon »gestorben« ist, kann wiederkehren, kann wieder leben (Lk 15,24).

Das Gleichnis vom Verlorenen Sohn ist die eine Grundinformation des Neuen Testaments, das Gleichnis vom Barmherzigen Samariter die andere. Aus Gottes Liebe und der Erfahrung des Geliebtseins folgt eine selbstverständliche, natürliche, ungezwungene Nächstenliebe. Jesus erzählt davon. Das hat bis heute genügt, um immer wieder Menschen zum Guten zu bewegen.

2.2 Achtsamkeit erproben

Abbildung 102: Titelblatt von *S. Macht*, Wie ein Fenster zu Gott. Gleichnisse sehen lernen

Ich hatte im letzten halben Jahr ein Manuskript von Siegfried Macht mit dem Titel: »Wie ein Fenster zu Gott. Gleichnisse sehen lernen« auf dem Tisch. Mit den originellen Arbeitsmaterialien lernen Kinder aber nicht nur sehen, sie lernen eine Lebenshaltung: Wie es wächst, wie es gut wird – mit Geduld. Wie es darauf ankommt, die Augen offen zu halten, für Gott, für den Nächsten, für das, was Not tut – spielerisch und ganz ohne erhobenen Zeigefinger:

3. Wachstumsgleichnisse Jesu

Von Feigen und Pflaumen

Spielt das folgende Gleichnis nach: Während jemand den Text liest und hinter jedem Absatz eine Pause macht, spielen drei andere ohne Worte nach, was erzählt wird. Ihr braucht einen Weinbergbesitzer, einen Gärtner und jemanden, der den Baum im Garten spielt ...

Es hatte jemand einen Feigenbaum, der in seinen Garten gepflanzt war;
und er kam und suchte Frucht an ihm
und fand keine.

Da sprach er zu dem Weingärtner:
Schau, seit drei Jahren schon
komme ich und suche Früchte an diesem Baum
und finde keine.

Hau ihn um!

Doch der Gärtner antwortete:
Herr, lass ihn noch dieses Jahr,
bis ich um ihn herum die Erde gelockert
und Dünger gelegt habe ...

- Haben andere Kinder noch mehr Ideen, wie man das ohne Worte spielen kann? Dann spielt es noch einmal. Beim dritten Mal versucht ihr es ohne Erzähler.
- Was hofft der Gärtner?
- Erzähle eine andere Geschichte von Geduld, Ungeduld und Hoffnung.

Jesus hat noch ein anderes Gleichnis vom Feigenbaum erzählt:

Vom Feigenbaum könnt ihr etwas lernen:
Wenn der Saft durch die Zweige fließt
und die Blätter hervor wachsen, merkt man
dass der Sommer nahe ist.
So sollt auch ihr merken,
dass das Reich Gottes nahe ist.

- An welchen Zeichen erkennt man, dass bald der Sommer kommt? (Ihr kennt bestimmt noch mehr als nur das eine aus dem Gleichnis.)
- In Jesu Nähe hatten die Menschen den Eindruck, dass Gott bei ihnen ist. An welchen Zeichen meinten sie das zu erkennen?

© 2009, Vandenhoeck & Ruprecht GmbH & Co. KG, Göttingen   15

Abbildung 103: Beispiel 1, *S. Macht*, S. 15

4. Gleichnisse von der Andersartigkeit Gottes

Von seltsamen Freunden und einem noch seltsameren Feind (1)

• Probiert das folgende Stück als Rap:

Ging einer von Jerusalem hinab nach Jericho,
dem lauerte 'ne Bande auf, die schlug ihn bald k.o.
Ein Priester kam die Straße her, wo unser Mann nun lag,
der Priester aber ging vorbei, ich finde, das ist stark!

   Ausgerechnet der, ich kann's nicht glauben, ausgerechnet der ...

Zum Glück kam noch ein frommer Mann, zumindest schien es so,
doch kam's, dass er genauso schnell von diesem Orte floh.

   Ausgerechnet der, ich kann's nicht glauben, ausgerechnet der ...

Dann nach langer Zeit kommt einer aus 'nem ungeliebten Land.
„Aus der Traum", denkt der am Boden, „der ist mir in nichts verwandt."
Doch der andre sieht ihn liegen und verbindet ihn sofort,
nimmt ihn mit sich bis zum Gasthaus, zahlt für ihn, zieht dann erst fort.

   Ausgerechnet der, ich kann's nicht glauben, ausgerechnet der ...

Das hättest du nicht erwartet, das hättest du nicht gedacht:
Ja, der, mit dem du nicht gerechnet, hat dir die Hilfe gebracht.

♪ Zwischen den einzelnen Sprechstrophen tritt an den passenden Stellen die
zweite Stimme des Refrain-Chorus gesungen hinzu, abschließend folgen beide
Chorusstimmen auch gemeinsam in der Zweistimmigkeit:

DAS HÄTTEST DU NICHT ERWARTET   TEXT UND MUSIK: SIEGFRIED MACHT

Abbildung 104: Beispiel 2, *S. Macht*, S. 24

Zugegeben: Dies ist kein Beleg aus einer Kinderbibel, aber vielleicht ein Anlass,
auch einmal bei den informellen religionspädagogischen Materialien zu schau-
en, was daraus zu lernen wäre.

2.3 Empathie üben

Abbildung 105: Titelblatt von *G. Orth*, Friedensarbeit mit der Bibel

Der Methodenband »Friedensarbeit mit der Bibel« von Gottfried Orth demonstriert, wie das Konzept der Gewaltfreien Kommunikation nutzbar gemacht werden kann, um mit den »Bösewichtern« der Bibel neu ins Gespräch zu kommen. Dabei kann gelernt werden, wie man Eva und Kain und Judas ihrer hassbeladenen Rezeptionsgeschichte entkleidet, wie man sie wiedergewinnt aus dem spröden, zurückhaltenden, achtsamen Bibeltext, wie man sie an sich herankommen lässt, indem man erkennt: Sie haben Gefühle und Bedürfnisse wie du und ich. Die Relecture, wie Orth sie beschreibt, ist kein Konzept speziell für Kinder. Aber Gottfried Orth ist bereits dabei, passende Texte und Impulse für Zielgruppen bereitzustellen: für Konfis, für Erwachsene, warum also nicht auch für Kinder? Um Adam und Eva und Kain und Abel kamen sie nie »herum« – wenn jemand daran Empathie üben kann, dann sicherlich die PädagogInnen, zusammen mit ihren Schülern.

Übrigens macht das Dietrich Steinwede ebenfalls schon einer ganzen Generation von Religionspädagogen vor: wie man Kinder teilhaben lässt an den theologischen und exegetischen Erkenntnissen der Forschung (vgl. die »Sachbilderbücher«, welche lehren, zwischen Jesus und Christus, zwischen dem historischen Petrus und dem Kirchen-Petrus, zwischen dem Paulus der Apostelgeschichte und dem Paulus der Briefe zu unterscheiden – und sich sein eigenes Urteil zu bilden).

3. Ethisch erzählen wie Ingo Baldermann

Abbildung 106: Titelblatt von *I. Baldermann*, Pilgerpfade durch die Bibel

Weiter soll an dieser Stelle Ingo Baldermanns »Pilgerpfade durch die Bibel«
Aufmerksamkeit beigemessen werden. Angedacht als ein neues Angebot
»Biblische Geschichten für Kinder«, wurde es reif, ernst und erfahrungsgesättigt
– ja, auch für Kinder. Genau genommen aber für jeden. Wir fragten uns nach
dem religionspädagogischen Nutzen des Projekts jenseits des künstlerischen
Genusses und kamen darauf, dem Buch eine Methodik beizugesellen, die
Menschen in Schule und Gemeinde dazu befähigen sollte, verantwortet biblische Geschichten zu erzählen – ebenso wie Baldermann dies tut. Wohlgemerkt:
Nicht »wie Baldermann«, sondern »religionspädagogisch verantwortet wie
Baldermann«. Und wo der Autor und Künstler dann sagen mag: »Das kann ich
nur tun, nicht beschreiben«, schaut die Lektorin eher von aussen. Auf der Suche
nach »Regeln der Kunst« landet sie stattdessen bei »Geboten«, in denen Form
und Inhalt in Eins fliessen und nebeneinander zur Geltung kommen. Es sind
zehn Gebote der Achtung vor Gott und dem Menschen, vor dem Leben und
vor dem, was Gut ist. Womit wir beim Thema wären.

3.1 Und dies sind die zehn Gebote (Beispiel 3: Baldermann/Steinkühler)

- Verbinden
- Einen Weg beschreiten
- Verorten
- Verweilen
- Aufmerksamkeitszeichen setzen
- Eindeutig und behutsam von Gott reden
- Eindeutig und menschlich von Jesus reden
- Wachsam von Gut und Böse reden
- Teilnehmend vom Menschen reden
- Hoffnung zeigen

Zwei Vorbemerkungen dazu: Die Reihenfolge dieser Gebote ist keine Rangfolge. Jedes für sich ist ein wichtiger Bestandteil des Ganzen, jedes verdient vollumfängliche Beachtung. Andererseits muss nicht jedes Gebot in jeder Geschichte tatsächlich einen zugewiesenen Raum erhalten.

3.2 Eine Kommentierung dieser Erzähl-Gebote

- *Verbinden*: Hier geht es um die Verbindung des zu Erzählenden zum Erzähler und zum Hörer. Wo betrifft mich diese Geschichte? Was geht mich diese Person an? Wie nah ist mir die Existenzfrage, die dahinter steckt?
- *Einen Weg beschreiten*: Das ist natürlich das, was Sie vorhaben, wenn Sie sich ans Erzählen einer Geschichte machen; Sie wollen eine Handlung nacherzählen, den äusseren und inneren Weg beschreiben, den die Personen der Geschichte und den Sie mit ihnen gehen: Wie es begann, wie es verlief, wie es endete. Wer erzählt, wird Überzeugungen und Einsichten in die Erfahrungen zurückverwandeln, aus denen sie erwachsen sind, Zustände in ihre Entstehung, Namen in ihre Geschichten.
- *Verorten*: Das Nacherzählen biblischer Geschichten ist gebunden an einen bestimmten geschichtlichen Ort und eingegliedert in einen grossen Zusammenhang. Ohne diesen Ort und Zusammenhang verlieren Sie Ihr Erzählziel.

– *Verweilen*: Es gehört zur Erzählkunst, hat aber zugleich inhaltliche Dimensionen. Man hastet nicht durch eine Geschichte, man legt Pausen ein, bewusste Denkpausen, Besinnungspausen, bevor eine Spannung zum Höhepunkt gelangt und von daher dann auch zur Lösung. Bedeutsame Ereignisse benötigen Einbettung, sonst verlieren sie an Gewicht. Sie werden Räume schaffen, in denen die Zuhörenden verweilen können. Zur Nachhaltigkeit Ihrer Erzählung trägt es bei, wenn Sie sich die Zeit nehmen und Ihre Fantasie bemühen, um Erzählräume zu öffnen. Beschreiben Sie die Umstände, führen Sie auch Nebenbetrachtungen aus, verweilen Sie auf Details. Das verstärkt den Eindruck und verleiht Gewicht.

– *Aufmerksamkeitszeichen setzen*: In den biblischen Geschichten wird Unerhörtes erzählt: dass Gott zu den Menschen redet, dass Jesus Wunder tut und Menschen heilt. Die grundlegende biblische Gotteserfahrung ist so unerhört wie die Geschichte, die sie in Gang setzt. Die Wunder Jesu sind so unerhört wie seine Botschaft. Wir müssen genau hinschauen, was dort geschieht. Dann werden wir so davon erzählen können, dass darin etwas von dem ursprünglichen Erstaunen wieder geweckt wird, auch Bestürzung und Erschrecken. Dazu gehört, dass der Erzählende seine Zuhörer überrascht; dies dient nicht nur der Erzähldramatik, sondern ist auch ein wichtiges Merkmal des Wesens Gottes. Oft genug nehmen die Weg- und Begegnungsgeschichten der Bibel eine ganz andere Wendung, als man erwartet. Erzählen Sie daher so, dass die Hörenden ahnen: Sie sind immer für eine Überraschung gut.

– *Eindeutig und behutsam von Gott reden*: Diese Forderungen bedingen und beschränken sich gegenseitig. Die Gottesrede als das Proprium biblischer Geschichten bedarf besonderer Aufmerksamkeit. Es ist wichtig, dass Sie selbst wissen, was Sie meinen, wenn Sie »Gott« sagen: Gott, den Schöpfer; Gott, den Bewahrer oder Gott, den »Ich-bin-da«. Zugleich ist es wichtig, Gott nicht zu vereinnahmen, verfügbar zu machen, ihm seine Freiheit zu nehmen. Auf keinen Fall darf die Rede von Gott in ein kindlich magisches Gottesbild zurückfallen. Und schliesslich darf man nicht lieblos oder ohne Aufmerksamkeit von ihm sprechen, so als sei es selbstverständlich, dass er rede, fühle, handle. Die Bibel redet von einem leidenschaftlichen und zugleich zärtlich liebenden Gott. Setzen Sie dafür Aufmerksamkeitszeichen!

- *Eindeutig und menschlich von Jesus reden*: Wir entstellen Jesus, wenn wir ihn in unseren Erzählungen kindlich-magisch mit übermenschlichen Fähigkeiten und Kräften ausstatten. Für das biblische Zeugnis hängt alles daran, dass er – wie das Konzil von Chalzedon 400 Jahre später noch einmal einschärft, »wahrhaftig Mensch« ist. Zugleich aber müssen wir »ganzheitlich« von Jesus reden. Gerade wenn es um die Gestalt Jesu von Nazareth geht, geschieht es leicht, dass wir Einzelgeschichten von einem Menschen erzählen, der gut zu Kindern, zu Armen und zu Ausgestossenen war. Es ist aber wichtig, beim Erzählen stets Jesu Taufe, Jesu Kreuz und Jesu Auferstehung mitzudenken und mitzuerzählen. Er war ganz Mensch, aber er war zugleich DER Mensch: Gottes Sohn.
- *Wachsam von Gut und Böse reden*: Dazu gehört als Komplementär das 9. Gebot – »Teilnehmend vom Menschen reden«. Es gilt, deutlich Stellung zu beziehen, klar zu sagen: »Das ist Unrecht.« Ausführlichkeit kann helfen, noch mehr aber die richtigen Beispiele. »Die Menschen waren böse« etwa ist kein Satz, der eine Vorstellung von Recht und Unrecht vermittelt; eindeutiger ist eine Aussage wie: »Die Reichen kümmerten sich nicht um die Armen.«

Zu diesem Gebot kann ich in meinem eigenen Bemühen um religiös verantwortetes Erzählen Vollzug melden. In »Wie Brot und Wein. Das Neue Testament Kindern erzählt« (Martina Steinkühler, Göttingen 2005) ist die Bergpredigt narrativ wiedergegeben, u.a. mit der eingebauten und wenn man so will frei erfundenen »Geschichte von dem Römerschwert« (s. Beispiel 4).

Ebenso ist im Alten Testament (»Wie Feuer und Wind. Das Alte Testament Kindern erzählt«) die Geschichte Jonas so erzählt, dass sehr anschaulich deutlich wird, was Gott an Ninive stört.

130 Wenn es da heißt, fährt Jesus fort, ihr sollt beharrlich beten –
so heißt das nicht: Reiht Wort an Wort. Das heißt: Habt Gott
im Sinn, bei allem, was ihr tut, und hofft ihm zu gefallen
und traut auf ihn, als sei er euer Vater.
Er gibt euch alles, was ihr braucht.

Als wäre Gott mein Vater ... Matthäus kommt ins Stolpern.
Sein eigner Vater ist schon lange tot. Auf einmal sieht er sein Gesicht
und sieht ihn lächeln. Damals, die Sache mit dem Römerschwert ...

Die Geschichte von dem Römerschwert

Matthäus war ein kleiner Junge,
sein Freund Thaddäus war nicht älter.
Sie fanden einen Römer schlafend
auf seiner Wache, am Palast.

Sie nahmen ihm als Mutprobe
heimlich sein schweres Schwert.
Sie bargen es in ihrem Unterschlupf,
den niemand kannte als sie selbst

und schworen: Keiner darf es wissen.
Es bleibt unser Geheimnis.
Thaddäus aber sagte es seinen Brüdern,
aus Prahlsucht, als sie ihn verspotteten.

Die Sache kam heraus.
Er musste vor Gericht. Und sprach:
Ich hab's allein gemacht.
Sie sagten: Gib das Schwert
zurück, dann wollen wir's vergessen.

Matthäus aber hatte es genommen
und unter seinem Bett versteckt.
Des Nachts warf er sich hin und her.
Er konnte vor Kummer nicht schlafen.

Und doch, fand er, bin ich im Recht!
Thaddäus, den Verräter, muss die
Strafe treffen. Die Beute aber, die
ist mein! Denn ich bin ja gerecht.

Ich habe das Geheimnis nicht verraten.
Das Geheimnis nicht, sagte eine leise
Stimme, tief innen, in Matthäus' Herz,
jedoch Thaddäus, deinen Freund.

Thaddäus trägt die Schuld und schweigt.
Du aber – solltest reden!
Matthäus wälzte sich im Bett.
Die Stimme ließ ihm keine Ruhe.

Da saß sein Vater neben ihm.
Im Kerzenschein sah er ihn an.
Es ist hart, nicht wahr, sprach er,
auf diesem Römerschwert zu schlafen?

Wäre nicht jeder Strohsack
im Gefängnis weicher –
Matthäus riss die Augen auf und sah
den Vater an – wenn nur
der Freund an deiner Seite wäre?

Du weißt es?, stammelte Matthäus.
Du weißt es und du hasst mich nicht?
Es ist noch nicht zu spät, sprach da
der Vater, das Richtige zu tun.

Matthäus stellte sich Thaddäus an die
Seite. Der Vater ging nicht mit und hat ihm
nicht geholfen. Doch als es dann vorüber
war, nahm er ihn in den Arm.

Vater, ruft Matthäus und weiß nicht, dass er betet.
Du hast mich aufgeweckt, als ich nicht ruhig schlafen konnte.
Und dadurch, Vater, fand ich neues Leben!

Die letzten Schritte auf den Berg, die geht er wie beflügelt.
Amen, sagt er zu dem, was Jesus betet.

Abbildung 107: Beispiel 4, *M. Steinkühler*, Wie Brot und Wein. Das Neue Testament Kindern
erzählt, S. 130

Zugleich – und hier kommt das 9. Gebot zu seinem Recht – werden Sie als
Erzähler die Menschen, die Unrecht tun, nicht ausgrenzen. Sie werden die Person und ihre Tat auseinander halten, indem Sie Motive offen legen, Zwiespäl-
tigkeiten Raum geben und auf Umkehr hoffen. Taten können gebrandmarkt
werden. Personen aber erhalten – im biblischen Kontext – immer eine zweite
Chance. Hier sei noch einmal auf Gottfried Orths »Friedensarbeit mit der
Bibel« verwiesen und der »Fall Kain« zitiert:

»6 Der Herr sprach zu Kain: Warum überläuft es dich heiss und warum senkt sich dein Blick? 7 Nicht wahr, wenn du recht tust, darfst du aufblicken; wenn du nicht recht tust, lauert an der Tür die Sünde als Dämon. Auf dich hat er es abgesehen, doch du werde Herr über ihn! (Einheitsbibel)

Kain, so vermute ich, fühlt sich gekränkt, traurig, verstört, verletzt, zurückgesetzt, nicht angenommen, missachtet. Vielleicht fragt er sich zweifelnd, vielleicht gar verzweifelt, was mit ihm ist, dass sein Opfer nicht gesehen wird. Vielleicht wird er zornig und ärgerlich, wütend – auf Gott, vielleicht neidet er mit eifersüchtigen und grimmigen Gefühlen seinem Bruder die Gunst des gemeinsamen Gottes. Vielleicht fragt er sich selbst ängstlich, was nicht stimmt mit ihm – mit ihm, dem erstgeborenen Sohn. Vielleicht fühlt er sich ohnmächtig, hat er doch geopfert wie sein Bruder.

Kain ist für mich ein Mensch wie ich mit einer breiten Palette von Gefühlen: Ganz unterschiedliche Gefühle lassen sich vermuten – eines erscheint sicher: Gleichgültig erlebt er die Situation seines Misserfolges nicht. Alle diese Gefühle, so können wir urteilen, sind berechtigt: Kain spürt sie oder er könnte sie spüren, allein dies ist Grund genug, sie anzuerkennen und vor allem – sie wahrzunehmen, Kain als einmalige Person sehen zu lernen und nicht als Typ festzuschreiben.

Diesem Kain traut Gott zu, die Sünde, die vor der Tür als Dämon lauert, zu überwinden. Gott glaubt an Kain. Gott glaubt, dass Kain in seiner Autonomie und Freiheit der Sünde widerstehen kann. Ein starker Mann muss dieser Kain gewesen sein, dass Gott auf ihn und seine freie Entscheidung setzt, dem Dämon zuzustimmen und ihm zu folgen oder ihm zu widersprechen und der Sünde zu widerstehen. Fühlt sich Kain jetzt ermutigt und zuversichtlich dadurch, dass Gott ihm in der neu gewonnenen Autonomie eine gute, der Sünde widerstehende Entscheidung zutraut? Oder fühlt er sich überfordert: »Jetzt – nach der erfahrenen Niederlage beim Opfer – soll ich plötzlich stark sein können?« Vielleicht quälen ihn Fragen: »Was ist das für ein Gott? Zunächst nimmt er mich nicht wahr und jetzt traut er mir zu, der Sünde zu widerstehen?«

Kain nimmt seinen Bruder und geht aufs Feld. Ist er wütend, aggressiv, überlegen und seiner Sache sicher oder ist er eher aufgeregt, zweifelnd und ängstlich – geht er doch hinaus aufs Feld, wo keiner ihn sieht […] Dort erschlägt er seinen Bruder und ich kann mir vorstellen, dass er dabei und danach ganz widersprüchliche Gefühle erlebt: befreit und schuldig, mächtig, gut und elend, traurig, erlöst und erschrocken […] Und dann fühlt sich Kain wohl ertappt und beschämt, als Gott ihn nach seinem Bruder fragt. Vielleicht auch ängstlich und trotzig?«

Beispiel 5: *G. Orth*, Friedensarbeit mit der Bibel, S. 69/70.

– *Teilnehmend vom Menschen reden*: Dieses Gebot gilt natürlich nicht nur für die Personen, die Unrecht tun, sondern für alle Helden und Nebenhelden Ihrer Geschichten. Nehmen Sie sich ihrer mit Liebe an, d.h.: Geben Sie den Hörenden die Möglichkeit, mitzugehen.

– *Hoffnung zeigen*. »Wenn Gott ›Nein‹ sagt, ist darin ein ›Ja‹ enthalten« – diesen Satz werden Sie im Zusammenhang mit der Geschichte vom Turmbau zu Babel lesen. Und das ist ganz wichtig: Der Gott, den die Bibel bezeugt, ist ein Gott, der das Leben liebt und nicht den Tod. Diese Perspektive dürfen Ihre Geschichten niemals aus dem Blick verlieren, nicht einmal und erst recht nicht unter dem Kreuz.

3.3 Ein letztes Beispiel

Legen Sie diese Gebote als Kriterien neben jede beliebige Bibel-Nacherzählung und Sie werden jeweils den Finger auf die Wunde(n) legen können.

Ich führe Ihnen hier keine Negativbeispiele vor, sondern gebe zum Schluss noch ein Beispiel aus den Geschichten, an denen die Gebote entwickelt worden sind (Beispiel 6). Bitte beachten Sie, was mit der Thematik von Gut und Böse geschieht und seien Sie sich bewusst: Dies ist nicht unbedingt eine Kindergeschichte.

Bei den Reichen: Zachäus steigt vom Baum

»Von einer Wandlung erzählen – den Weg der Zöllner für falsch erklären, ohne Zachäus zu verdammen; das Bemühen und Umdenken des Zachäus hervorheben, ohne in moralisierende Schwarz-Weiss-Malerei zu verfallen. Von Jesus erzählen – einen besonderen Menschen darstellen, ohne die, die ihm begegnen, zu Statisten werden zu lassen.

Jericho ist eine alte Stadt im Land Israel, manche sagen: in Palästina, und das zeigt uns: Es ist eine umstrittene Stadt, in den Nachrichten wird sie deshalb hin und wieder erwähnt, eine besondere Stadt ohnehin: Manche sagen, sie sei die älteste Stadt der Welt überhaupt. Wissenschaftler graben dort nach den Spuren der früheren Zeiten und entdecken uralte Mauern, die viel älter noch sind als unsre Zeitrechnung, dreitausend Jahre alt oder gar viertausend.

Ich werde nicht vergessen, wie ich Jericho zum ersten Mal sah. Wir wanderten auf dem Weg von Jerusalem hinab nach Jericho; ein Bach hat sich dort tief in die Felsen geschnitten, anfangs führt der Weg durch ein weites, freundliches Tal voller Blumen, darunter viele tiefrot leuchtende Anemonen; immer wieder muss man den Bach durchqueren, nur bei den ersten Malen zieht man die Schuhe aus, dann nicht mehr.

Dann stürzt der Bach plötzlich ab in eine wilde Schlucht, und es ist gefährlich, ihm zu folgen. Wir weichen aus und folgen einem Weg am Hang darüber, doch damit haben wir uns auch von dem Gras und den Blumen verabschiedet, die am Bach wuchsen, von seinem Wasser belebt; das Auge sieht nur noch kahle sandfarbene Felsen, der Weg ist lang und heiss; wir stossen auf eine kleine Oase, ein Kloster steht heute an der Stelle, an der damals der barmherzige Samariter den armen Mann, den sie zusammengeschlagen hatten, in Obhut gab. Es heisst, dies sei auch die Stelle, an der Elia todmüde rastete und von dem Engel wieder aufgeweckt wurde. Wir werden im Kloster mit Kaffee und saftigen Orangen erquickt, dann wandern wir weiter, der Weg ist noch lang; wir wandern lange durch das kahle, steinige, von der Sonne durchglühte Tal und sehen zuletzt nur noch heisse Felsen und heissen Sand, nur noch die Farben der Wüste – bis auf einmal dort, wo das Tal sich nach unten öffnet, ein kleines Stück Grün erscheint, wie ein Traumbild fast, so unwirklich, so wunderbar kräftig, ich glaube, ich habe ein so starkes, erfrischendes Grün noch nie gesehen. Wir kommen näher, und das Grün bleibt wirklich und wird allmählich immer grösser, und wir begreifen: Das ist Jericho, die grüne Stadt.

Ja: Jericho liegt an einem mächtigen Wasserstrom, dem Jordan, die ganze Gegend lebt von seinem Wasser und trägt seinen Namen; das Land jenseits ist das Königreich Jordanien, auf unserer Seite heisst das Land Westbank, es ist das Westufer des Jordan. Das wunderbare Grün verdankt Jericho dem Wasser des Jordan. Im Umfeld des Flusses wachsen mächtige Bäume, die Schatten geben, Palmen vor allem, und üppige Sträucher, herrliche Gärten sind dort, aber als Fremder, von aussen, kann man nur ahnen, wie schön und wie kühl es dort drinnen ist, es sind die Häuser und Gärten der Reichen, sie sind mit hohen Mauern abgeschirmt.

Entfernt man sich aber vom Fluss, so bekommt man sehr bald wieder die Wüste zu spüren: Es gibt es immer weniger Schatten, immer weniger Grün, und am Rande der Stadt sind Häuser und Menschen im Wüstenstaub schutzlos der Hitze ausgesetzt. So jedenfalls sind es die ersten Häuser von Jericho, an denen wir vorbeikommen, einfache Hütten aus Holz und Wellblech und Steinen zusammengefügt, hier führen die Armen ihr hartes Leben am Rande der Wüste.

Jetzt erscheint uns das wunderbare Grün mitten in Jericho nicht mehr so schön, es erscheint uns gar zu grün, fast schon giftig, irgendetwas ist krank hier. Schon in alter Zeit hiess es, die Luft sei nicht gesund hier, viel zu viele Kinder würden krank, viele schon krank geboren. Und das merken auch wir: Irgendetwas ist krank in dieser Stadt, die einen wohnen nahe am Wasser und haben alles, schöne Häuser und schattige Gärten hinter hohen Mauern, und die anderen leben mit ihren vielen Kindern in diesen elenden Hütten am Rande der Wüste.

Das war auch damals nicht anders, als Jesus nach Jericho kam. Er kommt von der anderen Seite als wir, nicht aus der Wüste, sondern schon aus dem fruchtbaren Flusstal des Jordan. Doch auch so kann er nicht übersehen, wie diese Stadt gespalten ist: Unterhalb der Strasse liegt die grüne Stadt, die alte Oase, die schöne Stadt der Palmen, dort liegen die Häuser der Reichen mit ihren blühenden Gärten; oberhalb der Strasse aber wohnen die anderen, die einfachen Leute, und viel trennt sie nicht mehr von den Hütten der Armen am Rande der Wüste. Die Wüste und mit ihr die Armut haben sich immer tiefer in die Stadt hineingefressen, viele leben schon auf der Grenze, es sind immer mehr, die heute nicht wissen, was sie morgen ihren Kindern zu essen geben sollen.

Jesus ist nicht nur mit den Jüngern unterwegs, auch einige Frauen sind dabei, sie alle wollen zum Passafest hinauf nach Jerusalem, wahrscheinlich auf dem gleichen Weg durch das staubige heisse Tal, auf dem wir heruntergewandert sind; sie alle natürlich auch zu Fuss, auch die Frauen haben die Anstrengung des langen beschwerlichen Weges auf sich genommen, um dort mit Jesus das Passa zu feiern.

Vor dem Aufstieg nach Jerusalem werden sie über Nacht in Jericho bleiben, doch wohl nicht in den Häusern der Reichen. Manchmal ist es schon mühsam für sie, eine Unterkunft für die Nacht zu finden. ›Die Füchse und die Vögel haben es besser als wir‹, hat Jesus einmal zu seinen Freunden gesagt: ›Die Füchse haben ihre Höhlen und die Vögel ihre Nester, ich aber weiss am Morgen nicht, wo ich am Abend meinen Kopf zum Schlafen hinlege.‹ (Matthäus 8,20)

Sie werden wie sonst anklopfen bei den Häusern der Armen; gerade dort ist die Gastfreundschaft immer noch gross, sie teilen das wenige, das sie haben, selbstverständlich mit den hungrigen Wanderern, für sie ist es noch immer ein heiliges Gebot, dass man den Fremden, der müde von der Reise vor der Tür steht, nicht hungrig draussen lässt.

Doch dann kommt alles ganz anders. Da ist ein Reicher in Jericho, wir wissen sogar seinen Namen, Zachäus heisst er und wir wissen auch, wodurch er so reich geworden ist: Er ist ein Zöllner. Wir wissen, auf eine wie schäbige Weise die Zöllner ihr Geld verdienen. Und dieser, der Zachäus, ist sogar der Chef der Zöllner in Jericho.

Der hat gehört: Der Prophet aus Nazareth, Jesus, soll unterwegs sein nach Jericho, vielleicht ist er schon da! Von ihm hat er viel gehört: Er muss einen grimmigen Zorn auf die Reichen haben, das kann er verstehen, im Grunde ist es bei allen Reichen so, nicht nur bei den Zöllnern: Was sie so reich macht, das haben sie ja doch den anderen weggenommen, sie können nur so reich sein, weil die anderen so arm bleiben. Das ist nicht gerecht, das weiss er, aber es ist so.

Dass Jesus darüber zornig ist, das versteht er. Aber Jesus hat Sätze über die Reichen gesagt, die findet er nicht richtig: ›Eher passt ein Kamel durch ein Nadelöhr‹, soll er gesagt haben, ›als dass ein Reicher begreift, was jetzt nottut.‹ Das verletzt ihn, das macht ihn krank. Allen Menschen sonst macht Jesus Mut, allen bringt er die Seele zurück, nur die Reichen hat er abgeschrieben: Die begreifen sowieso nichts, sagt er. Ja, wenn er ihm zeigen könnte, dass auch ein Reicher begreift ...

Er geht an die Strasse. Wenn irgendwo, dann müsste Jesus hier vorbeikommen, er will ihn jedenfalls sehen. Doch da sind heute viele unterwegs, sie schieben sich und drängen sich, das mag er überhaupt nicht, sich so in der Menge zu drängen, sehen kann er ohnehin nichts, denn er ist klein; das macht ihm sonst nichts, doch heute ärgert es ihn sehr: Er muss diesen Jesus sehen – irgendwo hier in der Nähe muss er schon sein – doch dahin sich durchzudrängen, durch die vielen Menschen, ist ihm zuwider – was soll er tun?

Da ist ein Feigenbaum, ihm ist jetzt alles egal – lass die Leute lachen –, er klettert auf den Baum, da steht er nun auf einem dicken Ast in der Baumkrone, und jetzt kann er alles übersehen. Es ist auch ganz ldar, wo und wer Jesus ist, er sieht es auf den ersten Blick. Ein wenig komisch findet er sich schon, hier oben auf dem Baum, doch so ist er jedenfalls sicher, dass er nicht hineingezogen wird in die Diskussion da unten.

Dann löst die Gruppe sich auf, die mit dem Propheten so erregt diskutiert hat, und der, den er für den Jesus hält, sucht sich den Weg weiter stadteinwärts, er beginnt auszuschreiten und kommt ganz nahe an seinem Baum vorbei – und hält inne und schaut auf und sieht ihn da auf seinem Baum und – merkwürdig: Und der weiss gleich, wer er ist und redet ihn an.

›Zachäus,‹ sagt er, ›jetzt mach schnell und komm runter.‹ Fast klingt es, als müsste er lachen über diesen Chef, der all seine Würde vergessen hat, und genau so fährt er fort, unbefangen, als sei es das Einfachste von der Welt, sagt er: ›Ich muss nämlich heute in deinem Haus übernachten!‹ Das ist dreist, und denen, die dabeistehen und das mit anhören, stockt der Atem. Doch Zachäus ist schon unten und sagt genauso heiter und unbefangen wie Jesus: ›Wie schön, ja, wie schön, so hatte ich es mir gewünscht: Ganz herzlich seid ihr eingeladen in mein Haus!‹ Das hätte niemand von ihnen sich so vorstellen können, aber sie finden das gar nicht mehr heiter und fangen an sich zu erregen, sie reden erst leise untereinander und dann immer lauter: ›Jetzt geht auch der zu den Reichen, und wir dachten, er gehörte zu uns! Als ob er nicht wüsste, woher die ihren Reichtum haben: aus lauter Raub und Betrug – bei einem solchen Sünder kehrt er ein!‹

Das hört auch Zachäus und es trifft ihn und verletzt ihn sehr, er bleibt stehen und breitet die Hände aus und sagt zu Jesus und meint wohl auch all die anderen ringsum: ›Sieh mich an, ich habe so auf dich gewartet. Was ich tun kann, das tue ich doch: Die Hälfte von allem, was ich habe, gebe ich jetzt den Armen, und wenn ich jemanden bedrängt und betrogen habe, dann gebe ich es vierfach zurück. Sagst du jetzt immer noch, dass die Reichen nichts begreifen?‹ Jesus aber ist auch stehen geblieben und alle hören, wie er antwortet: ›Heute habe ich von dir gelernt, Zachäus. Ja, so wird dein Haus zu einem Haus der Hilfe werden, zu einem Zeichen der Hoffnung für viele. Du bist doch auch ein Kind von Abraham, auch von dir hat Gott gesagt: Du sollst ein Segen sein!‹

Und dann bereitet ihnen Zachäus in seinem Hause ein Fest, wie es das Haus noch nie gesehen hat. Für ihn ist das Alte vergangen, es ist alles neu geworden.«

Beispiel 6: Baldermann, S. 95 bis 100

Literatur

Baldermann, Ingo, Pilgerpfade durch die Bibel. Erzählvorschläge für Gruppen und Gemeinden, Göttingen 2009.

Macht, Siegfried, Wie ein Fenster zu Gott. Gleichnisse sehen lernen, Göttingen 2009.

Orth, Gottfried, Friedensarbeit mit der Bibel. Eva, Kain & Co, Göttingen 2009.

Steinkühler, Martina, Wie Feuer und Wind. Das Alte Testament Kindern erzählt, Göttingen 2005.

Steinkühler, Martina, Wie Brot und Wein. Das Neue Testament Kindern erzählt, Göttingen 2005.

Steinwede, Dietrich, Was weisst du vom Glauben? Impulstexte für die religionspädagogische Arbeit mit Kindern, Göttingen 2010.

Agnes Liebi / Brigitte Welter

Eine eigene Kinderbibel mit Kindern entwickelt. Ein Praxisbericht

Weitergabe des Glaubens – Der Auftrag

»Die christliche Gemeinde hat den Auftrag, den Glauben, den sie empfangen hat, den nachfolgenden Generationen weiterzugeben, in ihm Orientierung zu suchen für das tägliche Leben ihrer Glieder in den persönlichen und öffentlichen Bereichen und die Frohe Botschaft von Jesus Christus allen Menschen zu verkündigen.«

Artikel 55 der Kirchenordnung des Evangelisch-Reformierten Synodalverbandes Bern-Jura, 1990.

1. Eine Kirchgemeinde handelt

Bis in die späten Siebzigerjahre des vergangenen Jahrhunderts hatte die Volksschule im Kanton Bern den Auftrag, im Fach Religion/Lebenskunde wesentliche biblische Inhalte zu vermitteln. Die Kirchen durften davon ausgehen, dass Kinder in der Schule exemplarische Geschichten aus dem alten und neuen Testament gehört hatten. Ausführlich wurde zudem im Geschichtsunterricht die Reformation thematisiert.

In den frühen 80er Jahren wurde ein neuer kantonaler Lehrplan für die obligatorische Schulzeit erarbeitet. Ehe die eigentliche Curriculumsarbeit begann, diskutierten Politiker, Delegierte aus den Erziehungswissenschaften und Vertreterinnen und Vertreter aus der Lehrpraxis über zeitgemässe Inhalte und Ziele der Volksschularbeit. Als Schwerpunkt wurden Kompetenzziele formuliert. Ganzheitlich, ausgewogen und zielorientiert sollten Selbst-, Sozial- und Sachkompetenz gefördert werden. Entschieden wurde auch, dass vermehrt fächerübergreifend zu arbeiten sei. Dazu wurde aus den Realfächern Geographie, Naturkunde/Chemie/Physik, Geschichte und dem Fach Religion/Lebenskunde das übergeordnete Fach Natur/Mensch/Mitwelt, kurz NMM genannt, geschaffen. Themen aus Medienerziehung, Sexualkunde, Konsumentenschulung, Gesundheitserziehung, Umweltschutz fanden in NMM ihren Platz. An Stelle der Fachsystematik trat das exemplarische, themenbezogene Vorgehen. Es gab Vorschläge, welche biblischen Inhalte während der obligatorischen Schulzeit vermittelt werden sollten. Die Wahl trafen nach 1984 NMM-Lehrkräfte einer Klasse.

Biblische Geschichten wurden und werden in der Berner Volksschule bis heute erzählt, gelesen, besprochen. Fast alle Kinder begegnen in den ersten Schuljahren den Urgeschichten, manche noch den Vätergeschichten. Im Zusammenhang mit dem Jahreslauf wird die Weihnachtsgeschichte erzählt. Die Akzente haben sich verschoben. In der Praxis werden traditionelle religiöse Inhalte vor allem im Zusammenhang mit Festen im Jahreslauf vermittelt. Neben Geschichten der christlichen Tradition stehen Geschichten aus dem Hinduismus, Buddhismus, Judentum, Islam und aus der Welt der Inuit und der Indianer.

Die Kirchen taten sich anfangs schwer mit der gesellschaftlichen Veränderung und der damit verbundenen Neukonzeption der Volksschule. Nach und nach lernen sie, dass sie die Hauptverantwortung tragen müssen für die Vermittlung biblischer Inhalte. Den Auftrag zum Projekt »Biblische Geschichten im Münster erzählt« gab der Kirchgemeinderat der evangelischreformierten Münstergemeinde Bern im November 2003. Im Januar 2004 begannen zwei Theologinnen in der Obern Sakristei des Münsters biblische Geschichten zu erzählen, drei bis vier Erzählstunden pro Quartal waren vorgesehen; es zeigte sich, dass Kontinuität den Familien und der Sache zugute käme: der regelmässige wöchentliche Termin am Samstagmorgen entspricht den vermittelten Inhalten und Zielen besser als ein Angebot »von Zeit zu Zeit«. Für Familien ist seit 2006 klar, dass die Geschichtenstunde im Münster am Samstag immer zwischen 10.30 und 11.15 Uhr (ausgenommen während der Schulferien) stattfindet.

2. Vorüberlegungen

Die Bibel ist ein altes, grosses, gewichtiges Buch; die Kinder, die wir ansprechen, sind jung, klein, leicht. Wie wird Begegnung möglich? Unsere erste grundsätzliche Antwort: indem beide ihre Identität wahren dürfen. Die biblische Botschaft wird nicht zurechtgestutzt, um dem Anspruch der Kindertümlichkeit zu genügen. Kinder als junge, sich entwickelnde Menschen werden ernst genommen in ihrer Art, Gebotenes aufzunehmen, zu behalten, zu verarbeiten, sich persönlich anzueignen. Beiden Anforderungen suchen wir in unserem Angebot gerecht zu werden. Das Bibel-Leporello, die von den Kindern selbst gestaltete Kinderbibel, die wir im Rahmen des Kolloquiums vorstellen, ist

sichtbarer Ausdruck unseres Willens und unserer Bestrebungen. Die Auswahl
der Geschichten richtet sich nach dem, was wir an Wissen, Erfahrungen,
Erlebnissen im Laufe einer bestimmten Zeit vermitteln wollen. In der
Grobplanung benennen wir biblische Themenbereiche, zu denen eine oder
mehrere Geschichten gehören. Wir beginnen mit den Vätergeschichten als
Geschichten des Aufbruchs; es folgen das Gesucht-Werden und Suchen Gottes,
das Erwählt-Sein, die Befreiung aus der Sklaverei, die Entdeckung Gottes als
ICH BIN DA, der Vertrag Gottes mit seinem Volk in den Weisungen,
Wüstenzeiten, die Ankunft im verheissenen Land, das sich Einrichten, der
Wunsch nach Angleichung an andere Völker, Weisung und Bund, die beim
Volk nach und nach in Vergessenheit geraten, Propheten, die mahnen und
weissagen, Leid im Exil, die Erinnerung an die Geschichte des eigenen Volks
mit Gott in Babylon, das Sammeln und Aufschreiben der Geschichten bis hin
zum Neuanfang bei Jesu Geburt. Dann Taufe und Versuchung Jesu,
Nachfolgegeschichten, Geschichten von überraschenden Tisch-Gemeinschaf-
ten, zum Nachdenken anregende Reich Gottes Geschichten, das Gebet, das
Jesus uns lehrt, das Mahl, das er am Abend vor seinem Tod feiert und zu dem
wir bis heute alle immer wieder eingeladen sind, Jesu Tod und Auferstehung,
nachösterliche Begegnungen, Himmelfahrt, Pfingsten, die Botschaft für die
Welt, Paradies- und Lebensbaum etc.

Kinder lernen gut, wo sie sich angenommen fühlen, wo Erwachsene vertrauen auf ihr Fühlen, Denken, Verstehen. Sie mögen es, wenn ihnen etwas
zugemutet wird.

Kinder lernen gut und gern in Gemeinschaft; sie spornen einander an im
Zuhören, im Singen, im Gespräch, im Zeichnen, Schneiden, Kleben.

Kinder lernen gut im gewohnten Rahmen. Sie mögen Kontinuität, vertraute
Abläufe – und gleichzeitig auch das Überraschende. Unser Leporello wird dem
»immer gleich« und dem »unvorhergesehen Neuen« insofern gerecht, als es
sich nach und nach Seite um Seite entwickelt, immer gleich. Überraschend sind
das von uns gewählte Bild und der Impuls zum Zeichnen, Ausmalen, Schneiden, Kleben.

3. Auftrag, Ziele und die Praxis – Leitgedanken

3.1 Vertraut werden mit der Bibel

In den Biblischen Geschichten im Münster geht es uns darum, Kinder und Erwachsene durch Erzählen vertraut zu machen mit biblischen Texten in der traditionell überlieferten Folge.

3.2 Auswahl von Texten

Die Wahl der Geschichten geschieht exemplarisch; wir setzen Akzente, die sichtbar werden in den Titeln jeder Erzähleinheit.

3.3 Adressatinnen/Adressaten

Unser Angebot ist generationenübergreifend; Kinder und Erwachsene begegnen in den Biblischen Geschichten alten und jungen Menschen in Lebenssituationen, die ihnen teils fremd, teils bekannt sind. Von anderen Geschichten unterscheiden sich die Biblischen Geschichten durch die Präsenz Gottes, sein ICH BIN DA, eben jetzt, für dich, für die Familie, für Gruppen, für sein Volk und für Völker, für alle Menschen.

3.4 Wovon biblische Geschichten erzählen

Biblische Geschichten erzählen vom Bleiben und Aufbrechen, von Verlassenheit und Geborgenheit, von Geburt und Tod, von Verrat und Vertrauen, vom Verlassenwerden und von der Gemeinschaft, von Freiheit und Bindung, von Schuld und Vergebung, von Hass und Liebe, von Angst und Mut – und davon, dass GOTT in allem, was dem Menschen in irgendeiner Zeit seines Lebens begegnet, DA IST.

3.5 Kinder als Wachsende

Kinder fühlen sich in der Begegnung mit Biblischen Geschichten als Wachsende ernst genommen. Biblische Geschichten stillen auch die kindliche Sehnsucht nach Verbindung und Verbindlichkeit zwischen den Menschen, zwischen Menschen und Gott, zwischen Gott und den Menschen.

3.6 Kinder als Glieder einer Gemeinschaft

Erzählen und Hören verbinden. Durch das gemeinsame Erleben wächst die Gemeinschaft zwischen Kindern, jungen Erwachsenen, älteren und alten Menschen. Das grosse Münster und die kleine Sakristei darin werden zum vertrauten Lebensraum, in dem die samstäglich Versammelten Lebenserfahrungen teilen und so Gemeinde erleben.

3.7 »Schwierige« Geschichten

Biblische Geschichten sind Lebensgeschichten. Zu mancher überlieferten Geschichte stellten und stellen sich Fragen. In der Vorbereitung setzen wir Erzählerinnen uns intensiv mit Frag-Würdigem auseinander. Wir vertrauen der Aussage »schwieriger Texte« und setzen ins Zentrum unserer Erzählvorlage den Kern der Geschichte; erzählend blenden wir das Störende am Handeln der dargestellten Gestalten und Situationen nicht aus. Wir vertrauen der Lebenserfahrung der Kinder mit Lachen und Weinen und vermitteln »schwierige« biblische Geschichten so, dass sie exemplarisch stehen für Lebensgeschichten, in denen letztlich durch Gottes DA SEIN Unheiles heil wird.

Die Kinder reagieren unterschiedlich und unvorhersehbar. Manche suchen in »gefährlichen Situationen« die Nähe eines Erwachsenen; sie setzen sich, altersentsprechend, neben ihn oder auf seinen Schoss. Andere nehmen die Gelegenheit wahr, eine persönliche Mutprobe zu bestehen. Alle beteiligten Erwachsenen reagieren offen, mitfühlend.

3.8 Was Kinder hören

In der Begegnung mit Geschichten hören Kinder, was sie hören wollen und was sie eben jetzt brauchen. Biblische Geschichten werden für sie zu Denkimpulsen: sie suchen nach Gründen für Schwieriges, urteilen, stellen Fragen und finden persönliche Antworten, am Familientisch daheim, während der Woche im Kindergarten und in der Schule oder auch im individuellen Nachsinnen. Selbständig üben sie sich in der Auseinandersetzung mit dem Gehörten.

4. Miteinander durch die Bibel – eine Weggeschichte

4.1 Das Erzählangebot unseres Projekts ist überkonfessionell

In der gegenwärtigen Gruppe gibt es Reformierte, Katholiken, Anglikaner, Konfessionslose, Kinder mit freikirchlichem Hintergrund und Kinder, deren Familien man eher als kirchenfern bezeichnen könnte.

4.2 Unser Erzählangebot wird generationenübergreifend wahrgenommen

Die Kinder sind im Alter zwischen vier und zehn Jahren. Eltern junger Kinder bleiben als Zuhörende während der ganzen 45 Minuten im Raum. Ältere Menschen sind regelmässige Gäste, weitere interessierte Erwachsene finden sich sporadisch ein.

4.3 Der Erzählteil steht im Mittelpunkt der Geschichtenstunde

Wir erzählen die Bibel, eine Geschichte nach der andern, ohne lange Einführung, ohne Nachgespräch. Wir bleiben nahe am Bibeltext, erzählen ihn aber neu. Erzählen ist mehr als wiedergeben, was in der Bibel steht oder was einst, in einer weit entfernten Zeit oder an einem weit entfernten Ort, geschehen ist. Die biblischen Texte sind vielschichtige Gewebe. Vieles steht zwischen den Zeilen, zwischen den gedruckten Buchstaben. Es sind offene, nicht abgeschlossene Geschichten. Sie lassen mir – dem Leser und Hörer – Spielraum. Das heisst, bevor wir aus der Bibel erzählen, hören wir der Geschichte selber zu und setzen uns persönlich mit ihr auseinander. Aus dem Dialog mit dem Text entsteht dann eine eigene Erzählfassung. Erzählen verstehen wir als ein Weitergeben von dem, was wir selber in und an einem Text innerlich sehen, fühlen, hören und erleben. Wir zeichnen Protagonisten/Antagonisten klar, verzichten auf

textfremde Identifikationsfiguren, kommentieren kaum. Wir finden es hilfreich in unserer Erzählung, die Herkunft der Texte zu nennen. Wir zeigen, wo
in der Bibel unsere Geschichten stehen, ob sie lang sind oder kurz, wann sie
geschehen sind, wer sie aufschrieb und weshalb. Während der Arbeit am Leporello kommt beim Zeichnen, Schneiden und Kleben manches zur Sprache.

Gebete fehlen in unseren Geschichten-Stunden. Manche unserer Lieder sind
gesungene Gebete.

4.4 Freies Erzählen

Unsere Geschichtenstunden leben von der didaktischen Grundform des freien
Erzählens. Freies Erzählen geschieht in ununterbrochenem Augenkontakt zwi-
schen Erzählenden und Hörenden; es stiftet Beziehungen zur Geschichte, zur
Erzählperson und zu den Mithörenden. Es ist uns ein Anliegen, die Kinder mit
Worten der Bibel zu konfrontieren, ihnen elementare biblische Worte der
Hoffnung, der Verzweiflung, der Angst weiter zu geben, sie mit biblischer Spra-
che vertraut zu machen.

4.5 Erzählen in der Mundart

Wir erzählen auf Berndeutsch, das heisst in der umgangssprachlichen, allgemein gebräuchlichen Mundart.

4.6 Methodische Vorarbeit

Die methodische Vorarbeit besteht in der Aufteilung der Geschichte in eine
Folge von (inneren) Bildern und im Finden einer dem Text angemessenen
Sprachgestalt. Da wir ohne Textvorlage erzählen, fordert das Einprägen der
samstäglichen Geschichte je nach Komplexität der Erzählvorlage und der eigenen Befindlichkeit in der Vorwoche mehrere Durchgänge.

5. Die Geschichtenstunde

5.1 Zeit

Die Geschichtenstunden finden während der Schulzeit an rund 30 Samstagen statt: Zwischen Weihnachten und Ostern, Ostern und Sommerferien, Sommerferien und Herbst, Herbst und Weihnachten. Die Quartale sind unterschiedlich lang. Jedes Quartal hat einen thematischen Schwerpunkt.

5.2 Aufbau

Die Geschichtenstunden dauern von 10.30 bis 11.15 Uhr. Sie sind folgendermassen aufgebaut:
- Gestaltete Mitte, Kreisanordnung der Stühle, freie Sitzordnung;
- zehn Minuten Begrüssung/Singen;
- fünf Minuten orientierendes Wiederholen durch die Leiterin, oft unter Einbezug der Münsterkinderbibel;
- 15 Minuten Erzählen der neuen Geschichte;
- Abschliessen der Geschichte mit einem passenden Lied;
- zehn Minuten Leporelloarbeit (Kleben, Schneiden, Zeichnen);
- Abschluss der Geschichtenstunde mit Singen und einer Kostbarkeit zum Essen oder Mitnehmen.

5.3 Vom Singen

Wir singen a cappella. Die Akustik in der Oberen Sakristei ist begeisternd gut. Wir wählen Kanons und Lieder aus dem Kirchengesangbuch; einige Texte übertragen wir ins Berndeutsche, andere lassen wir in der Standardsprache. Kinder, die den Erwachsenengottesdienst besuchen, freuen sich, wenn ein Lied angestimmt wird, bei dem sie mitsingen können.

5.4 Kontinuität

Wichtig sind uns die inhaltliche und die strukturelle Kontinuität. Sie fördern die Konzentration. Sich stets ähnlich wiederholende Elemente sind hilfreich für die jüngsten Zuhörenden, sie tragen allgemein bei zur Konsolidierung des Gehörten.

5.5 Beziehungsarbeit

Achtsamkeit und Freundlichkeit prägen unseren Umgang. Schriftliche Mitteilungen, Briefe, Telefonate, persönliche Gespräche mit Eltern gehören dazu.

Die Beziehungsarbeit ist ein wesentlicher Teil unseres Projekts. Kinder erleben sich von uns Erzählerinnen wahrgenommen als Wachsende, als Persönlichkeiten auf dem Weg in die Gemeinschaft. Nach fünf anstrengenden Tagen im Kindergarten oder in der Schule tauchen sie am Samstagmorgen in der Obern Sakristei auf, zuweilen schlecht gelaunt, zuweilen zu Schabernack aufgelegt. Neugierig sind alle. Sie betrachten die ausgelegte Mitte und überlegen, was die Gegenstände bedeuten könnten; sie erzählen sich und den anwesenden Erwachsenen dies und das. Sobald wir mit dem immer gleichen Bewegungslied »Funga alafia« zur Begrüssung im Kreis begonnen haben, ist die Aufmerksamkeit da. Die Kinder freuen sich auf die Geschichte, sie hören aufmerksam zu, manchmal lauschen sie. Disziplinarische Probleme tauchen kaum je auf.

5.6 Publikation

Publiziert werden unsere Geschichtenstunden durch:
- ein Quartalsplakat im Münster;
- Flugblätter, die aufliegen im Münster und im Kirchgemeindehaus;
- im monatlichen Kirchenblatt;
- im Internet;
- im Inserat der Gottesdienste im Stadtanzeiger.

6. Ich bin da – Wir sind da

6.1 Unser Projekt ist ein Bibelprojekt

Wir erzählen die Bibel der Reihe nach, erst Geschichten aus dem Hebräischen Teil, dann Geschichten aus dem Neuen Testament.

Der erste Erzähl-Durchgang 2005 begann mit der Schöpfungsgeschichte und endete mit dem Lebensbaum aus der Apokalypse. Im zweiten Erzähl-Durchgang im Sommer 2008 begannen wir mit den Vätergeschichten. Die Urgeschichten sind diesmal einbettet in die Exil-Erzählungen. Geschichten über Jeremia, Jesaja, Ezechiel stehen am Ende der Reihe. Sie führen aus der hebräischen Bibel ohne Unterbruch zu Johannes 1 und zur Weihnachtsgeschichte.

6.2 Unser Angebot steht – die Nutzenden entscheiden, wovon sie Gebrauch machen

Wir erzählen 30 Mal im Jahr und gewährleisten so ein Gefühl der Folge bzw. Kontinuität. Einige Kinder besuchen die Geschichte-Stunden regelmässig, andere kommen, wenn das Familienprogramm es erlaubt. Abmeldungen gibt es, wenn sich ein Kind nach einer anstrengenden Woche einen freien Samstagmorgen wünscht oder wenn, unterwegs zum Münster, irgendein spezielles Berner Ereignis (Sportanlässe, Fasnacht, Baubeginn mit riesigen Maschinen bei einem Strassenprojekt) das Interesse der Kinder weckt und zum Verweilen lockt.

Jede Geschichtenstunde ist herausgehobener Teil auf dem Weg. Sie muss für Teilnehmende ebenso bedeutsam sein wie für Gäste und für Hörende, die nur sporadisch dabei sind. Wenn die Vor-Geschichte fürs Verständnis wichtig ist, beginnt die Erzählung mit einer Wiederholung durch die Erzählerin; dabei kommt häufig die Münster-Kinderbibel zum Einsatz: die Bilder einer oder mehrerer Geschichtenstunden stützen bei den regelmässig Teilnehmenden die Erinnerung; sporadisch Teilnehmenden vermitteln sie einen Eindruck der Stimmung, welche die Gesamtgeschichte prägt.

6.3 Die einmalige Münster-Kinderbibel

Jede erzählte Geschichte ist gewählter Teil eines Kontinuums. Auf zwei A4-Seiten dokumentieren wir mit Text und Bild die Geschichte, die erzählt wurde. Das Bild, das wir einkleben, ist meist identisch mit dem Bild, das wir abgeben fürs Leporello. In der Münster-Kinderbibel halten wir auch fest, wer die jeweilige Geschichte gehört hat.

7. Vom Umgang mit dem Bibel-Leporello

Jede Geschichte wird durchs Einkleben eines passenden Bildes und durchs eigene Zeichnen auf zwei Seiten des Faltbüchleins im Format 12cm x 9cm dokumentiert. Keine zwei Faltbüchlein sind gleich. Umfang und Inhalt variieren nach Alter, nach dem Eindruck, den eine Geschichte hinterlässt, nach der Stimmung: manchmal schäumt die Gestaltungsfreude über, manchmal fehlt sie.

Die im Leporello dokumentierten Geschichten sind erstaunlich präsent. Wir wissen, dass die Kinder ihre Leporellos während der Woche anschauen, Unvollendetes weiter oder fertig malen und der Familie oder andern Personen erzählen, was sie gehört, eingeklebt, ausgeschnitten, geschrieben, gemalt haben.

Manche stellen das Leporello wie eine Ziehharmonika auf, entdecken, wie sie wächst, sind neugierig, wie es weiter gehen wird. Sobald die Erzählerin nach Abschluss der Geschichte die kleinen Bildchen hervorholt, stehen alle auf, eilen herbei, bilden einen engen Ring, wollen wissen, was heute zu sehen ist. Sie ordnen das Gemalte der Geschichte zu, kommentieren, fragen. Dann wünschen sie zu wissen, was die Erzählerin in ihrem eigenen Leporello zur eben erzählten Geschichte gemalt hat. Manche kopieren, was sie sehen. Andere zeichnen ihre persönlichen Eindrücke. Während des Klebens, Schreibens, Zeichnens, Ausmalens tauchen Deutungen und Fragen auf, Vermutungen werden ausgetauscht. Beim Gestalten der zwei Leporelloseiten gibt es aber auch die Möglichkeit, nach fünfundzwanzig Minuten Singen und Zuhören miteinander zu plaudern; ein freier Samstagnachmittag steht bevor, ein Sonntag: Zeit, in der die Kinder und ihre Familien viel vorhaben.

Manche Leporellos brechen des intensiven Gebrauchs wegen an den Faltkanten. Die Erzählerinnen sorgen bis zum nächsten Erzähltermin dafür, dass die Büchlein wieder heil werden. Seit wir den Kindern kleine Falttaschen aus Papier zur Verfügung stellen, haben sich die Wiederherstellungsarbeiten verringert.

Die Herstellung der Leporellos ist nicht schwierig, aber sie braucht Zeit und etwas Übung. Wir Erzählerinnen besorgen im Farbwarengeschäft solide Zeichenpapierbogen im Format 50cm x 74cm. Wir teilen die Bogen in vier Querformat-Streifen von zwölf Zentimetern Höhe. Die werden in der Folge gefaltet in acht Rechtecke des Formats 12cm x 9cm. Es bleiben zwei Zentimeter als Rand, der als Klebefläche fürs Ansetzen des neuen, gefalteten Leporello Streifens dient.

8. Zur Auswahl der Bilder

8.1 Die Wahl der Bilder ist wichtiger Bestandteil der Vorbereitung

»Was git es hüt für es Bildli?«

Das Leporello, unsere kleine Kinderbibel, lebt von Bildern aus der Glasma-
lerei des Bernermünsters, von Bildern jüdisch-christlicher Kunst aus unterschiedlichen Epochen und von den Skizzen, welche die Kinder selber auf
kleinem Format (9cm x 12cm) zeichnen.

Fürs Leporello und für die Münster-Kinderbibel wählen wir grundsätzlich
Bilder, die sinn-haft etwas von der in den erzählten Geschichten verborgenen
Wirklichkeit ausdrücken.

8.2 Bilder aus dem Berner Münster

Im Typologischen Fenster (Verkündigung Jesse, Verkündigung, Geburt Christi,
Anbetung des Christkindes, Taufe Christi, Abendmahl, Auferstehung) und im
Hostienmühlefenster (vier Evangelisten) werden in leuchtenden Farben einzelne Personen und Szenen aus der Hebräischen Bibel, dem Neuen Testament und
der Kirchengeschichte dargestellt. Eindrücklich war vor zwei Jahren auch die
Arbeit mit dem viel kleineren, seitlichen Jesajafenster von Felix Hoffmann aus
der Mitte des 20. Jahrhunderts. Nach der Erzählung steigen wir hinab ins
Kirchenschiff und suchen in der entfernten Höhe nach dem Geviert, in dem die
eben gehörte Geschichte dargestellt ist. Finden und Wiedererkennen, all das
stimmt Kinder froh. Stolz zeigen sie die Bilder vor der Heimkehr den sie
abholenden Eltern, Grosseltern, Geschwistern.

8.3 Bilder aus der jüdisch-christlichen Malerei und aus Kinderbibeln

Nicht jede Geschichte fand den Weg in die Münster-Glasmalerei, und einige
Bilder eignen sich nicht (Jona, der vom Walfisch verschlungen wird, Mose vor
dem brennenden Dornbusch). Angeregt durch »Die Bibel für Kinder und alle
im Haus« von Rainer Oberthür und durch »Die Bibel, erschlossen und
kommentiert« von Hubertus Halbfas, wählen wir Bilder aus verschiedenen
Epochen der jüdischen und der christlichern Malerei. Wir machen auch
Anleihen in den Kinderbibeln von Regine Schindler/ Štěpán Zavřel und Felix
Hoffmann/Paul Erismann.

8.4 Kulturgeschichtliche Abbildungen

Bewusst verzichten wir auf kulturgeschichtliche, realistische Abbildungen von Landschaften und Bildern zur Umwelt der Bibel. Zu unseren Geschichten passende Gegenstände oder Bilder legen wir bei Bedarf in die Mitte des Erzählkreises.

Anhang: Biblische Geschichten Bücher für die Vorbereitung

Baldermann, Ingo, Einführung in die biblische Didaktik, 3. Auflage, Darmstadt 2007.

Barz, Brigitte/Hausen, Ursula, Das Neue Testament für Kinder, Stuttgart 2004.

Halbfas, Hubertus, Das dritte Auge, Religionsdidaktische Anstösse, Düsseldorf 1982.

Halbfas, Hubertus, Wurzelwerk, Geschichtliche Dimensionen der Religionsdidaktik, Düsseldorf 1989.

Halbfas, Hubertus, Religionsunterricht in der Grundschule, Lehrerhandbücher 1–10, Düsseldorf/Zürich 1984 bis 1997.

Halbfas, Hubertus, Die Bibel, erschlossen und kommentiert, Düsseldorf 2001.

Hoffmann, Felix/Erismann, Paul, Bilderbibel, Zürich 1961.

Mojon, Luc, Kunstdenkmäler der Schweiz, Kanton Kern Stadt Band 4, Basel 1960.

Oberthür, Rainer/Burrichter, Rita, Die Bibel für Kinder und alle im Haus, München 2004.

Reformierte Kirchen Bern-Jura, Kirchenordnung des Evangelisch-reformierten Synodalverbandes Bern-Jura vom 11. September 1990.

Schindler, Regine/Štěpán Zavřel, Mit Gott unterwegs, Zürich 1996.

Steinkühler, Martina, Wie Brot und Wein, Göttingen 2005.

Walter, Silja/Schmid, Eleonore, Eine kleine Bibel, Frauenfeld 1980.

Namensregister

Bibelstellenregister

Verzeichnis der Autorinnen und Autoren

Gottfried Adam, emer. O. Univ.-Prof. Dr. Dr.h.c., Institut für Religionspädagogik an der Evangelisch-Theologischen Fakultät der Universität Wien, Österreich.

Edith Aller, PhD, Oberstudienrätin i.R. in Randers, Dänemark.

Katja Eichler, Mag. Dr., Lehrbeauftragte am Institut für Religionspädagogik der Evangelisch-Theologischen Fakultät an der Universität Wien, Österreich.

Stefan Huber, Lic. theol., Wissenschaftlicher Mitarbeiter an der Theologischen Fakultät der Universität Zürich, Schweiz.

Marion Keuchen, Dr., Wissenschaftliche Assistentin für biblische Exegese und Theologie am Institut für Evangelische Theologie an der Universität Paderborn, Deutschland.

Agnes Liebi, Lehrerin, Mitarbeiterin der Münstergemeinde Bern, Schweiz.

Christoph Melchior, Dr., Geschäftsführer des Evangelischen Bibelwerks im Rheinland/Wuppertal, Deutschland.

Volker Menke, Dr., Pfarrer in der Evangelischen Kirchengemeinde A.B. Sopron/Ungarn im Rahmen der Kirchenpartnerschaft zwischen der evang.-luth. Kirche in Bayern und der evang.-luth. Kirche in Ungarn.

Thomas Nauerth, Priv.-Doz. Dr., Lehrstuhlvertretung für Pastoraltheologie/Religionspädagogik am Institut für Katholische Theologie an der Universität Osnabrück, Deutschland.

Dávid Németh, Prof. Dr., Professor für Religionspädagogik und Pastoralpsychologie an der Károli Gáspár Universität der Ungarisch Reformierten Kirche in Budapest, Ungarn.

Christine Reents, emer. Prof. Dr. für Praktische Theologie an der Kirchlichen Hochschule Wuppertal, Deutschland.

Irene Renz, Dr. sc. paed., Lehrbeauftragte am Institut für Praktische Theologie an der Theologischen Fakultät der Christian-Albrechts-Universität zu Kiel, Deutschland.

Robert Schelander, Ao. Univ.-Prof. Mag. Dr., Universitätsdozent am Institut für Religionspädagogik der Evangelisch-Theologischen Fakultät der Universität Wien, Österreich.

Thomas Schlag, Prof. Dr., Ordinarius für Praktische Theologie mit den Schwerpunkten Religionspädagogik und Kybernetik an der Theologischen Fakultät der Universität Zürich, Schweiz.

Daniel Schüttlöffel, Dr., Lehrer für Evangelische Religion und Musik an einer Grundschule in Neustadt am Rübenberge bei Hannover, Deutschland.

Martina Steinkühler, Dr., Religionspädagogin, Lektorin für Gemeindepädagogik und Gemeindepraxis im Verlag Vandenhoeck & Ruprecht in Göttingen, Deutschland.

Brigitte Welter, Theologin/Religionspädagogin, Mitarbeiterin der Münstergemeinde in Bern, Schweiz.

Reinhard Wunderlich, Prof. Dr. Dr., Leiter der Abteilung Evangelische Theologie/Religionspädagogik an der Kulturwissenschaftlichen Fakultät der Pädagogischen Hochschule Freiburg, Deutschland.

Apropos Kinderbibel

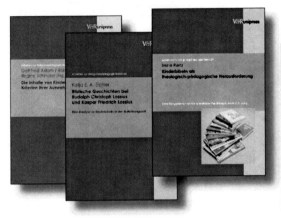

Christine Reents / Christoph Melchior
Die Geschichte der Kinder- und Schulbibel
Evangelisch – katholisch – jüdisch
2011. 676 Seiten mit 408 Abbildungen und einer CD-ROM, gebunden
ISBN 978-3-89971-837-9

Klassiker und Querdenker in ihren individuellen, gesellschaftlichen,
kirchlichen und schulischen Kontexten

Katja E. A. Eichler
**Biblische Geschichten bei Rudolph Christoph Lossius
und Kaspar Friedrich Lossius**
Eine Analyse zu Kinderbibeln in der Aufklärungszeit
2011. 365 Seiten mit 6 Abbildungen, gebunden
ISBN 978-3-89971-786-0

Kinderbibeln in der Aufklärung

Rainer Lachmann / Regine Schindler / Gottfried Adam (Hg.)
Die Inhalte von Kinderbibeln. Kriterien ihrer Auswahl
2008. 365 Seiten mit 57 Abbildungen, gebunden
ISBN 978-3-89971-489-0

Was bestimmt die Gestaltung von Kinderbibeln?

Leseproben und weitere Informationen unter www.vr-unipress.de
Email: info@vr-unipress.de | Tel.: +49 (0)551 / 50 84-301 | Fax: +49 (0)551 / 50 84-333